古籍

圖録

《江蘇第四批國家珍貴古籍名録圖録》
編輯委員會成員單位

江蘇省文化廳
江蘇省古籍保護中心（南京圖書館）
徐州市圖書館
南通市圖書館
蘇州圖書館
無錫市圖書館
揚州市圖書館
鎮江市圖書館
鹽城市圖書館
江蘇省興化市圖書館
江蘇省常熟市圖書館
江蘇省吴江市圖書館
南京大學圖書館
南京師範大學圖書館
徐州師範大學圖書館
蘇州大學圖書館
南京農业大學圖書館
南京博物院
蘇州博物館
江蘇省常熟市博物館
中國科學院南京地理與湖泊研究所

專業指導
江蘇省古籍保護工作專家委員會

江蘇第四批國家珍貴古籍名録圖録

江蘇省文化廳　江蘇省古籍保護中心　編

主　編　束有春　全　勤
執行主編　宋偉敏　周　蓉
編　輯　李培文　方　雲　武心群
陳　立　周　蓉

鳳凰出版社

圖書在版編目（CIP）數據

江蘇第四批國家珍貴古籍名録圖録 / 江蘇省文化廳，江蘇省古籍保護中心編. -- 南京 : 鳳凰出版社, 2014.7
ISBN 978-7-5506-1515-1

Ⅰ. ①江… Ⅱ. ①江… ②江… Ⅲ. ①古籍—圖書目録—江蘇省 Ⅳ. ①Z838

中國版本圖書館CIP數據核字(2014)第143847號

書　　名	江蘇第四批國家珍貴古籍名録圖録
編　　者	江蘇省文化廳　江蘇省古籍保護中心
責任編輯	郭馨馨
美術編輯	姜　嵩
出版發行	鳳凰出版傳媒股份有限公司 鳳凰出版社(原江蘇古籍出版社) 發行部電話025-83223462
出版社地址	南京市中央路165號,郵編:210009
出版社網址	http://www.fhcbs.com
經　　銷	鳳凰出版傳媒股份有限公司
照　　排	南京紫藤製版印務中心
印　　刷	江蘇鳳凰新華印務有限公司 中國江蘇南京經濟技術開發區堯新大道399號,郵編:210038
開　　本	889×1194毫米　1/16
印　　張	12.75
版　　次	2014年7月第1版　2014年7月第1次印刷
標準書號	ISBN 978-7-5506-1515-1
定　　價	260.00圓

(本書凡印裝錯誤可向承印廠調換,電話:025-68037410)

江蘇省古籍藏量在全國佔有重要份額，自2007年中華古籍保護計劃實施以來，江蘇穩步推進古籍保護工作，取得了顯著的成果，連續出版有《江蘇首批國家珍貴古籍名録圖録》、《江蘇第二批國家珍貴古籍名録圖録》和《江蘇第三批國家珍貴古籍名録》。隨著古籍保護工作的不斷深入，江蘇在古籍普查、整理與開發、古籍修復、人才培養等方面，繼續取得新的階段性成果。

2013年，國務院公佈了第四批國家珍貴古籍名録，江蘇入選191部珍貴古籍。截止2013年，四批《國家珍貴古籍名録》中江蘇共入選1213種，占全國總量的10.66%；入選全國古籍重點保護單位20家，占全國總量的12.05%。兩者入選總量在全國名列前茅。在2013年國家古籍保護中心公佈的14項全國古籍普查重要發現中，南京圖書館藏宋刻《龍川略志》六卷《别志》四卷、徐州市圖書館藏宋刻本《四書章句集注》均榜上有名，充分説明江蘇古籍普查工作量和質的雙重影響力。

2013年起正式啟動的古籍普查登記工作，是中華古籍保護計劃的重要項目，也是現階段我省古籍保護工作的重點之一。在全省古籍收藏單位的大力支持與配合下，包括南京圖書館在内，全省已有15家單位完成了普查登記工作，另有多家單位正在抓緊實施。在此基礎上，將儘快開始《中華古籍總目•江蘇卷》的編制工作，呈現全省古籍資源存藏概況。

在古籍普查的基礎上，全省古籍保護成果得到研究整理，集中展現了江蘇古籍保護的階段性成果。以南京圖書館爲例，近幾年已陸續出版《南京圖書館藏稀見方志叢刊》、《二十世紀三十年代國情調查報告》、《民國政府司法公報》等大型叢書，並積極參與《金陵全書》、《無錫文庫》、《廣州大典》、《子藏》、《揚州文庫》、《泰州文獻》等重要文化項目的編撰工作。在整理出版的同時，也積極配合國家古籍保護中心做好重要古籍研究整理項目，參與中華再造善本、中華珍貴典籍資源庫、中華珍貴典籍史話、國家珍貴古籍名録中古籍題跋整理項目等國家級古籍整理項目。全省各古籍收藏單位也在不斷加强自身歷史文獻資源的整理出版。

古籍修復是古籍保護的重要手段之一，省古籍保護中心積極拓展思路，創新古籍修復工作機制，與莫愁中等專業學校繼續深化合作辦學方式，實現修復人員勞務派遣。這一舉措不僅充實了省古籍保護中心的修復力量，同時也使古籍修復人才培養得以從校内延伸到校外，受到了文化部、國家圖書館、國家古籍保護中心領導的充分肯定，並提出應在全國進行推廣。

古籍保護人才的培養，也是江蘇省古籍工作的重點之一。長期以來，江蘇省古籍保護中心通過外派學習、自主培訓以及合作辦學等方式，系統培養全省古籍保護工作人才。尤其在近兩年，加大古籍普查登記工作的培訓，採用分批跟班培訓的方式，由南京圖書館古籍編目組人員進行一對一跟班培訓，取得了很好的效果。同時，繼續强化江蘇省古籍修復人才培養的特色，繼續與金陵科技學院、莫愁中等專業學校合作辦學。

古籍數字化是實現古籍保護，資源分享的重要方式。2013年，國家古籍保護中心啟動了“中華珍貴典籍數字化”項目，江蘇省古籍數字化工作以此爲契機，以南京圖書館數字化成果爲基礎，開始推動古籍數字化工作。未來將逐步開始全省古籍收藏單位的古籍數字化標準化工作，以促進全省古籍資源的共建共用。

中國歷代產生的文獻典籍，借助中國傳統筆墨紙張、書寫裝訂及雕版印刷，經由先人的傳鈔刻印、流轉傳承，在今天仍然得以大量保存，不僅是中華民族最爲珍貴的遺產，也是維繫民族精神的重要根脉。繼承與發揚中國優秀傳統文化，是當前文化建設的重要任務，只有充分發揮古籍的文化價值與學術價值，做到古爲今用，才能真正實現優秀傳統文化思想精粹的繼承。希望此次出版的《江蘇第四批國家珍貴古籍名録圖録》，不僅能夠展現江蘇古籍保護事業的階段性成就，更能爲古籍事業的發展做出應有的貢獻。

南京圖書館

2013年12月

目録

前言

宋遼夏金元時期

明清時期

目録

宋遼夏金元時期

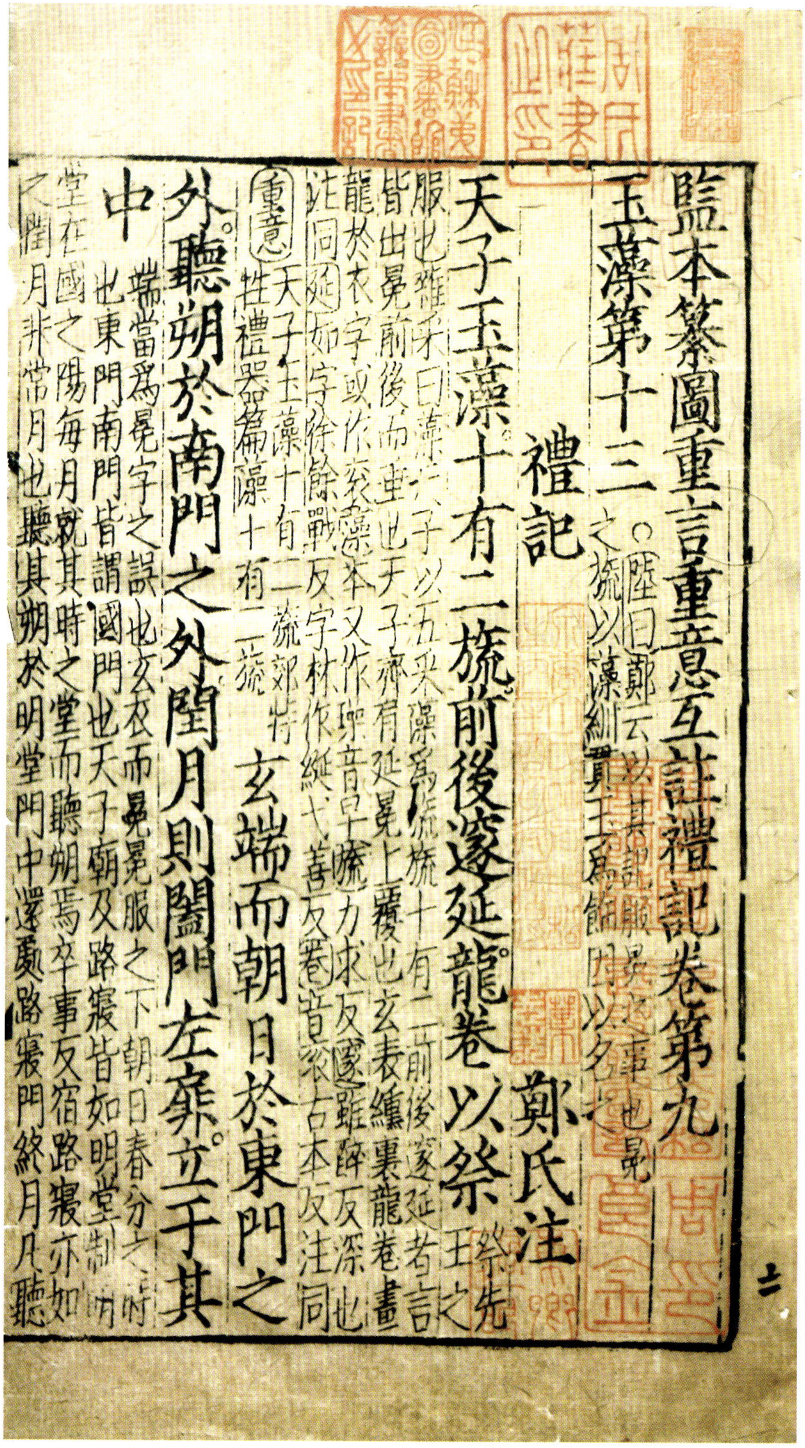

監本纂圖重言重意互註禮記卷第九

玉藻第十三 ○陸曰鄭云以其記天子服冕之事也冕之旒以藻紉貫玉爲飾因以名之

禮記　鄭氏注

天子玉藻十有二旒前後邃延龍卷以祭 祭先王之服也雜采曰藻天子以五采藻爲旒旒十有二前後邃延者言皆出冕前後而垂也天子齊肩延冕上覆也玄表纁裏龍卷畫龍於衣字或作袞藻本又作璪音早旒力求反邃雖醉反深也延以然反字林作綖弋善反卷音袞古本反注同

重意 天子玉藻十有二旒郊特牲禮器篇藻十有二旒

玄端而朝日於東門之外聽朔於南門之外閏月則闔門左扉立于其中 端當爲冕字之誤也玄衣而冕冕服之下朝日春分之時也東門南門皆謂國門也天子廟及路寢皆如明堂制明堂在國之陽每月就其時之堂而聽朔焉卒事反宿路寢亦如之閏月非常月也聽其朔於明堂門中還處路寢門終月凡聽

監本纂圖重言重意互注禮記二十卷　漢鄭玄注　唐陸德明音義

宋刻本。丁丙跋，佚名校。存二卷（九至十）。半葉10行，行18字，小字雙行，行24字。黑口，左右雙邊。框高20.5厘米，寬13.2厘米。南京圖書館藏。國家名録號09921。

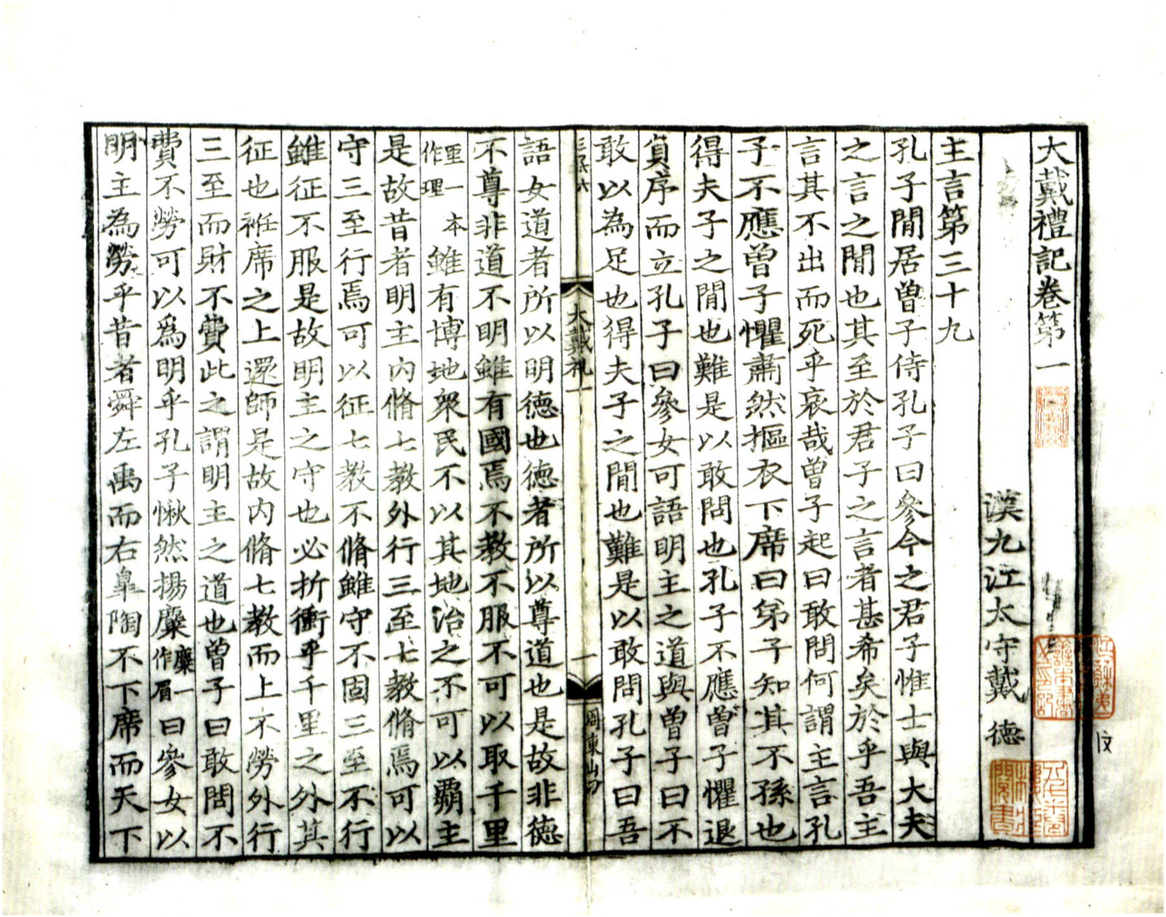
大戴禮記卷第一

漢九江太守戴德

主言第三十九

孔子閒居曾子侍孔子曰參今之君子惟士與大夫之言之聞也其至於君子之言者甚希矣於乎吾主言其不出而死乎哀哉曾子起曰敢問何謂主言孔子不應曾子懼肅然摳衣下席曰弟子知其不孫也得夫子之閒也難是以敢問也孔子不應曾子懼退負序而立孔子曰參女可語明主之道與曾子曰不敢以為足也得夫子之閒也難是以敢問孔子曰吾語女道者所以明德也德者所以尊道也是故非德不尊非道不明雖有國焉不教不服不可以取千里里一本作理雖有博地衆民不以其地治之不可以霸主是故昔者明主內脩七教外行三至七教脩焉可以守三至行焉可以征七教不脩雖守不固三至不行雖征不服是故明主之守也必折衝乎千里之外其征也衽席之上還師是故內脩七教而上不勞外行三至而財不費此之謂明主之道也曾子曰敢問不費不勞可以為明乎孔子愀然揚麋麋一作眉曰參女以明主為勞乎昔者舜左禹而右皋陶不下席而天下

大戴禮記十三卷　漢戴德撰　北周盧辯注

元至正十四年（1354）嘉興路儒學刻本。丁丙跋。半葉10行，行20字，小字雙行，字數同，黑口，左右雙邊，框高23.8厘米，寬15.6厘米。南京圖書館藏。國家名録號09924。

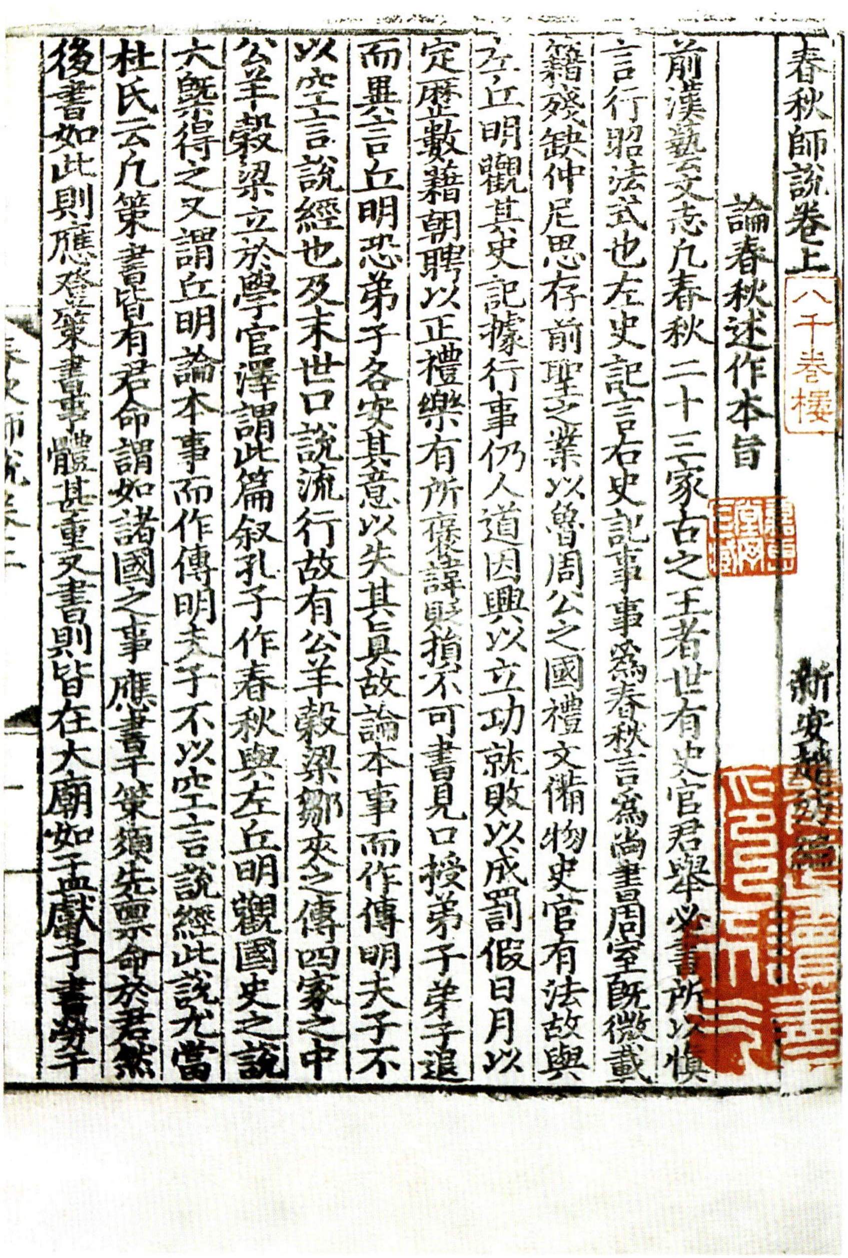

春秋師説卷上　　　　新安趙汸述

論春秋述作本旨

前漢藝文志凡春秋二十三家古之王者世有史官君舉必書所以慎言行昭法式也左史記言右史記事事爲春秋言爲尚書周室旣微載籍殘缺仲尼思存前聖之業以魯周公之國禮文備物史官有法故與左丘明觀其史記據行事仍人道因興以立功就敗以成罰假日月以定厯數藉朝聘以正禮樂有所褒諱貶損不可書見口授弟子弟子退而異言丘明恐弟子各安其意以失其真故論本事而作傳明夫子不以空言説經也及末世口説流行故有公羊穀梁鄒夾之傳四家之中公羊穀梁立於學官澤謂此篇叙孔子作春秋與左丘明觀國史之説大槩得之又謂丘明論本事而作傳明夫子不以空言説經此説尤當杜氏云凡策書皆有君命謂如諸國之事應書于策者須先禀命於君然後書如此則應登策書事體甚重又書則皆在大廟如孟獻子書勞于

春秋師説三卷附録二卷　元趙汸撰

元至正二十四年（1364）休寧商山義塾刻明弘治六年（1493）高忠重修本。丁丙跋。半葉13行，行27字，黑口，左右雙邊，框高16.8厘米，寬13.9厘米。南京圖書館藏。國家名録號09931。

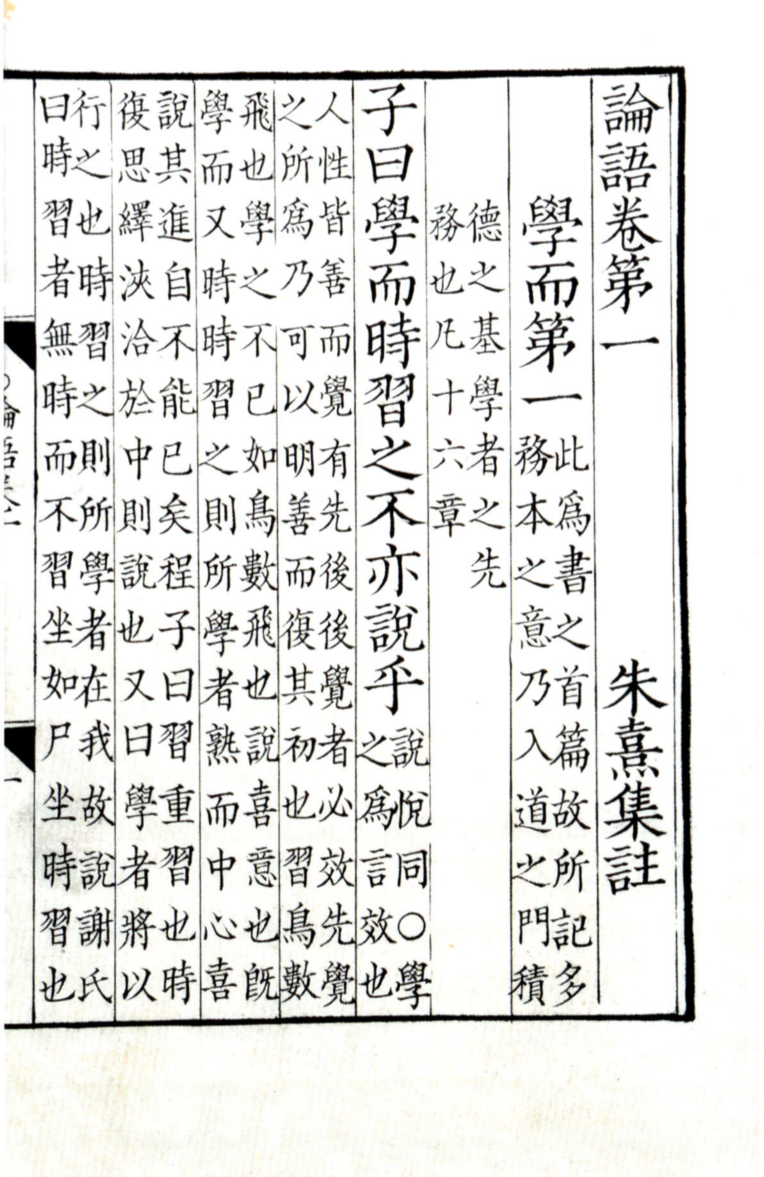

論語卷第一　朱熹集註

學而第一　此爲書之首篇故所記多務本之意乃入道之門積德之基學者之先務也凡十六章

子曰學而時習之不亦說乎　說悅同○學之爲言效也人性皆善而覺有先後後覺者必效先覺之所爲乃可以明善而復其初也習鳥數飛也學之不已如鳥數飛也說喜意也既學而又時時習之則所學者熟而中心喜說其進自不能已矣程子曰習重習也時復思繹浹洽於中則說也又曰學者將以行之也時習之則所學者在我故說謝氏曰時習者無時而不習坐如尸坐時習也

論語卷之一　一

四書章句集注二十八卷　宋朱熹撰

宋刻本（有影抄補配）。半葉8行，行16字，小字雙行，字數同，白口，左右雙邊，框高19.1厘米，寬14厘米。徐州市圖書館藏。國家名録號09934。

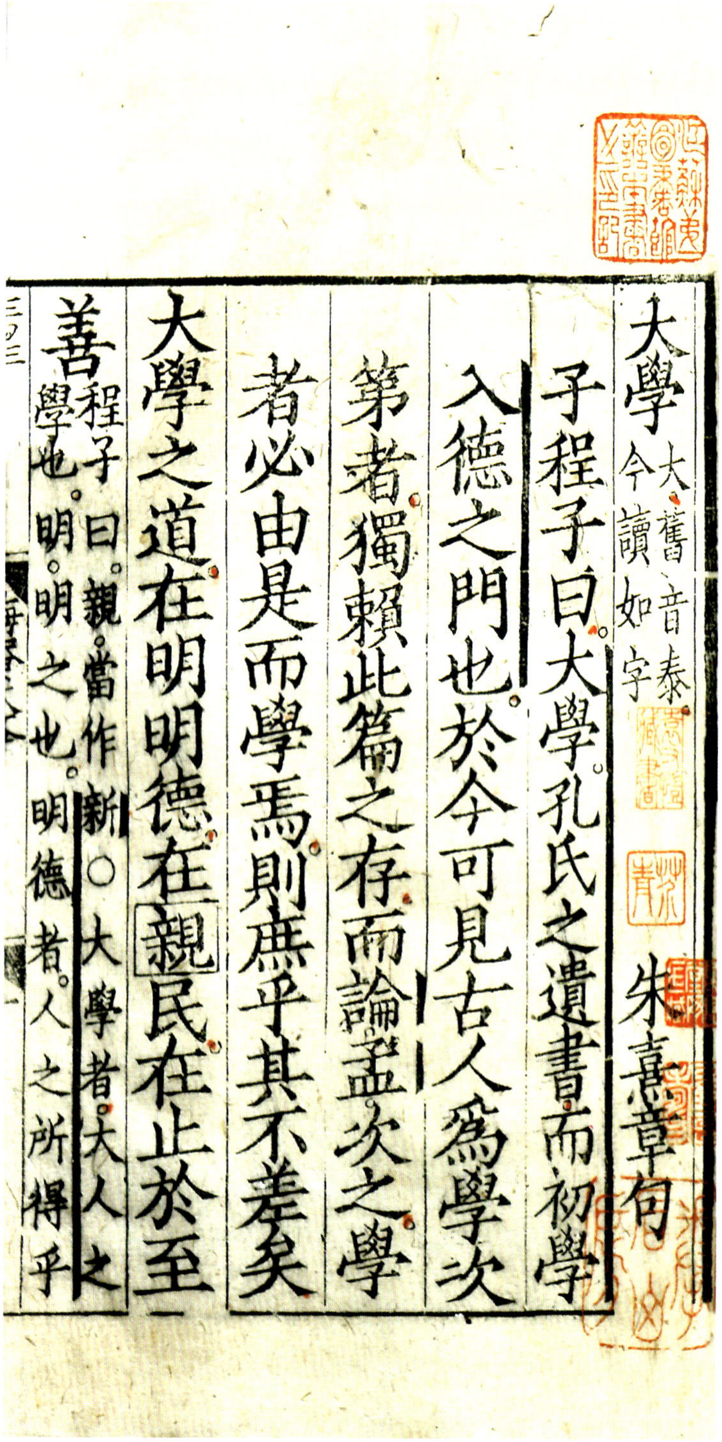

大學 大舊音泰今讀如字 朱熹章句
子程子曰大學孔氏之遺書而初學
入德之門也於今可見古人爲學次
第者獨賴此篇之存而論孟次之學
者必由是而學焉則庶乎其不差矣
大學之道在明明德在親民在止於至
善 程子曰親當作新○大學者大人之學也明明之也明德者人之所得乎

四書章句集注二十八卷　宋朱熹撰

元刻本（孟子集注卷三至四配清咸豐九年抄本）。蔣培澤、高望曾、丁丙跋。半葉7行，行15字，小字雙行，字數同，白口，左右雙邊，框高18.9厘米，寬14.1厘米。南京圖書館藏。國家名録號09935。

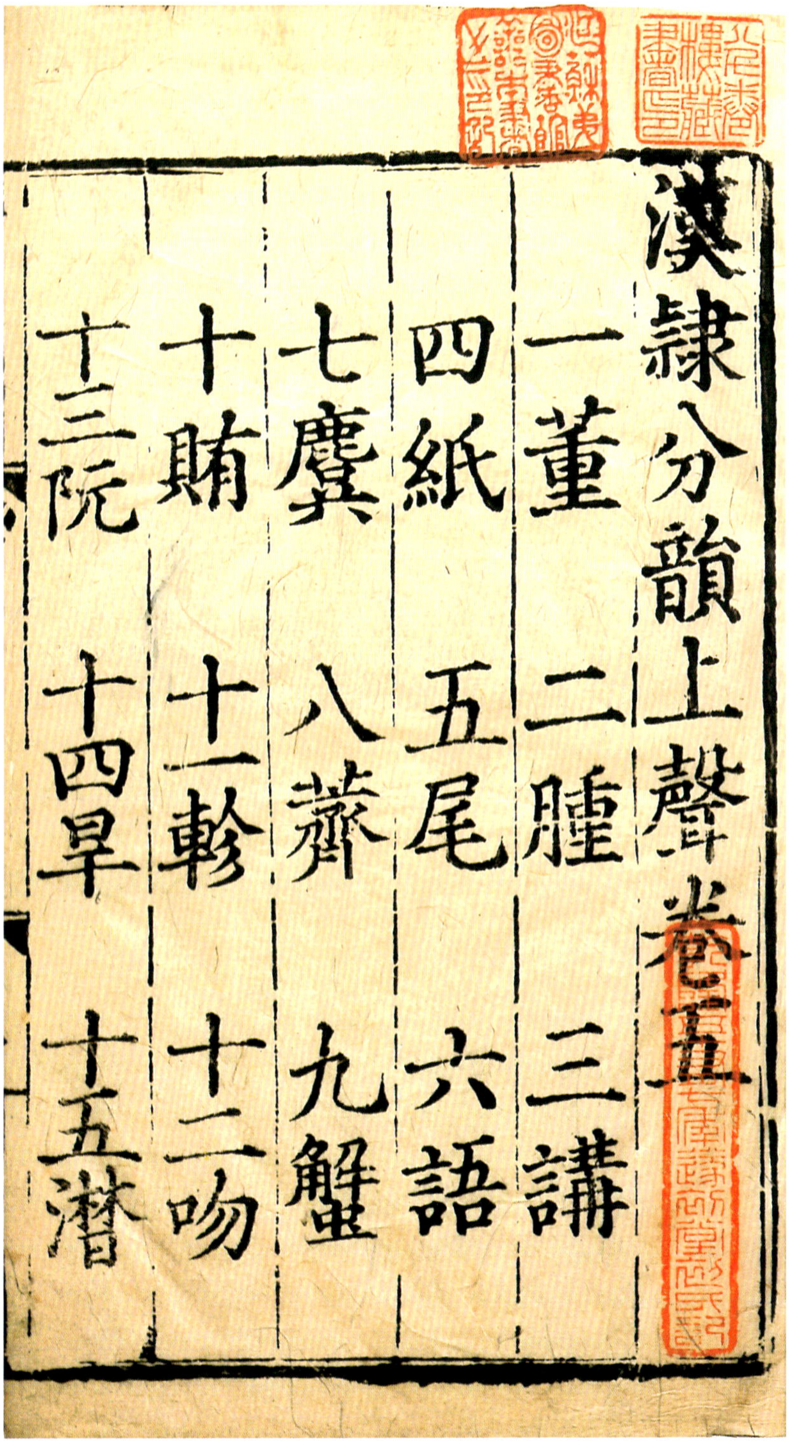

漢隸分韻七卷

元刻本。丁丙跋。存三卷(五至七)。半葉6行,行10字,小字雙行,字不等,黑口,四周雙邊,框高21.3厘米,寬14厘米。南京圖書館藏。國家名録號09939。

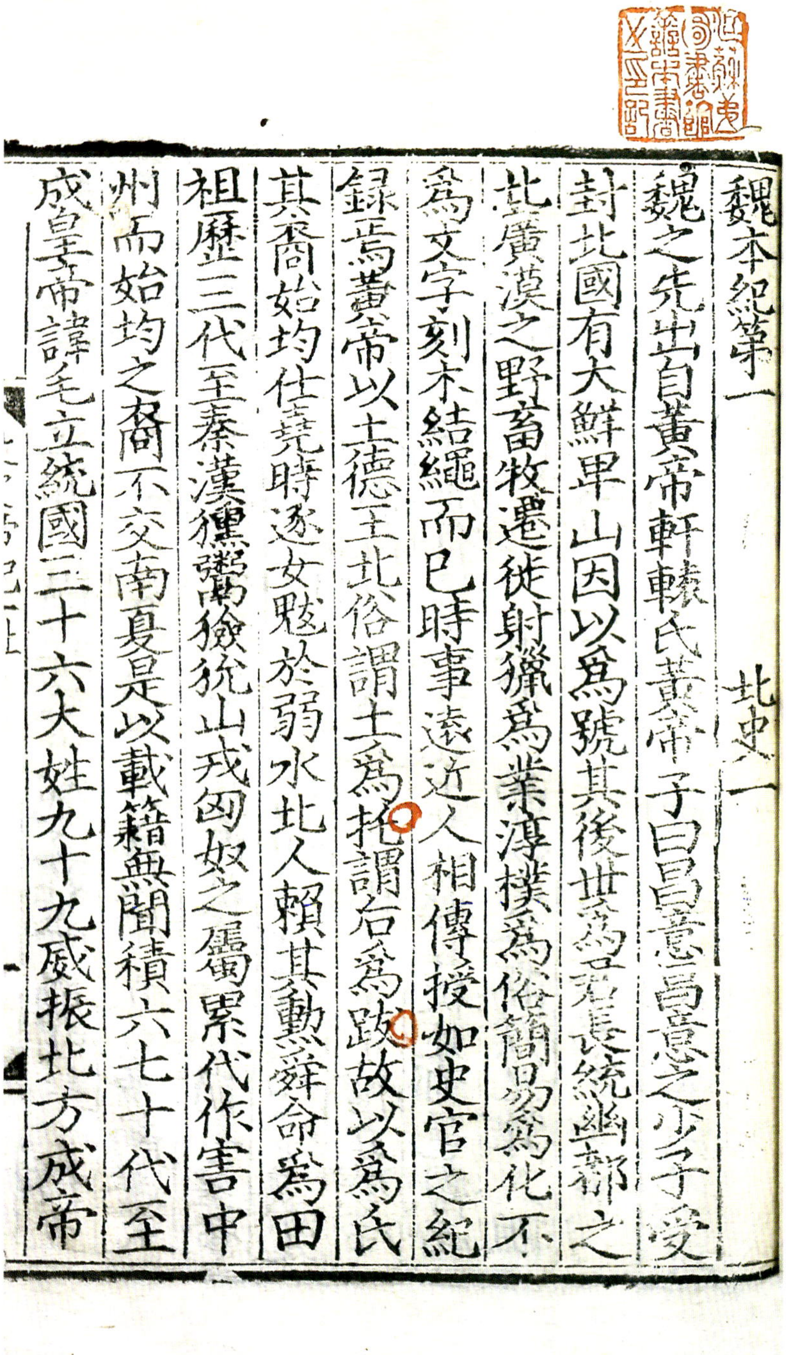
魏本紀第一　北史一
魏之先出自黄帝軒轅氏黄帝子曰昌意昌意之少子受
封北國有大鮮卑山因以爲號其後世爲君長統幽都之
北廣漠之野畜牧遷徙射獵爲業淳樸爲俗簡易爲化不
爲文字刻木結繩而已時事遠近人相傳授如史官之紀
録焉黄帝以土德王北俗謂土爲托謂后爲跋故以爲氏
其裔始均仕堯時逐女魃於弱水北人賴其勲命爲田
祖歴三代至秦漢獯鬻獫狁山戎匈奴之屬累代作害中
州而始均之裔不交南夏是以載籍無聞積六七十代至
成皇帝諱毛立統國三十六大姓九十九威振北方成帝

北史一百卷　*唐李延壽撰*

元大德信州路儒學刻明嘉靖遞修本。丁丙跋。半葉 10 行，行 22 字，小字雙行，字不等，白口或黑口，左右雙邊或四周雙邊，框高 22.7 厘米，寬 16.4 厘米。南京圖書館藏。國家名録號 09943。

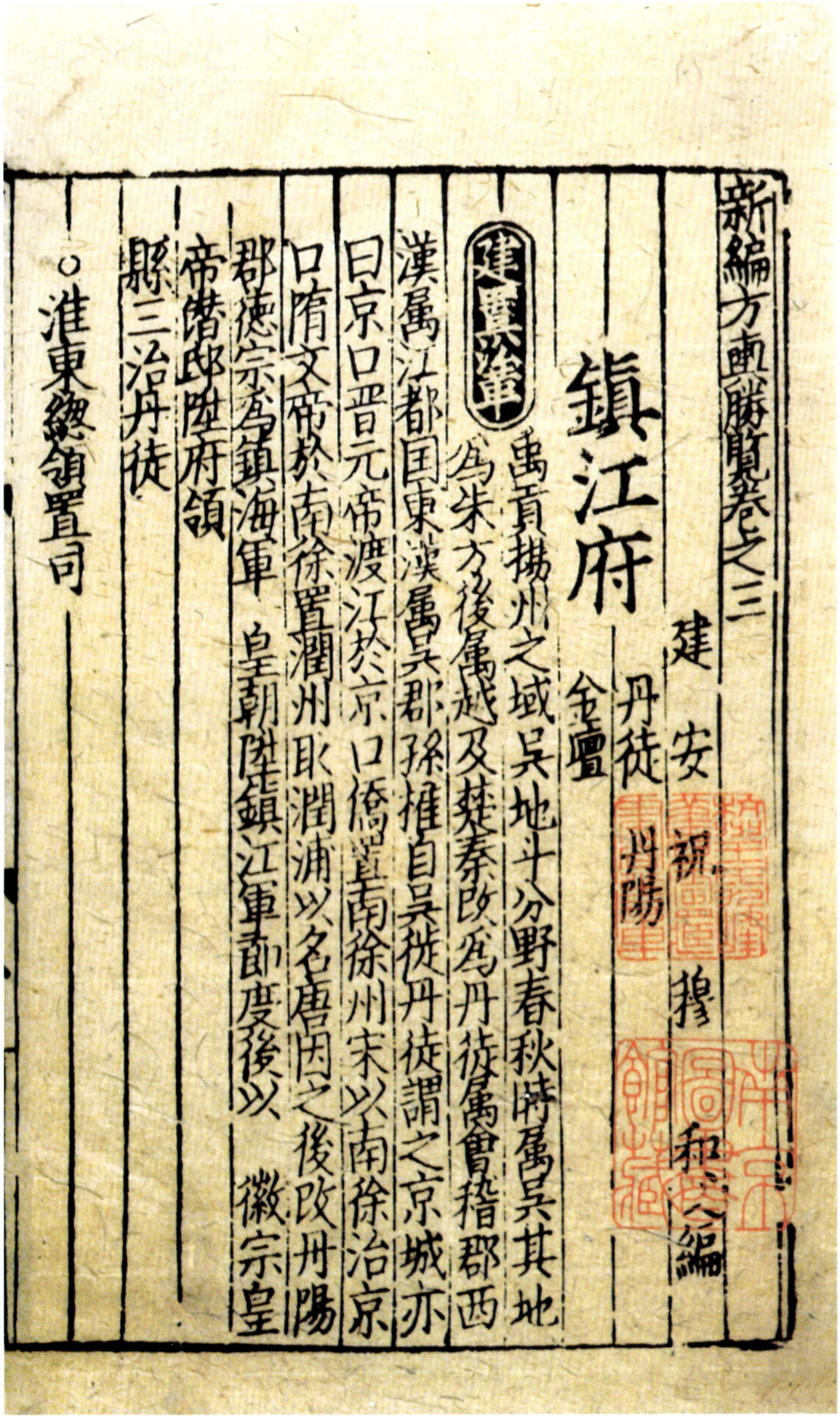

新編方輿勝覽卷之三

建安　祝穆和父編

鎮江府　丹徒　丹陽　金壇

建置沿革

禹貢揚州之域吳地斗分野春秋時屬吳其地爲朱方後屬越及楚秦改爲丹徒屬會稽郡西漢屬江都國東漢屬吳郡孫權自吳徙丹徒謂之京城亦曰京口晉元帝渡江於京口僑置南徐州宋以南徐治京口隋文帝於南徐置潤州取潤浦以名唐因之後改丹陽郡德宗爲鎮海軍　皇朝陞鎮江軍節度後以　徽宗皇帝潛邸陞府領

縣三治丹徒

○淮東總領置司

新編方輿勝覽七十卷　宋祝穆輯

元刻本。鄧邦述跋。存三十六卷（三至八、十三至三十、四十至四十五、四十七至四十九、六十五至六十七）。半葉14行，行23字，黑口，左右雙邊，框高17.3厘米，寬12厘米。南京圖書館藏。國家名録號09954。

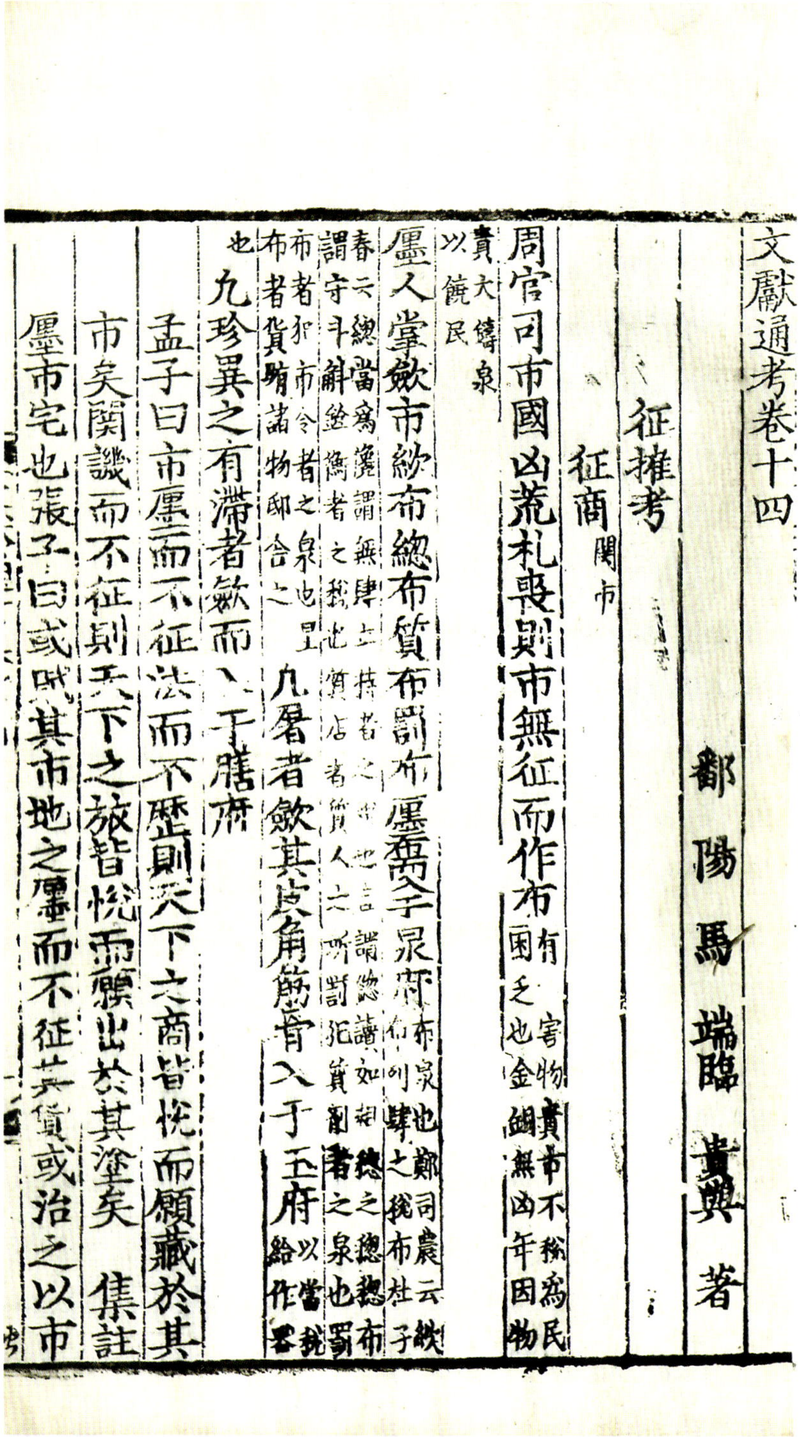

文獻通考卷十四

征榷考

征商 關市

鄱陽馬端臨貴與 著

周官司市國凶荒札喪則市無征而作布有害物貴市不稅爲民困乏也金銅無凶年因物貴大鑄泉以饒民

廛人掌斂市絘布總布質布罰布廛布而入于泉府布泉也鄭司農云絘布列肆之稅布杜子春云總當爲儳謂無肆立持者之稅也玄謂總讀如租稯之稯總布謂守斗斛銓衡者之稅也質布者質人之所罰犯質劑者之泉也罰布者犯市令者之泉也里布者貨賄諸物邸舍之也凡屠者斂其皮角筋骨入于玉府以當稅給作器

九珍異之有滯者斂而入于膳府

孟子曰市廛而不征法而不廛則天下之商皆悅而願藏於其市矣關譏而不征則天下之旅皆悅而願出於其塗矣 集註

廛市宅也張子曰或賦其市地之廛而不征其貨或治之以市

文獻通考三百四十八卷　元馬端臨撰

元泰定元年（1324）西湖書院刻元明遞修本（序表、目绿、卷一至二、九至十二、六十八至七十五、一百至一百五配明抄本，卷三十二至三十四、一百三十四至一百七十、一百九十九、二百十五至二百二十配清抄本）。丁丙跋。半葉13行，行26字，小字雙行，字數同，黑口，左右雙邊，框高25.5厘米，寬18.8厘米。南京圖書館藏。國家名绿號09955。

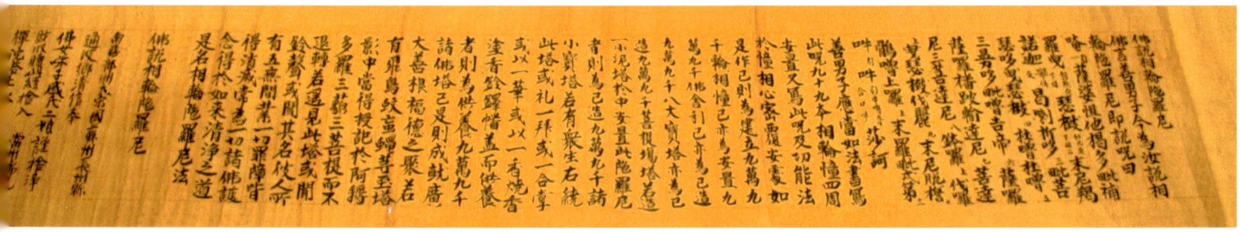

佛説相輪陁羅尼

北宋天禧元年（1017）寫本。卷軸裝。蘇州博物館藏。國家名録號 09975。

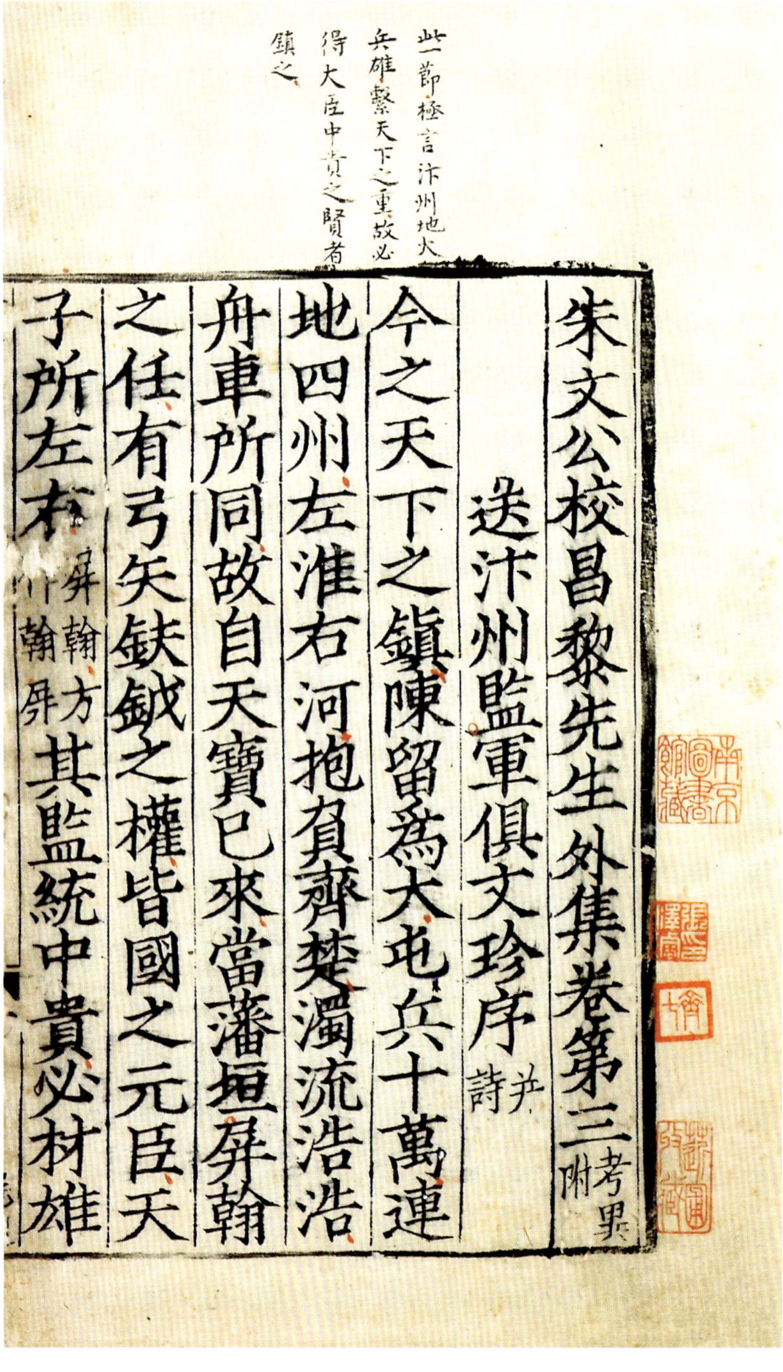
此一節極言汴州地大兵雄繫天下之重故必得大臣中貴之賢者鎮之

朱文公校昌黎先生外集卷第三 附考異

送汴州監軍俱文珍序 并詩

今之天下之鎮陳留為大屯兵十萬連地四州左淮右河抱負齊楚濁流浩浩舟車所同故自天寶已來當藩垣屏翰之任有弓矢鈇鉞之權皆國之元臣天子所左右 屏翰方作翰屏 其監統中貴必材雄

朱文公校昌黎先生集四十卷外集十卷　唐韓愈撰

宋紹定六年（1233）臨江軍學刻本。存二卷（外集卷三至四）。半葉7行，行15字，小字雙行，字數同，白口，左右雙邊，框高21.2厘米，寬14.6厘米。南京圖書館藏。國家名録號09981。

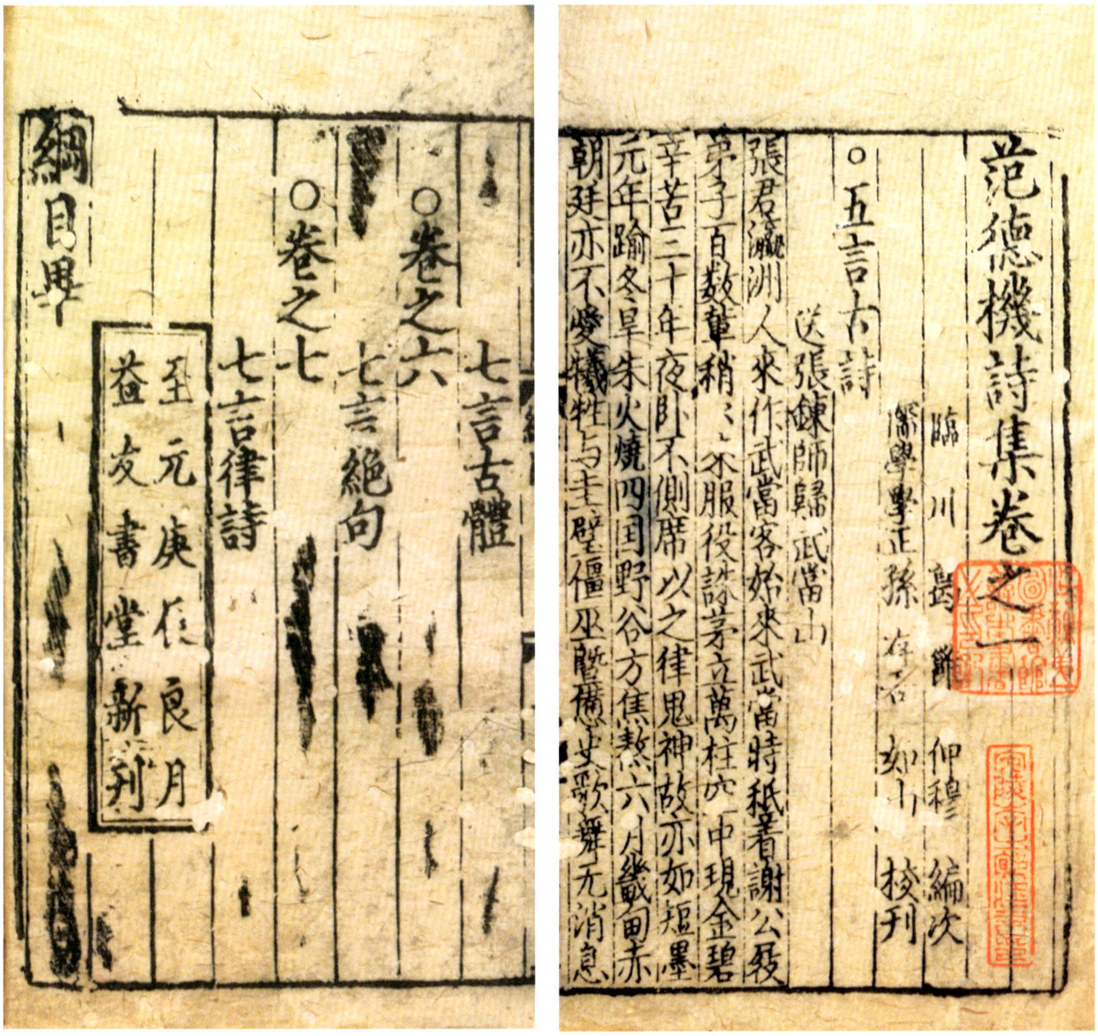

七言古體
○卷之六
七言絶句
○卷之七
七言律詩
綱目畢

至元庚辰良月
益友書堂新刊

范德機詩集卷之一
臨川 葛 鄰 仲穆 編次
儒學學正 孫 存吾 如山 校刊
○五言古詩
送張鍊師歸武當山
張君瀛洲人來作武當客妳來武當時秖著謝公屐
弟子百數輩稍稍不服役誅茅立萬柱穴中現金碧
辛苦三十年夜卧不側席以之律鬼神敵亦如短墨
元年踰冬旱朱火燒四国野谷方焦熱六月纖田赤
朝廷亦不愛犧牲与圭璧僵巫暨億女歌舞无消息

范德機詩集七卷　元范梈撰

元後至元六年（1340）益友書堂刻本。丁丙跋。半葉11行，行20字，黑口，左右雙邊，框高17.1厘米，寬10.5厘米。南京圖書館藏。國家名録號09989。

明清時期

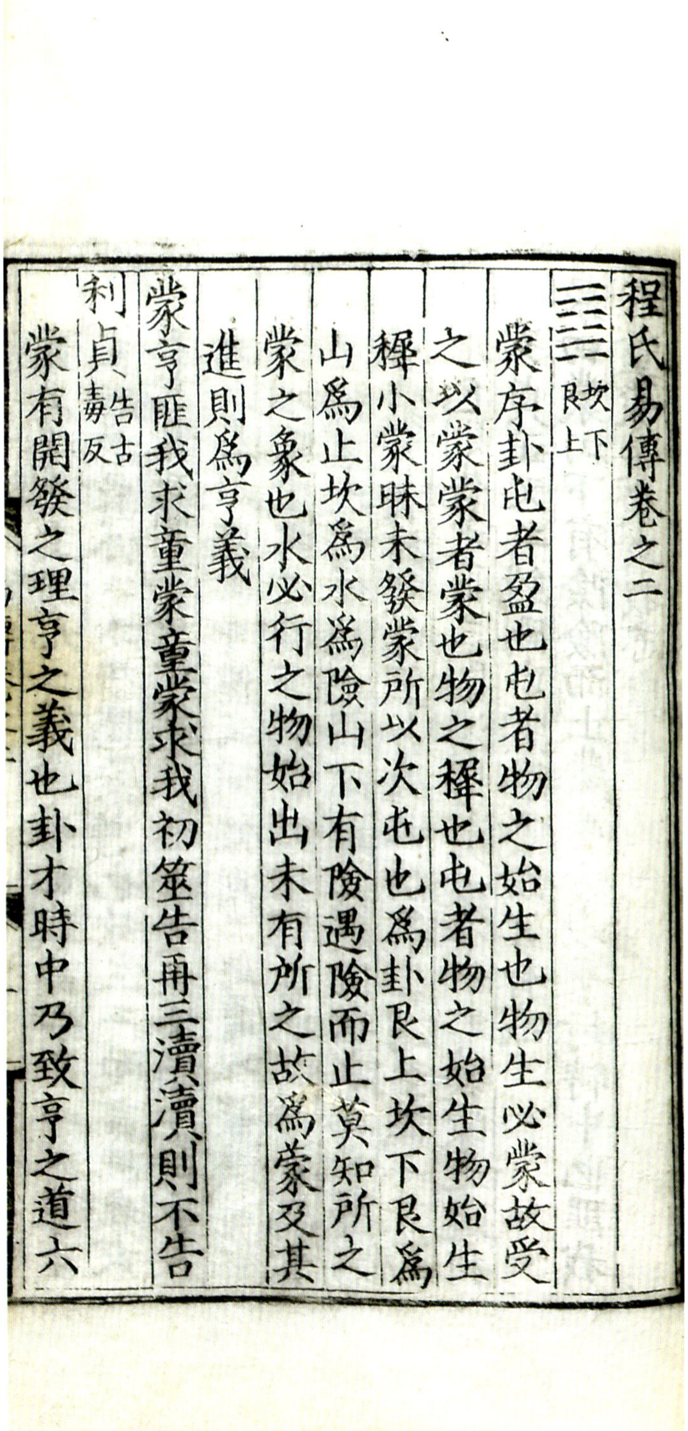
程氏易傳卷之二
䷃ 坎下艮上
蒙序卦屯者盈也屯者物之始生也物生必蒙故受之以蒙蒙者蒙也物之穉也屯者物之始生物始生穉小蒙昧未發蒙所以次屯也爲卦艮上坎下艮爲山爲止坎爲水爲險山下有險遇險而止莫知所之蒙之象也水必行之物始出未有所之故爲蒙及其進則爲亨義
蒙亨匪我求童蒙童蒙求我初筮告再三瀆瀆則不告利貞告古毒反
蒙有開發之理亨之義也卦才時中乃致亨之道六

程氏易傳十二卷　宋程頤撰

明嘉靖八年（1529）姜梁刻本。半葉11行，行21字，小字雙行，字數同，黑口，四周雙邊，框高19.5厘米，寬13.5厘米。南京圖書館藏。國家名録號10027。

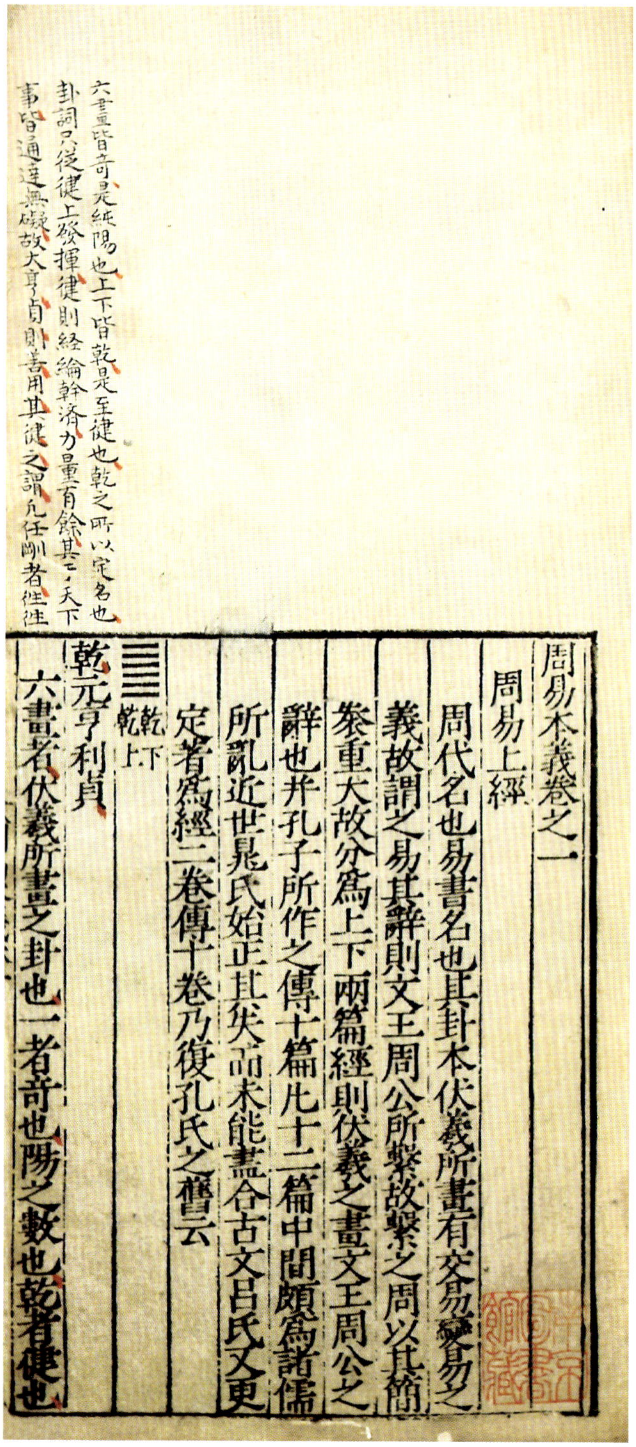
六畫皆奇是純陽也上下皆乾是至健也乾之所以定名也
卦詞只從健上發揮健則經綸幹濟力量有餘甚之天下
事皆通達無礙故大亨貞則善用其健之謂凡任剛者往往

周易本義卷之一
周易上經
周代名也易書名也其卦本伏羲所畫有交易變易之
義故謂之易其辭則文王周公所繫故繫之周以其簡
袠重大故分為上下兩篇經則伏羲之畫文王周公之
辭也并孔子所作之傳十篇凡十二篇中間頗為諸儒
所亂近世晁氏始正其失而未能盡合古文呂氏又更
定著為經二卷傳十卷乃復孔氏之舊云
☰☰ 乾下乾上
乾元亨利貞
六畫者伏羲所畫之卦也一者奇也陽之數也乾者健也

周易本義四卷圖説一卷　宋朱熹撰

明嘉靖四十五年（1566）周樂軒書坊刻本。半葉11行，行23字，小字雙行，字數同，白口，左右雙邊，框高13.2厘米，寬10.5厘米。南京圖書館藏。國家名録號10029。

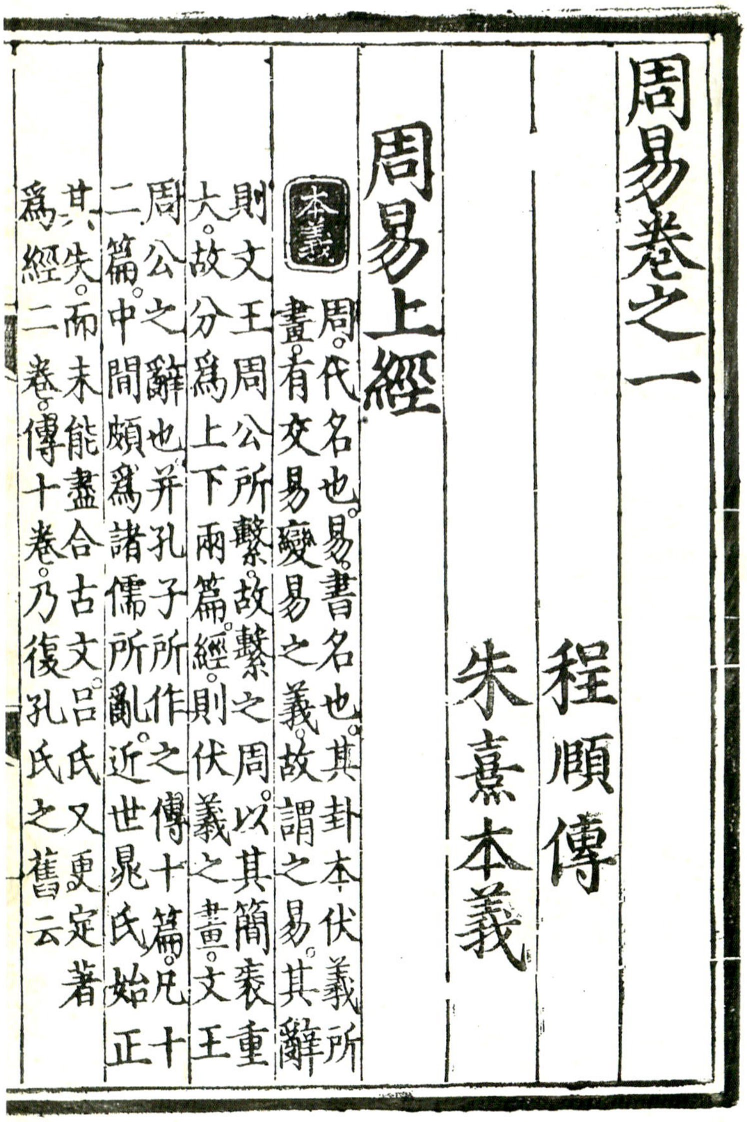
周易卷之一
程頤傳
朱熹本義
周易上經
本義 周代名也易書名也其卦本伏羲所
畫有交易變易之義故謂之易其辭
則文王周公所繫故繫之周以其簡袠重
大故分爲上下兩篇經則伏羲之畫文王
周公之辭也并孔子所作之傳十篇凡十
二篇中間頗爲諸儒所亂近世晁氏始正
其失而未能盡合古文吕氏又更定著
爲經二卷傳十卷乃復孔氏之舊云

周易傳義十卷　宋程頤、朱熹撰　上下篇義一卷　宋程頤撰　易圖集録一卷易五贊一卷筮儀一卷　宋朱熹撰　易説綱領一卷　宋程頤、朱熹撰

明正統十二年（1447）司禮監刻本。半葉8行，行14字，小字雙行，行17字，黑口，四周雙邊，框高23厘米，寬16.2厘米。南京圖書館藏。國家名録號10030。

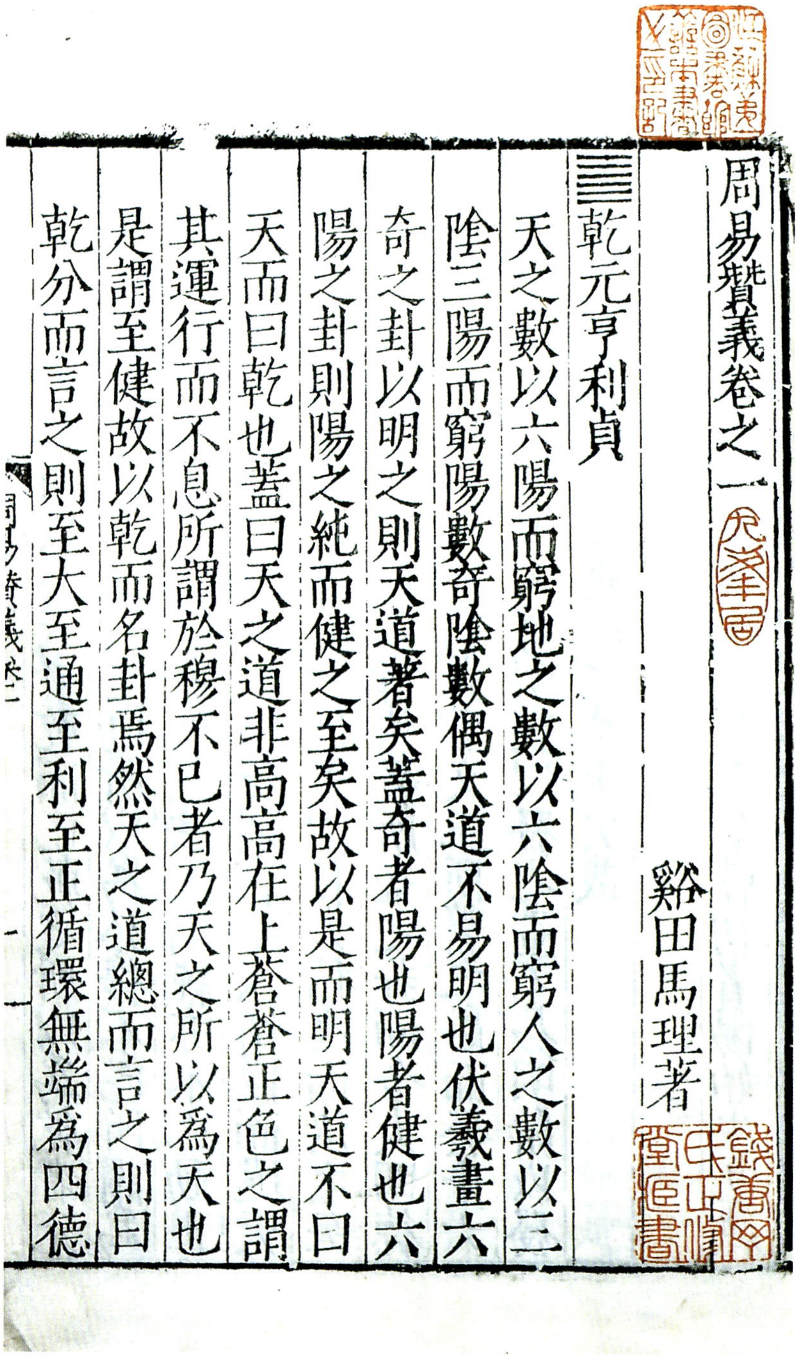

周易賛義卷之一

谿田馬理著

☰乾元亨利貞

天之數以六陽而窮地之數以六陰而窮人之數以三陰三陽而窮陽數奇陰數偶天道不易明也伏羲畫六奇之卦以明之則天道著矣蓋奇者陽也陽者健也六陽之卦則陽之純而健之至矣故以是而明天道不曰天而曰乾也蓋曰天之道非高高在上蒼蒼正色之謂其運行而不息所謂於穆不已者乃天之所以爲天也是謂至健故以乾而名卦焉然天之道總而言之則曰乾分而言之則至大至通至利至正循環無端爲四德

周易賛義十七卷　明馬理撰

明嘉靖三十五年（1556）鄭絅刻本。丁申、丁丙跋。存七卷（一至六、繫辭上）。半葉11行，行22字，小字雙行，字數同，白口，左右雙邊，框高21.5厘米，寬16.2厘米。南京圖書館藏。國家名録號10041。

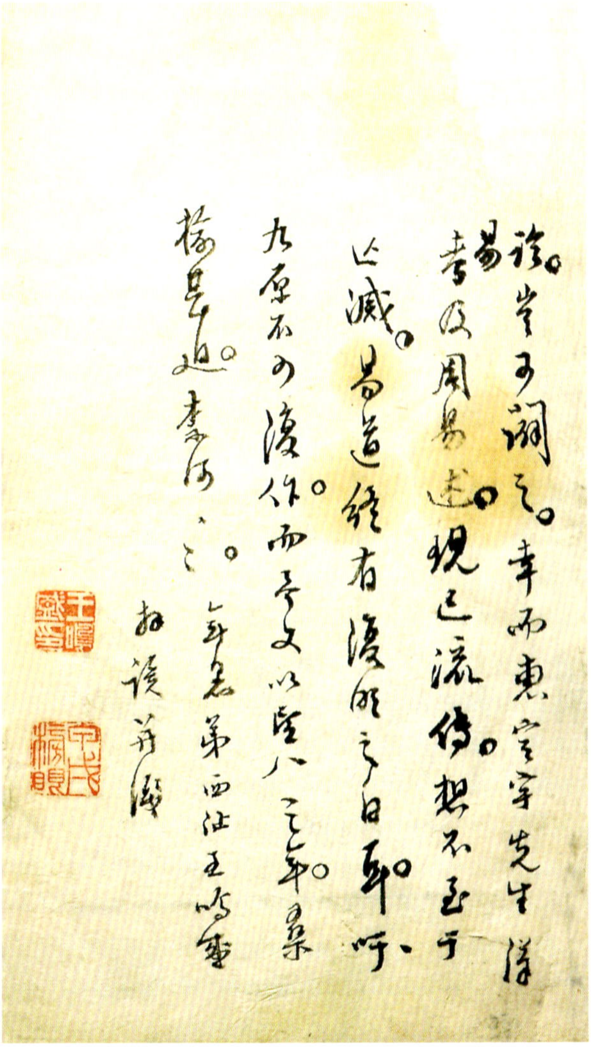

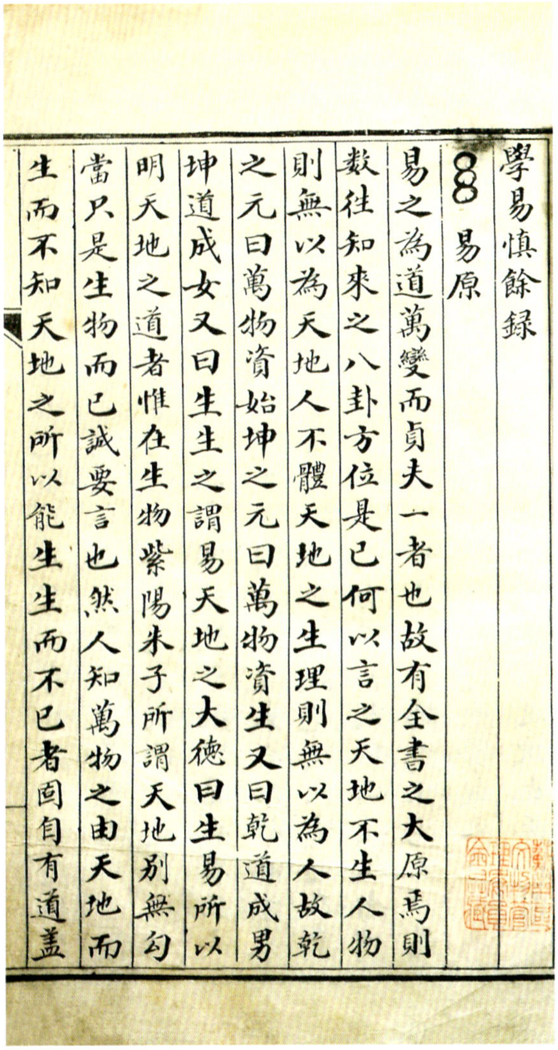

學易慎餘録

易原

易之為道萬變而貞夫一者也故有全書之大原焉則數往知來之八卦方位是已何以言之天地不生人物則無以為天地人不體天地之生理則無以為人故乾之元曰萬物資始坤之元曰萬物資生又曰乾道成男坤道成女又曰生生之謂易天地之大德曰生易所以明天地之道者惟在生物紫陽朱子所謂天地別無勾當只是生物而已誠要言也然人知萬物之由天地而生而不知天地之所以能生生而不已者固自有道蓋

學易慎餘録四卷　清葉佩蓀撰

清抄本。錢大昕批，王鳴盛批並跋。半葉 10 行，行 21 字，白口，四周雙邊，框高 20.5 厘米，寬 14.2 厘米。南京圖書館藏。國家名録號 10044。

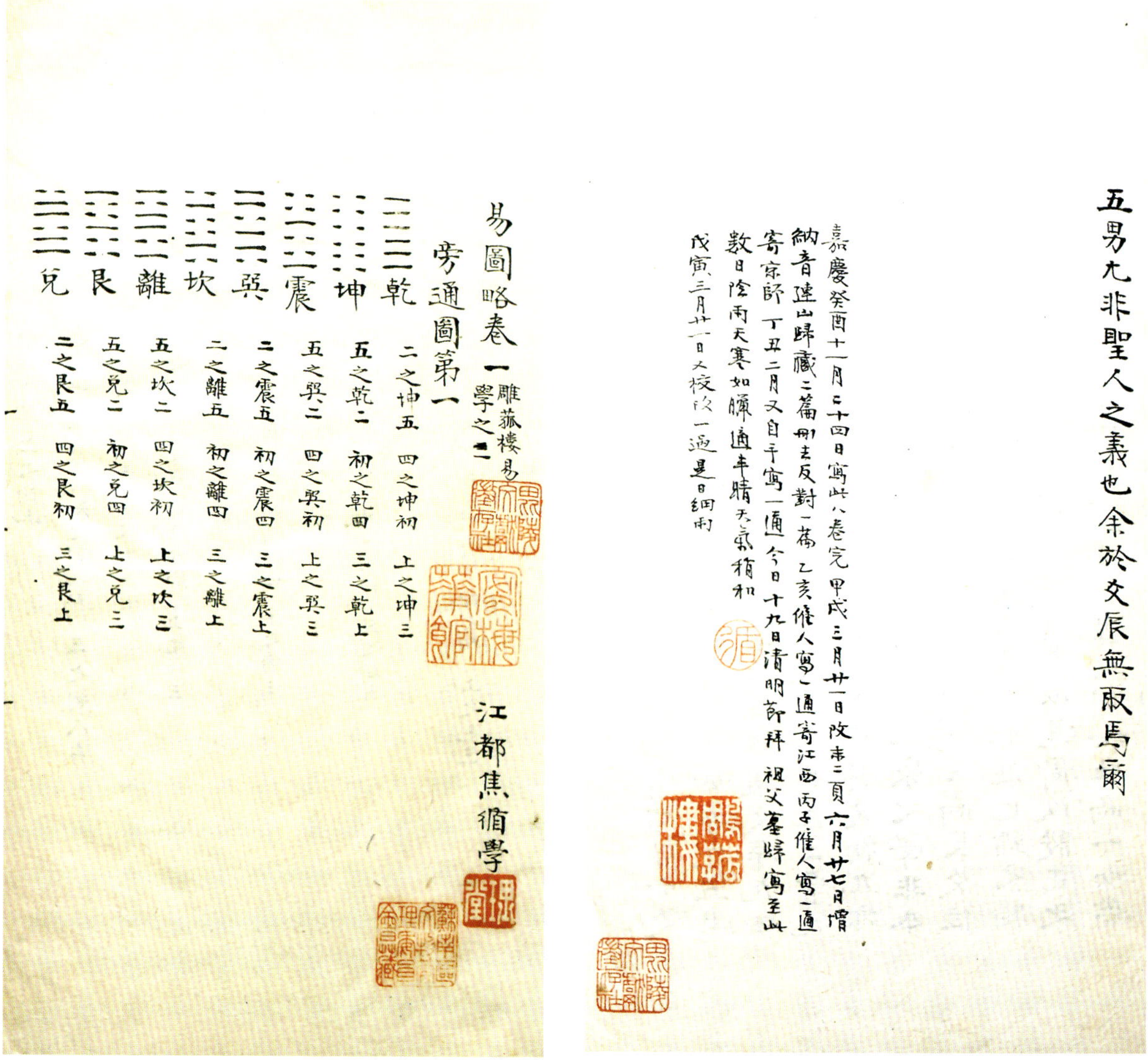

易圖略八卷　清焦循撰

稿本。焦循跋。半葉10行，行21字，小字雙行，行31字。南京圖書館藏。國家名録號10045。

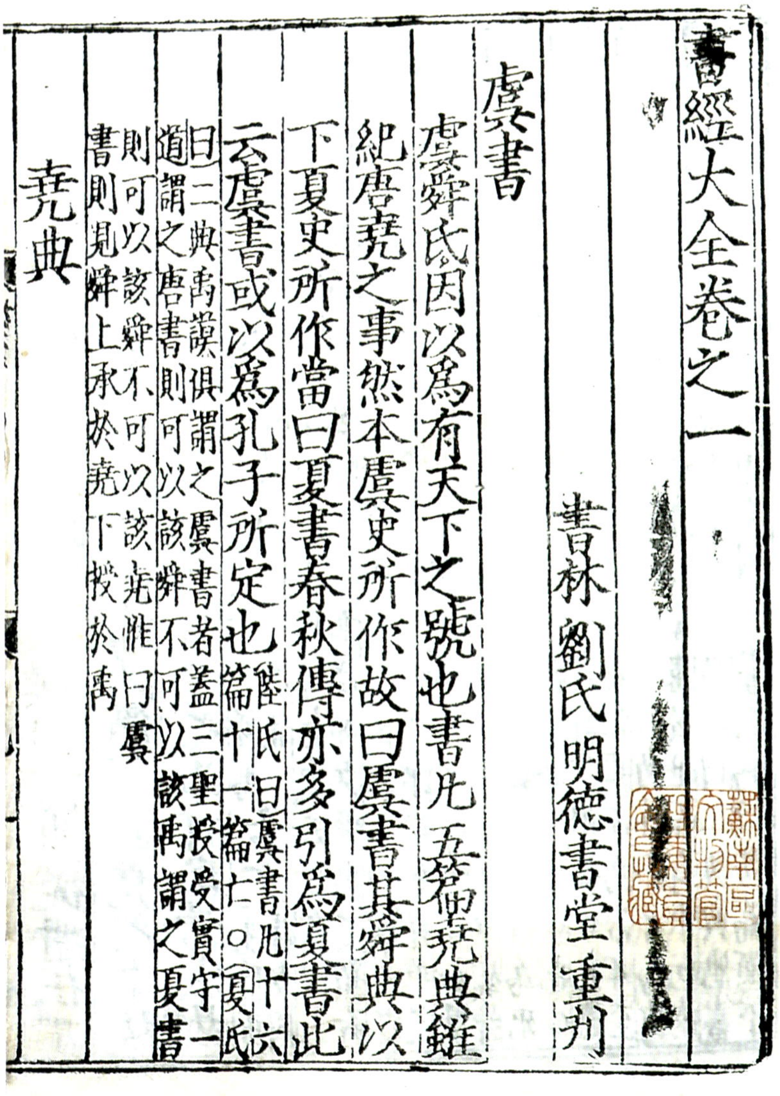

書經大全卷之一

書林劉氏明德書堂重刊

虞書

虞舜氏因以爲有天下之號也書凡五篇堯典雖紀唐堯之事然本虞史所作故曰虞書其舜典以下夏史所作當曰夏書春秋傳亦多引爲夏書此云虞書或以爲孔子所定也篇陸氏曰虞書凡十六篇十一篇亡○夏氏曰二典禹謨俱謂之虞書者蓋三聖授受實守一道謂之唐書則可以該舜不可以該禹謂之夏書則可以該舜不可以該堯惟曰虞書則見舜上承於堯下授於禹

堯典

書經大全十卷　明胡廣等輯

明嘉靖十一年（1532）書林劉氏明德堂刻本。半葉 11 行，行 18 字，中字單行，行 20 字，小字雙行，行 20 字，白口，四周雙邊，框高 17.3 厘米，寬 13.1 厘米。南京圖書館藏。國家名録號 10050。

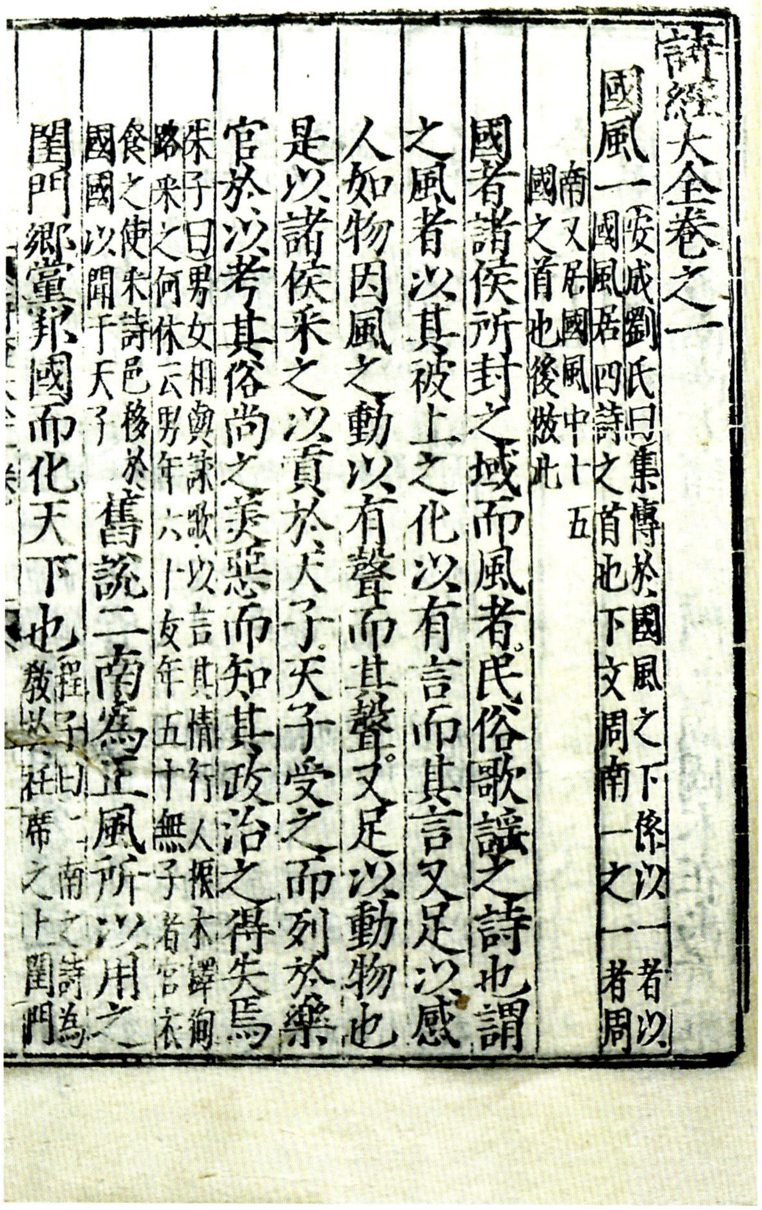
詩經大全卷之一

國風一 安成劉氏曰集傳於國風之下係以一者以國風居四詩之首也下文周南一之一者周南又居國風中十五國之首也後倣此

國者諸侯所封之域而風者民俗歌謠之詩也謂之風者以其被上之化以有言而其言又足以感人如物因風之動以有聲而其聲又足以動物也是以諸侯采之以貢於天子天子受之而列於樂官於以考其俗尚之美惡而知其政治之得失焉 朱子曰男女相與詠歌以言其情行人振木鐸徇路采之何休云男年六十女年五十無子者官衣食之使采詩邑移於國國以聞于天子 舊說二南爲正風所以用之閨門鄉黨邦國而化天下也 程子曰二南之詩爲教以狂帶之上閨門

詩經大全二十卷綱領一卷圖一卷　明胡廣等輯　詩序辨説一卷　宋朱熹撰

明嘉靖二十七年（1548）宗文堂刻本。半葉 11 行，字無定數，白口或黑口，四周雙邊，框高 18.2 厘米，寬 12.9 厘米。南京圖書館藏。國家名録號 10056。

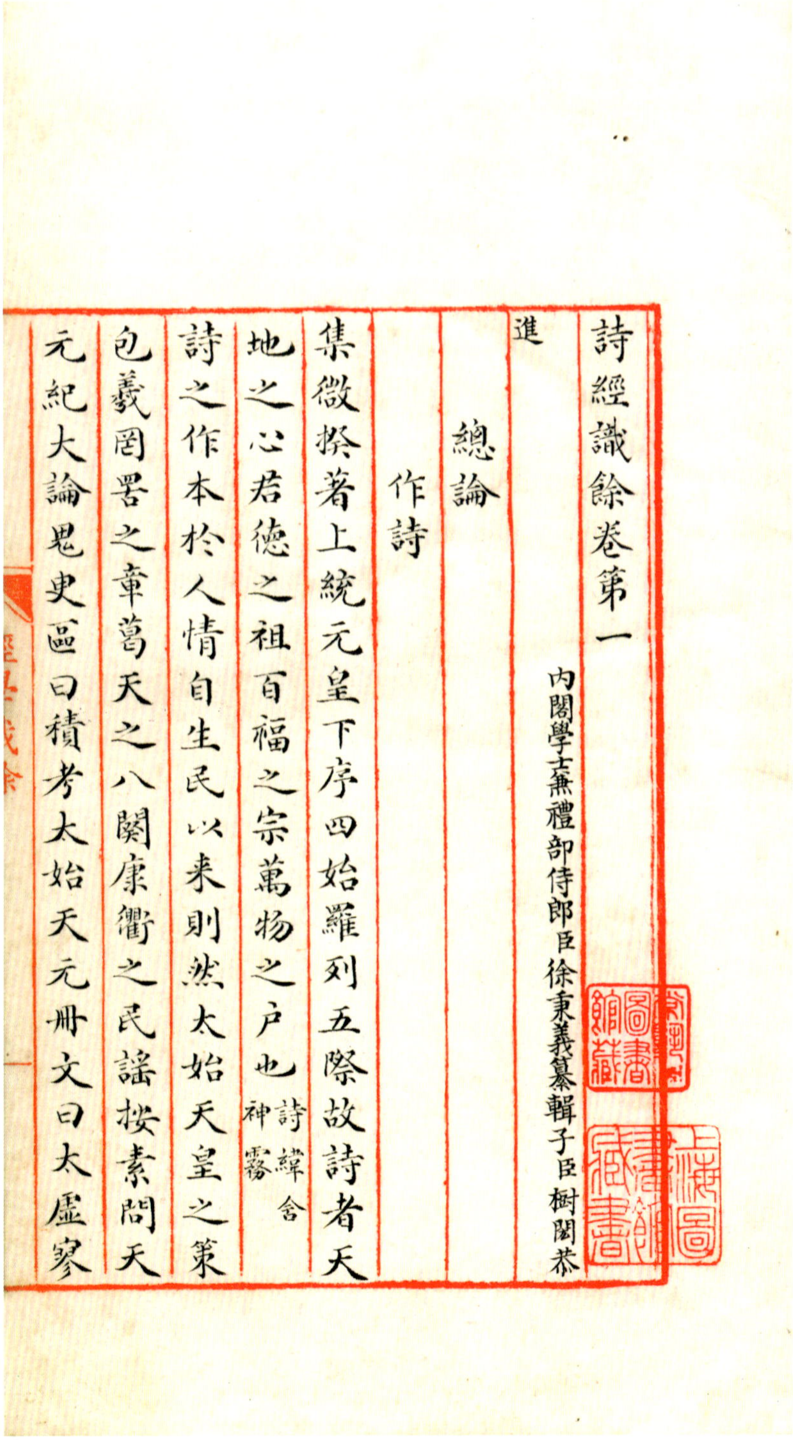
詩經識餘卷第一

内閣學士兼禮部侍郎臣徐秉義纂輯子臣樹閎恭

進

總論

作詩

集微揆著上統元皇下序四始羅列五際故詩者天地之心君德之祖百福之宗萬物之戶也詩緯含神霧

詩之作本於人情自生民以來則然太始天皇之策包羲罔罟之章葛天之八闋康衢之民謡按素問天元紀大論鬼臾區曰積考太始天元冊文曰太虛寥

詩經識餘□卷　清徐秉義撰

清徐樹閎抄本。半葉9行，行20字，小字雙行，字數同，白口，左右雙邊，框高18.1厘米，寬12.7厘米。江蘇省常熟市圖書館藏。國家名録號10057。

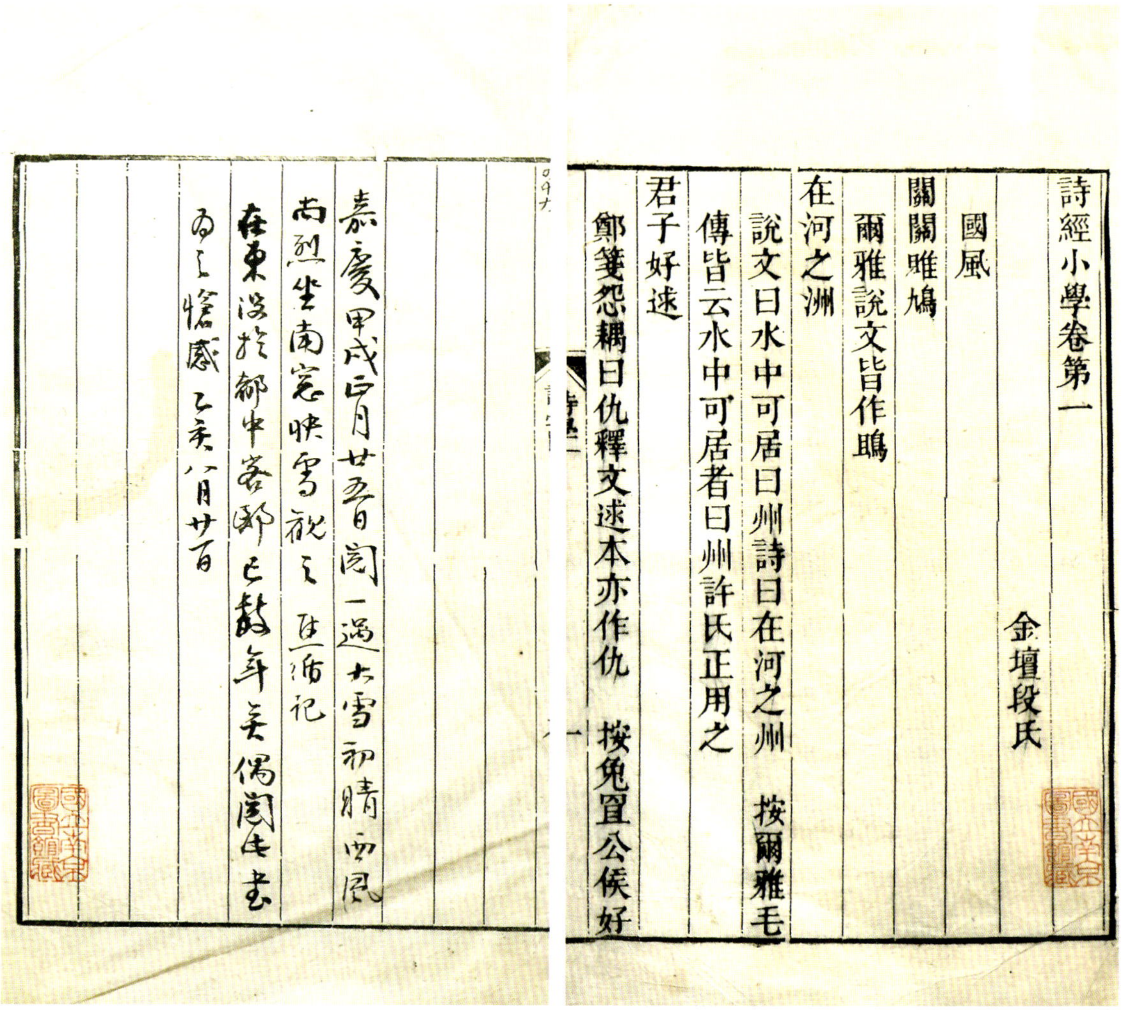

詩經小學卷第一　金壇段氏

國風

關關雎鳩

爾雅說文皆作鴡

在河之洲

說文曰水中可居曰州詩曰在河之洲　按爾雅毛

傳皆云水中可居者曰州許氏正用之

君子好逑

鄭箋怨耦曰仇釋文逑本亦作仇　按兔罝公侯好

嘉慶甲戌四月廿四日閱一過大雪初晴西風

尚烈坐南窗映雪校之　理堂記

在東没於鄴中寄郵已數年矣偶閱此書

為之愴感　乙亥八月廿日

詩經小學四卷　清段玉裁撰

清嘉慶二年（1797）武進臧氏同述觀刻拜經堂叢書本。焦循校並跋。半葉10行，行21字，小字雙行，字數同，白口，左右雙邊，框高18.2厘米，寬13.3厘米。南京圖書館藏。國家名録號10059。

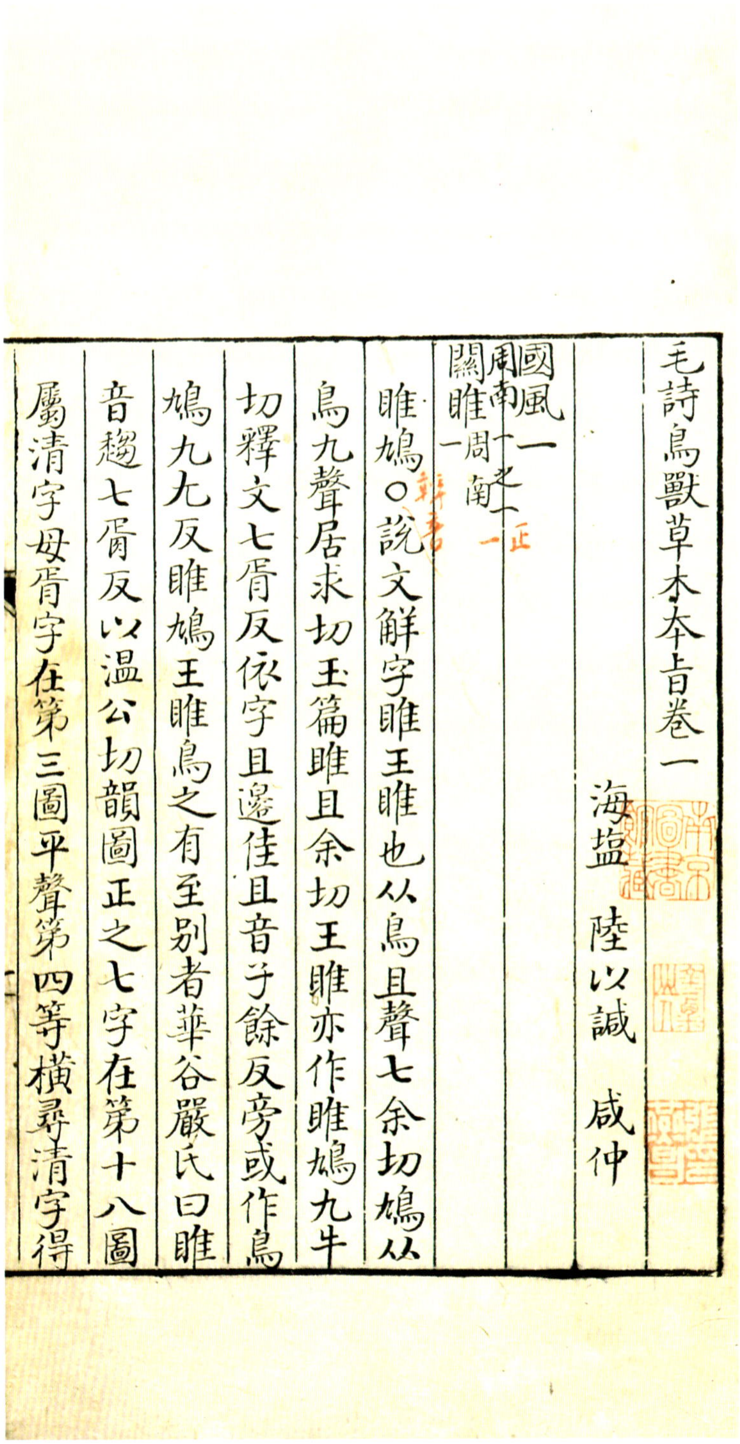
毛詩鳥獸草木本旨卷一
海盐 陸以誠 咸仲
國風一
周南一之一
關雎周南一
雎鳩○說文鮮字雎王雎也从鳥且聲七余切鳩从
鳥九聲居求切玉篇雎且余切王雎亦作雎鳩九牛
切釋文七胥反依字且邊佳且音子餘反旁或作鳥
鳩九九反雎鳩王雎鳥之有至別者華谷嚴氏曰雎
音趨七胥反以温公切韻圖正之七字在第十八圖
屬清字母胥字在第三圖平聲第四等橫尋清字得

毛詩鳥獸草木本旨十三卷　清陸以誠撰

稿本。張元濟跋。存十一卷（一至七、十至十三）。半葉10行，行21字，小字雙行，字數同，白口，四周單邊，框高17.8厘米，寬14.2厘米。南京圖書館藏。國家名録號10063。

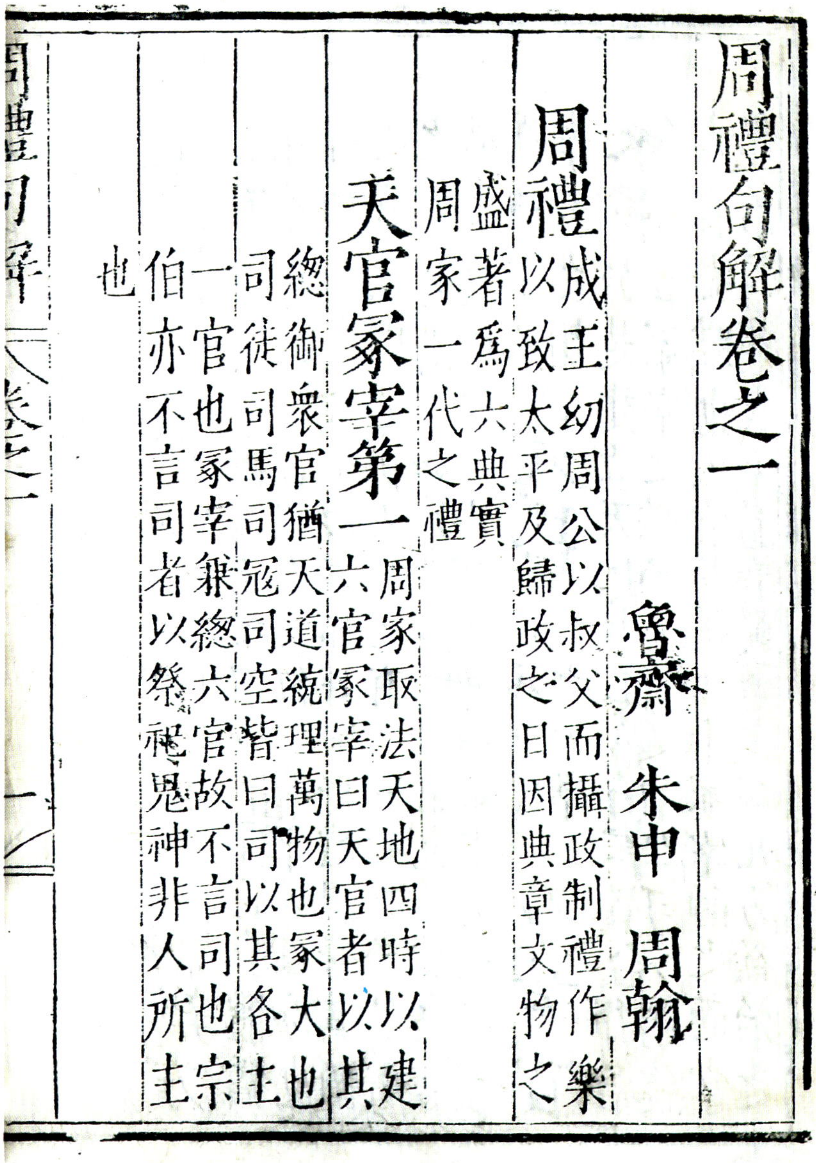
周禮句解卷之一

魯齋　朱申　周翰

周禮成王幼周公以叔父而攝政制禮作樂以致太平及歸政之日因典章文物之盛著爲六典實周家一代之禮

天官冢宰第一周家取法天地四時以建六官冢宰曰天官者以其總御衆官猶天道統理萬物也冢大也司徒司馬司寇司空皆曰司以其各主一官也冢宰兼總六官故不言司也宗伯亦不言司者以祭祀鬼神非人所主也

周禮句解　卷之一　一

周禮句解十二卷　宋朱申撰

明嘉靖三十五年（1556）蔡揚金刻本。丁丙跋。半葉8行，行18字，小字雙行，行17字，白口，四周雙邊，框高21.8厘米，寬14.5厘米。南京圖書館藏。國家名録號10067。

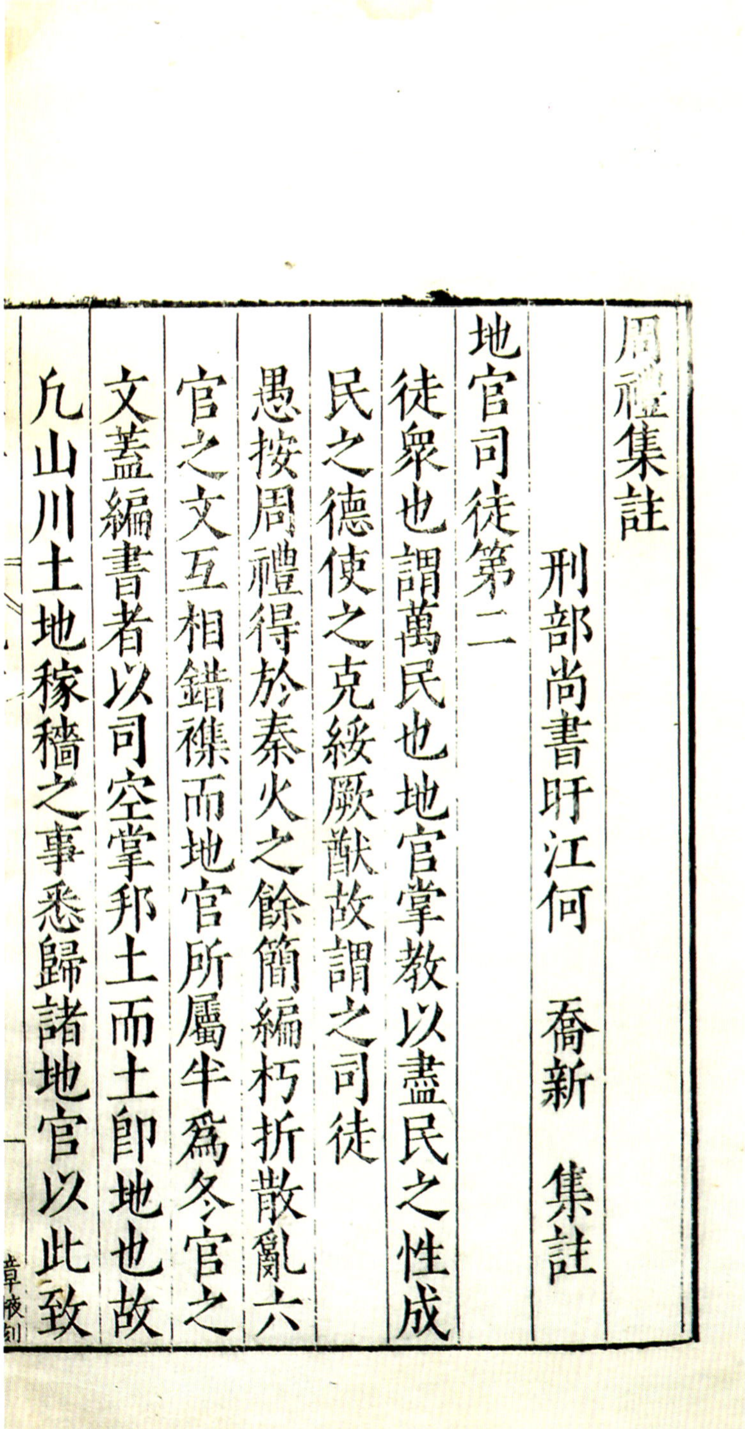

周禮集註

刑部尚書盱江何　喬新　集註

地官司徒第二

徒衆也謂萬民也地官掌教以盡民之性成民之德使之克綏厥猷故謂之司徒

愚按周禮得於秦火之餘簡編朽折散亂六官之文互相錯襍而地官所屬半爲冬官之文蓋編書者以司空掌邦土而土卽地也故凡山川土地稼穡之事悉歸諸地官以此致

周禮集注七卷　明何喬新撰

明嘉靖七年（1528）褚選刻本。半葉9行，行18字，小字雙行，字數同，白口，左右雙邊，框高20.7厘米，寬14.5厘米。南京圖書館藏。國家名録號10068。

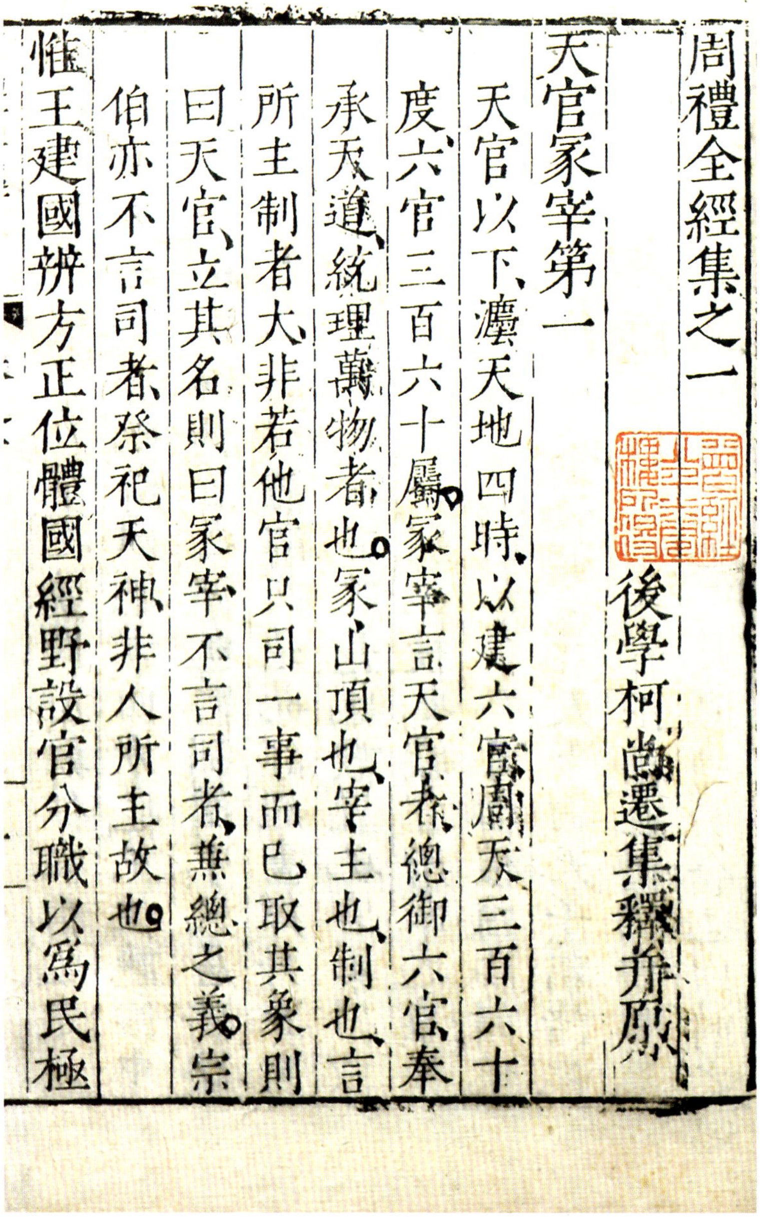
周禮全經集之一
後學柯尚遷集釋并原
天官冢宰第一
天官以下灋天地四時以建六官屬天三百六十
度六官三百六十屬冢宰言天官者總御六官奉
承天道統理萬物者也冢山頂也宰主也制也言
所主制者大非若他官只司一事而已取其象則
曰天官立其名則曰冢宰不言司者兼總之義宗
伯亦不言司者祭祀天神非人所主故也
惟王建國辨方正位體國經野設官分職以為民極

周禮全經釋原十二卷周禮通論一卷周禮傳叙論一卷周禮源流叙論一卷周禮全經目問一卷　明柯尚遷撰

明隆慶四年（1570）張大忠刻本。丁丙跋。半葉10行，行20字，小字雙行，字數同，白口，四周單邊，框高19.6厘米，寬14.2厘米。南京圖書館藏。國家名録號10070。

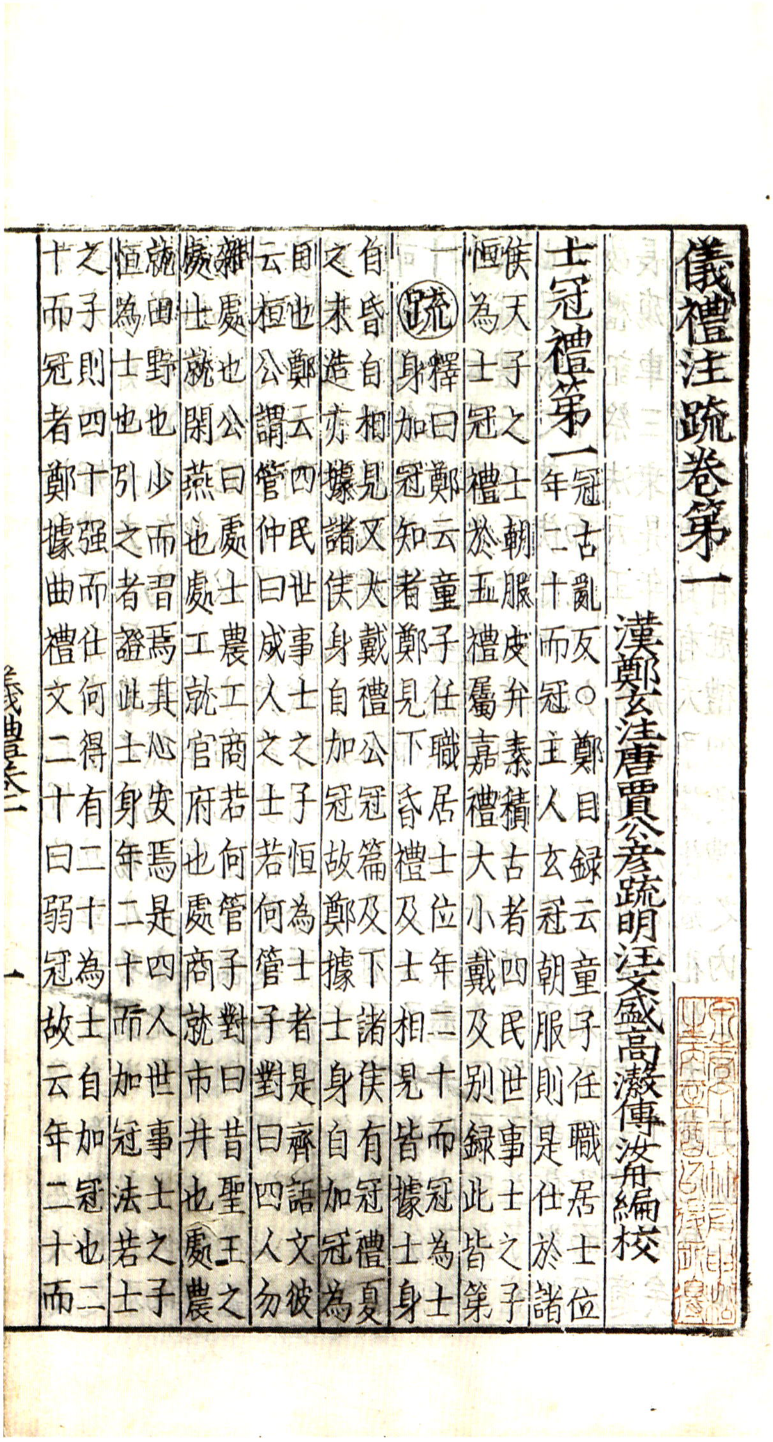
儀禮注疏卷第一

漢鄭玄注　唐賈公彥疏　明汪文盛高瀫傅汝舟編校

士冠禮第一　冠古亂反○鄭目録云童子任職居士位年二十而冠主人玄冠朝服則是仕於諸侯天子之士朝服皮弁素積古者四民世事士之子恒為士冠禮於五禮屬嘉禮大小戴及別録此皆第一

疏　釋曰鄭云童子任職居士位年二十而冠為士身加冠知者鄭見下昏禮及士相見皆據士身自昏自相見又大戴禮公冠篇及下諸侯有冠禮夏之末造亦據諸侯身自加冠故鄭據士身自加冠為目也鄭云四民世事士之子恒為士者是齊語文彼云桓公謂管仲曰成人之士若何管子對曰四人勿雜處也公曰處士農工商若何管子對曰昔聖王之處士就閑燕也處工就官府也處商就市井也處農就田野也少而習焉其心安焉是四人世事士之子恒為士也引之者證此士身年二十而加冠法若士之子則四十強而仕何得有二十為士自加冠也二十而冠者鄭據曲禮文二十曰弱冠故云年二十而

儀禮疏卷一　一

儀禮注疏十七卷　漢鄭玄注　唐賈公彥等疏　唐陸德明音義

明嘉靖汪文盛等刻本。丁丙跋。半葉10行，行20字，小字雙行，字數同，白口，四周單邊，框高20.3厘米，寬14厘米。南京圖書館藏。國家名録號10071。

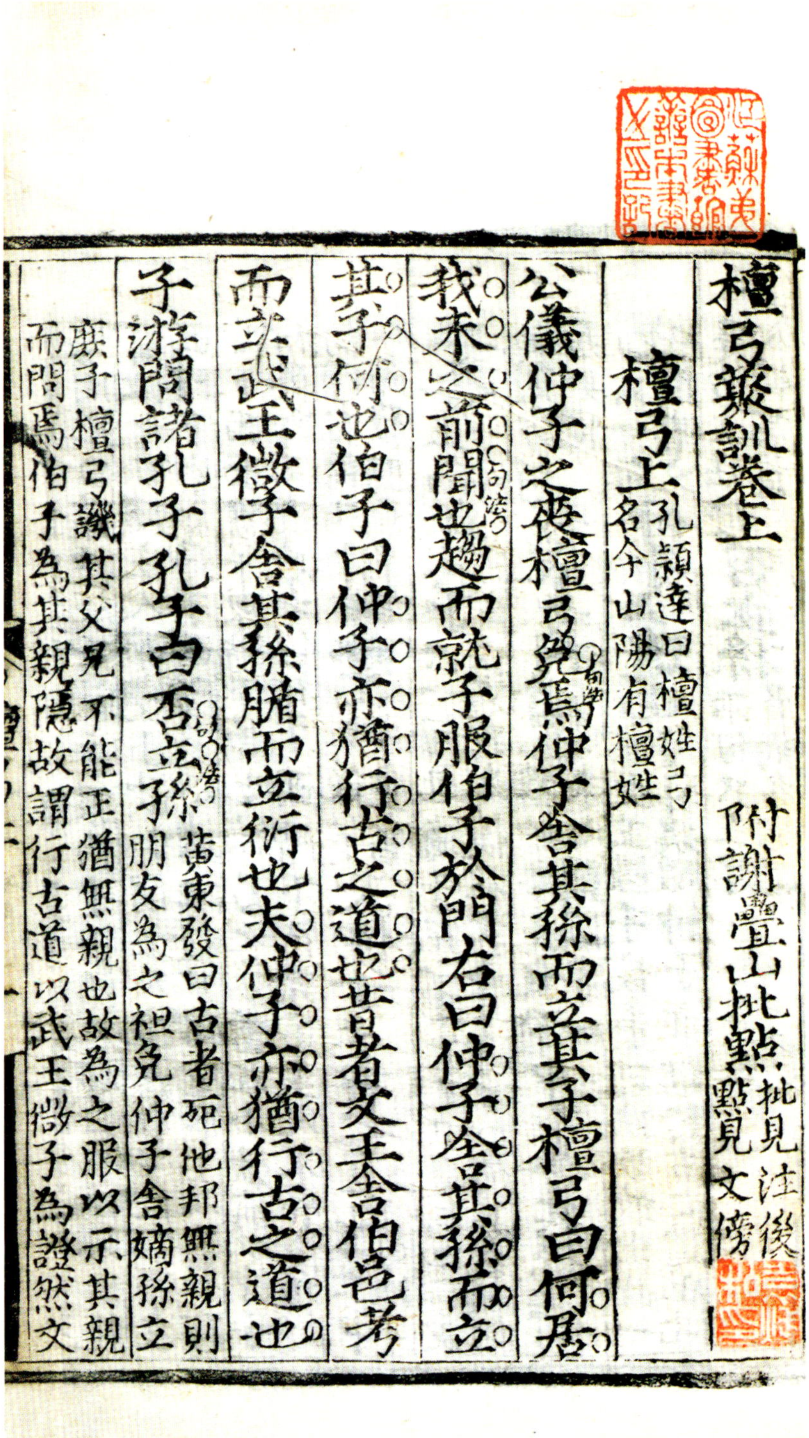
檀弓叢訓卷上

附謝疊山批點 批見注後 點見文傍

檀弓上 孔穎達曰檀姓弓名今山陽有檀姓

公儀仲子之喪檀弓免焉仲子舍其孫而立其子檀弓曰何居我未之前聞也趨而就子服伯子於門右曰仲子舍其孫而立其子何也伯子曰仲子亦猶行古之道也昔者文王舍伯邑考而立武王微子舍其孫腯而立衍也夫仲子亦猶行古之道也子游問諸孔子孔子曰否立孫 黄東發曰古者死他邦無親則朋友為之袒免仲子舍嫡孫立庶子檀弓譏其父兄不能正猶無親也故為之服以示其親而問焉伯子為其親隱故謂行古道以武王微子為證然文

檀弓叢訓二卷　明楊慎撰

明嘉靖三十五年（1556）姚安府刻本。半葉8行，行24字，小字雙行，字數同，黑口，四周雙邊，框高19.9厘米，寬14.6厘米。南京圖書館藏。國家名録號10079。

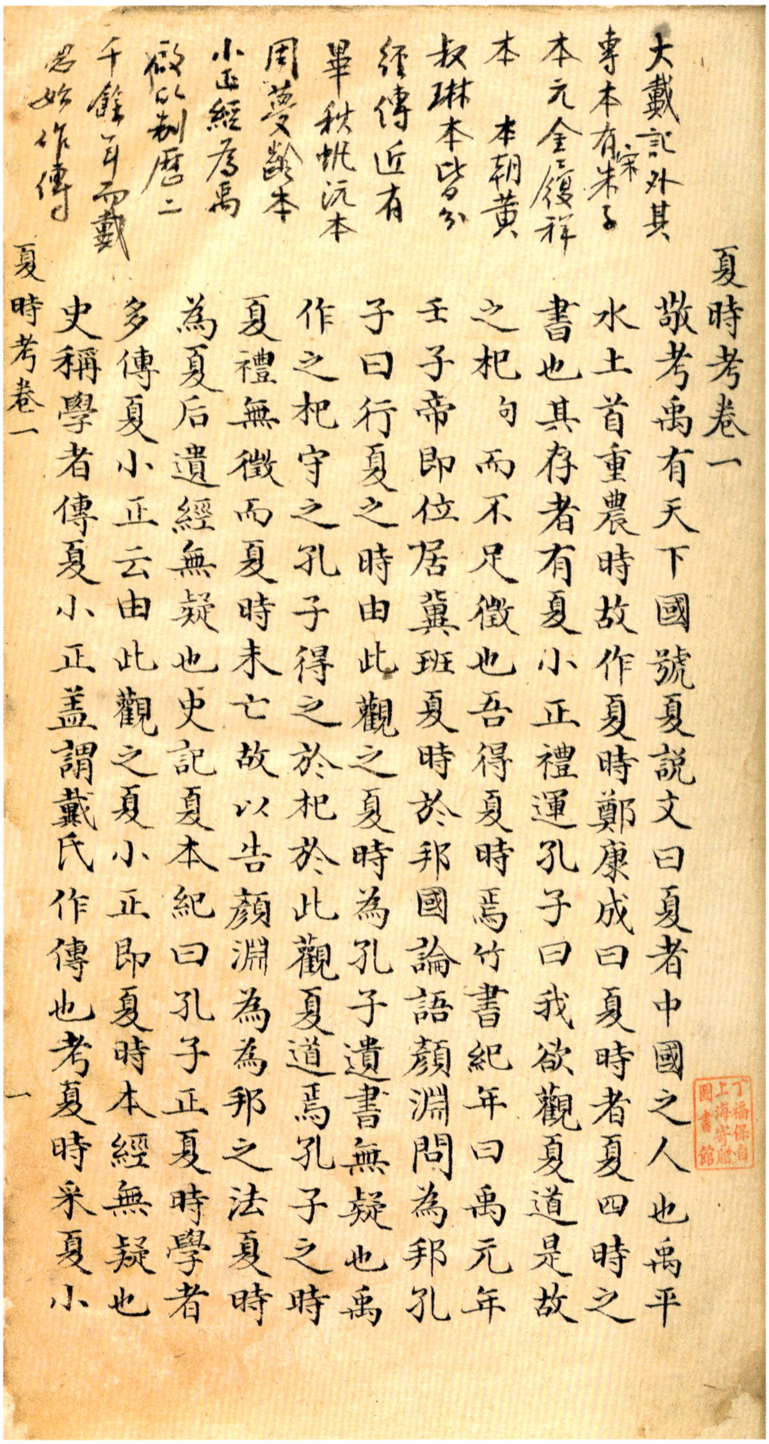

夏時考五卷　清安吉撰

稿本。半葉12行，行22字。無錫市圖書館藏。國家名録號10084。

明清時期

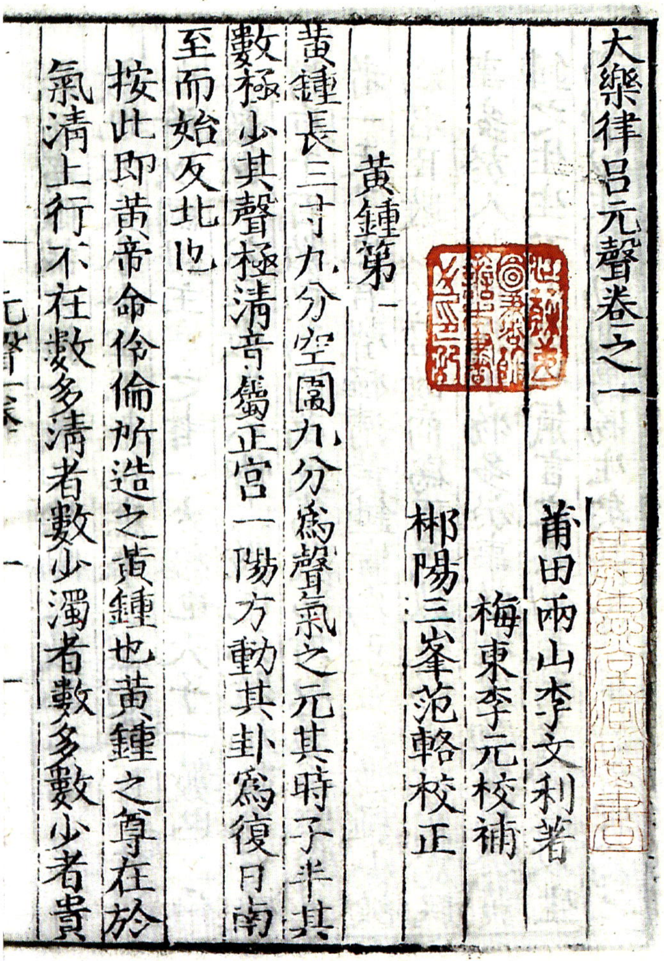
大樂律呂元聲卷之一
莆田兩山李文利著
梅東李元校補
郴陽三峯范輅校正
黄鍾第一
黄鍾長三寸九分空圍九分爲聲氣之元其時子半其
數極少其聲極清音爲正宮一陽方動其卦爲復日南
至而始反北也
按此即黄帝命伶倫所造之黄鍾也黄鍾之尊在於
氣清上行不在數多清者數少濁者數多數少者貴

大樂律呂元聲六卷大樂律呂考注四卷　明李文利撰　明李元校補

明嘉靖三年（1524）范輅刻本。丁丙跋。半葉10行，行21字，白口，四周單邊，框高17.5厘米，寬12.7厘米。南京圖書館藏。國家名録號10089。

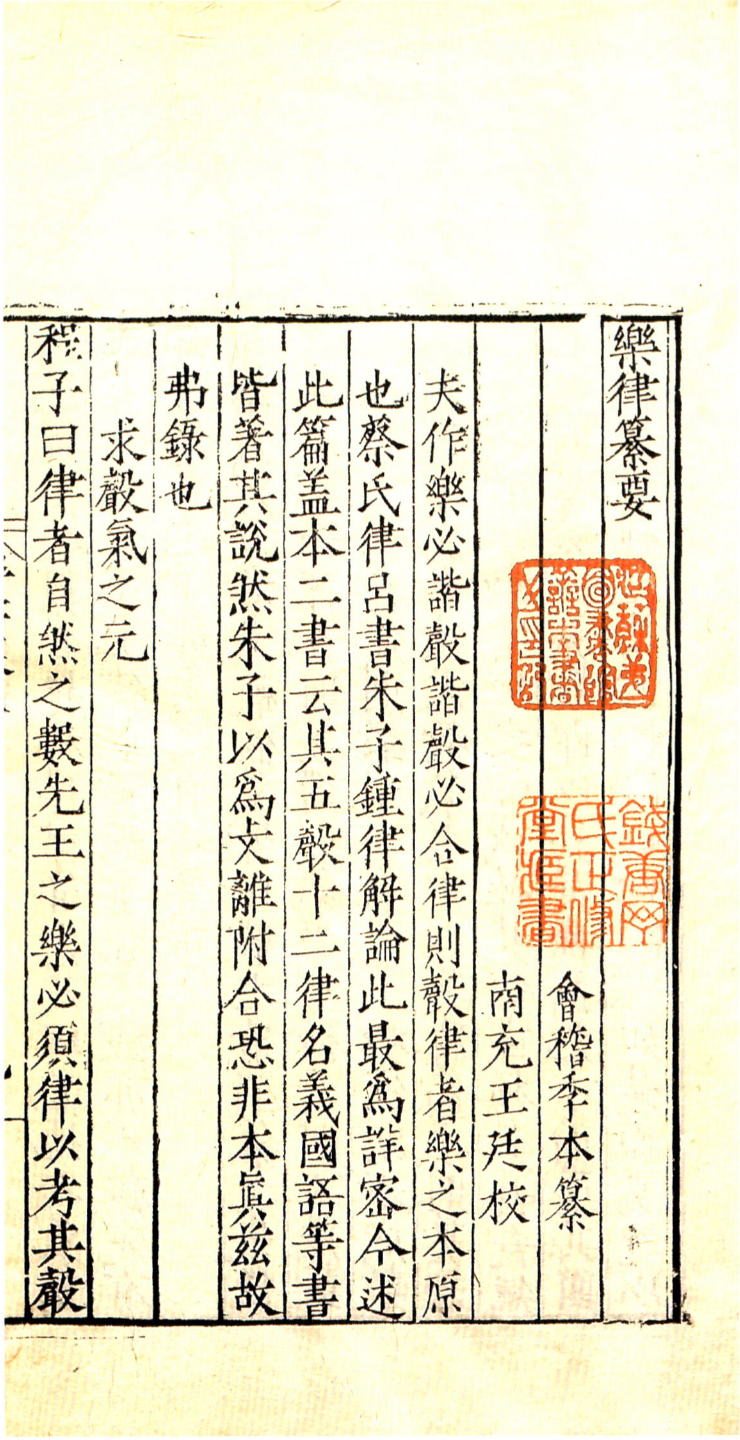

樂律纂要

會稽季本纂

南充王廷校

夫作樂必諧聲諧聲必合律則聲律者樂之本原也蔡氏律呂書朱子鍾律解論此最爲詳密今述此篇蓋本二書云其五聲十二律名義國語等書皆着其說然朱子以爲文離附合恐非本眞兹故弗錄也

求聲氣之元

程子曰律者自然之數先王之樂必須律以考其聲

樂律纂要一卷　明季本撰

明嘉靖十八年（1539）宋榯刻本。丁丙跋。半葉10行，行20字，小字雙行，字數同，白口，左右雙邊，框高18.2厘米，寬12.9厘米。南京圖書館藏。國家名録號10090。

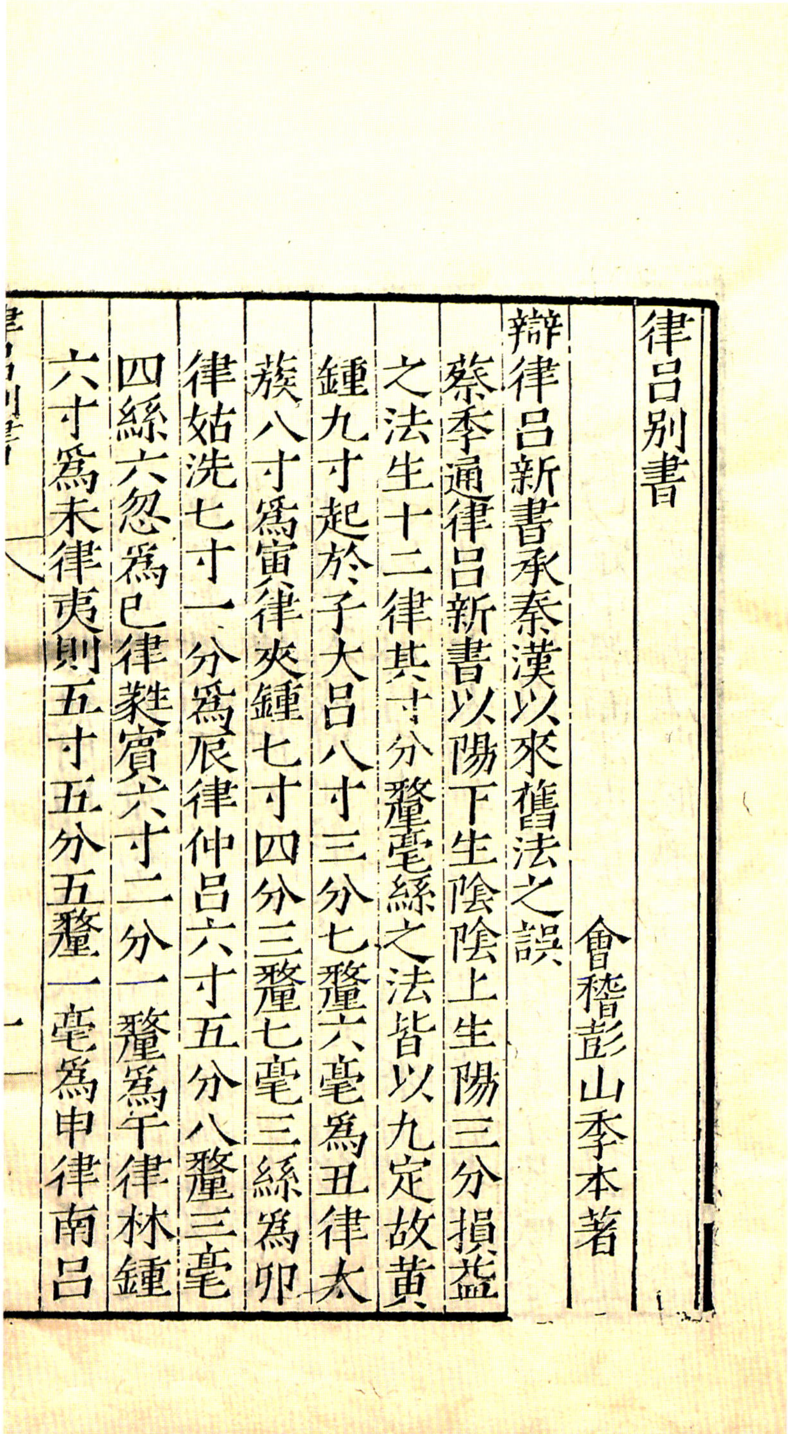

律呂別書

會稽彭山季本著

辯律呂新書承秦漢以來舊法之誤

蔡季通律呂新書以陽下生陰陰上生陽三分損益之法生十二律其寸分釐毫絲之法皆以九定故黄鍾九寸起於子大呂八寸三分七釐六毫爲丑律太蔟八寸爲寅律夾鍾七寸四分三釐七毫三絲爲卯律姑洗七寸一分爲辰律仲呂六寸五分八釐三毫四絲六忽爲巳律蕤賓六寸二分一釐爲午律林鍾六寸爲未律夷則五寸五分五釐一毫爲申律南呂

律呂別書　一

律呂別書一卷　明季本撰

明嘉靖李有則刻本。半葉 10 行，行 21 字，白口，左右雙邊，框高 18.1 厘米，寬 12.9 厘米。南京圖書館藏。國家名録號 10091。

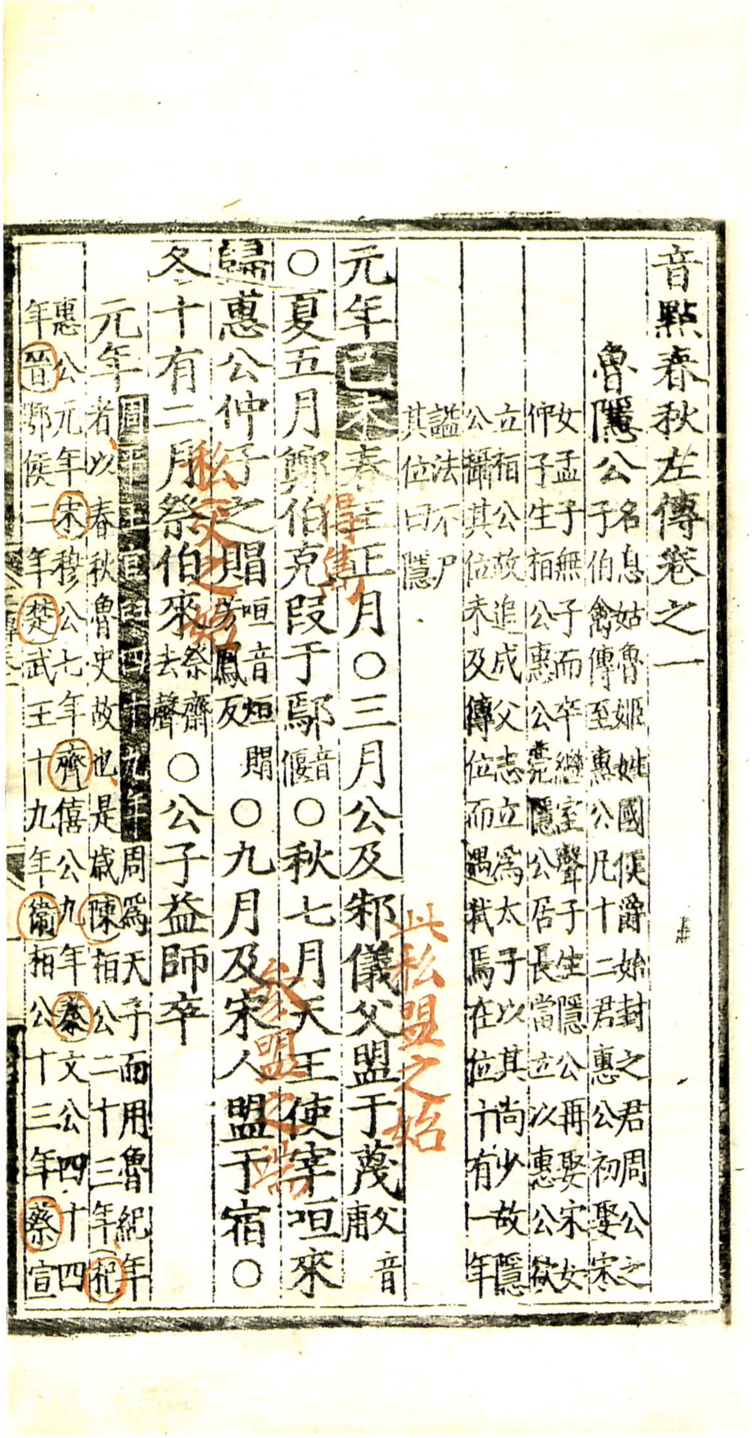

音點春秋左傳卷之一

魯隱公 名息姑魯姬姓國侯爵始封之君周公之子伯禽傳至惠公凡十二君惠公初娶宋女孟子無子而卒繼室聲子生隱公再娶宋仲子生桓公惠公薨隱公居長當立以惠公欲立桓公故追成父志立爲太子以其尚少故隱公攝其位未及傳位而遇弒焉在位十有一年 諡法不尸其位曰隱

元年己未春王正月○三月公及邾儀父盟于蔑 父音甫 ○夏五月鄭伯克段于鄢 音偃 ○秋七月天王使宰咺來歸惠公仲子之賵 咺音烜賵芳鳳反 ○九月及宋人盟于宿○冬十有二月祭伯來 祭齋去聲 ○公子益師卒

元年 周平王四十九年周爲天子而用魯紀年者以春秋魯史故也是歲陳桓公二十三年杞惠公元年宋穆公七年齊僖公九年秦文公四十四年晉鄂侯二年楚武王十九年衛桓公十三年蔡宣

音點春秋左傳十六卷

明弘治十五年（1502）陳理刻本。丁丙跋。半葉 11 行，行 21 字，小字雙行，字數同，黑口，四周雙邊，框高 19.2 厘米，寬 13.1 厘米。南京圖書館藏。國家名録號 10094。

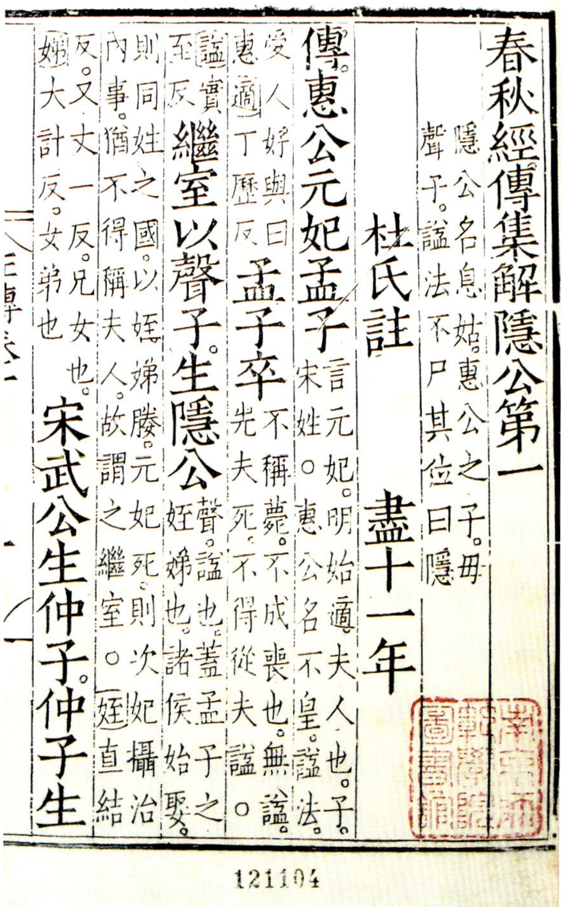

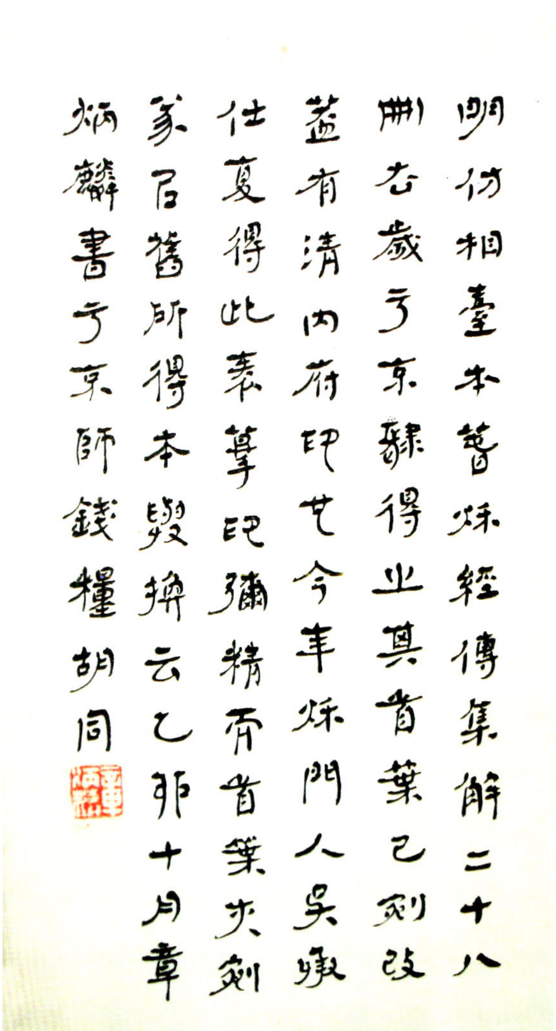

春秋經傳集解三十卷　晉杜預撰　唐陸德明釋文

明刻本。章炳麟跋。半葉8行，行17字，小字雙行，字數同，白口，四周雙邊，框高22厘米，寬13.6厘米。南京師範大學圖書館藏。國家名録號10095。

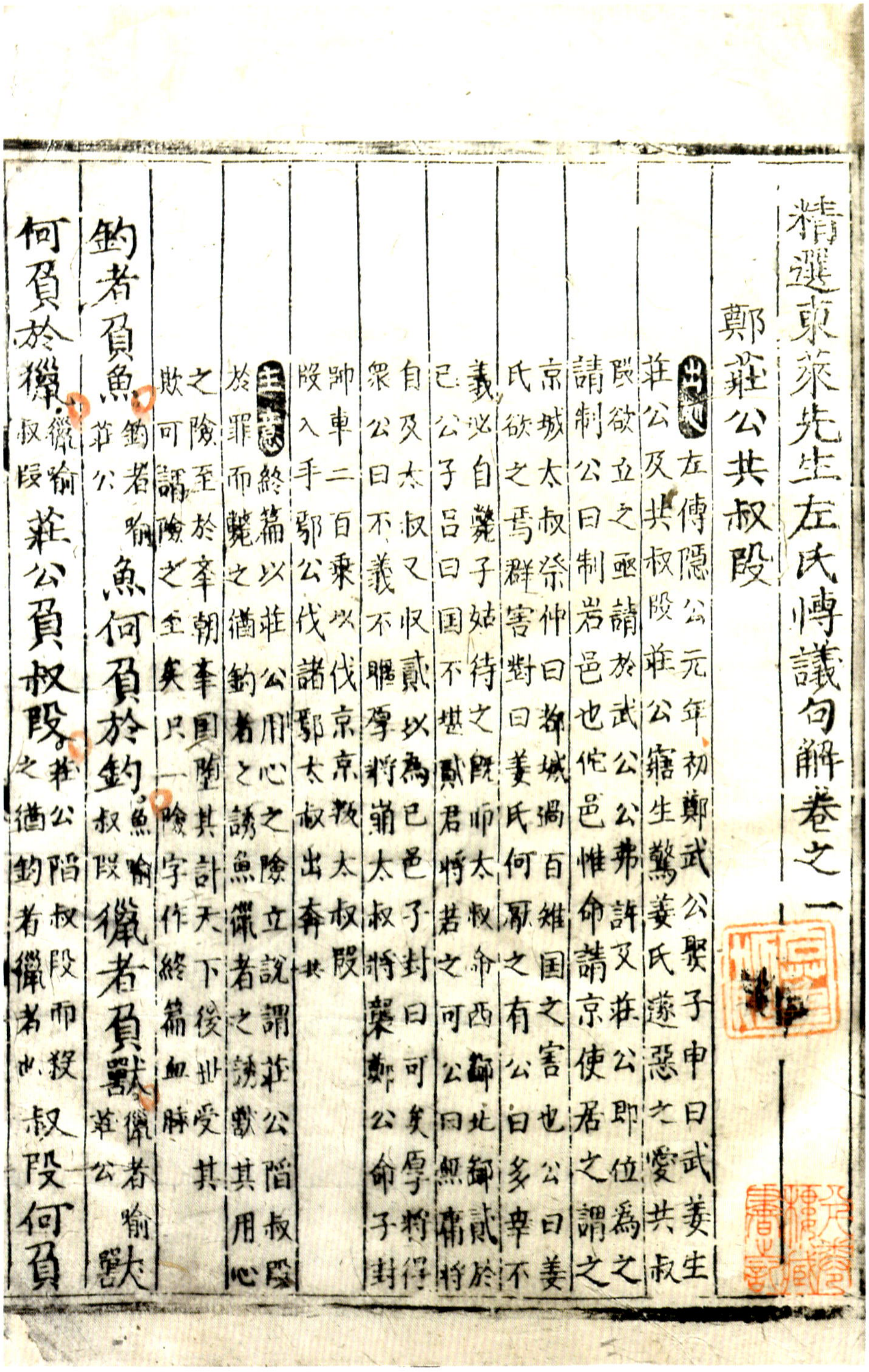
精選東萊先生左氏博議句解卷之一

鄭莊公共叔段

出處　左傳隱公元年初鄭武公娶于申曰武姜生莊公及共叔段莊公寤生驚姜氏遂惡之愛共叔段欲立之亟請於武公公弗許及莊公即位爲之請制公曰制巖邑也佗邑惟命請京使居之謂之京城太叔祭仲曰都城過百雉國之害也公曰姜氏欲之焉辟害對曰姜氏何厭之有公曰多行不義必自斃子姑待之既而太叔命西鄙北鄙貳於己公子呂曰國不堪貳君將若之何公曰無庸將自及太叔又收貳以爲己邑子封曰可矣厚將得衆公曰不義不暱厚將崩太叔將襲鄭公命子封帥車二百乘以伐京京叛太叔段段入于鄢公伐諸鄢太叔出奔共

主意　終篇以莊公用心之險立說謂莊公陷叔段於罪而斃之猶釣者之誘魚獵者之誘獸其用心之險至於卒朝李固墜其計天下後世受其欺可謂險之至矣只一險字作終篇血脈

釣者負魚（釣者喻莊公）魚何負於釣（魚喻叔段）獵者負獸（獵者喻莊公）何負於獵（獵喻叔段）莊公負叔段（之莊公陷叔段而殺之猶釣者獵者也）叔段何負

精選東萊先生左氏博議句解十六卷　宋吕祖謙撰

明弘治七年（1494）蔡紳刻本。丁丙跋。半葉12行，行23字，小字雙行，字數同，黑口，四周雙邊，框高24厘米，寬18.2厘米。南京圖書館藏。國家名録號10097。

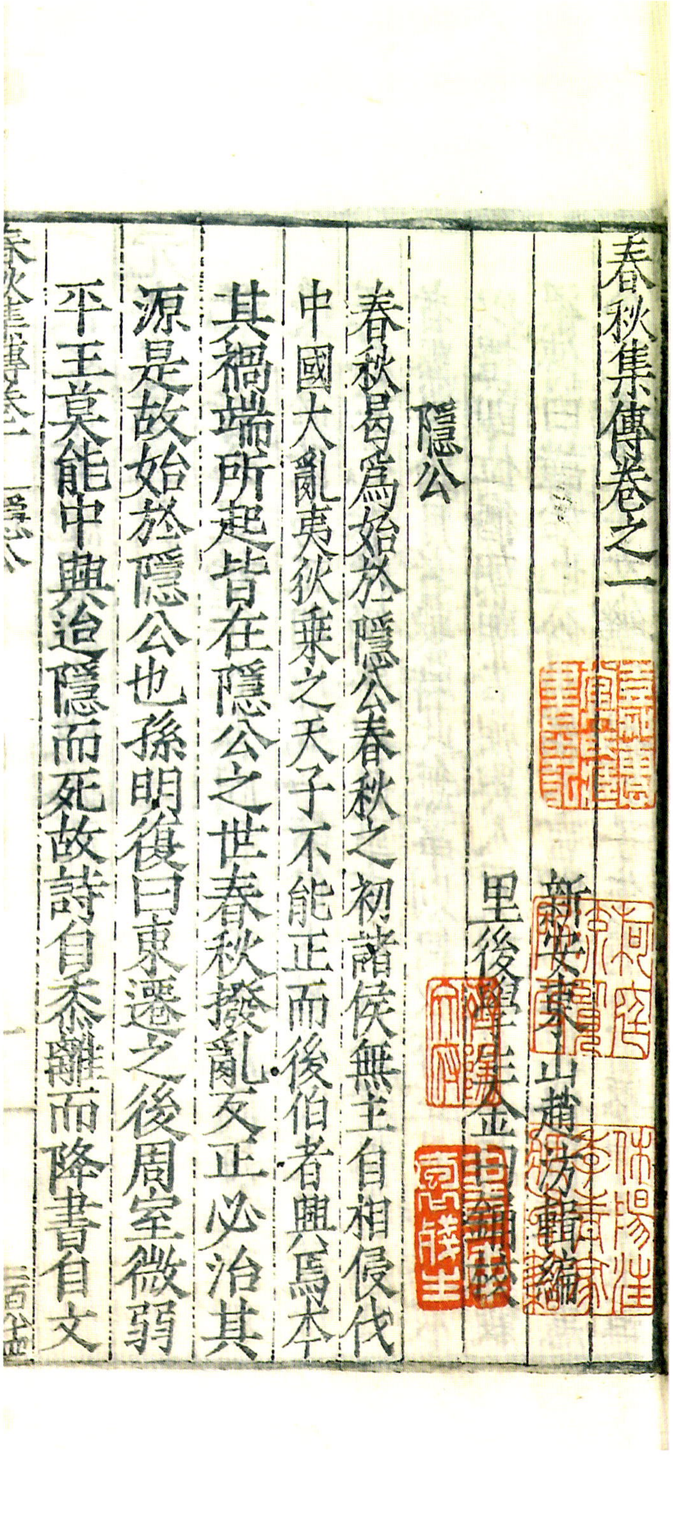

春秋集傳卷之一

新安東山趙汸輯編

里後學金日鏞校

隱公

春秋曷為始於隱公春秋之初諸侯無王自相侵伐中國大亂夷狄乘之天子不能正而後伯者興焉本其禍端所起皆在隱公之世春秋撥亂反正必治其源是故始於隱公也孫明復曰東遷之後周室微弱平王莫能中興迨隱而死故詩自黍離而降書自文

春秋集傳十五卷　元趙汸撰

明嘉靖三十四年（1555）金日鏞刻藍印本。丁丙跋。半葉9行，行21字，小字雙行，字數同，白口，四周單邊，框高18.6厘米，寬12.7厘米。南京圖書館藏。國家名録號10103。

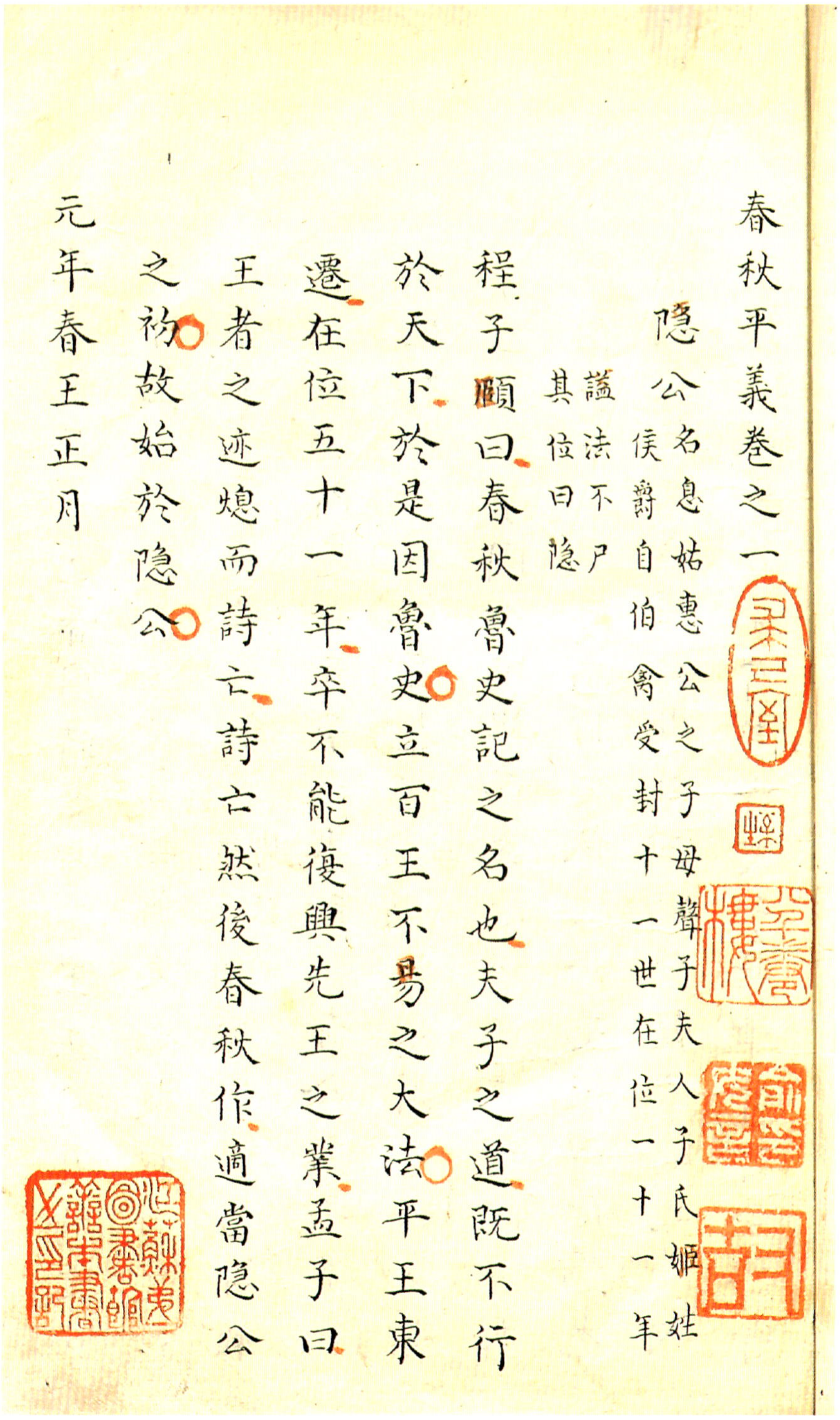
春秋平義卷之一
隱公名息姑惠公之子母聲子夫人子氏姬姓侯爵自伯禽受封十一世在位一十一年
謚法不尸其位曰隱
程子頤曰春秋魯史記之名也夫子之道既不行於天下於是因魯史立百王不易之大法平王東遷在位五十一年卒不能復興先王之業孟子曰王者之迹熄而詩亡詩亡然後春秋作適當隱公之初故始於隱公
元年春王正月

春秋平義十二卷　清俞汝言撰

稿本。丁丙跋。半葉9行，行20字，小字雙行，字數同。南京圖書館藏。國家名録號10108。

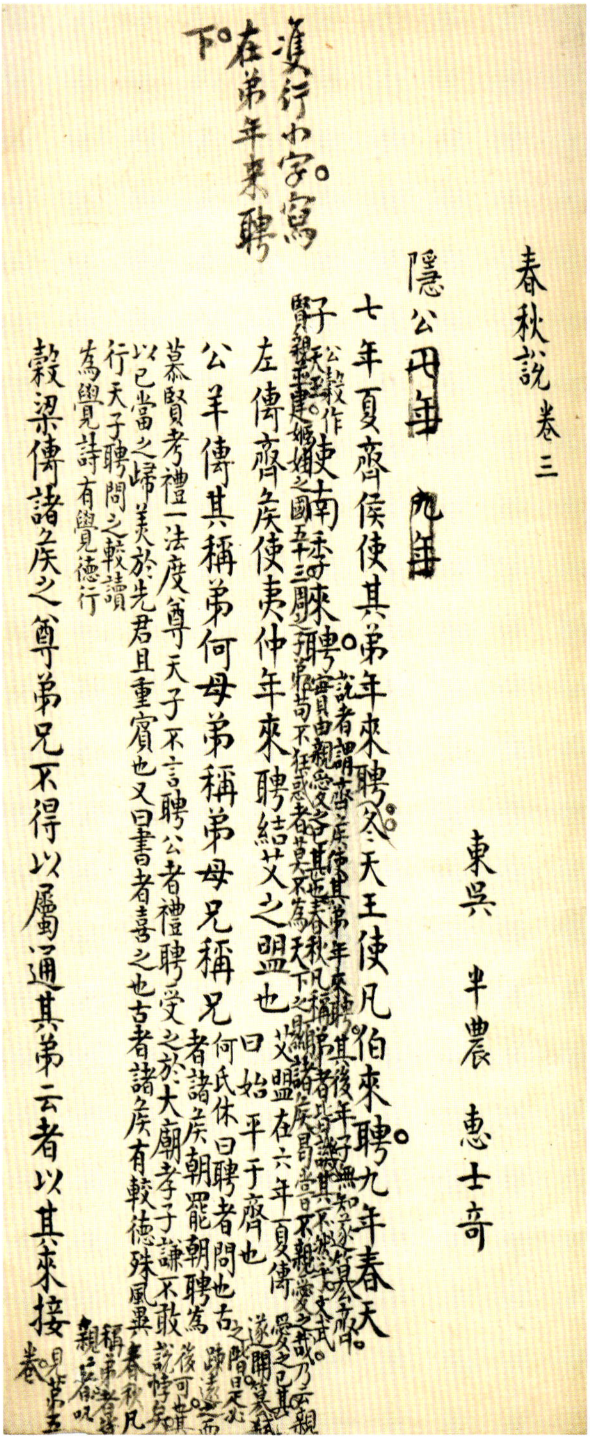

春秋說五卷　清惠士奇撰

稿本。存三卷（三至五）。半葉10行，字不等。蘇州圖書館藏。國家名録號10111。

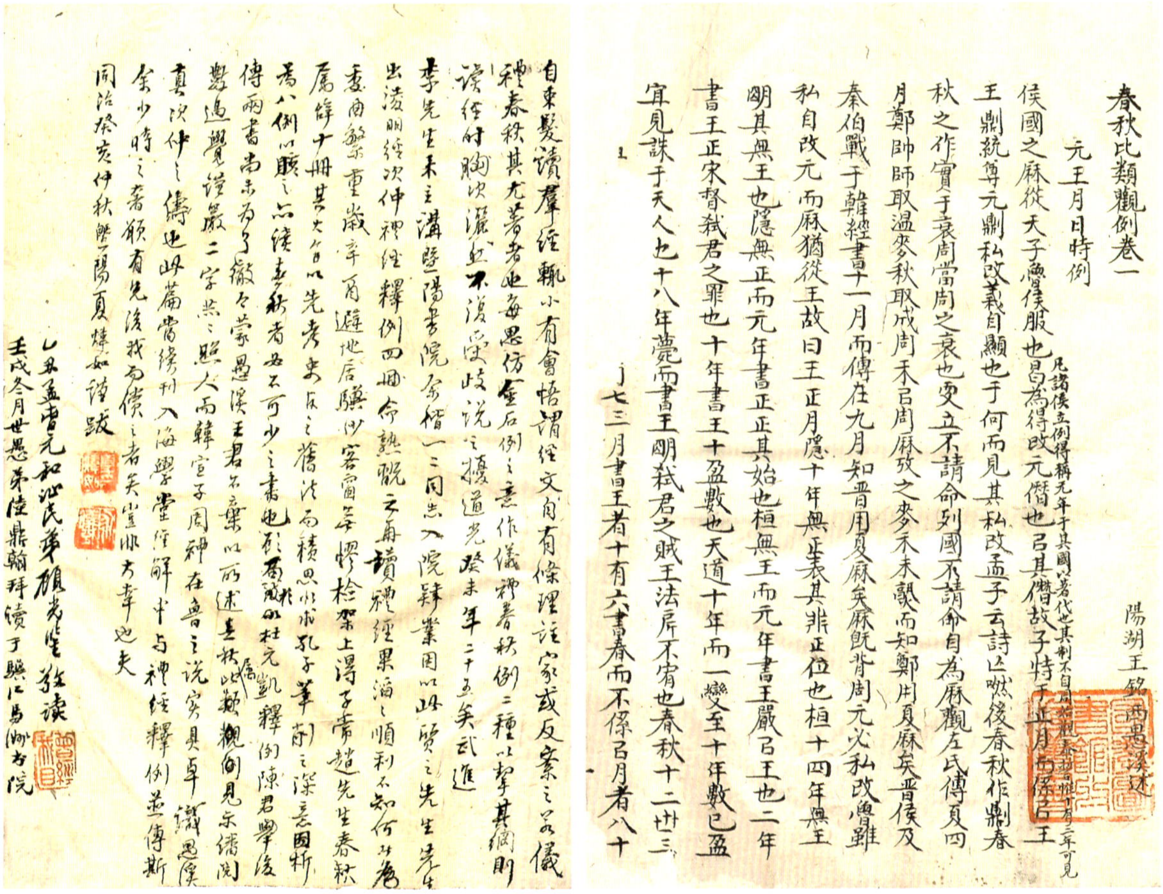

春秋比類觀例二卷　清王銘西撰

稿本。夏煒如跋，戴望、駱粲、陳鼎、許棫、湯成烈、陸鼎翰、吴康壽題款。半葉12行，行31字。南京圖書館藏。國家名録號10112。

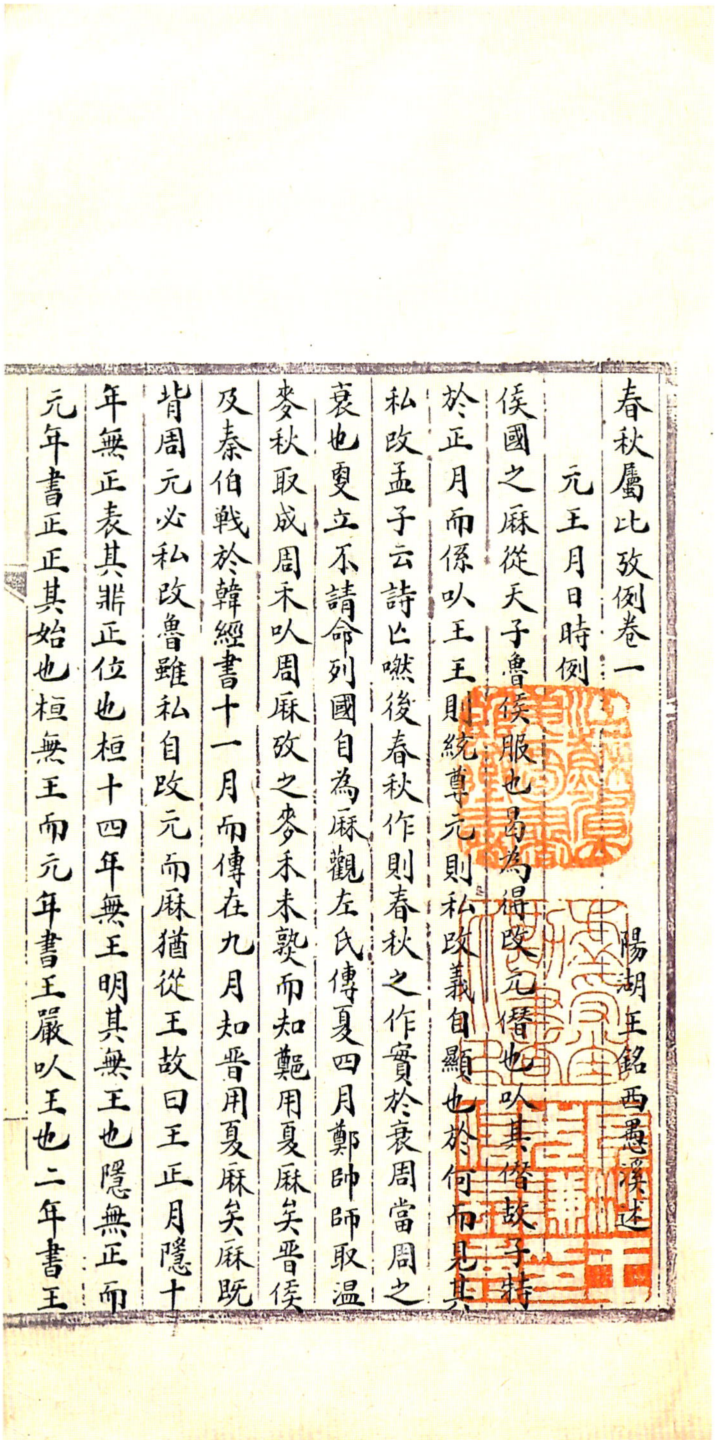

春秋屬比攷例卷一

元王月日時例　陽湖王銘西愚溪述

侯國之厤從天子魯侯服也而為得改元僭也以其僭故予特於正月而係以王王則統尊元則私改義自顯也於何而見其私改孟子云詩亡然後春秋作則春秋之作實於衰周當周之衰也更立不請命列國自為厤觀左氏傳夏四月鄭師師取溫麥秋取成周禾以周厤攷之麥禾未熟而知鄭用夏厤矣晉侯及秦伯戰於韓經書十一月而傳在九月知晉用夏厤矣厤既背周元必私改魯雖私自改元而厤猶從王故曰王正月隱十年無正表其非正位也桓十四年無王明其無王也隱無正而元年書正正其始也桓無王而元年書王嚴以王也二年書王

春秋屬比攷例二卷　清王銘西撰

稿本。王先謙跋。半葉11行，行24字，小字雙行，字數同，白口，左右雙邊，框高17.9厘米，寬13厘米。南京圖書館藏。國家名録號10113。

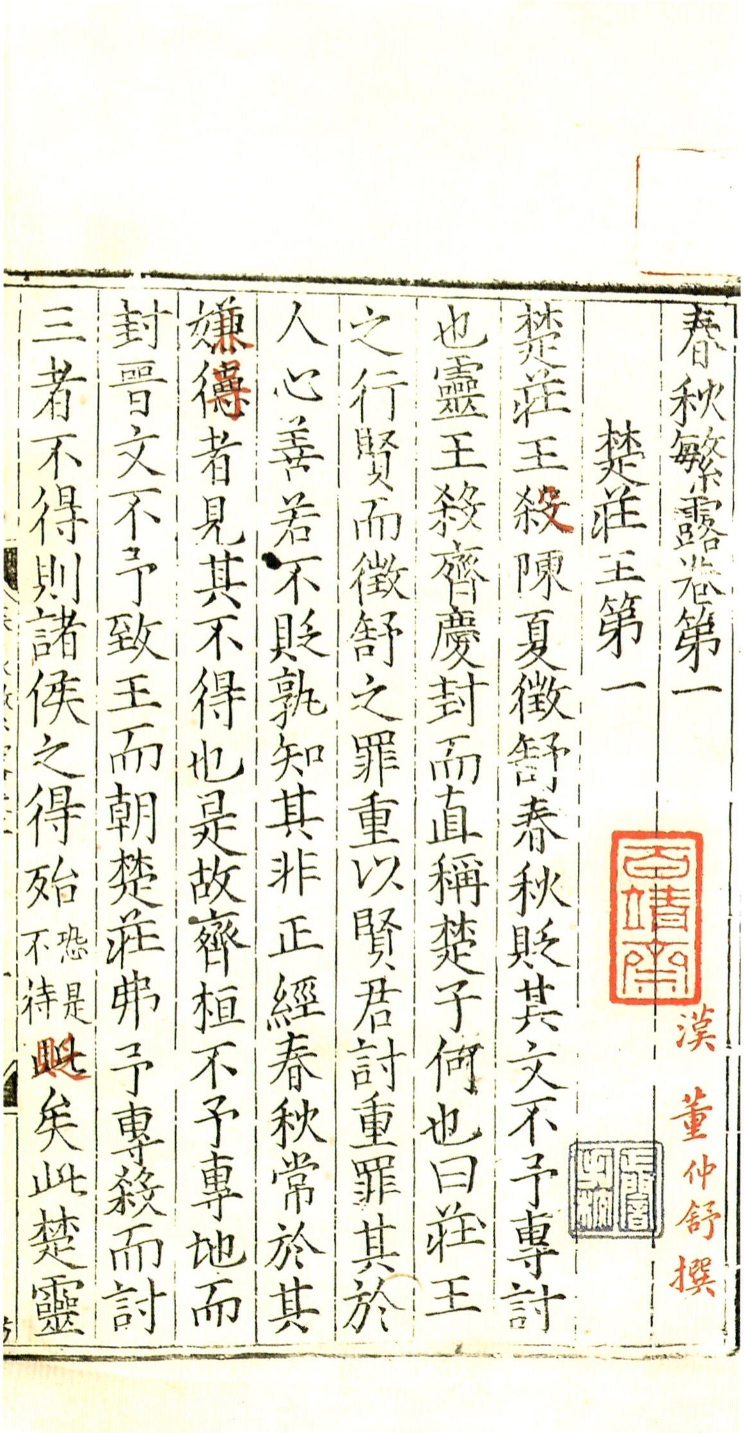
春秋繁露卷第一

楚莊王第一　　漢 董仲舒 撰

楚莊王殺陳夏徵舒春秋貶其文不予專討也靈王殺齊慶封而直稱楚子何也曰莊王之行賢而徵舒之罪重以賢君討重罪其於人心善若不貶孰知其非正經春秋常於其嫌得者見其不得也是故齊桓不予專地而封晉文不予致王而朝楚莊弗予專殺而討三者不得則諸侯之得殆恐是不待貶矣此楚靈

春秋繁露十七卷　漢董仲舒撰

明刻本。鄧邦述跋並録孔繼涵校跋。半葉9行，行17字，小字雙行，字數同，白口，四周雙邊，框高20厘米，寬14厘米。南京圖書館藏。國家名録號10117。

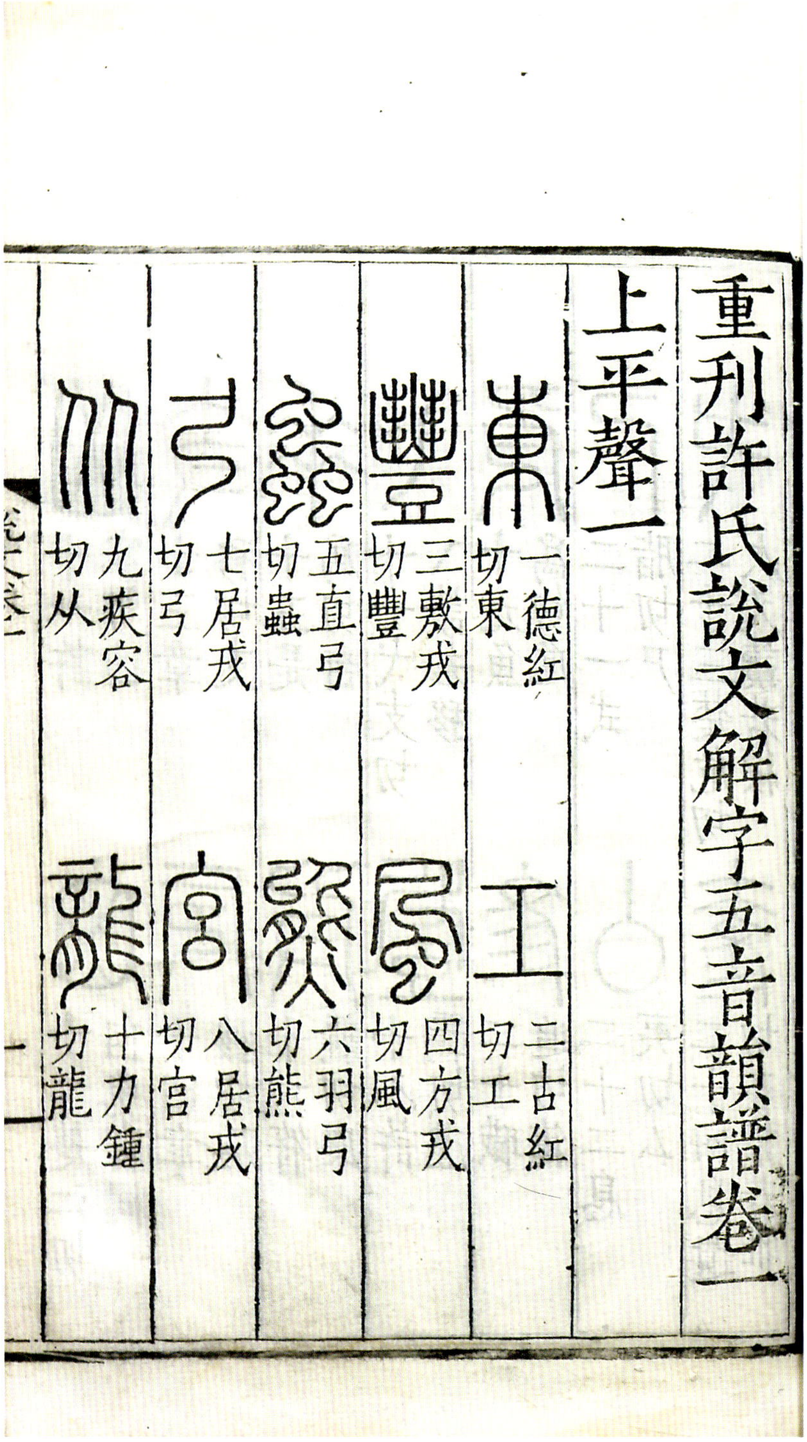
重刊許氏說文解字五音韻譜卷一
上平聲一
一德紅切東
二古紅切工
三敷戎切豐
四方戎切風
五直弓切蟲
六羽弓切熊
七居戎切弓
八居戎切宮
九疾容切从
十力鍾切龍
説文卷一 一

重刊許氏説文解字五音韻譜十二卷　宋李燾撰

明嘉靖七年（1528）郭雨山刻本。半葉7行，字無定數，白口，四周雙邊，框高20厘米，寬14.9厘米。南京圖書館藏。國家名録號10144。

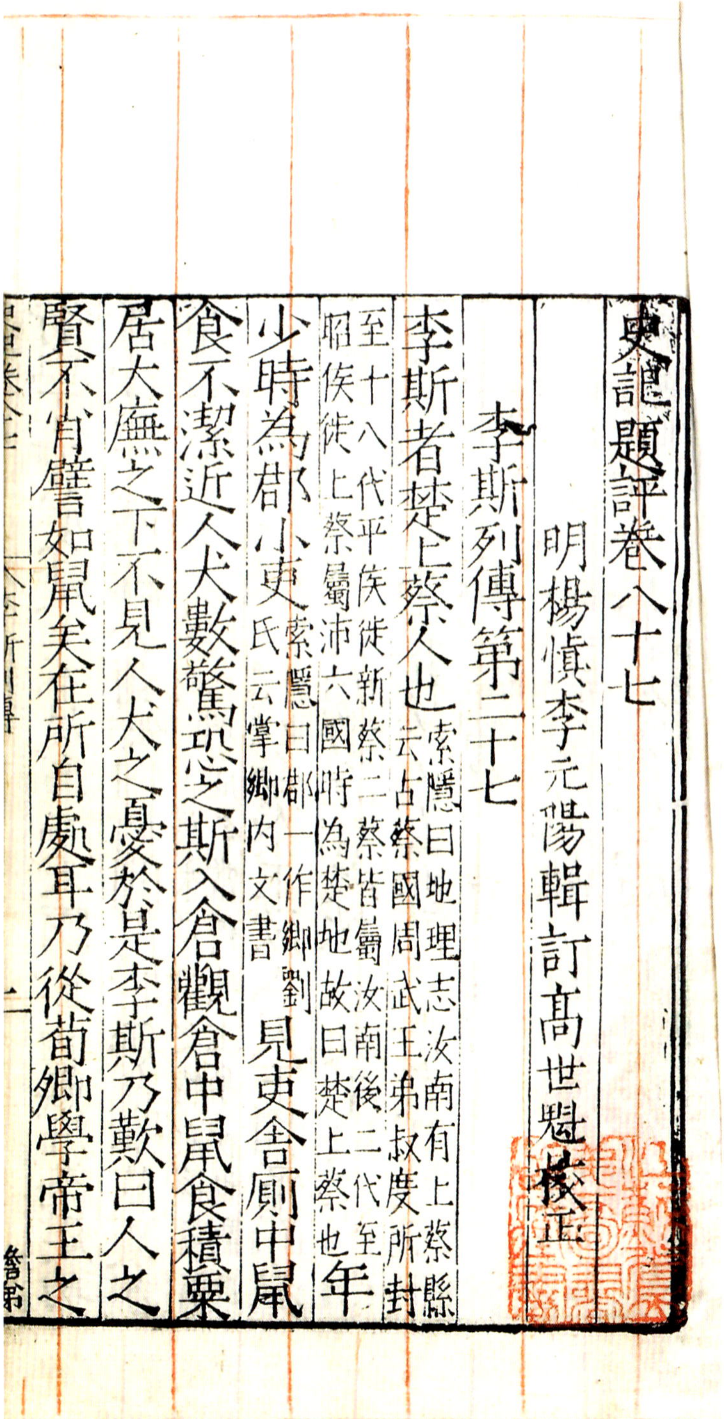

史記題評卷八十七

明楊慎李元陽輯訂高世魁校正

李斯列傳第二十七

李斯者楚上蔡人也索隱曰地理志汝南有上蔡縣云古蔡國周武王弟叔度所封至十八代平侯徙新蔡二蔡皆屬汝南後二代至昭侯徙上蔡屬沛六國時為楚地故曰楚上蔡也年少時為郡小吏索隱曰郡一作鄉劉氏云掌鄉內文書見吏舍廁中鼠食不潔近人犬數驚恐之斯入倉觀倉中鼠食積粟居大廡之下不見人犬之憂於是李斯乃歎曰人之賢不肖譬如鼠矣在所自處耳乃從荀卿學帝王之

史記題評一百三十卷　明楊慎、李元陽輯

明嘉靖十六年（1537）胡有恒、胡瑞刻公文紙印本（卷一至十七、十九至二十、二十三配清抄本）。半葉9行，行20字，小字雙行，字數同，白口，左右雙邊，框高18.7厘米，寬12.8厘米。南京圖書館藏。國家名録號10163。

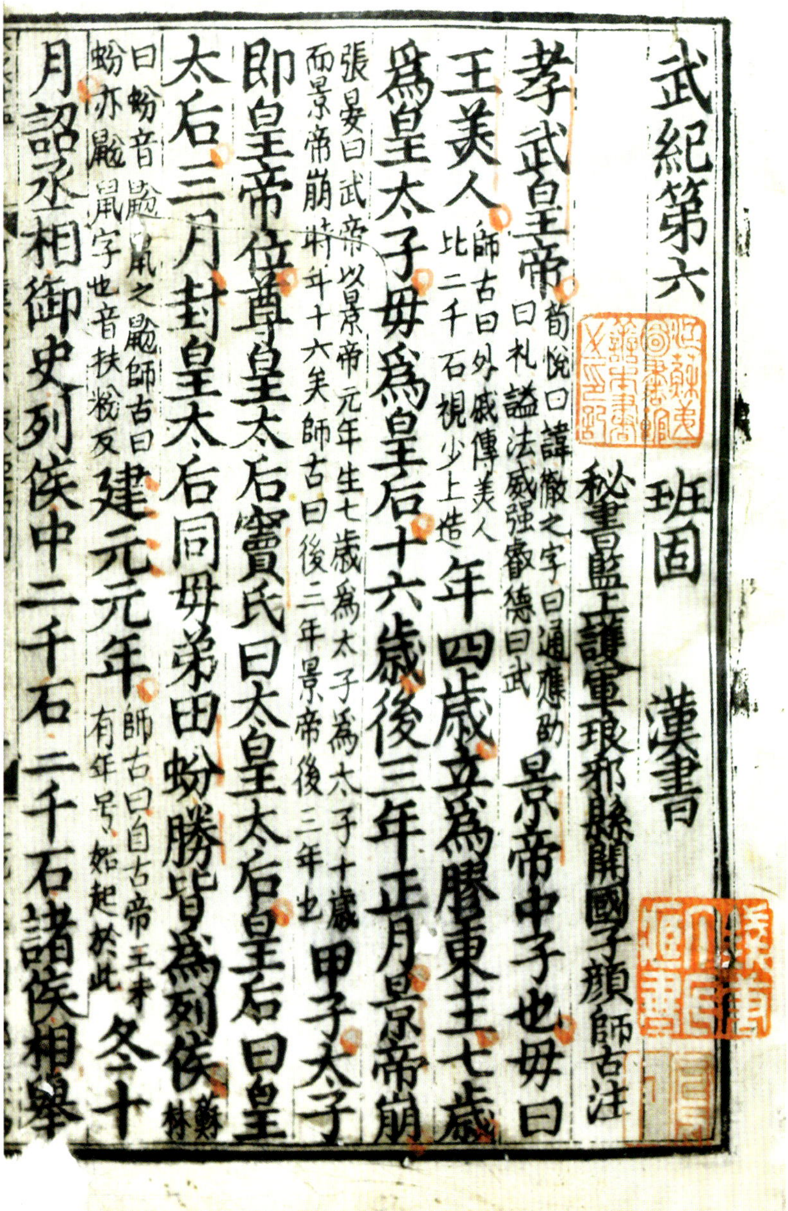

武紀第六　　班固　漢書

秘書監上護軍琅邪縣開國子顏師古注

孝武皇帝荀悅曰諱徹之字曰通應劭曰禮謚法威强叡德曰武景帝中子也母曰王美人師古曰外戚傳美人比二千石視少上造年四歲立爲膠東王七歲爲皇太子母爲皇后十六歲後三年正月景帝崩張晏曰武帝以景帝元年生七歲爲太子爲太子十歲而景帝崩時年十六矣師古曰後三年景帝後三年也甲子太子即皇帝位尊皇太后竇氏曰太皇太后皇后曰皇太后三月封皇太后同母弟田蚡勝皆爲列侯蘇林曰蚡音鼢鼠之鼢師古曰蚡亦鼢鼠字也音扶粉反建元元年師古曰自古帝王未有年號始起於此冬十月詔丞相御史列侯中二千石二千石諸侯相舉

漢書一百卷　漢班固撰　唐顏師古注

明正統八至十年（1443–1445）刻本（卷一至五配清抄本）。半葉10行，行19字，小字雙行，字不等，白口或黑口，左右雙邊或四周雙邊，框高23.2厘米，寬15.2厘米。南京圖書館藏。國家名録號10166。

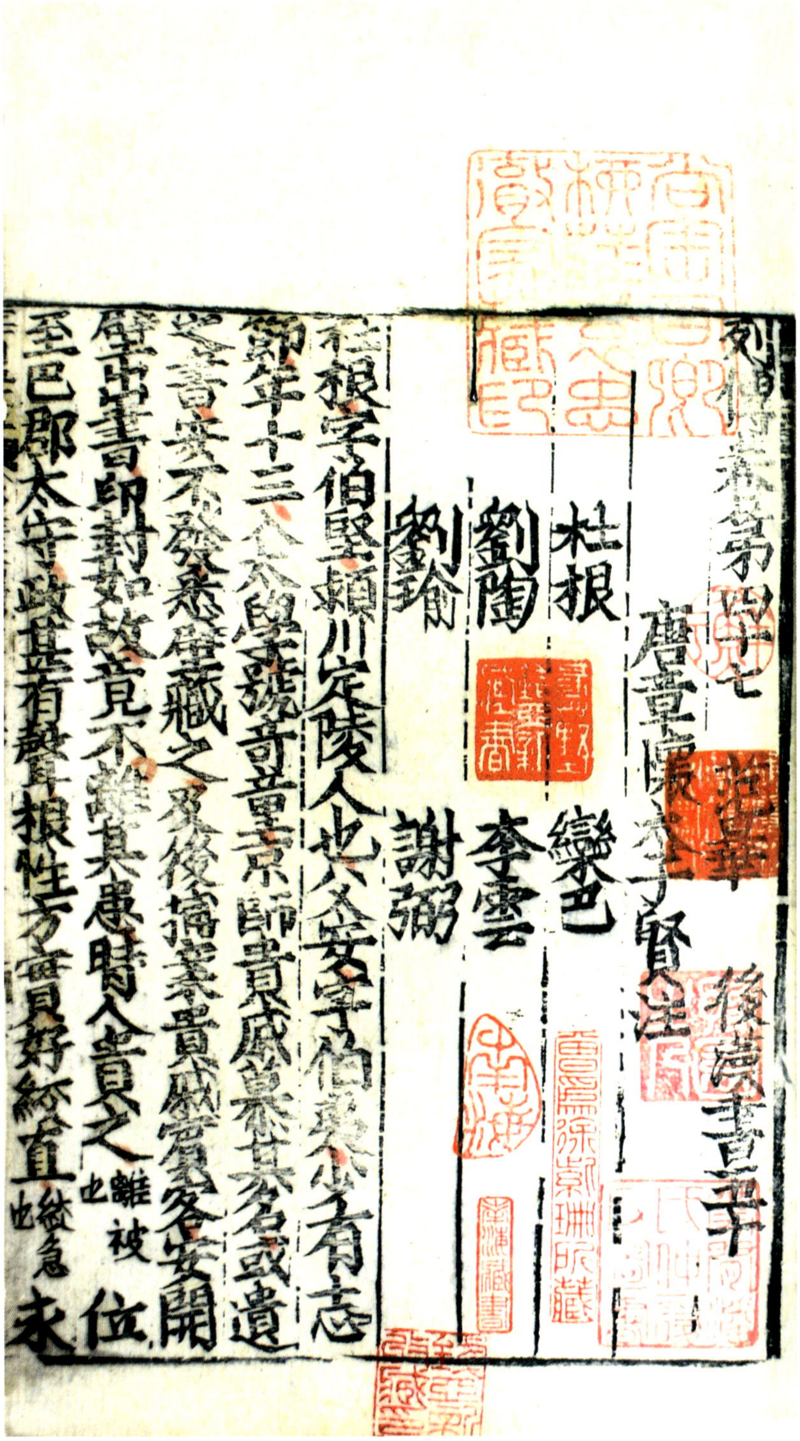

後漢書九十卷　南朝宋范曄撰　唐李賢注　志三十卷　晋司馬彪撰　梁劉昭注

明正統八至十一年（1443–1446）刻本。存十卷（後漢書五十、六十，志十四至二十一）。半葉10行，字不等，白口或黑口，左右雙邊、四周雙邊或單邊，框高22.3厘米，寬14.9厘米。鹽城市圖書館藏。國家名録號10167。

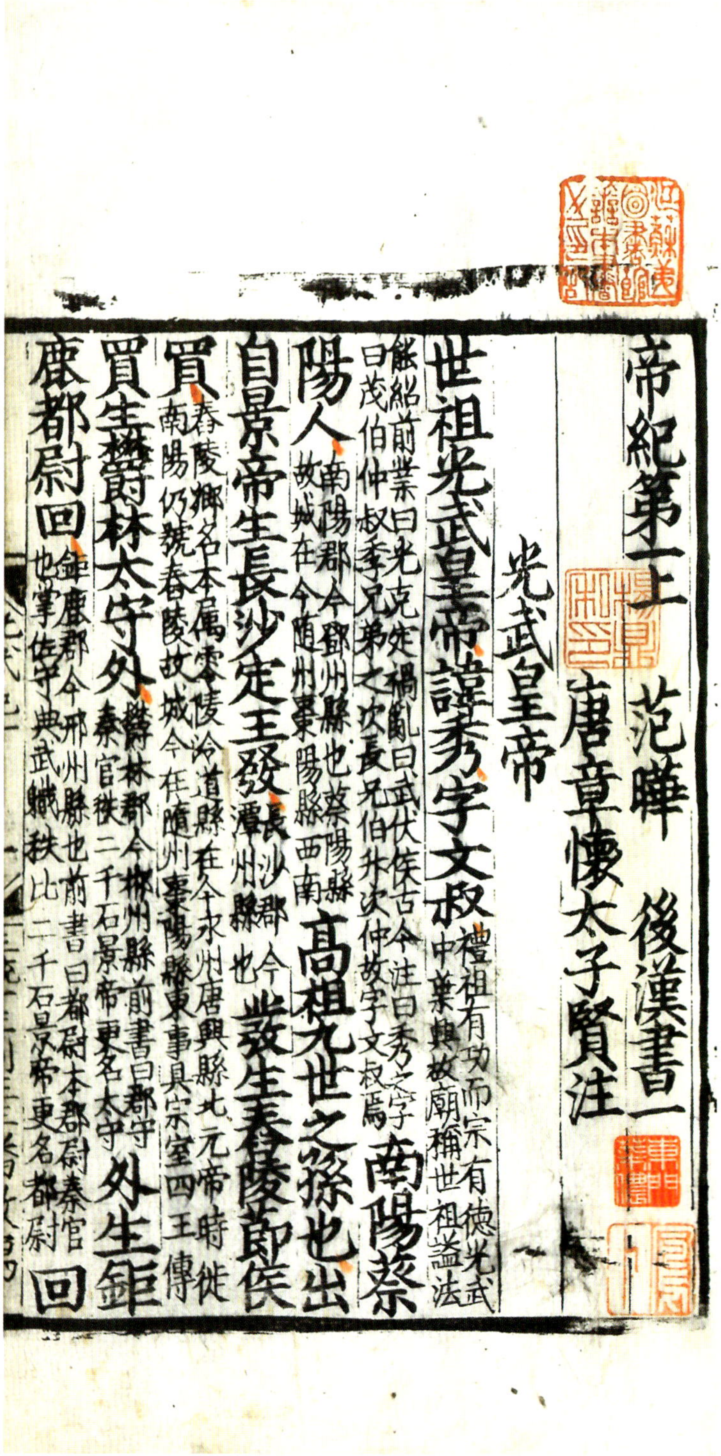
帝紀第一上　范曄　後漢書一
唐章懷太子賢注
光武皇帝
世祖光武皇帝諱秀字文叔禮祖有功而宗有德光武中興故廟稱世祖謚法能紹前業曰光克定禍亂曰武伏侯古今注曰秀之字曰茂伯仲叔季兄弟之次長兄伯升次仲故字文叔焉南陽蔡陽人南陽郡今鄧州縣也蔡陽縣故城在今隨州棗陽縣西南高祖九世之孫也出自景帝生長沙定王發長沙郡今潭州縣也發生舂陵節侯買舂陵鄉名本屬零陵泠道縣在今永州唐興縣北元帝時徙南陽仍號舂陵故城今在隨州棗陽縣東事具宗室四王傳買生鬱林太守外鬱林郡今桂州縣前書曰郡守秦官秩二千石景帝更名太守外生鉅鹿都尉回鉅鹿郡今邢州縣也前書曰都尉本郡尉秦官也掌佐守典武職秩比二千石景帝更名都尉回

後漢書九十卷　南朝宋范曄撰　唐李賢注　志三十卷　晉司馬彪撰　梁劉昭注

明正統八至十一年（1443–1446）刻本（目録抄配）。丁丙跋。半葉10行，字不等，白口或黑口，左右雙邊、四周雙邊或單邊，框高21.3厘米，寬15.3厘米。南京圖書館藏。國家名録號10168。

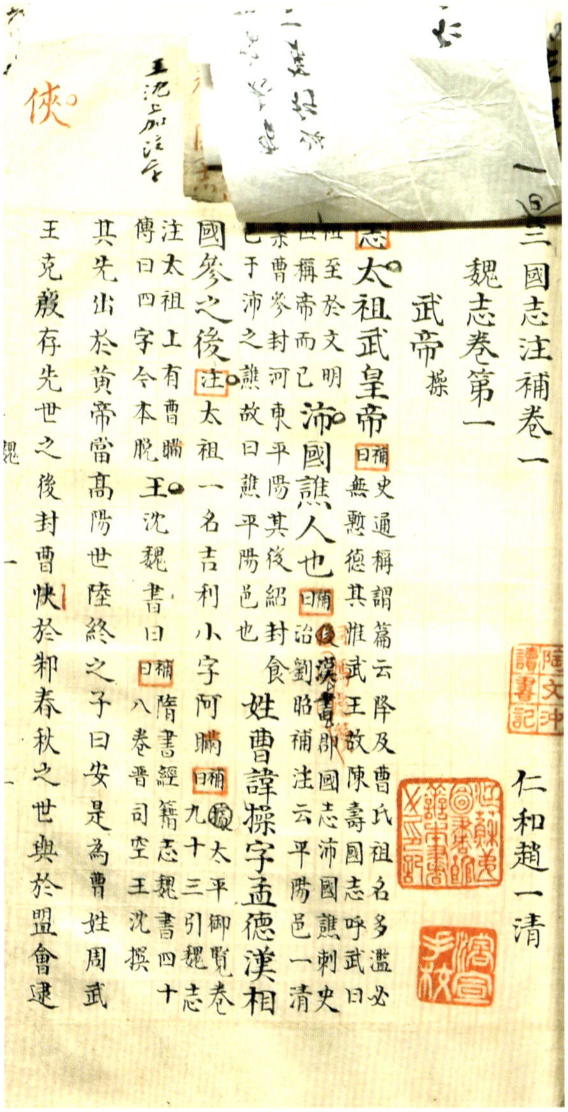

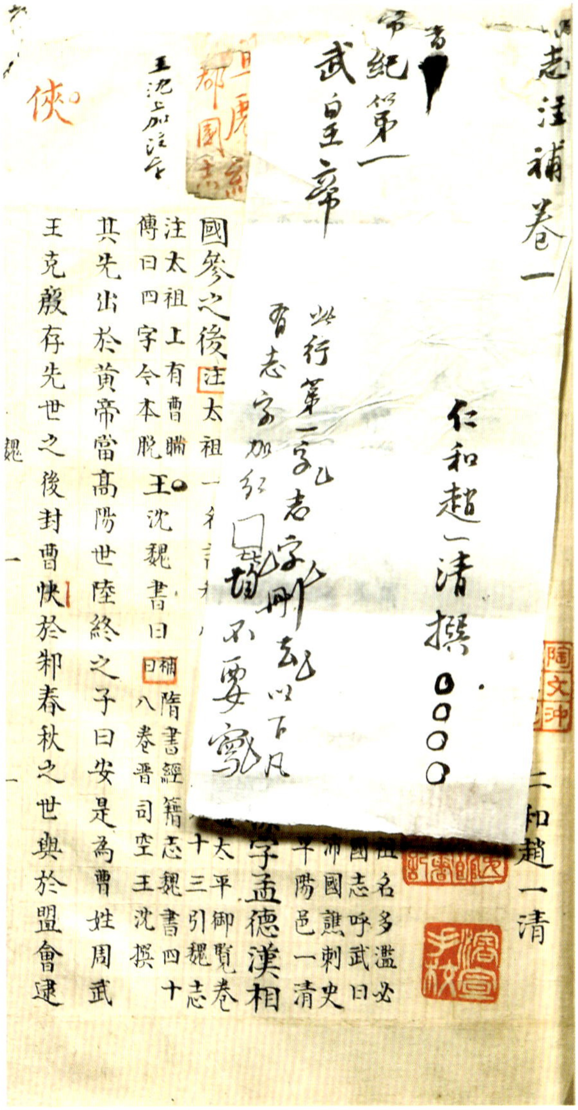

三國志注補六十五卷　清趙一清撰

稿本。丁丙跋，陶濬宣校並跋。半葉10行，行22字，小字雙行，字數同，白口，左右雙邊，框高20.2厘米，寬14.8厘米。南京圖書館藏。國家名録號10171。

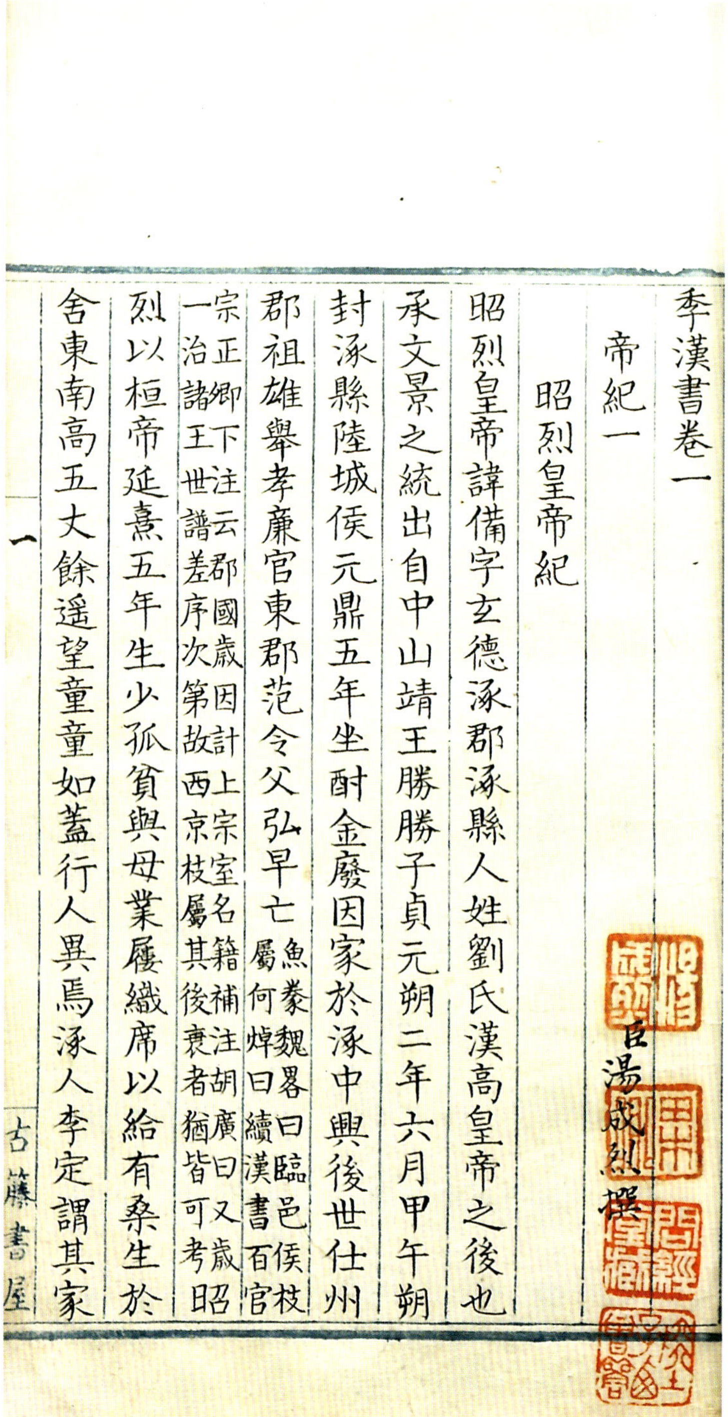
季漢書卷一
帝紀一　臣湯成烈撰
昭烈皇帝紀
昭烈皇帝諱備字玄德涿郡涿縣人姓劉氏漢高皇帝之後也
承文景之統出自中山靖王勝勝子貞元朔二年六月甲午朔
封涿縣陸城侯元鼎五年坐酎金廢因家於涿中興後世仕州
郡祖雄舉孝廉官東郡范令父弘早亡魚豢魏畧曰臨邑侯枝屬何焯曰續漢書百官
宗正卿下注云郡國歲因計上宗室名籍補注胡廣曰又歲一治諸王世譜差序次第故西京枝屬其後衰者猶皆可考昭
烈以桓帝延熹五年生少孤貧與母業履織席以給有桑生於
舍東南高五大餘遥望童童如蓋行人異焉涿人李定謂其家
一
古藤書屋

季漢書六十四卷　清湯成烈撰

稿本（原缺卷五十二）。黄元壽跋。半葉10行，行24字，小字雙行，字數同，白口，四周雙邊，框高19.9厘米，寬14厘米。南京圖書館藏。國家名録號10172。

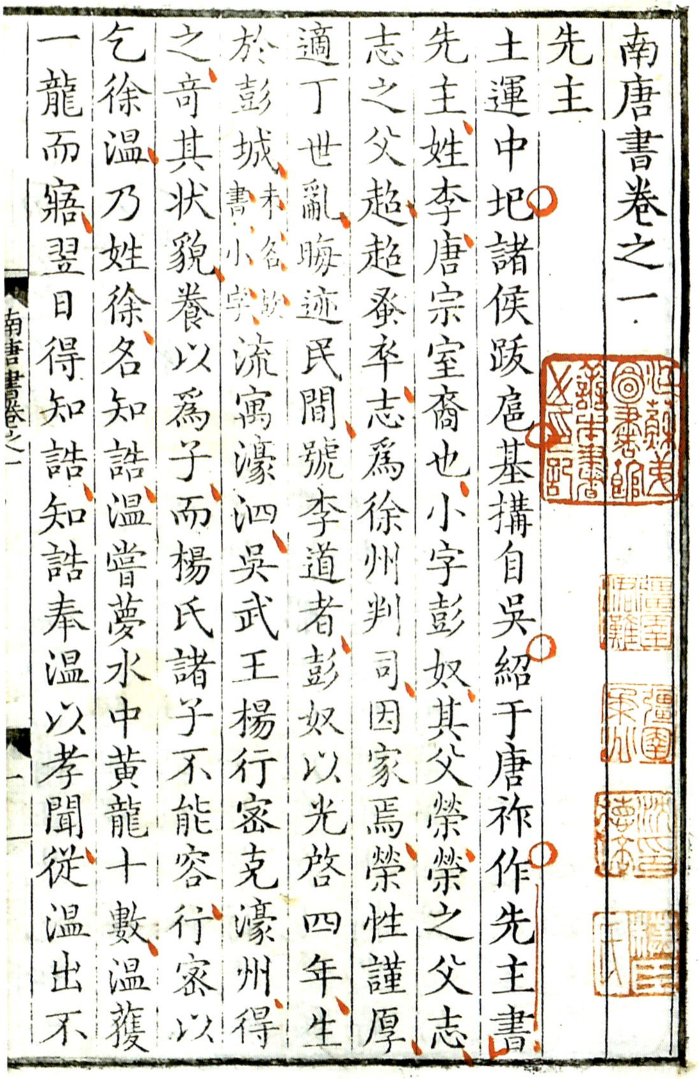

南唐書卷之一

先主

土運中圮諸侯跋扈基搆自吳紹于唐祚作先主書

先主姓李唐宗室裔也小字彭奴其父榮榮之父志志之父超超蚤卒志爲徐州判司因家焉榮性謹厚適丁世亂晦迹民間號李道者彭奴以光啓四年生於彭城（本名缺書小字）流寓濠泗吳武王楊行密克濠州得之奇其狀貌養以爲子而楊氏諸子不能容行密以乞徐温乃姓徐名知誥温嘗夢水中黃龍十數温獲一龍而寤翌日得知誥知誥奉温以孝聞從温出不

南唐書卷之一 一

南唐書三十卷　宋馬令撰

明嘉靖二十九年（1550）顧汝達刻本。丁丙跋。半葉10行，行20字，小字雙行，字數同，白口，左右雙邊，框高19厘米，寬12.8厘米。南京圖書館藏。國家名録號10177。

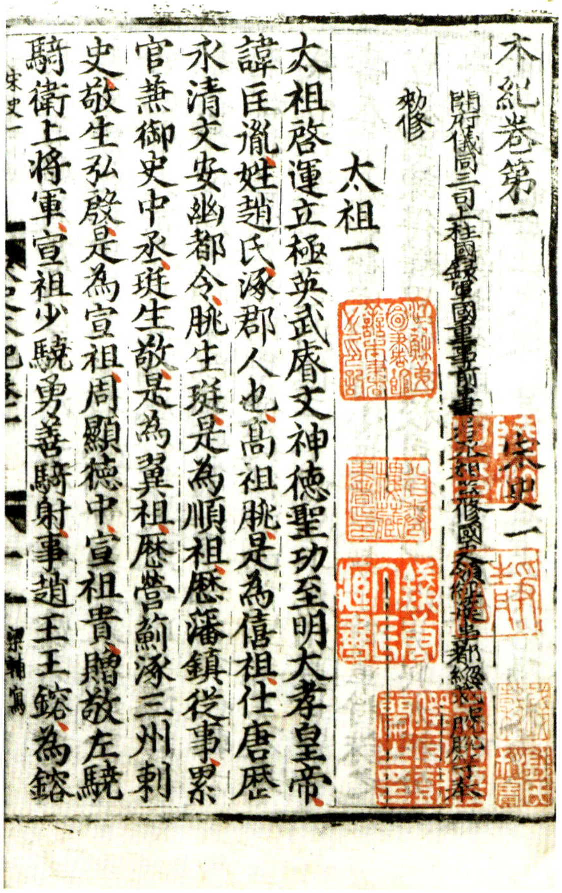

本紀卷第一　宋史一

修

太祖一

太祖啓運立極英武睿文神德聖功至明大孝皇帝
諱匡胤姓趙氏涿郡人也高祖朓是為僖祖仕唐歷
永清文安幽都令朓生珽是為順祖歷藩鎮從事累
官兼御史中丞珽生敬是為翼祖歷營薊涿三州刺
史敬生弘殷是為宣祖周顯德中宣祖貴贈敬左驍
騎衛上將軍宣祖少驍勇善騎射事趙王王鎔為鎔

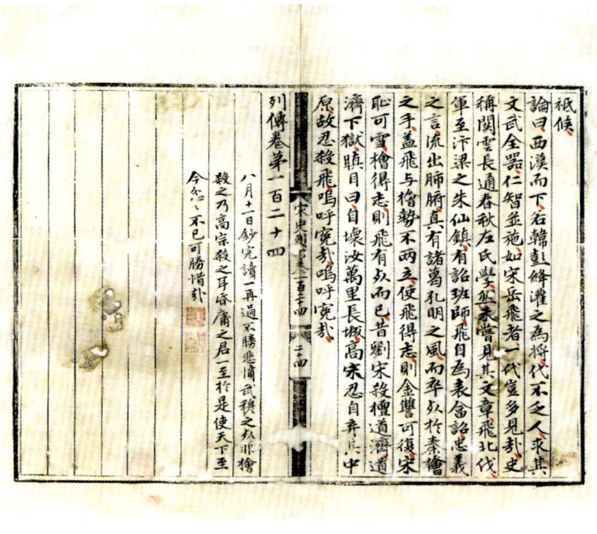

祇候

論曰西漢而下若韓彭絳灌之為將代不乏人求其
文武全器仁智並施如宋岳飛者一代豈多見哉史
稱關雲長通春秋左氏學然未嘗見其文章飛北伐
軍至汴梁之朱仙鎮有詔班師飛自為表答詔忠義
之言流出肺腑真有諸葛孔明之風而卒死於秦檜
之手蓋飛與檜勢不兩立使飛得志則金讎可復宋
恥可雪檜得志則飛有死而已昔劉宋殺檀道濟道
濟下獄瞋目曰自壞汝萬里長城高宗忍自棄其中
原故忍殺飛嗚呼冤哉嗚呼冤哉

列傳卷第一百二十四

宋史四百九十六卷目録三卷　元脱脱等撰

明成化七至十六年（1471–1480）朱英刻遞修本（目録、卷四十六至四十七、二百三十八至二百四十一配清抄本，卷一百八十二至一百八十五配明金鏞抄本，卷一百八十六至一百九十配明釋無念抄本，卷二百十至二百十四配明嘉靖三十五年重修本，卷二百四十二至二百五十二、三百四十一至三百四十五、三百五十五至三百六十六、三百七十二至三百七十七、三百八十六至三百九十配明錢穀抄本）。錢穀補目並跋，陸僎、丁丙跋。半葉10行，行20字，小字雙行，字數同，黑口，四周雙邊，框高21.6厘米，寬15.5厘米。南京圖書館藏。國家名録號10181。

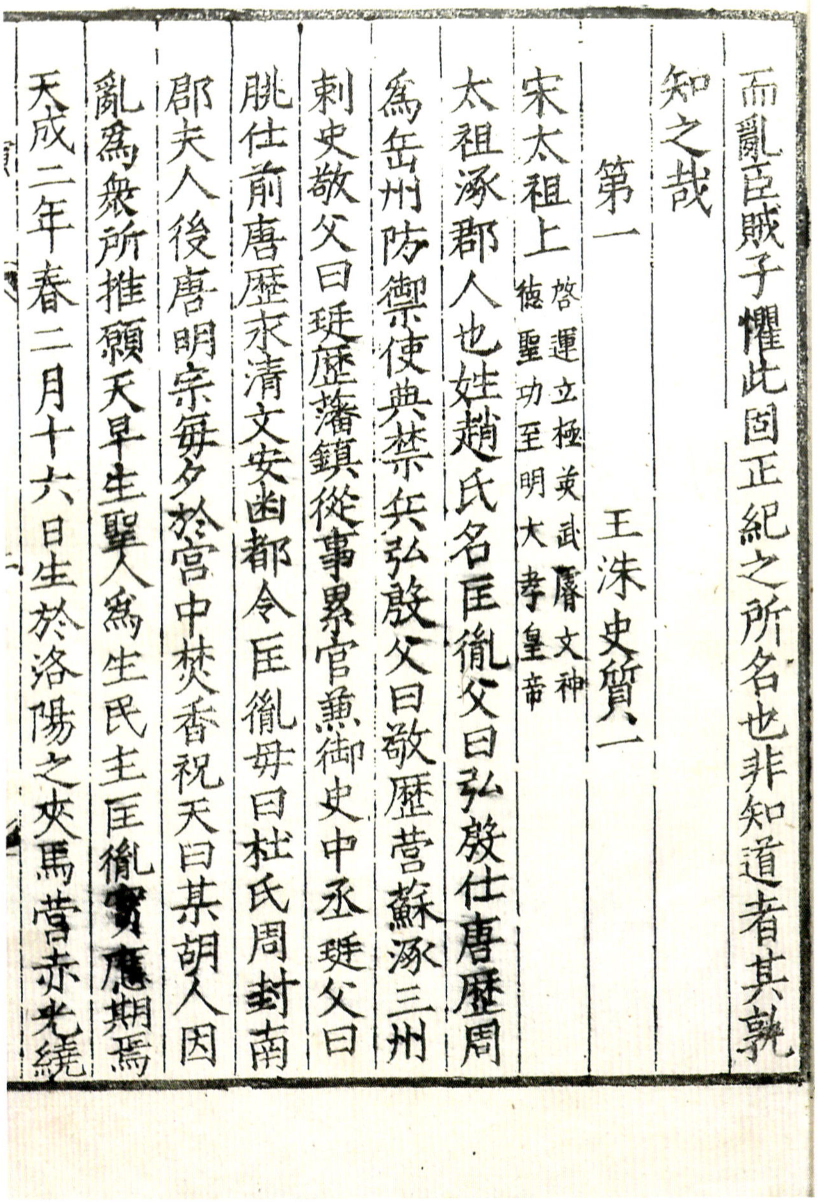

而亂臣賊子懼此固正紀之所名也非知道者其孰
知之哉

第一　　　王洙史質一

宋太祖上啓運立極英武睿文神德聖功至明大孝皇帝

太祖涿郡人也姓趙氏名匡胤父曰弘殷仕唐歷周
爲岳州防禦使典禁兵弘殷父曰敬歷營蘇涿三州
刺史敬父曰珽歷藩鎮從事累官兼御史中丞珽父曰
朓仕前唐歷永清文安幽都令匡胤母曰杜氏周封南
郡夫人後唐明宗每夕於宮中焚香祝天曰某胡人因
亂爲衆所推願天早生聖人爲生民主匡胤實應期焉
天成二年春二月十六日生於洛陽之夾馬營赤光繞

宋史質一百卷舊宋史目録一卷　明王洙撰

明嘉靖刻本。丁丙跋。半葉11行，行21字，小字雙行，字數同，白口，四周單邊，框高20.9厘米，寬16.2厘米。南京圖書館藏。國家名録號10182。

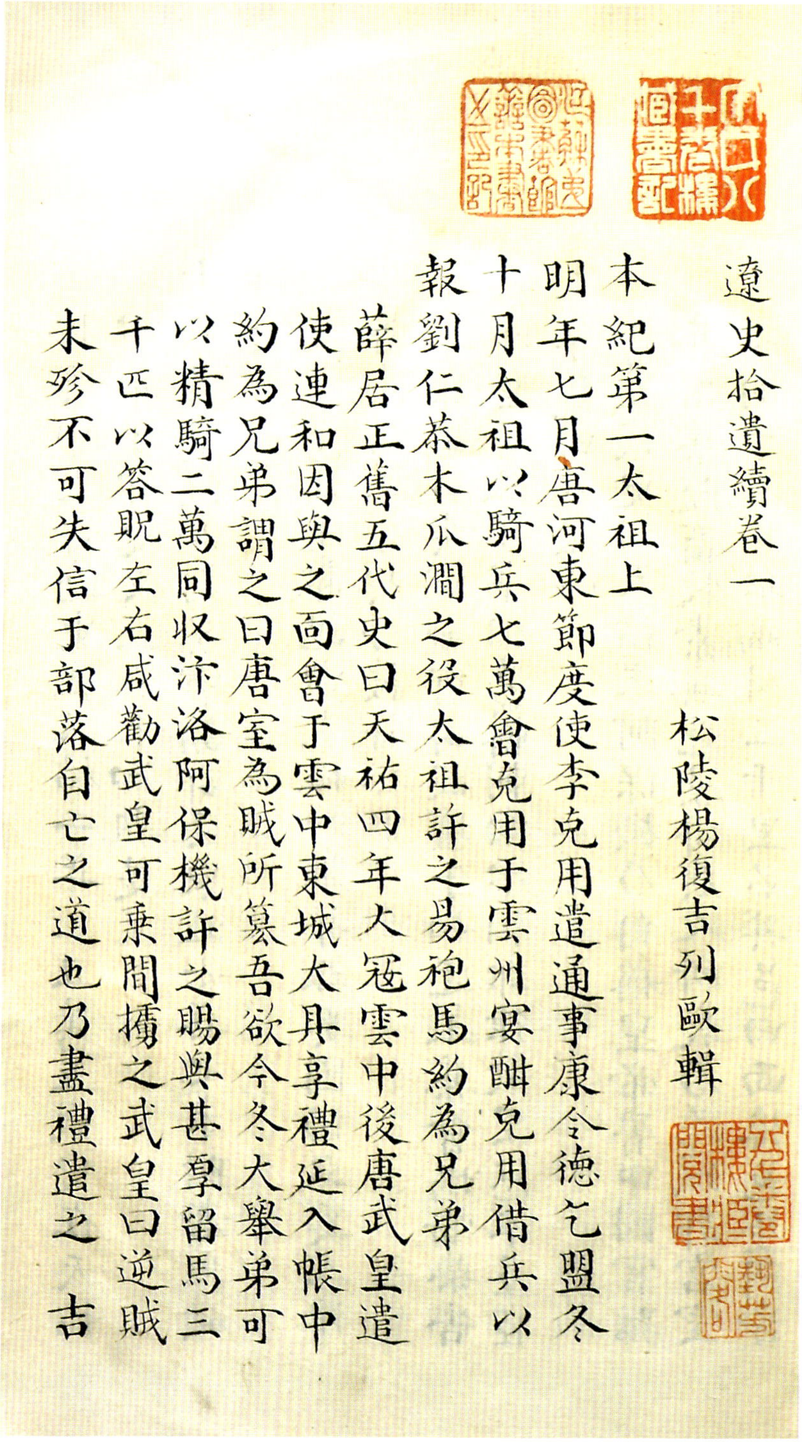

遼史拾遺續卷一

松陵楊復吉列歐輯

本紀第一太祖上

明年七月唐河東節度使李克用遣通事康令德乞盟冬十月太祖以騎兵七萬會克用于雲州宴酣克用借兵以報劉仁恭木瓜澗之役太祖許之易袍馬約為兄弟

薛居正舊五代史曰天祐四年大冦雲中後唐武皇遣使連和因與之面會于雲中東城大具享禮延入帳中約為兄弟謂之曰唐室為賊所簒吾欲今冬大舉弟可以精騎二萬同收汴洛阿保機許之賜與甚厚留馬三千匹以答貺左右咸勸武皇可乘間擒之武皇曰逆賊未殄不可失信于部落自亡之道也乃盡禮遣之 吉

遼史拾遺續三卷　清楊復吉撰

稿本。汪曰楨、丁丙跋。半葉12行，行22字，小字雙行，字數同。南京圖書館藏。國家名録號10183。

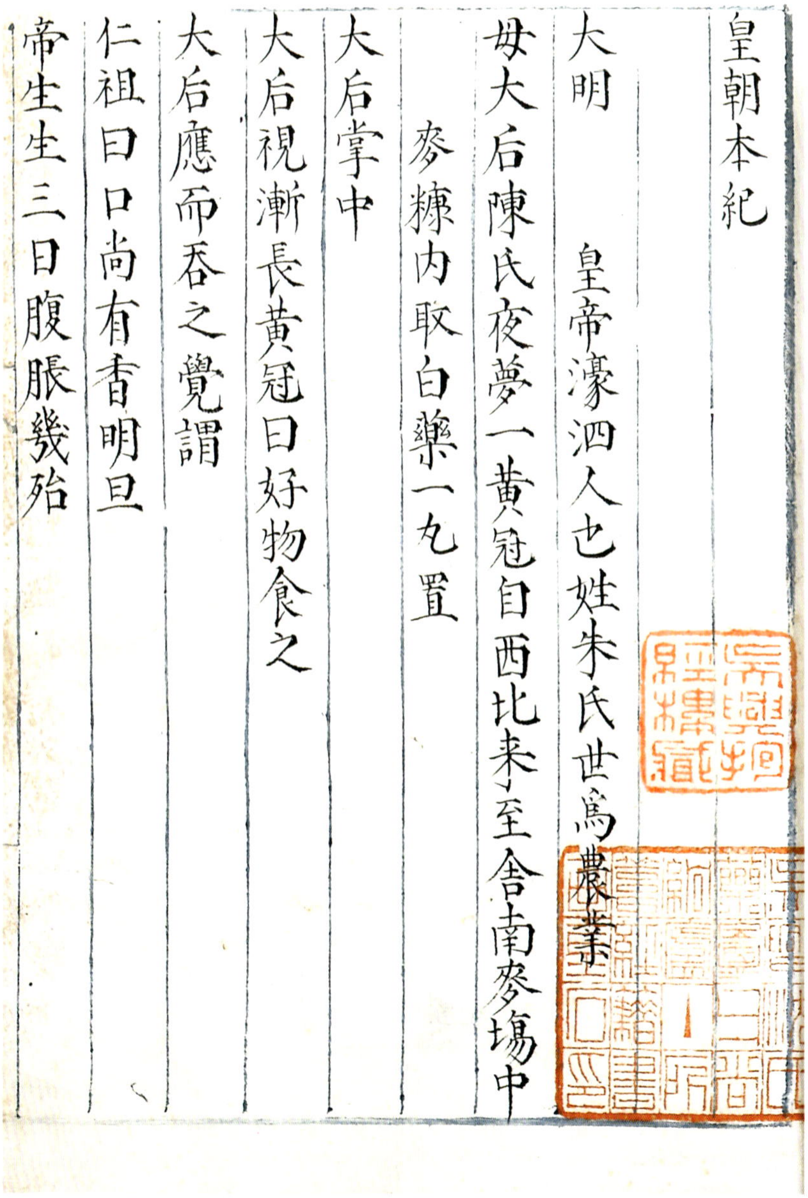

皇朝本紀

大明　皇帝濠泗人也姓朱氏世爲農業

母大后陳氏夜夢一黃冠自西北来至舍南麥場中

麥糠内取白藥一丸置

大后掌中

大后視漸長黃冠曰好物食之

大后應而吞之覺謂

仁祖曰口尚有香明旦

帝生生三日腹脹幾殆

皇朝本紀一卷

明抄本。半葉10行，行20字，白口，四周單邊，框高21厘米，寬15.6厘米。南京圖書館藏。國家名録號10184。

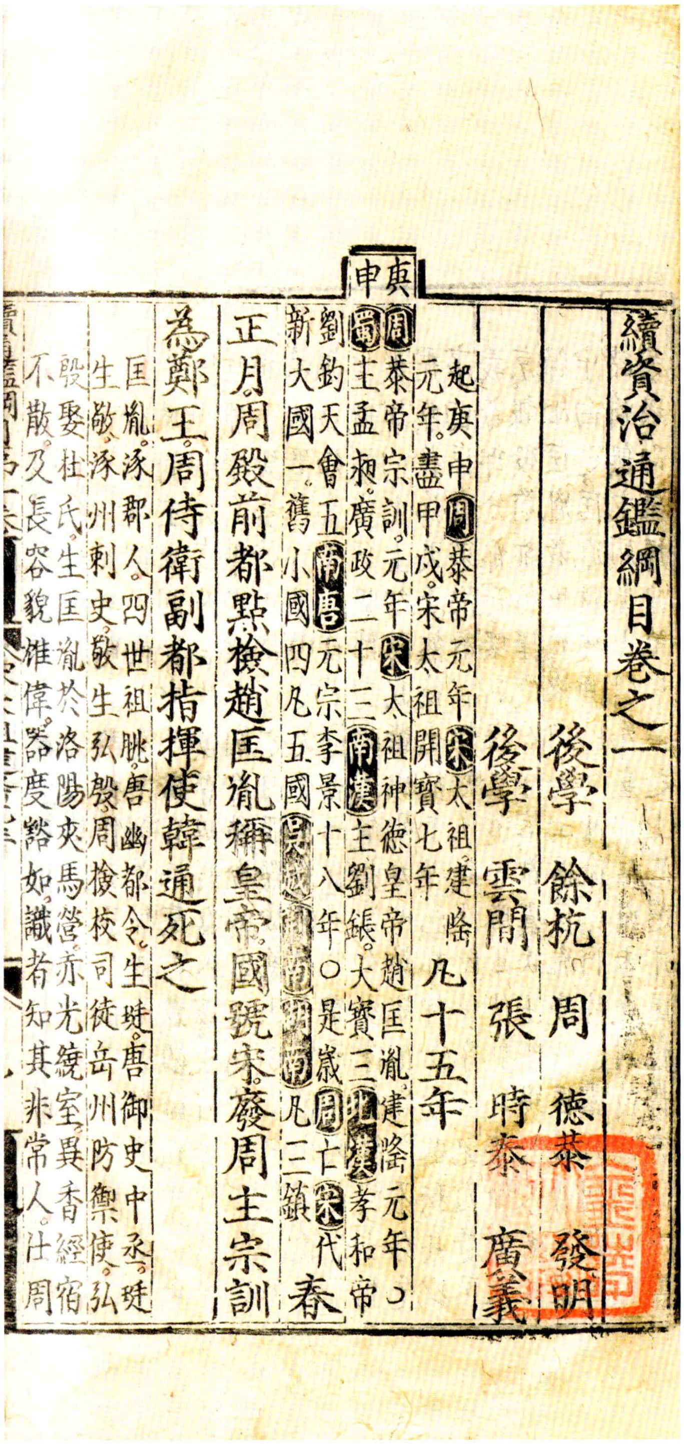
續資治通鑑綱目卷之一
後學餘杭周德恭發明
後學雲間張時泰廣義
起庚申周恭帝元年宋太祖建隆元年盡甲戌宋太祖開寶七年凡十五年
庚申
周恭帝宗訓元年宋太祖神德皇帝趙匡胤建隆元年○蜀主孟昶廣政二十三南漢主劉鋹大寶三北漢孝和帝劉鈞天會五南唐元宗李景十八年○是歲周亡宋代新大國一舊小國四凡五國吳越荆南湖南凡三鎮
春正月周殿前都點檢趙匡胤稱皇帝國號宋廢周主宗訓為鄭王周侍衛副都指揮使韓通死之
匡胤涿郡人四世祖朓唐幽都令生珽唐御史中丞珽生敬涿州刺史敬生弘殷周檢校司徒岳州防禦使弘殷娶杜氏生匡胤於洛陽夾馬營赤光繞室異香經宿不散及長容貌雄偉器度豁如識者知其非常人仕周

續資治通鑑綱目二十七卷　明商輅等撰　明周禮發明　明張時泰廣義

明弘治十七年（1504）慎獨齋刻本。半葉10行，行22字，小字雙行，字數同，黑口，四周雙邊，框高19.7厘米，寬13.2厘米。南京大學圖書館藏。國家名録號10198。

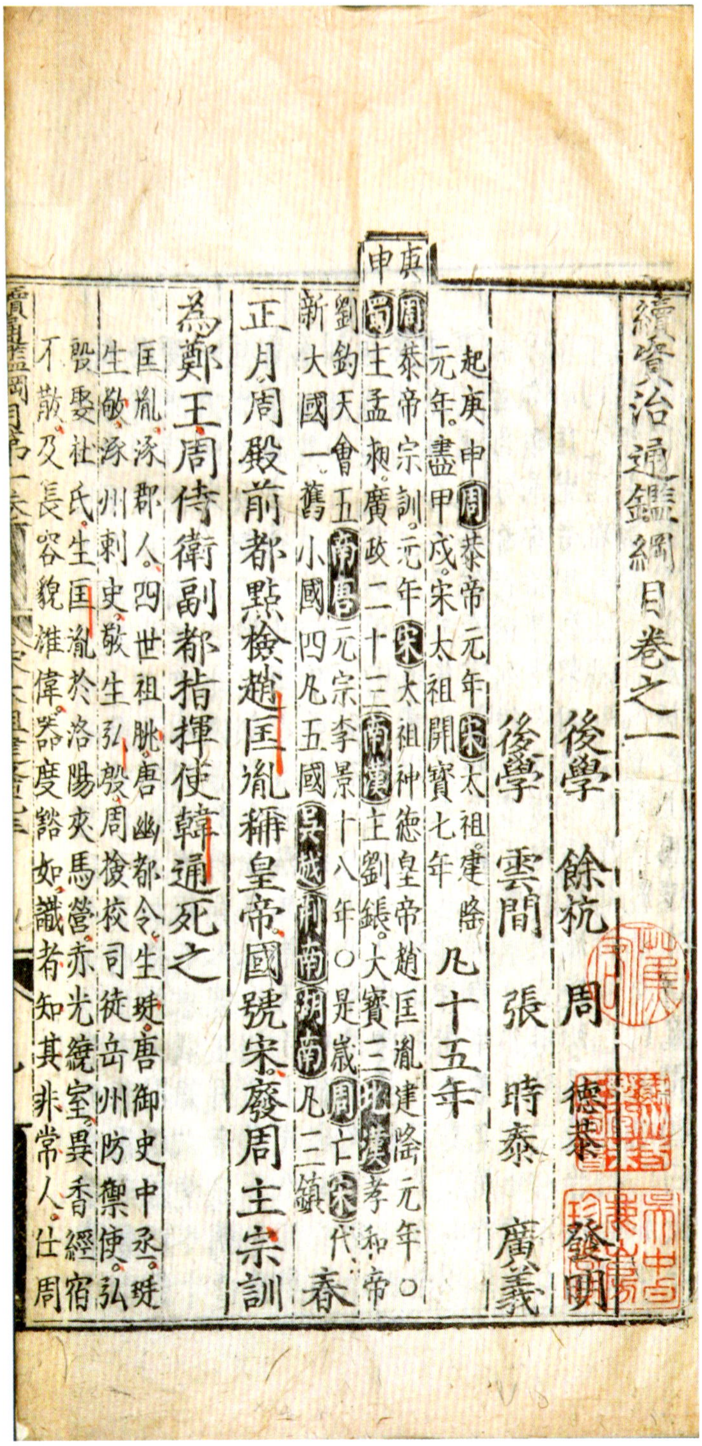

續資治通鑑綱目卷之一

後學餘杭周　德恭發明

後學雲間張時泰廣義

起庚申周恭帝元年宋太祖建隆元年盡甲戌宋太祖開寶七年　凡十五年

庚申

周恭帝宗訓元年宋太祖神德皇帝趙匡胤建隆元年○蜀主孟昶廣政二十三南漢主劉鋹大寶三北漢孝和帝劉鈞天會五南唐元宗李景十八年○是歲周亡宋代新大國一舊小國四凡五國吳越荊南湖南凡三鎮

春

正月周殿前都點檢趙匡胤稱皇帝國號宋廢周主宗訓為鄭王周侍衛副都指揮使韓通死之

匡胤涿郡人四世祖朓唐幽都令生珽唐御史中丞珽生敬涿州刺史敬生弘殷周撿校司徒岳州防禦使弘殷娶杜氏生匡胤於洛陽夾馬營赤光遶室異香經宿不散及長容貌雄偉器度豁如識者知其非常人仕周

續資治通鑑綱目二十七卷　明商輅等撰　明周禮發明　明張時泰廣義

明弘治十七年（1504）慎獨齋刻本。半葉10行，行22字，小字雙行，字數同，黑口，四周雙邊，框高19.7厘米，寬13.3厘米。蘇州博物館藏。國家名録號10199。

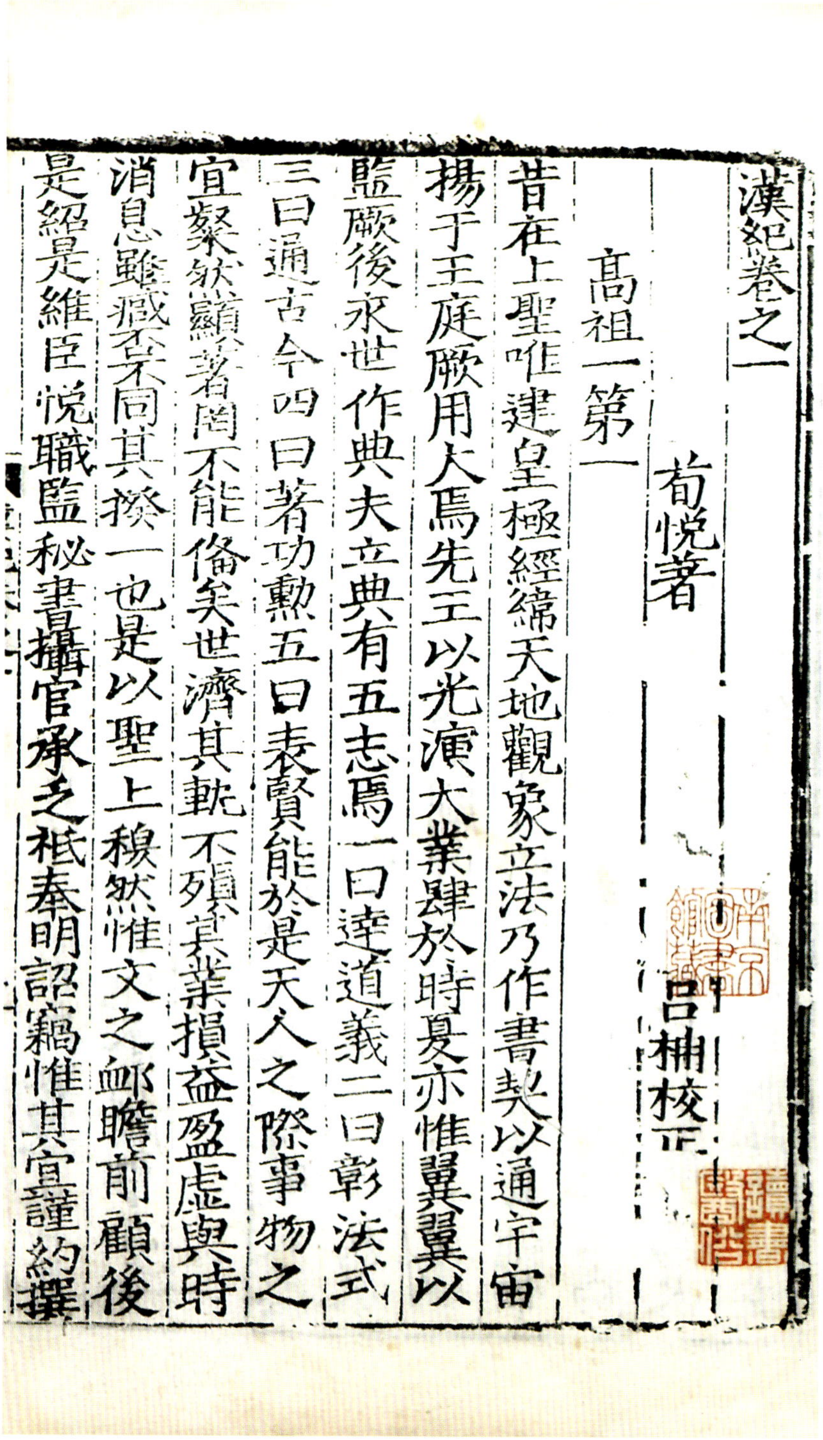

漢紀卷之一

荀悅著

呂柟校正

高祖一第一

昔在上聖唯建皇極經緯天地觀象立法乃作書契以通宇宙揚于王庭厥用大焉先王以光演大業肆於時夏亦惟翼翼以監厥後永世作典夫立典有五志焉一曰達道義二曰彰法式三曰通古今四曰著功勳五曰表賢能於是天人之際事物之宜粲然顯著罔不能備矣世濟其軌不殞其業損益盈虛與時消息雖臧否不同其揆一也是以聖上穆然惟文之卹瞻前顧後是紹是維臣悅職監秘書攝官承乏祗奉明詔竊惟其宜謹約撰

漢紀三十卷　漢荀悅撰

明正德十六年（1521）何景明、翟清刻本。半葉10行，行24或25字，白口，左右雙邊，框高20.8厘米，寬14.8厘米。南京圖書館藏。國家名録號10208。

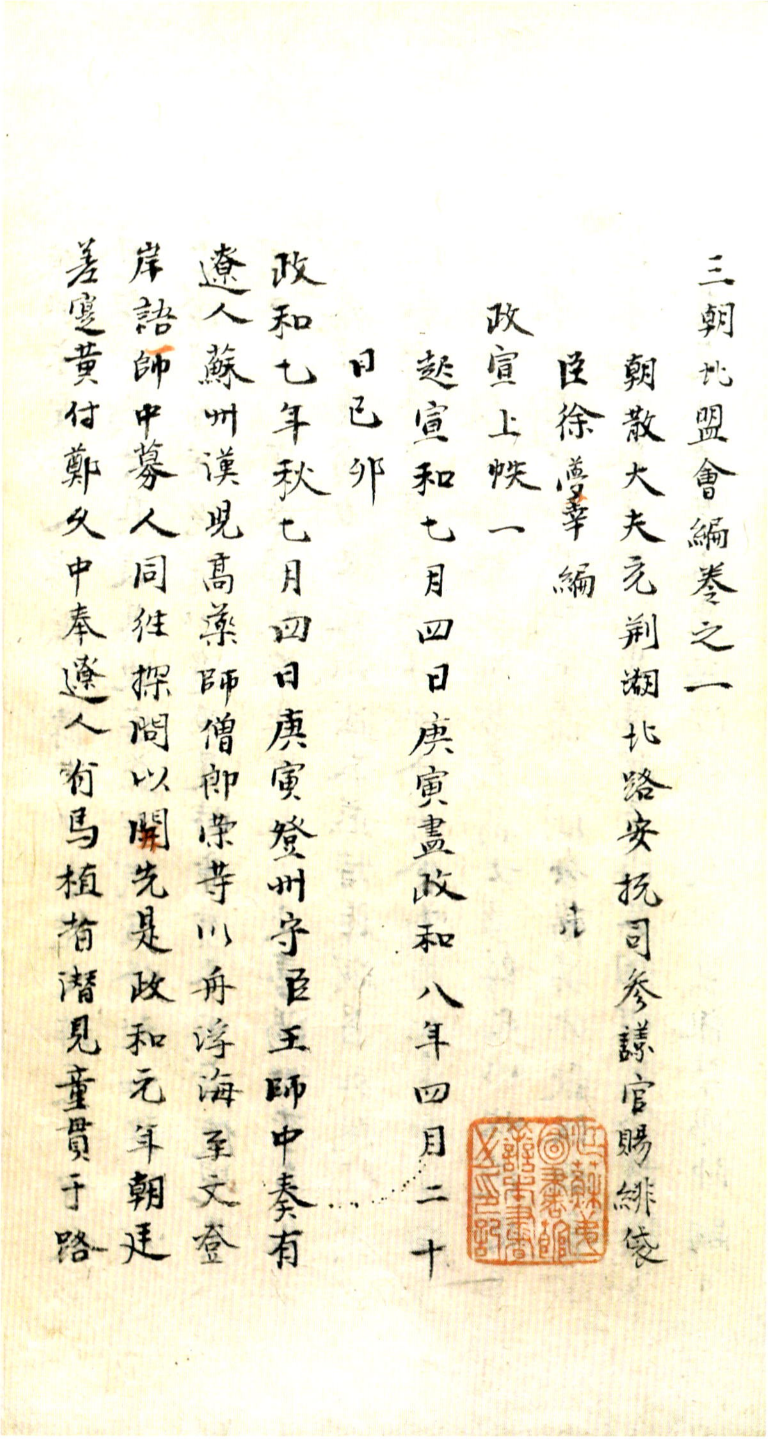

三朝北盟會編卷之一
朝散大夫充荊湖北路安撫司參議官賜緋袋
臣徐夢莘編
政宣上帙一
起宣和七月四日庚寅盡政和八年四月二十
日己卯
政和七年秋七月四日庚寅登州守臣王師中奏有
遼人蘇州漢兒高藥師僧郎榮等以舟浮海至文登
岸語師中募人同往探問以聞先是政和元年朝廷
差寔黄付鄭允中奉遼人有馬植者潛見童貫于路

三朝北盟會編二百五十卷　宋徐夢莘撰

明抄本。丁丙跋。半葉10行，行20字，小字雙行，字不等。南京圖書館藏。國家名録號10209。

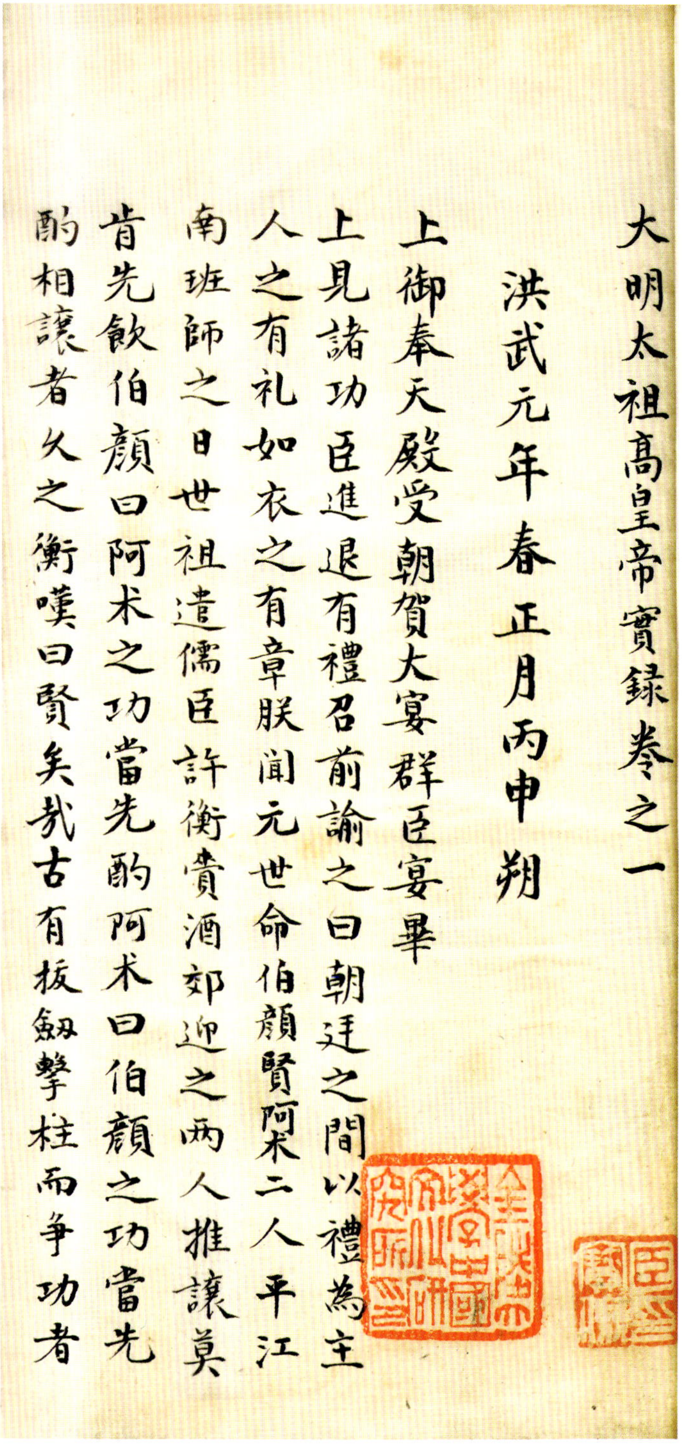
大明太祖高皇帝實録卷之一
洪武元年春正月丙申朔
上御奉天殿受朝賀大宴群臣宴畢
上見諸功臣進退有禮召前諭之曰朝廷之間以禮為主
人之有礼如衣之有章朕聞元世命伯顏賢阿朮二人平江
南班師之日世祖遣儒臣許衡賫酒郊迎之兩人推讓莫
肯先飲伯顏曰阿朮之功當先酌阿朮曰伯顏之功當先
酌相讓者久之衡嘆曰賢矣哉古有拔劍擊柱而爭功者

大明太祖高皇帝實録二百五十七卷　明胡廣等纂修

明抄本。存十一卷（一至十一）。半葉9行，行22字，南京大學圖書館藏。國家名録號10212。

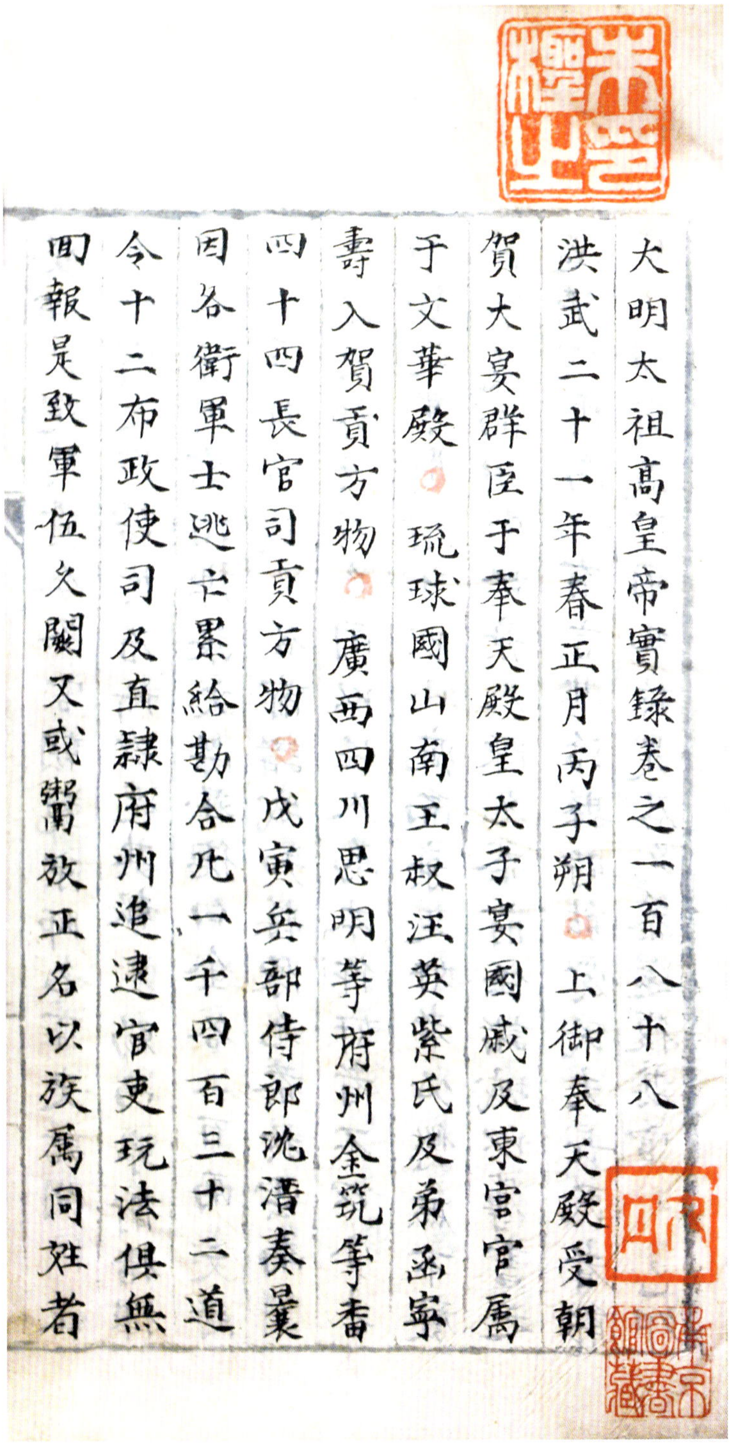

大明太祖高皇帝實錄卷之一百八十八
洪武二十一年春正月丙子朔○上御奉天殿受朝
賀大宴群臣于奉天殿皇太子宴國戚及東宮官屬
于文華殿○琉球國山南王叔汪英紫氏及弟丞寧
壽入賀貢方物○廣西四川思明等府州金筑等番
四十四長官司貢方物○戊寅兵部侍郎沈溍奏曩
因各衛軍士逃亡累給勘合凡一千四百三十二道
令十二布政使司及直隸府州追逮官吏玩法俱無
回報是致軍伍久闕又或鬻放正名以族屬同姓者

大明太祖高皇帝實録二百五十七卷　明胡廣等纂修

明抄本。存十一卷（一百八十八至一百九十八）。半葉9行，行20字，白口，四周單邊，框高19.6厘米，寬12.3厘米。南京圖書館藏。國家名録號10213。

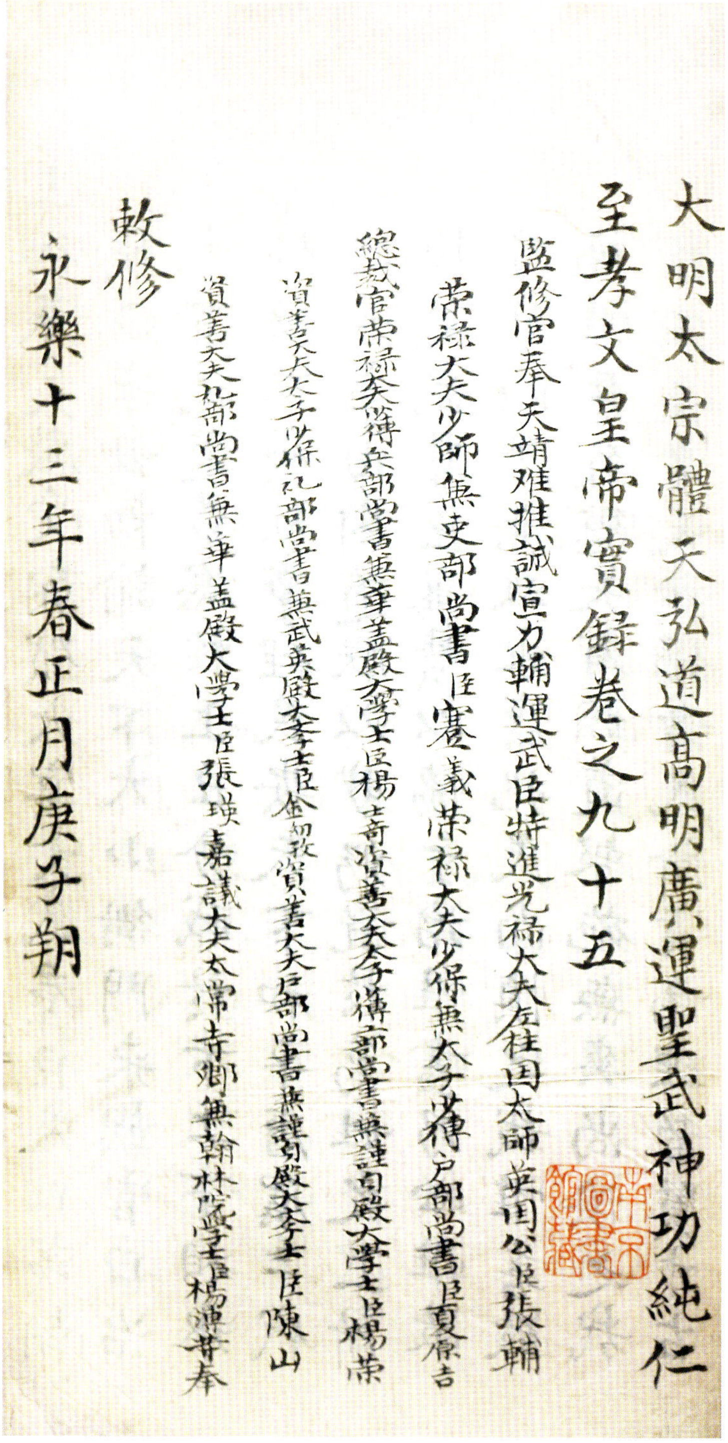

大明太宗體天弘道高明廣運聖武神功純仁
至孝文皇帝實録卷之九十五
監修官奉天靖難推誠宣力輔運武臣特進光禄大夫左柱國太師英國公臣張輔
榮禄大夫少師兼吏部尚書臣蹇義 榮禄大夫少保兼太子少傅戶部尚書臣夏原吉
總裁官榮禄大夫少傅兵部尚書兼華蓋殿大學士臣楊士奇 資善大夫太子少傅工部尚書兼謹身殿大學士臣楊榮
資善大夫太子少保禮部尚書兼武英殿大學士臣金幼孜 資善大夫戶部尚書兼謹身殿大學士臣陳山
資善大夫禮部尚書兼華蓋殿大學士臣張瑛 嘉議大夫太常寺卿兼翰林院學士臣楊溥等奉
敕修
永樂十三年春正月庚子朔

大明太宗文皇帝實録一百三十卷　明張輔、楊士奇等纂修

明抄本。存三十二卷（九十五至一百、一百五至一百三十）。半葉9行，行18字。南京圖書館藏。國家名録號10214。

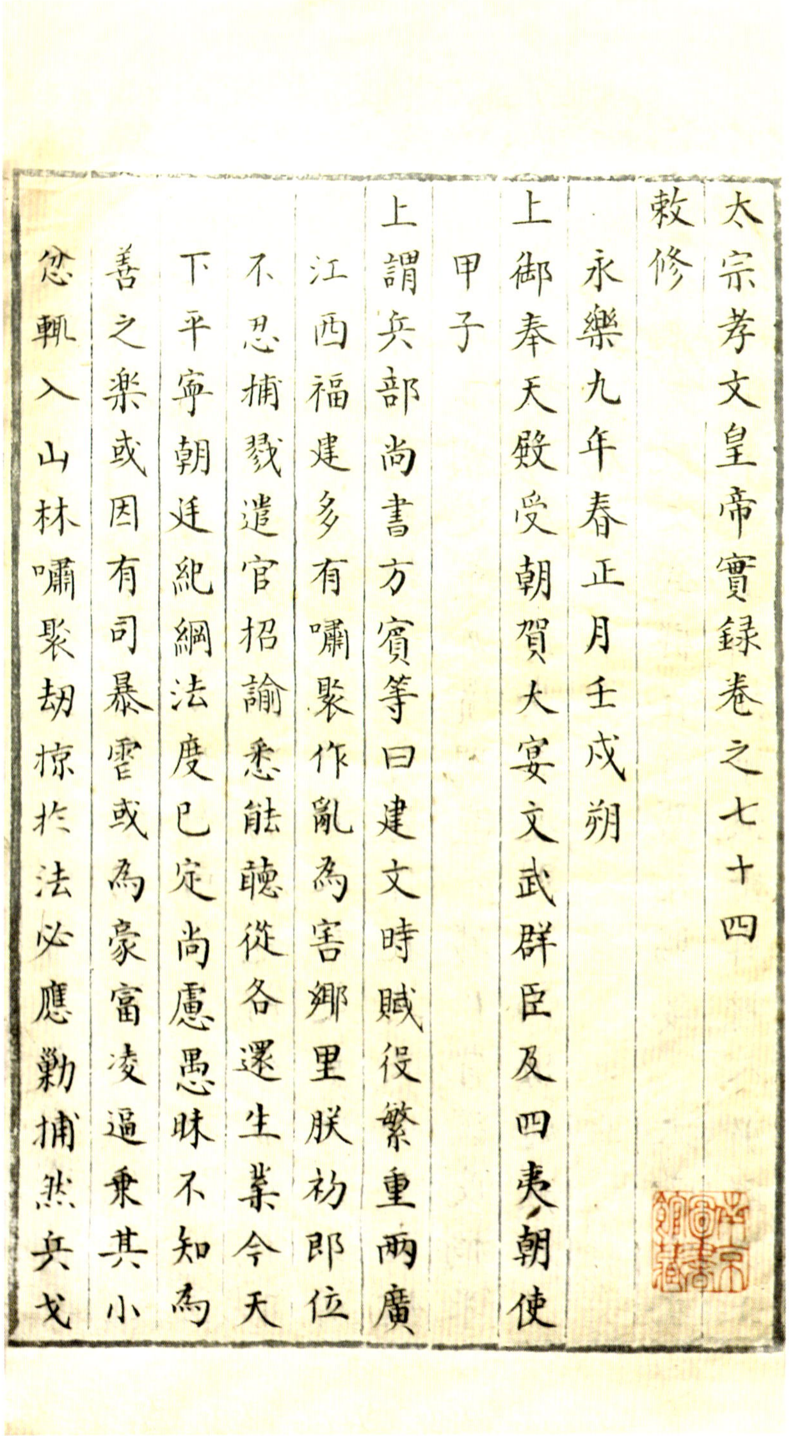
太宗孝文皇帝實録卷之七十四
敕修
永樂九年春正月壬戌朔
上御奉天殿受朝賀大宴文武群臣及四夷朝使
甲子
上謂兵部尚書方賓等曰建文時賦役繁重兩廣
江西福建多有嘯聚作亂爲害鄉里朕初即位
不忍捕戮遣官招諭悉能聽從各還生業今天
下平寧朝廷紀綱法度已定尚慮愚昧不知爲
善之樂或因有司暴害或爲豪富凌逼秉其小
忿輒入山林嘯聚刼掠於法必應勦捕然兵戈

大明太宗文皇帝實録一百三十卷　明張輔、楊士奇等纂修

明抄本。存十三卷（七十四至八十六）。半葉11行，行19字，白口，四周單邊，框高22.2厘米，寬15.7厘米。南京圖書館藏。國家名録號10215。

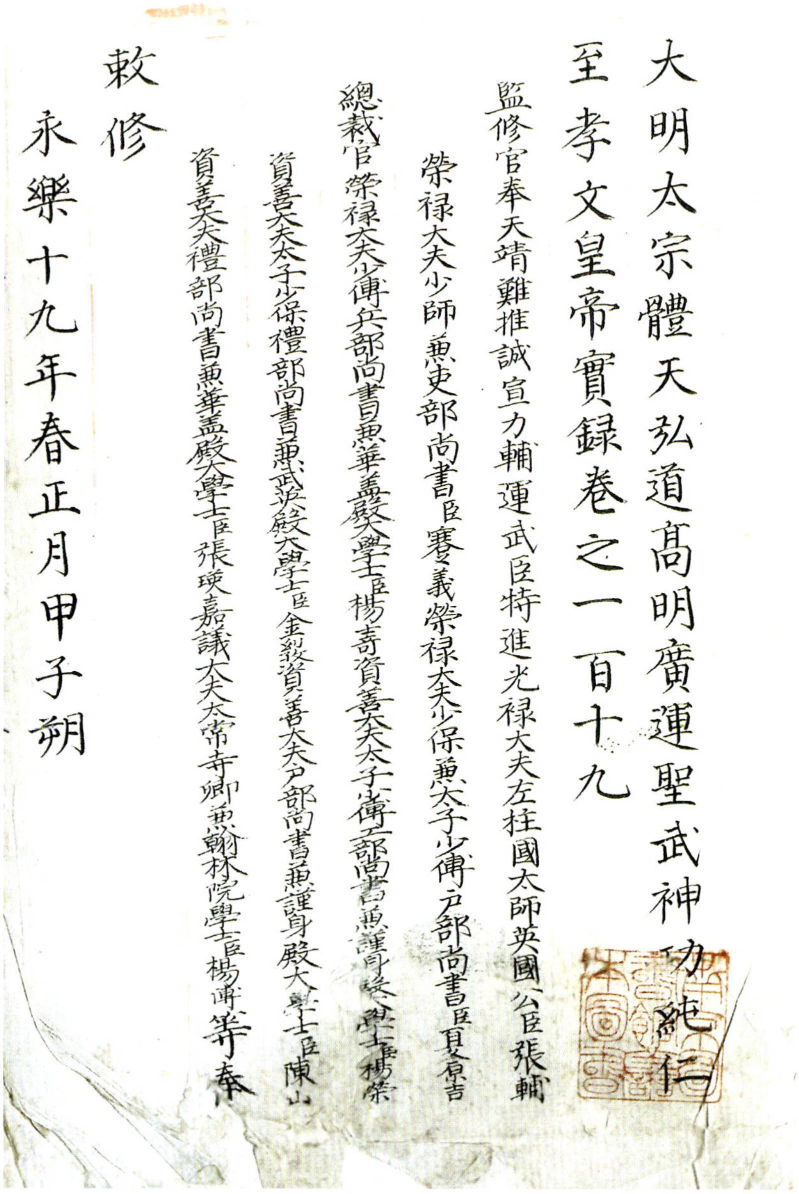

大明太宗文皇帝實録一百三十卷　明張輔、楊士奇等纂修

明抄本。存九卷（一百十九至一百二十四、一百二十八至一百三十）。半葉9行，行18字，白口，四周雙邊，框高23.1厘米，寬15.7厘米。南京圖書館藏。國家名録號10216。

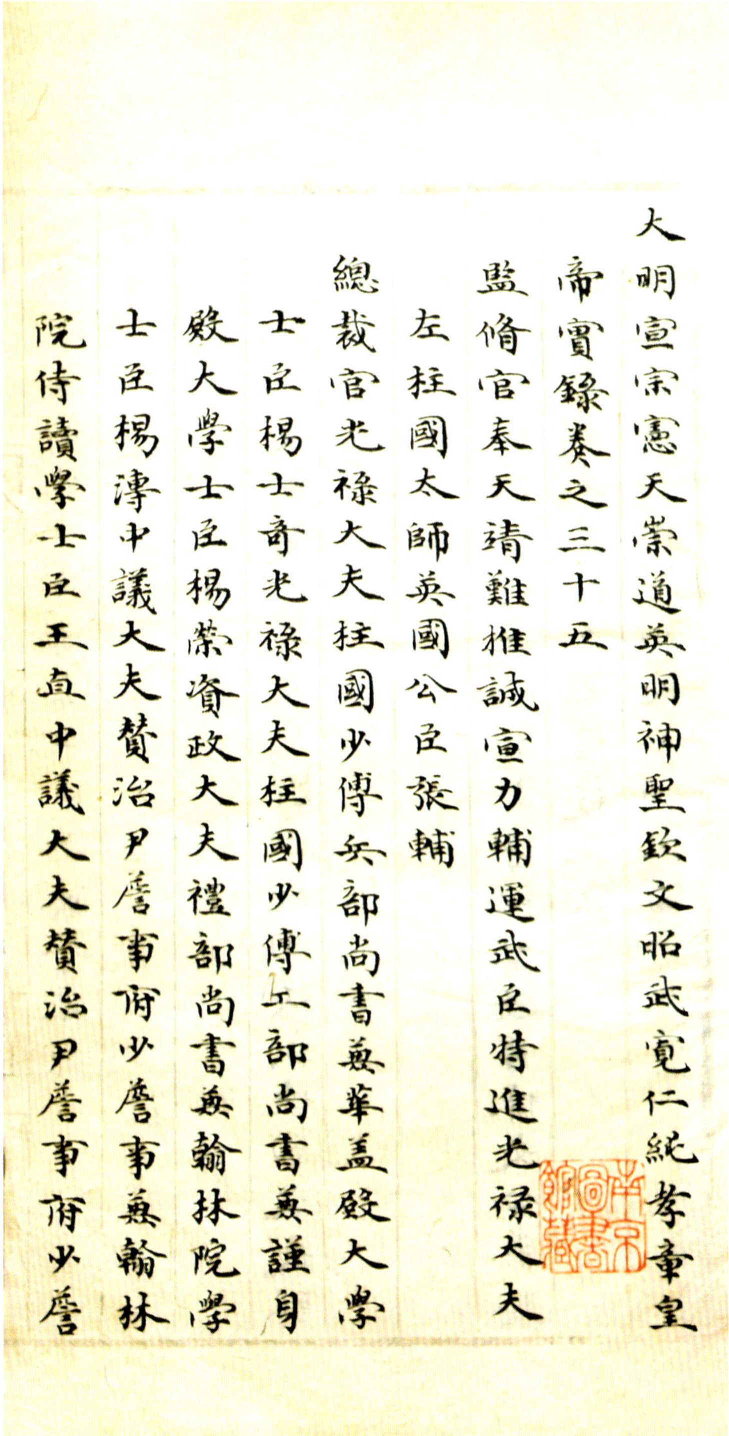
大明宣宗憲天崇道英明神聖欽文昭武寬仁純孝章皇
帝實録卷之三十五
監脩官奉天靖難推誠宣力輔運武臣特進光禄大夫
左柱國太師英國公臣張輔
總裁官光禄大夫柱國少傅兵部尚書兼華蓋殿大學
士臣楊士奇光禄大夫柱國少傅工部尚書兼謹身
殿大學士臣楊榮資政大夫禮部尚書兼翰林院學
士臣楊溥中議大夫贊治尹詹事府少詹事兼翰林
院侍讀學士臣王直中議大夫贊治尹詹事府少詹

大明宣宗章皇帝實録一百十五卷　明張輔、楊士奇等纂修

明抄本。存四十一卷（三十五至四十二、七十五至一百七）。半葉9行，行22字，白口，四周單邊，框高19.6厘米，寬12.4厘米。南京圖書館藏。國家名録號10217。

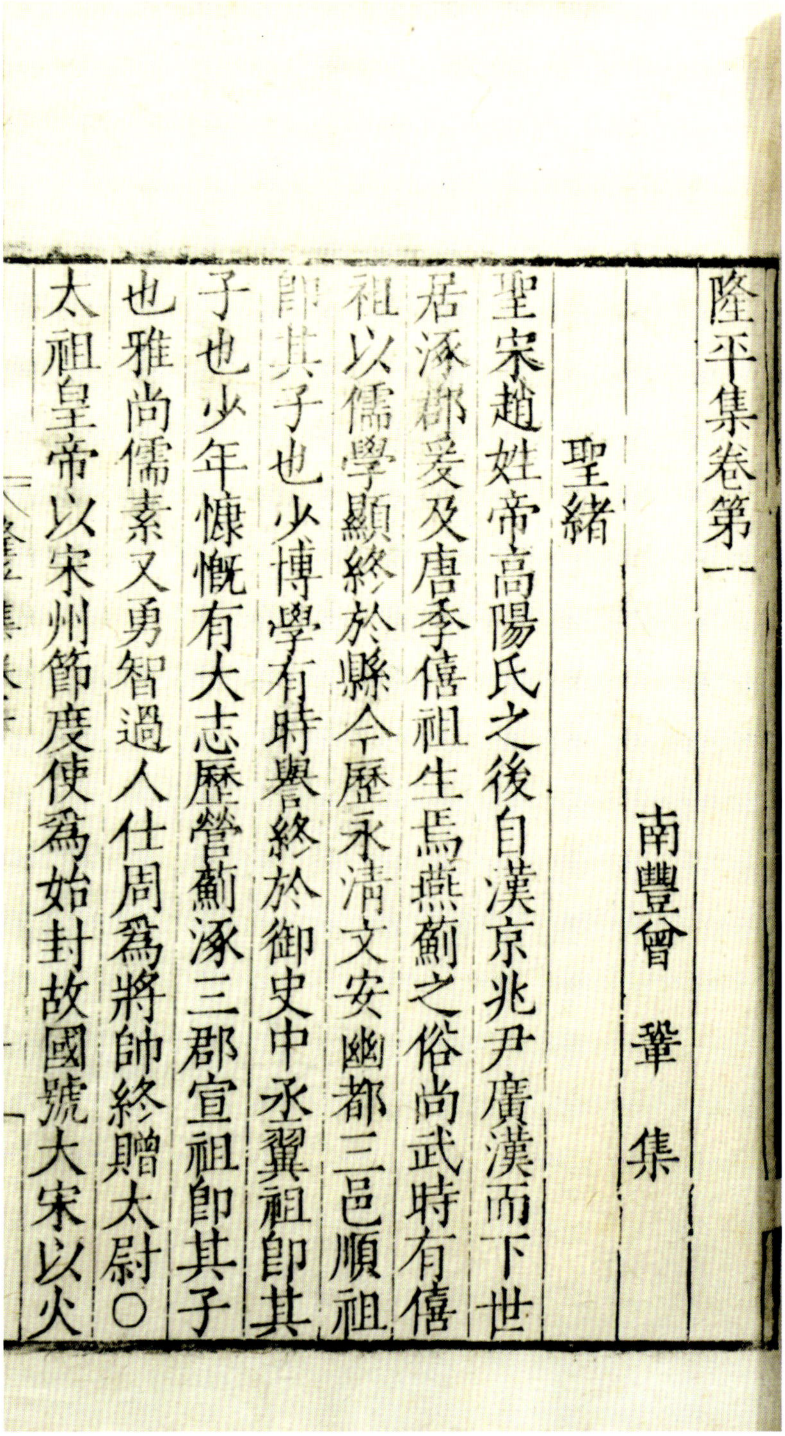

隆平集卷第一

南豐曾　鞏　集

聖緒

聖宋趙姓帝高陽氏之後自漢京兆尹廣漢而下世居涿郡爰及唐季僖祖生焉燕薊之俗尚武時有僖祖以儒學顯終於縣令歷永清文安幽都三邑順祖即其子也少博學有時譽終於御史中丞翼祖即其子也少年慷慨有大志歷營薊涿三郡宣祖即其子也雅尚儒素又勇智過人仕周爲將帥終贈太尉○太祖皇帝以宋州節度使爲始封故國號大宋以火

隆平集二十卷　宋曾鞏撰

明董氏萬卷堂刻本。半葉10行，行20字，小字雙行，字數同，白口，四周雙邊，框高18.2厘米，寬12.9厘米。南京博物院藏。國家名録號10236。

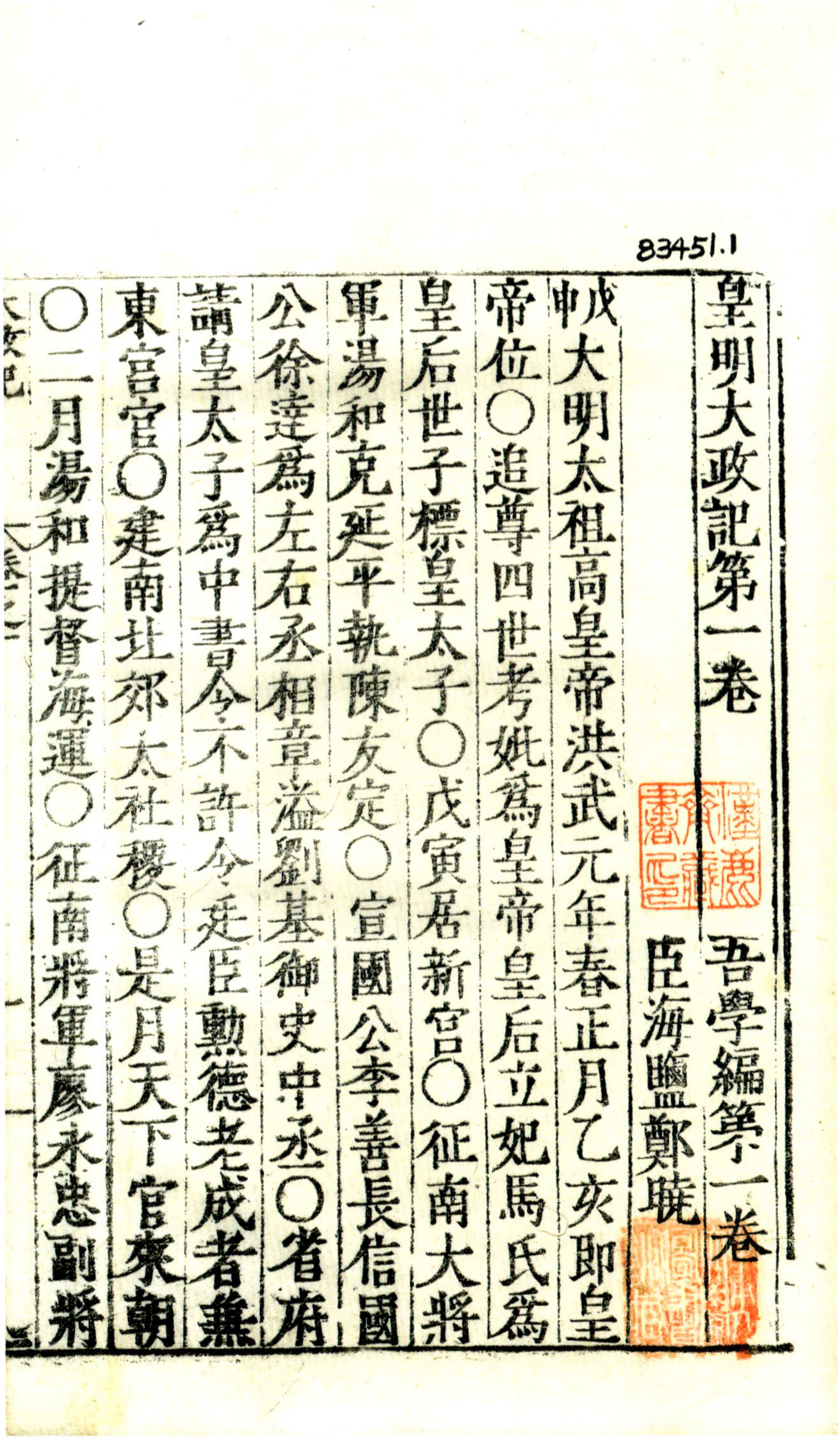

皇明大政記第一卷

吾學編第一卷

臣海鹽鄭曉

戊申大明太祖高皇帝洪武元年春正月乙亥即皇帝位○追尊四世考妣爲皇帝皇后立妃馬氏爲皇后世子標皇太子○戊寅居新宮○征南大將軍湯和克延平執陳友定○宣國公李善長信國公徐達爲左右丞相章溢劉基御史中丞○省府請皇太子爲中書令不許令廷臣勳德老成者兼東宮官○建南北郊太社稷○是月天下官來朝○二月湯和提督海運○征南將軍廖永忠副將

大政記　卷之一　一

吾學編六十九卷　明鄭曉撰

明隆慶元年（1567）鄭履淳刻本。半葉10行，行19字，白口，左右雙邊，框高18.2厘米，寬13.8厘米。南京大學圖書館藏。國家名録號10240。

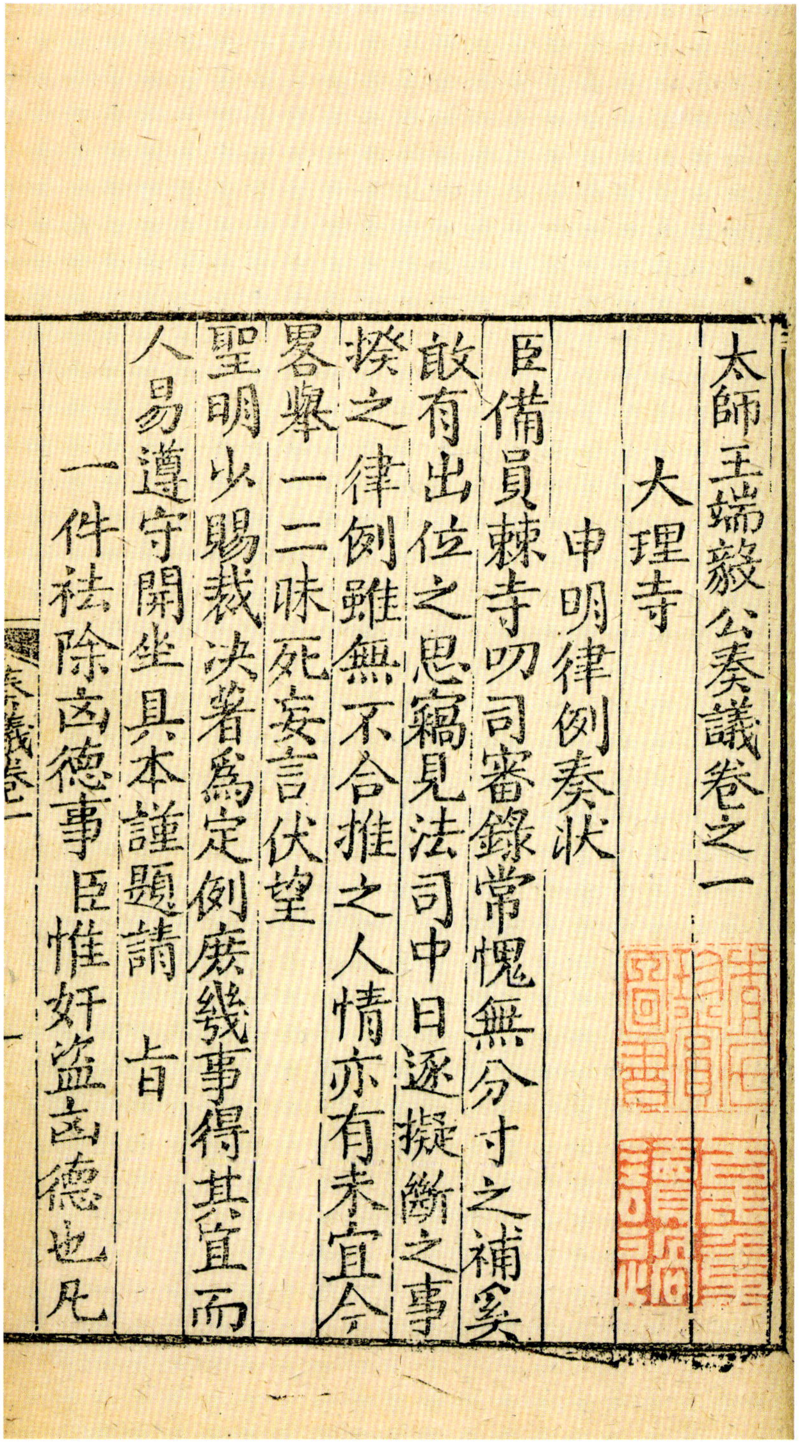

太師王端毅公奏議卷之一

大理寺

申明律例奏狀

臣備員棘寺叨司審錄常愧無分寸之補奚敢有出位之思竊見法司中日逐擬斷之事揆之律例雖無不合推之人情亦有未宜今畧舉一二昧死妄言伏望

聖明以賜裁決著為定例庶幾事得其宜而人易遵守開坐具本謹題請　旨

一件袪除凶德事臣惟奸盜凶德也凡

太師王端毅公奏議十五卷　明王恕撰

明正德十六年（1521）王成章刻本。半葉10行，行17字，白口，左右雙邊，框高17厘米，寬13.4厘米。無錫市圖書館藏。國家名録號10245。

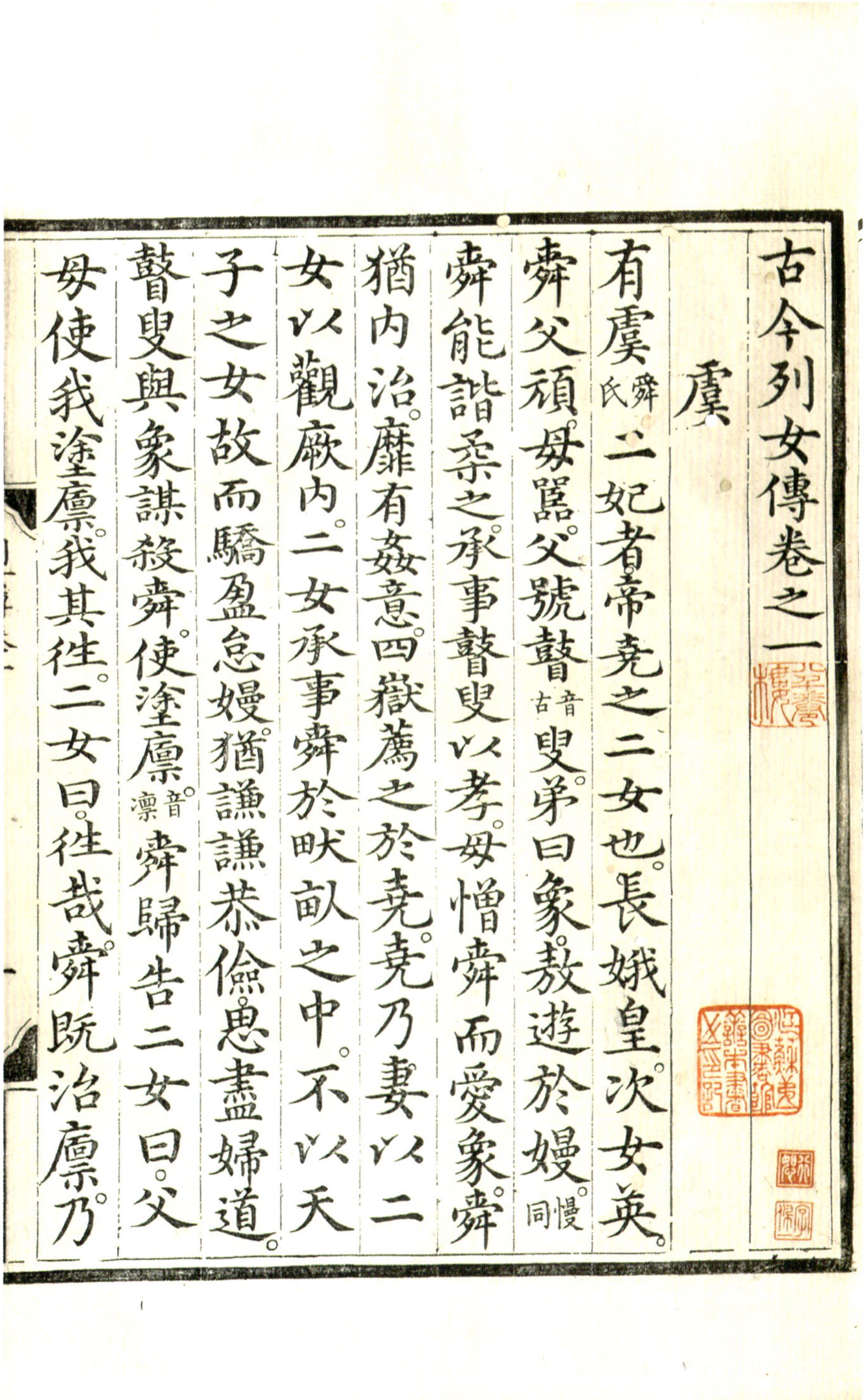

古今列女傳三卷　明解縉等撰

明内府刻本。丁丙跋。半葉10行，行18字，黑口，四周雙邊，框高28.5厘米，寬21.5厘米。南京圖書館藏。國家名録號10255。

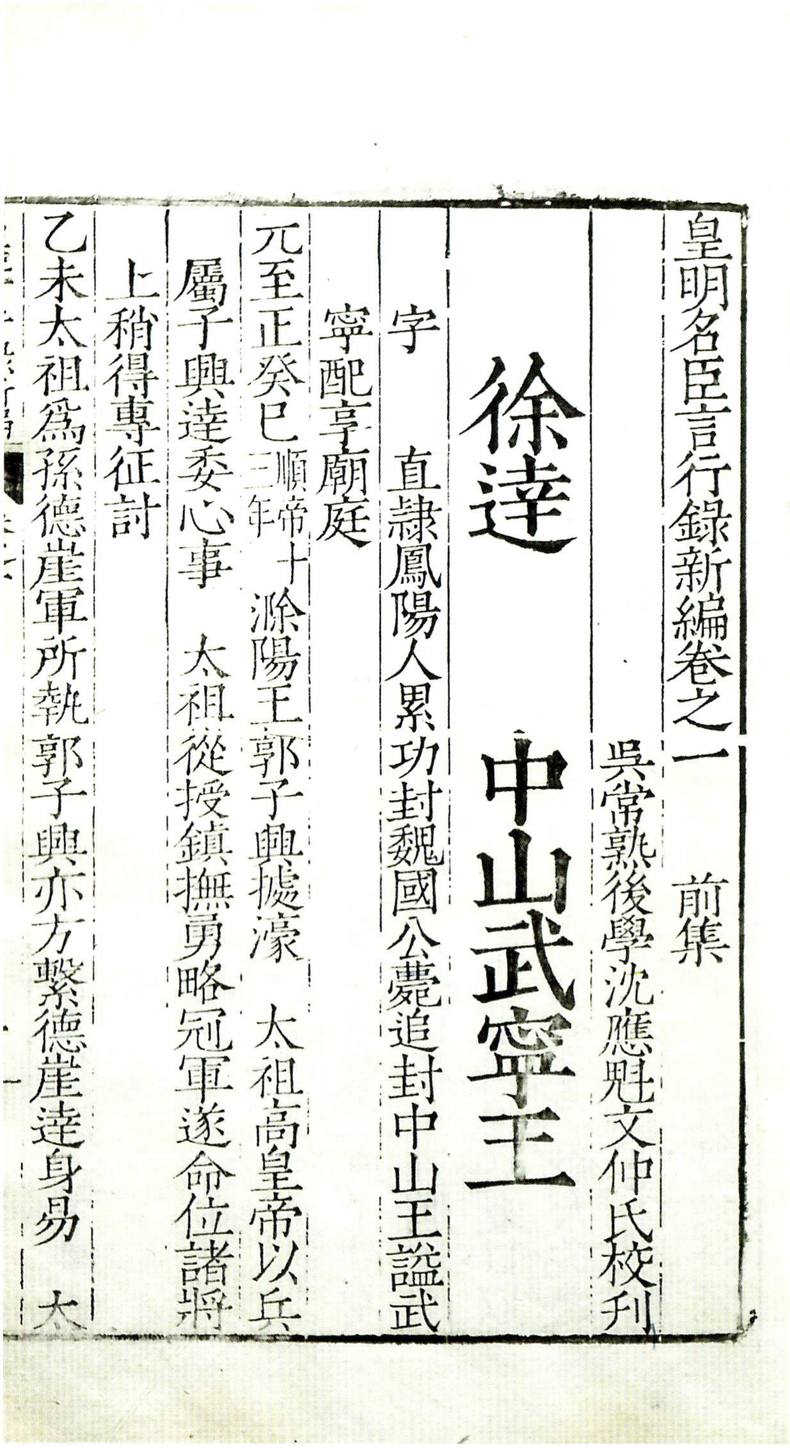

皇明名臣言行録新編卷之一　前集
吴常熟後學沈應魁文仲氏校刊
徐達　中山武寧王
字　直隷鳳陽人累功封魏國公薨追封中山王謚武
寧配亨廟庭
元至正癸巳順帝十三年滁陽王郭子興據濠　太祖高皇帝以兵
屬子興達委心事　太祖從授鎮撫勇略冠軍遂命位諸將
上稍得專征討
乙未太祖爲孫德崖軍所執郭子興亦方繫德崖達身易　太

皇明名臣言行録新編三十四卷　明沈應魁輯

明嘉靖三十二年（1553）自刻本。半葉10行，行24字，小字雙行，字數同，白口，四周單邊，框高20.5厘米，寬13.8厘米。南京圖書館藏。國家名録號10265。

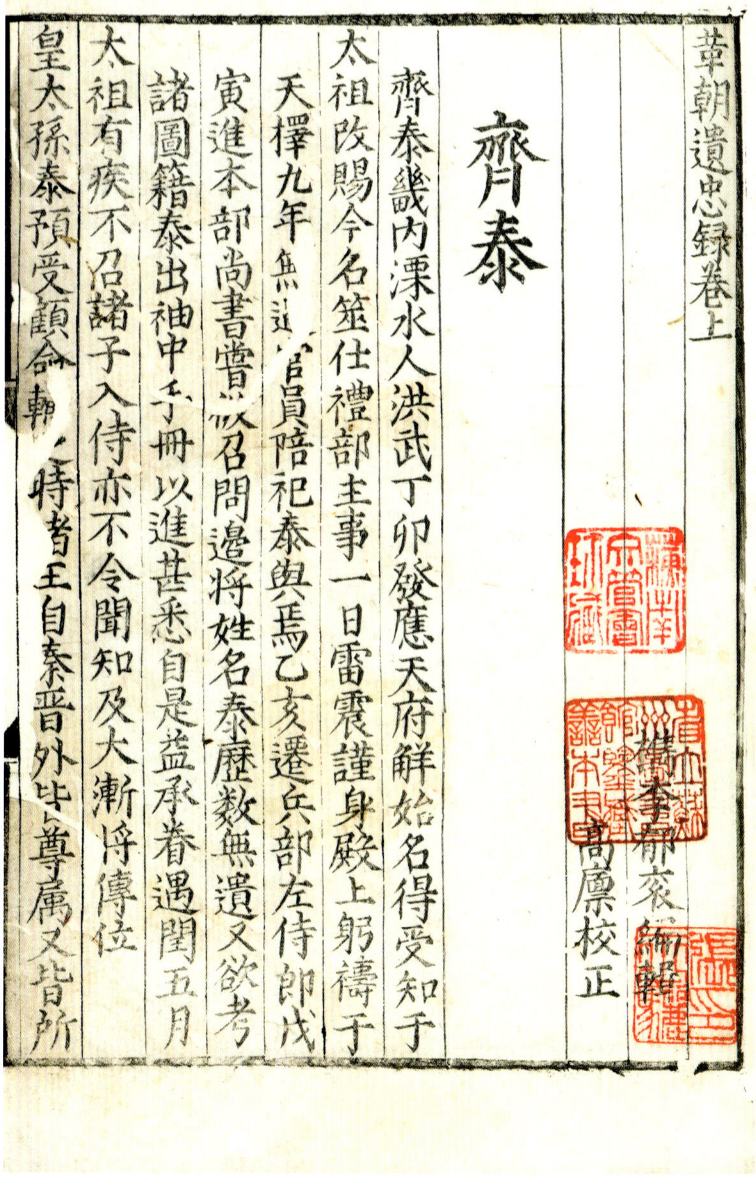

革朝遺忠録二卷附録一卷　明郁衮撰

明嘉靖四年（1525）敖英刻本。半葉12行，行23字，小字雙行，字數同，黑口，四周單邊，框高19.5厘米，寬14.3厘米。蘇州圖書館藏。國家名録號10266。

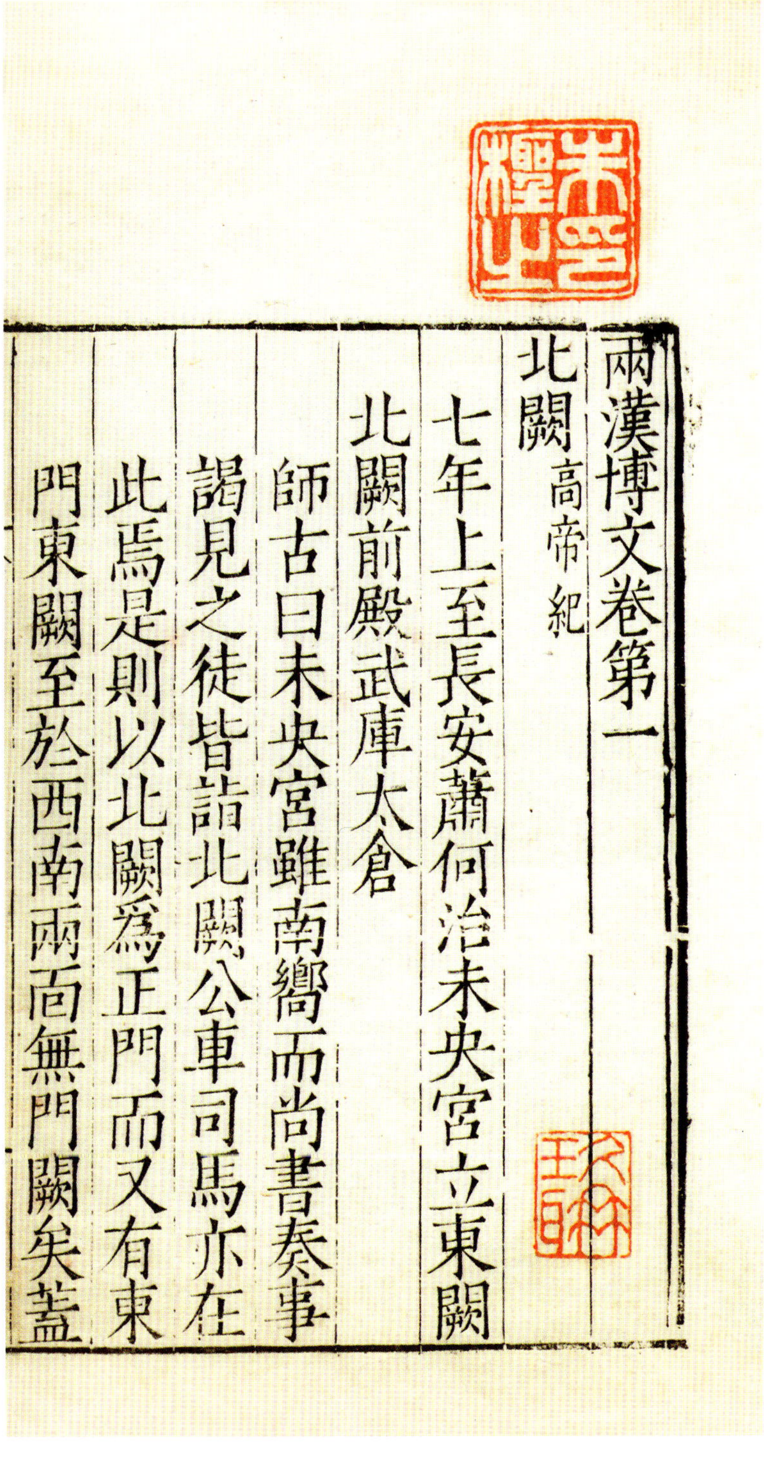

兩漢博文卷第一
北闕 高帝紀
七年上至長安蕭何治未央宮立東闕
北闕前殿武庫太倉
師古曰未央宮雖南鄉而尚書奏事
謁見之徒皆詣北闕公車司馬亦在
此焉是則以北闕爲正門而又有東
門東闕至於西南兩面無門闕矣蓋

兩漢博聞十二卷　宋楊侃輯

明嘉靖三十七年（1558）黄魯曾刻本。半葉8行，行16字，小字雙行，字數同，白口，左右雙邊，框高17.6厘米，寬12.6厘米。南京圖書館藏。國家名録號10293。

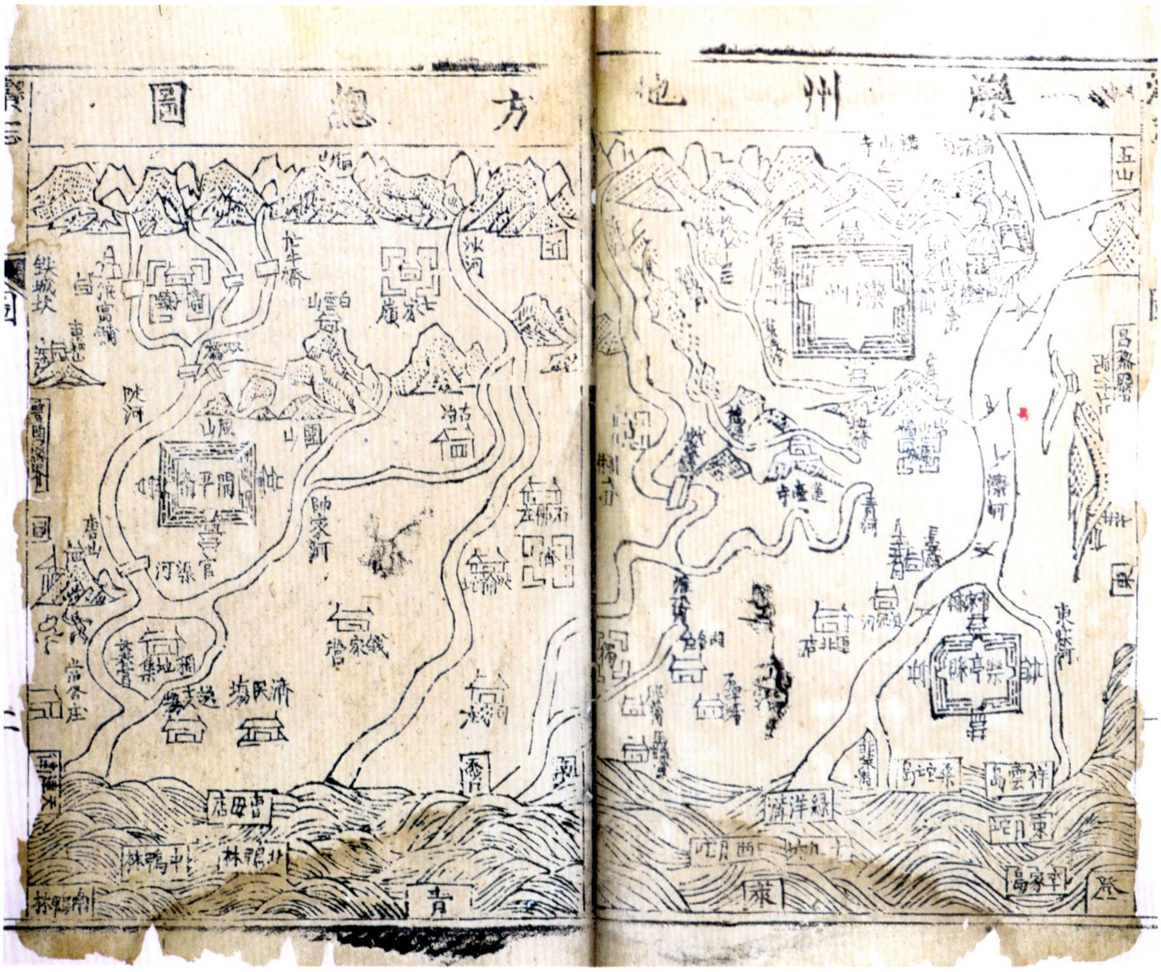

[萬曆]灤志六卷　明周宇纂修

明萬曆刻本。半葉9行，行22字，小字雙行，字數同，白口，四周雙邊，框高21.5厘米，寬15厘米。中國科學院南京地理與湖泊研究所藏。國家名録號10298。

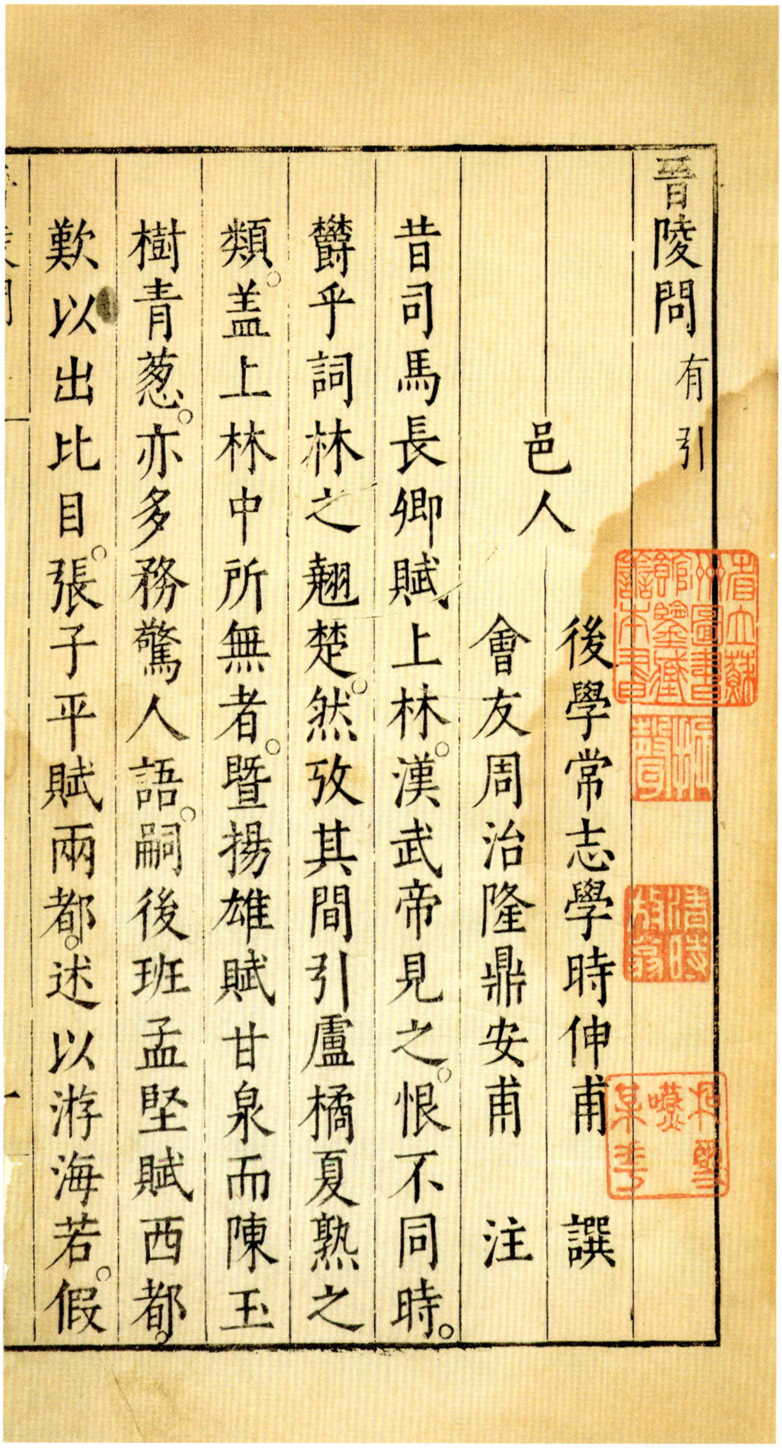

晉陵問 有引

邑人 後學常志學時伸甫 譔

會友周治隆鼎安甫 注

昔司馬長卿賦上林漢武帝見之恨不同時。欝乎詞林之翹楚然攷其間引盧橘夏熟之類。盖上林中所無者。暨揚雄賦甘泉而陳玉樹青葱。亦多務驚人語。嗣後班孟堅賦西都歎以出比目。張子平賦兩都述以游海若。假

晉陵問一卷　明常志學撰　明周治隆注

明萬曆十二年（1584）李備刻本。半葉8行，行18字，白口，四周單邊，框高12.7厘米，寬20.4厘米。蘇州圖書館藏。國家名録號10311。

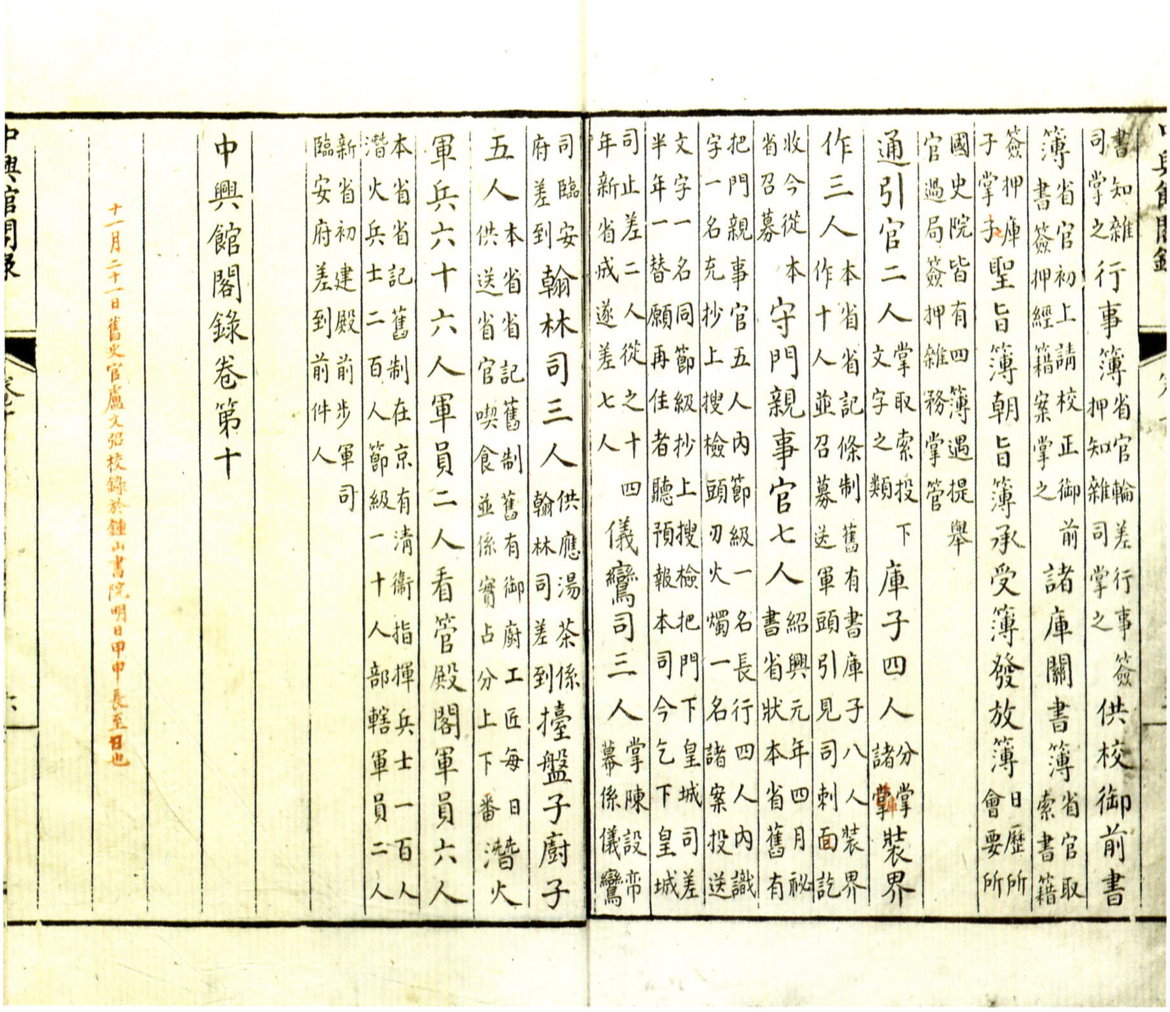

書知雜司掌之行事簿省官輸差行事簽押知雜司掌之供校御前書
簿省官初上請校正御前書簽押經籍案掌之諸庫關書簿省官取索書籍
簽押庫子掌之聖旨簿朝旨簿承受簿發放簿日歷所會要所
國史院皆有四簿過提舉官過局簽押雜務掌管
通引官二人掌取索投下文字之類庫子四人分掌諸庫裝界
作三人本省省記條制舊有書庫子八人裝界作十人並召募送軍頭引見司刺面訖
收今從本省召募守門親事官七人紹興元年四月祕書省狀本省舊有
把門親事官五人內節級一名長行四人內識字一名充抄上搜檢頭刃火燭一名諸案投送
文字一名同節級抄上搜檢把門下皇城司差半年一替願再住者聽預報本司今乞下皇城
司止差二人從之十四年新省成遂差七人儀鸞司三人掌陳設帟幕係儀鸞
司臨安府差到翰林司三人供應湯茶係翰林司差到檯盤子廚子
五人本省省記舊制舊有御廚工匠每日供送省官喫食並係實占分上下番潛火
軍兵六十六人軍員二人看管殿閣軍員六人
本省省記舊制在京有清衛指揮兵士一百人潛火兵士二百人節級一十人部轄軍員二人
新省初建殿前步軍司臨安府差到前件人

中興館閣錄卷第十

十一月二十一日舊史官盧文弨校錄於鍾山書院明日甲申長至日也

中興館閣録十卷　宋陳騤等撰

清乾隆二十九年（1764）盧文弨抄本。存三卷（七至八、十）。盧文弨校並跋，丁丙跋。半葉10行，行18字，小字雙行，字數同，白口，左右雙邊，框高20.7厘米，寬15.3厘米。南京圖書館藏。國家名録號10330。

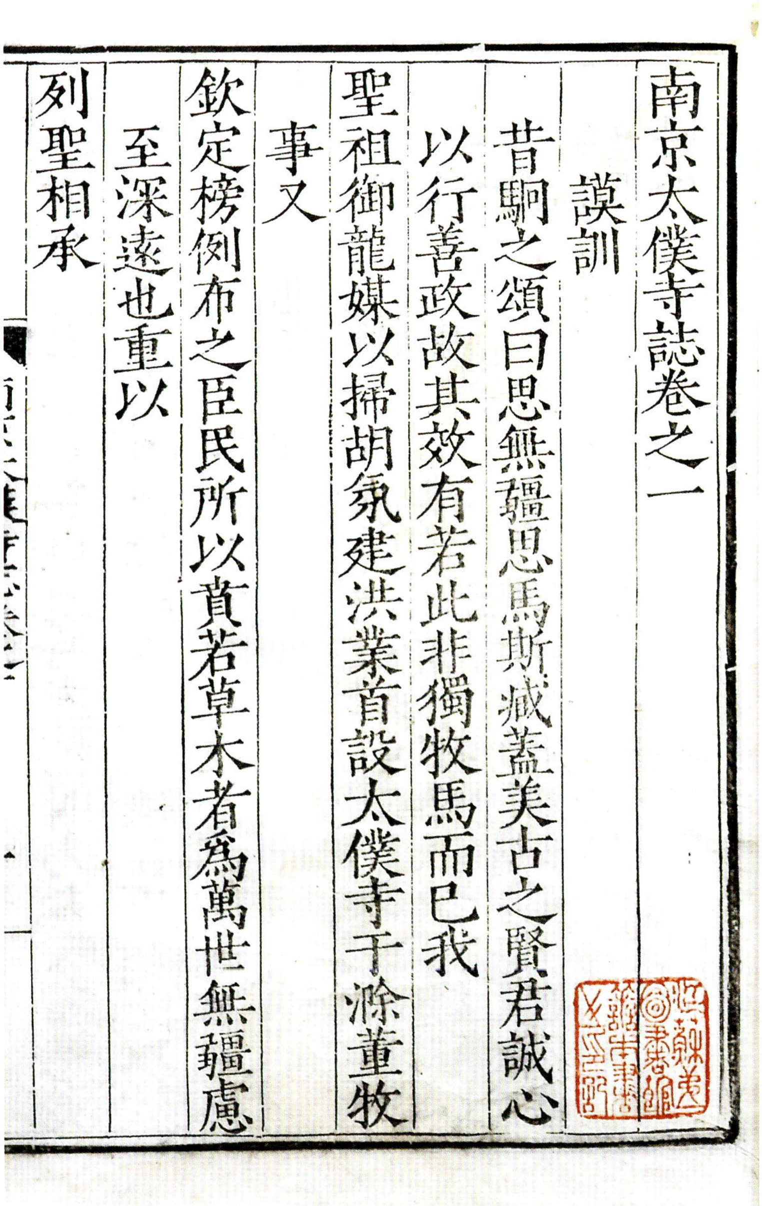
南京太僕寺誌卷之一

謨訓

昔駉之頌曰思無疆思馬斯臧蓋美古之賢君誠心以行善政故其效有若此非獨牧馬而已我

聖祖御龍媒以掃胡氛建洪業首設太僕寺于滁董牧事又

欽定榜例布之臣民所以責若草木者爲萬世無疆慮至深遠也重以

列聖相承

南京太僕寺志十六卷　明雷禮纂修

明嘉靖刻本。丁丙跋。半葉9行，行21字，小字雙行，字數同，白口，四周雙邊，框高21.2厘米，寬14.6厘米。南京圖書館藏。國家名録號10331。

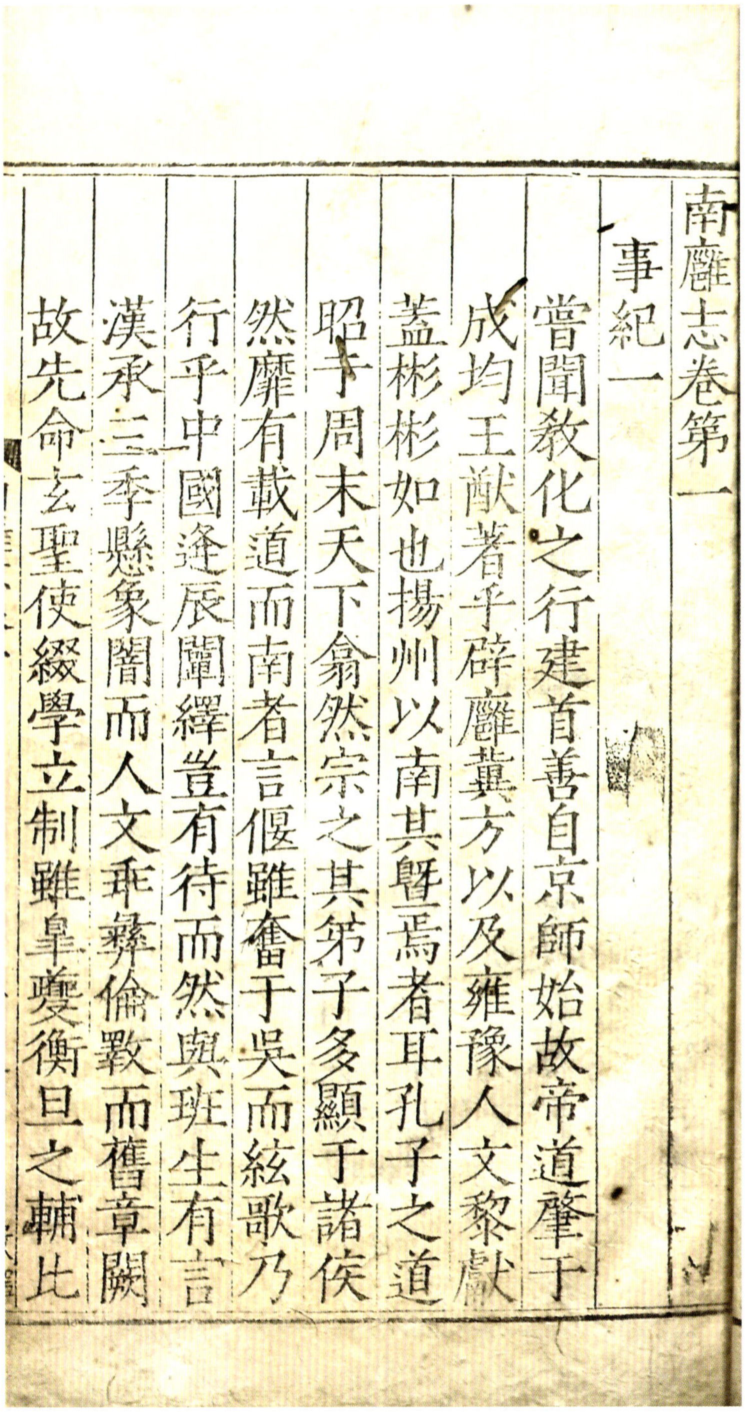
南廱志卷第一

事紀一

嘗聞教化之行建首善自京師始故帝道肇于成均王猷著乎辟廱冀方以及雍豫人文黎獻蓋彬彬如也揚州以南其曁焉者耳孔子之道昭于周末天下翕然宗之其弟子多顯于諸侯然靡有載道而南者言偃雖奮于吳而絃歌乃行乎中國逄辰闡繹豈有待而然與班生有言漢承三季懸象闇而人文乖彝倫斁而舊章闕故先命玄聖使綴學立制雖皐夔衡旦之輔比

南廱志二十四卷　明黄佐等撰

明嘉靖刻隆慶增修本。半葉10行，行20字，小字雙行，字數同，白口，四周雙邊，框高21.6厘米，寬14.6厘米。南京圖書館藏。國家名録號10332。

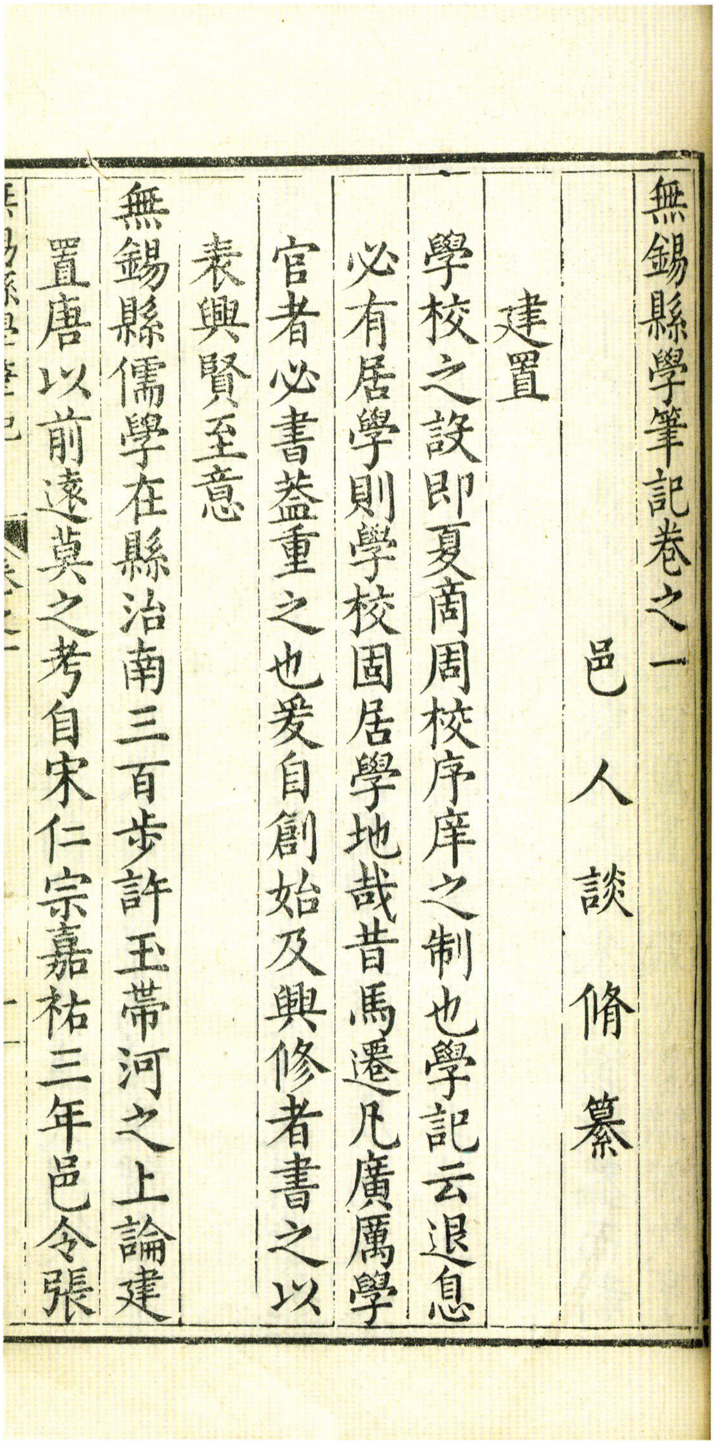
無錫縣學筆記卷之一
邑人談脩纂
建置
學校之設即夏商周校序庠之制也學記云退息
必有居學則學校固居學地哉昔馬遷凡廣厲學
官者必書葢重之也爰自創始及興修者書之以
表興賢至意
無錫縣儒學在縣治南三百步許玉帶河之上論建
置唐以前遠莫之考自宋仁宗嘉祐三年邑令張

無錫縣學筆記十二卷　明談脩撰

明萬曆刻本。半葉9行，行20字，小字雙行，字數同，白口，四周雙邊，框高22厘米，寬13.7厘米。無錫市圖書館藏。國家名録號10333。

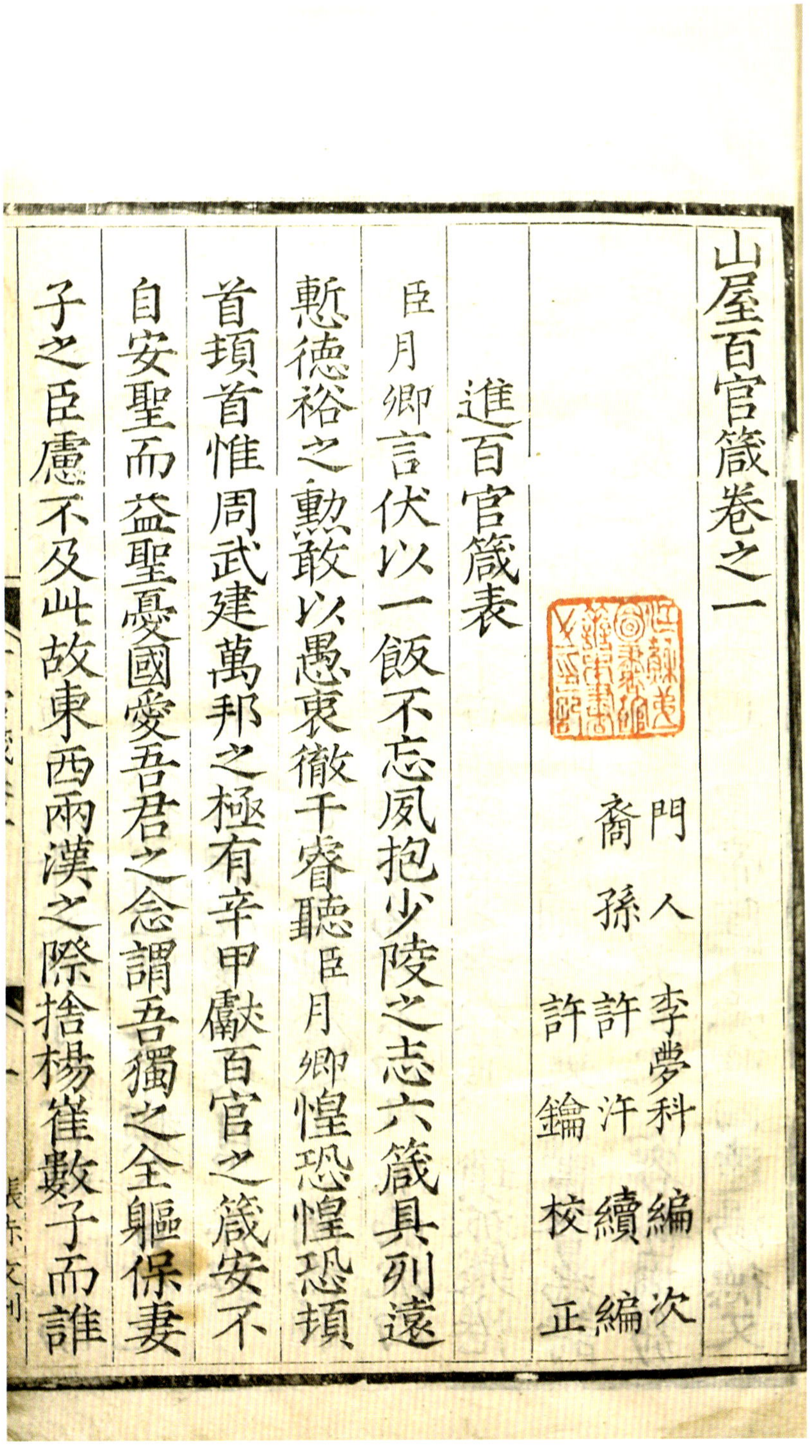
山屋百官箴卷之一
門人　李夢科　編次
裔孫　許汴　續編
許鑰　校正
進百官箴表
臣月卿言伏以一飯不忘夙抱少陵之志六箴具列遠
慙德裕之勲敢以愚衷徹于睿聽臣月卿惶恐惶恐頓
首頓首惟周武建萬邦之極有辛甲獻百官之箴安不
自安聖而益聖憂國愛吾君之念謂吾獨之全軀保妻
子之臣慮不及此故東西兩漢之際捨楊崔數子而誰

山屋百官箴六卷　宋許月卿撰

明嘉靖十四年（1535）潘滋刻本。半葉9行，行22字，小字雙行，字數同，白口，四周雙邊，框高22.6厘米，寬15.9厘米。南京圖書館藏。國家名録號10334。

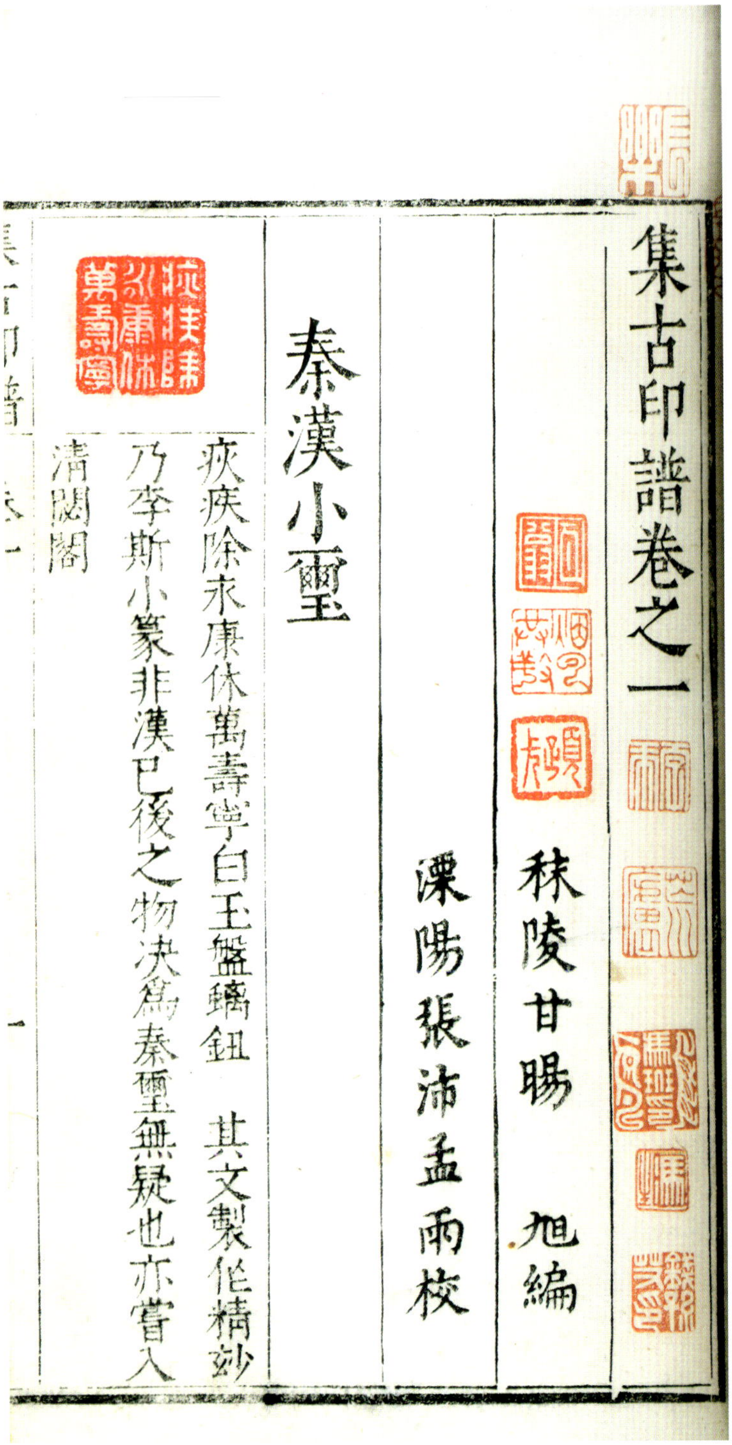

集古印譜卷之一

秣陵甘暘　旭編

溧陽張沛孟雨校

秦漢小璽

疢疾除永康休萬壽寧白玉盤螭鈕　其文製作精妙

乃李斯小篆非漢巳後之物決爲秦璽無疑也亦嘗入

清閟閣

集古印譜五卷　明甘暘輯　印正附説一卷　明甘暘撰

明萬曆二十四年（1596）自刻鈐印本。白口，四周雙邊，框高20.5厘米，寬13.1厘米。蘇州圖書館藏。國家名録號10356。

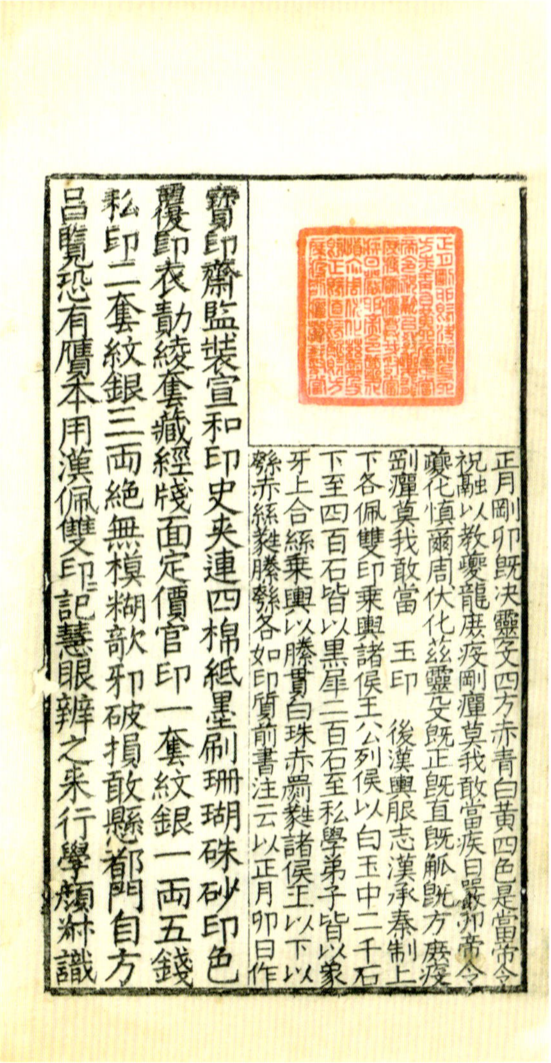

正月剛卯既決靈殳四方赤青白黃四色是當帝令祝融以教夔龍庶疫剛癉莫我敢當疾日嚴卯帝令夔化慎爾周伏化茲靈殳既正既直既觚既方庶疫剛癉莫我敢當　玉印　後漢輿服志漢承秦制上下各佩雙印乘輿諸侯王公列侯以白玉中二千石下至四百石皆以黑犀二百石至私學弟子皆以象牙上合絲乘輿以縢貫白珠赤罽蕤諸侯王以下以綔赤絲蕤縢綔各如印質前書注云以正月卯日作

寶印齋監裝宣和印史夾連四棉紙墨刷珊瑚硃砂印色璽覆印衣勧綾套藏經牋面定價官印一套紋銀一両五錢私印二套紋銀三両絶無模糊欹邪破損敢懸都門自方呂覽恐有贋本用漢佩雙印記慧眼辨之来行學顔叔識

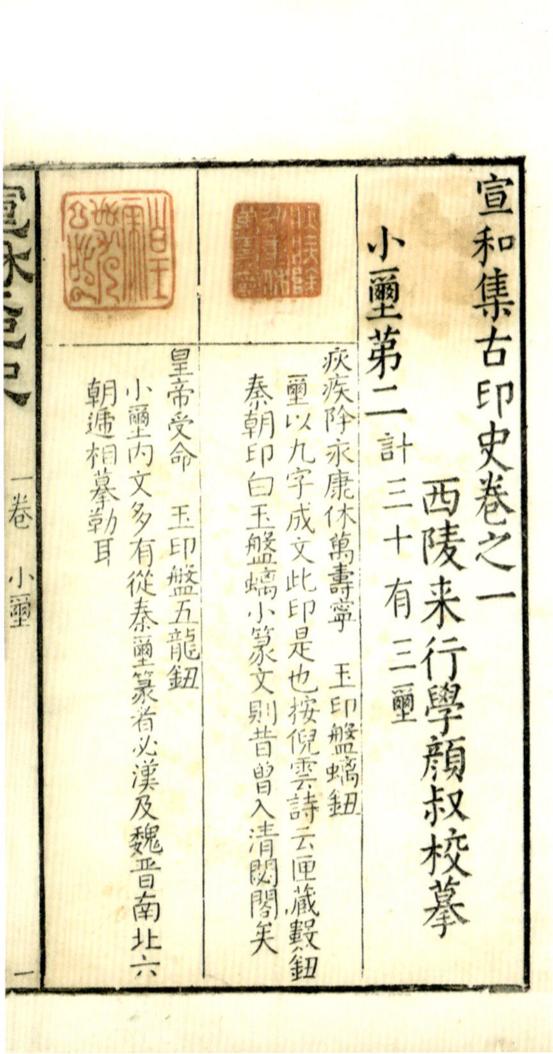

宣和集古印史卷之一　西陵来行學顔叔校摹

小璽第二 計三十有三璽

疢疾除永康休萬壽寧　玉印盤螭鈕

璽以九字成文此印是也按倪雲詩云匣藏蟠鈕秦朝印白玉盤螭小篆文則昔曾入清閟閣矣

皇帝受命　玉印盤五龍鈕

小璽內文多有從秦璽篆者必漢及魏晉南北六朝遞相摹勒耳

宣和印史　一卷　小璽　一

宣和集古印史八卷　明來行學輯

明萬曆二十四年（1596）來氏寶印齋刻鈐印本。白口，四周單邊，框高19.5厘米，寬12.8厘米。蘇州圖書館藏。國家名録號10357。

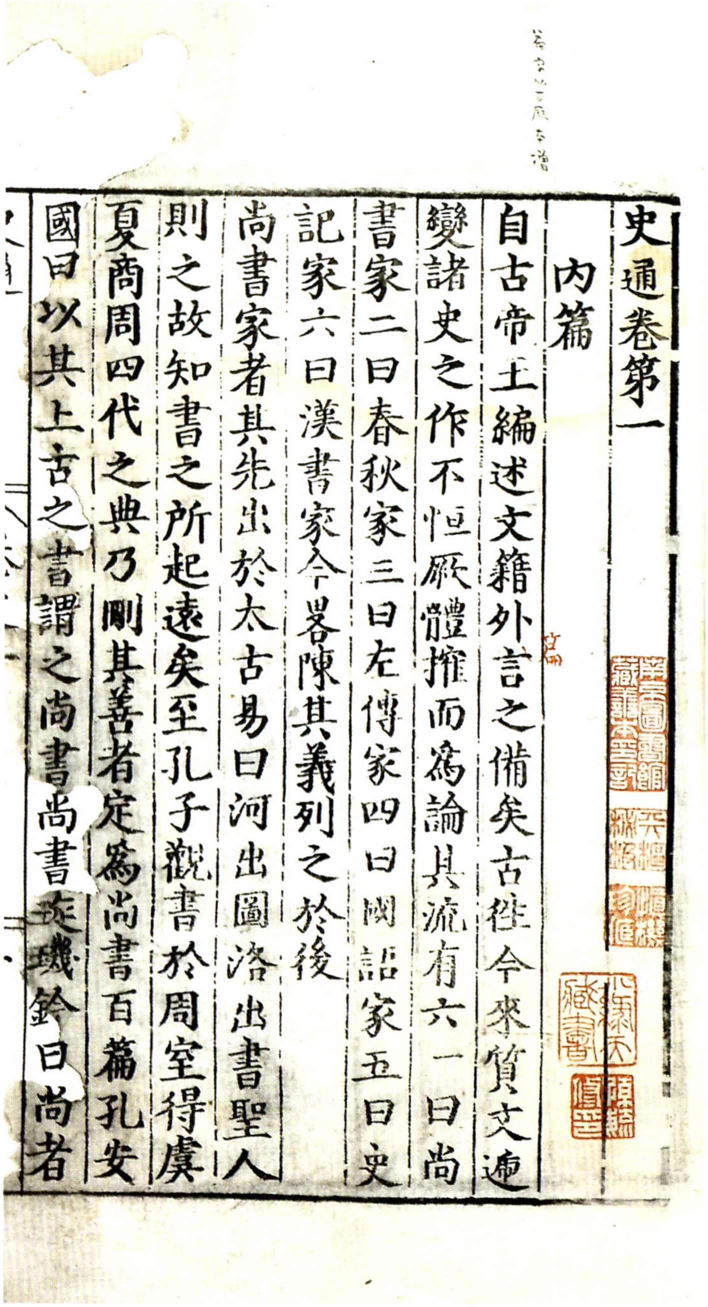

史通卷第一

内篇

自古帝王編述文籍外言之備矣古往今來質文遞
變諸史之作不恒厥體搉而爲論其流有六一曰尚
書家二曰春秋家三曰左傳家四曰國語家五曰史
記家六曰漢書家今畧陳其義列之於後
尚書家者其先出於太古易曰河出圖洛出書聖人
則之故知書之所起遠矣至孔子觀書於周室得虞
夏商周四代之典乃刪其善者定爲尚書百篇孔安
國曰以其上古之書謂之尚書尚書璇璣鈐曰尚者

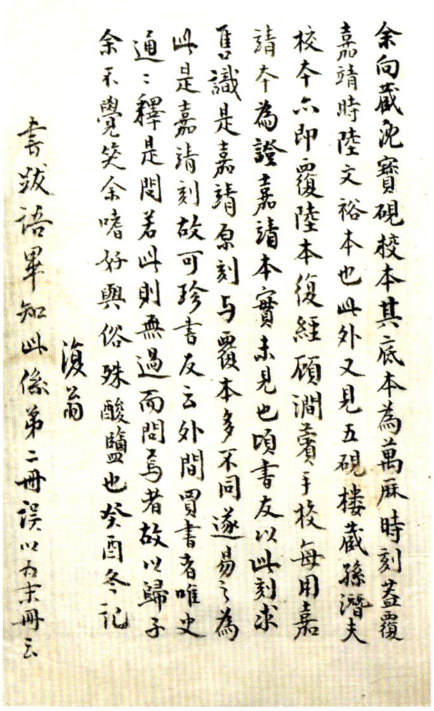

余向藏汪寶硯校本其底本為萬麻時刻蓋覆
嘉靖時陸文裕本也此外又見五硯樓藏孫潛夫
校本亦即覆陸本復經顧澗薲手校每用嘉
靖本為證嘉靖本實未見也頃書友以此刻求
售識是嘉靖原刻与覆本多不同遂易之為
此是嘉靖刻故可珍書友云外間買書者唯史
通二種是問若此則無過而問焉者故以歸予
余不覺笑余嗜好與俗殊酸鹹也癸酉冬記
復翁
書跋語畢知此係第二册誤以為宋册云

史通二十卷　唐劉知幾撰

明嘉靖十四年（1535）陸深刻本。黄丕烈跋，孫毓修校並録何焯、顧廣圻校跋。半葉10行，行20字，小字雙行，字數同，白口，四周單邊，框高20.9厘米，寬14厘米。南京圖書館藏。國家名録號10360。

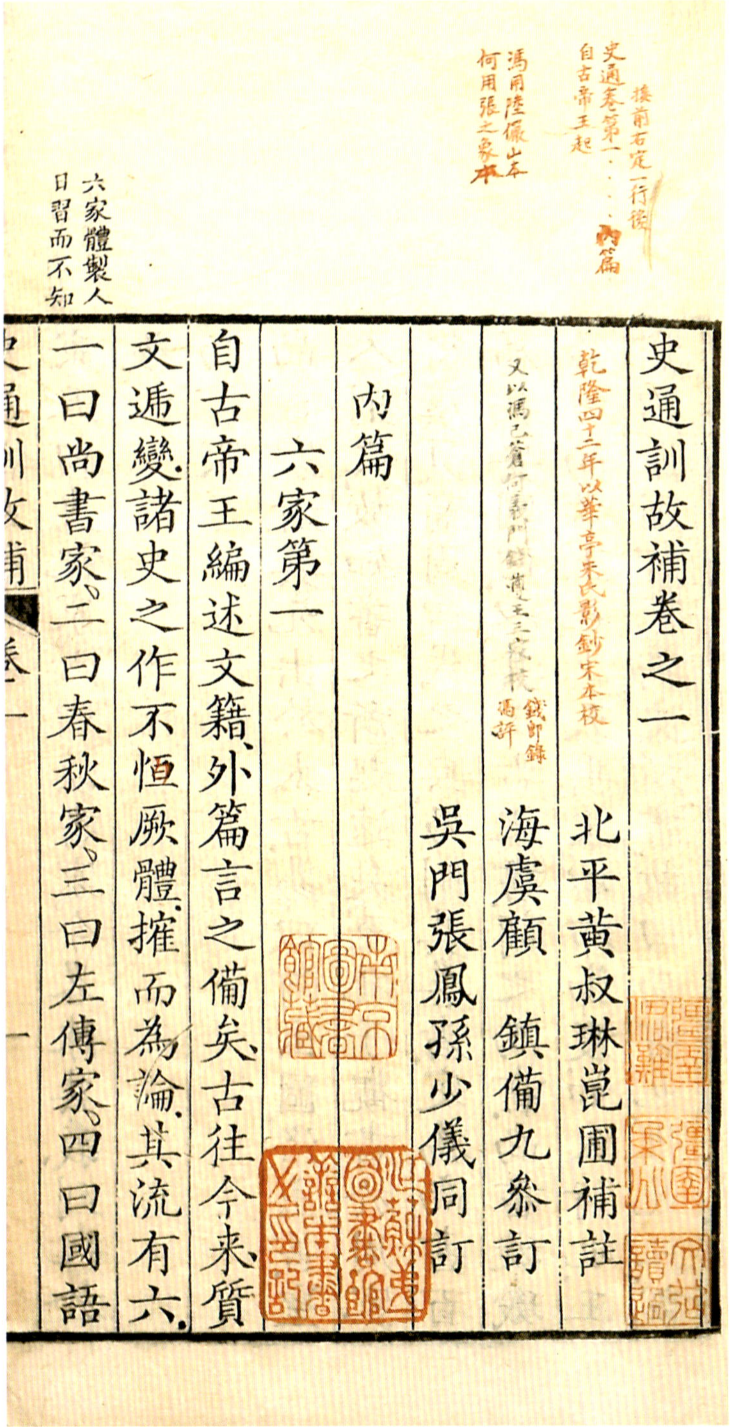

史通訓故補二十卷　清黄叔琳撰

清乾隆十二年（1747）黄氏養素堂刻本。盧文弨校跋並録馮舒、錢曾、何焯校，丁丙跋。半葉9行，行19字，小字雙行，字數同，白口，左右雙邊，框高15.6厘米，寬11.3厘米。南京圖書館藏。國家名録號10362。

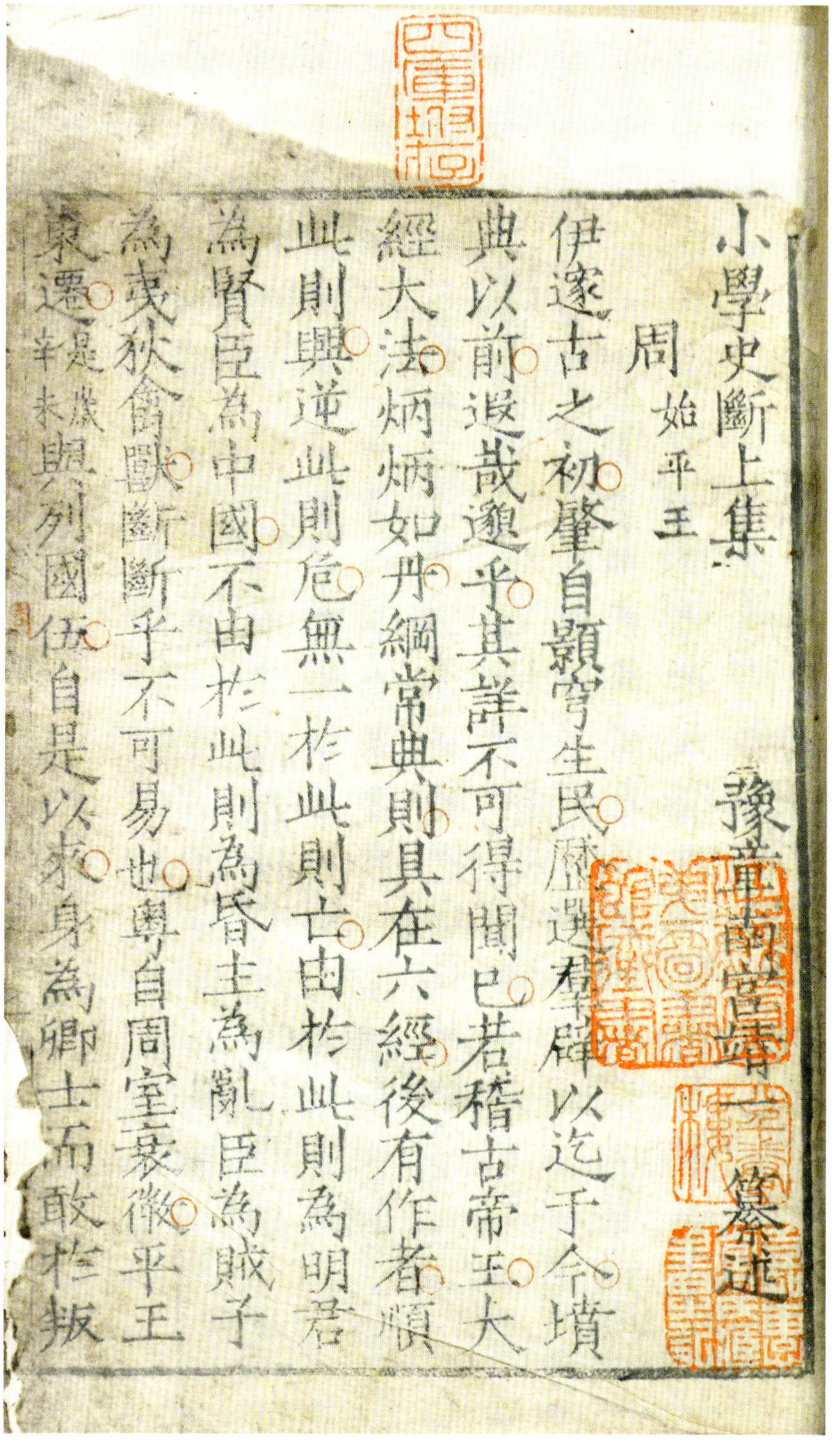

小學史斷上集　豫章南宮靖一纂述

周

始平王

伊邃古之初肇自顯穹生民歷選羣辟以迄于今墳典以前遐哉邈乎其詳不可得聞已若稽古帝王大經大法炳炳如丹綱常典則具在六經後有作者順此則興逆此則危無一於此則亡由於此則為明君為賢臣為中國不由於此則為昏主為亂臣為賊子為戎狄禽獸斷斷乎不可易也粵自周室衰微平王東遷是歲辛未與列國伍自是以來身為卿士而敢於叛

小學史斷二卷　宋南宫靖一撰　續一卷　明晏彦文撰

明嘉靖十七年（1538）張木刻藍印本。半葉9行，行20字，小字雙行，字數同，黑口，四周單邊，框高18.7厘米，寬13.4厘米。南京圖書館藏。國家名録號10364。

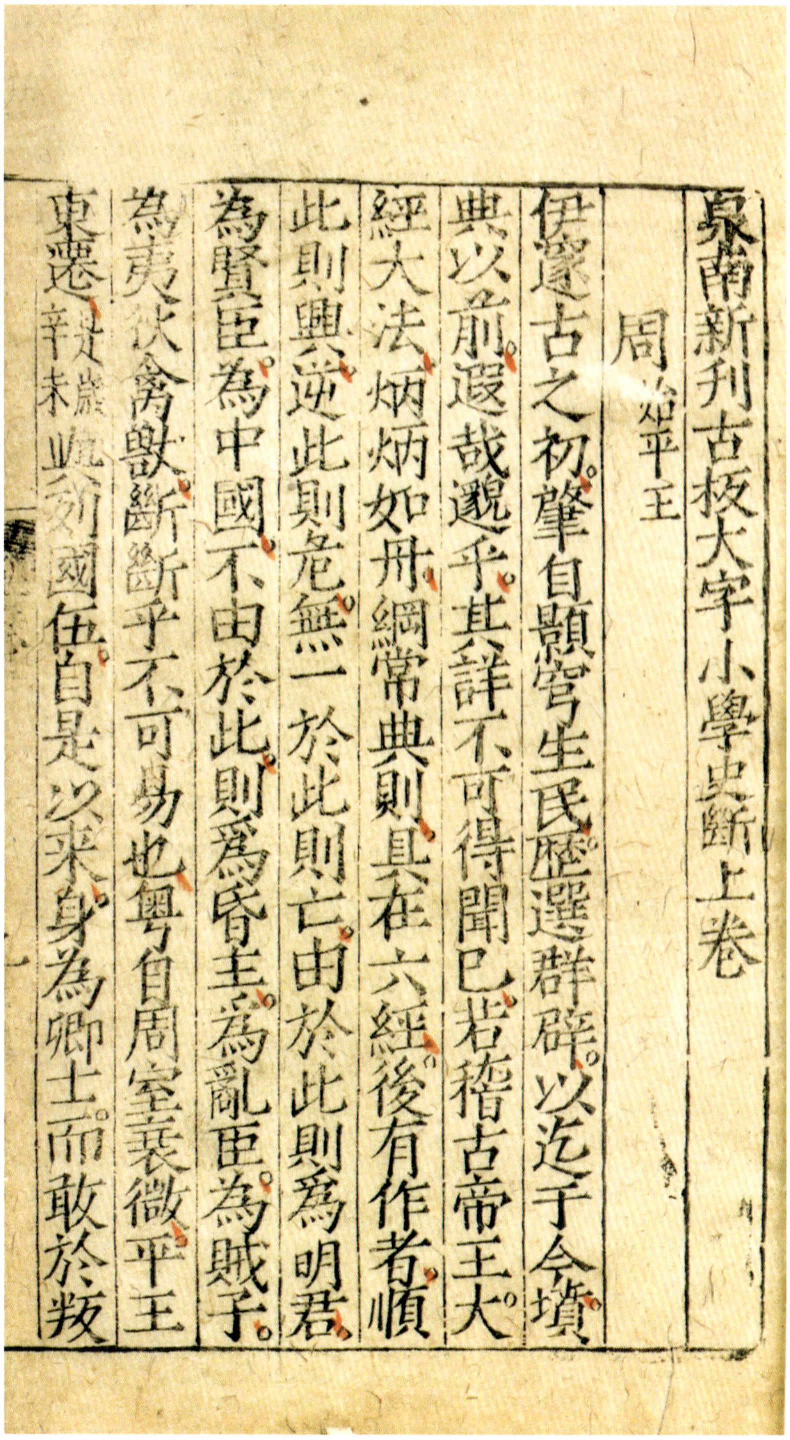

泉南新刊古板大字小學史斷二卷首一卷　宋南宫靖一撰
續一卷　明晏彦文撰

明嘉靖三十七年（1558）泉南翰墨餘香堂刻本。半葉9行，行20字，小字雙行，字數同，白口，四周單邊，框高18.3厘米，寬12.5厘米。南京圖書館藏。國家名録號10365。

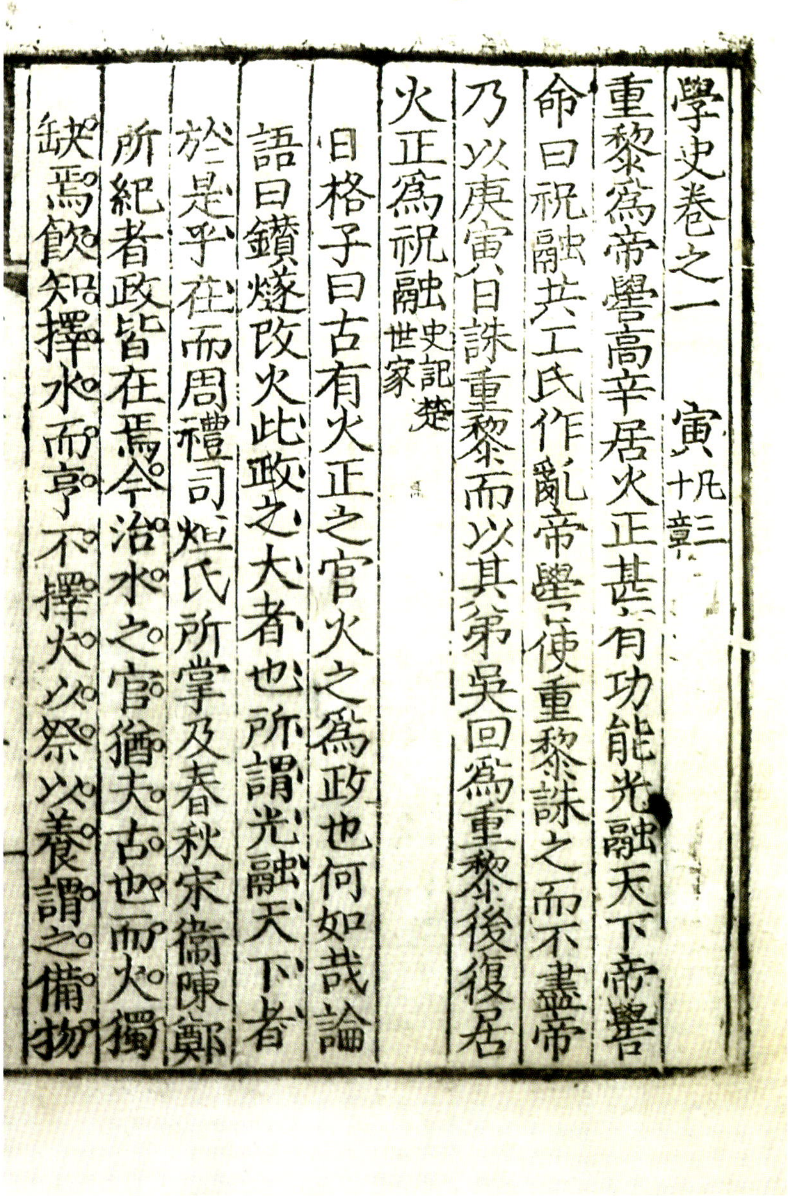

學史卷之一　寅凡三十章

重黎爲帝嚳高辛居火正甚有功能光融天下帝嚳命曰祝融共工氏作亂帝嚳使重黎誅之而不盡帝乃以庚寅日誅重黎而以其弟吳回爲重黎後復居火正爲祝融史記楚世家

日格子曰古有火正之官火之爲政也何如哉論語曰鑽燧改火此政之大者也所謂光融天下者於是乎在而周禮司爟氏所掌及春秋宋衛陳鄭所紀者政皆在焉今治水之官猶夫古也而火獨缺焉飲知擇水而亨不擇火以祭以養謂之備物

學史十三卷　明邵寶撰

明正德十六年（1521）陳察刻本。半葉10行，行20字，小字雙行，字數同，黑口或白口，左右雙邊，框高18.2厘米，寬13.9厘米。南京圖書館藏。國家名録號10366。

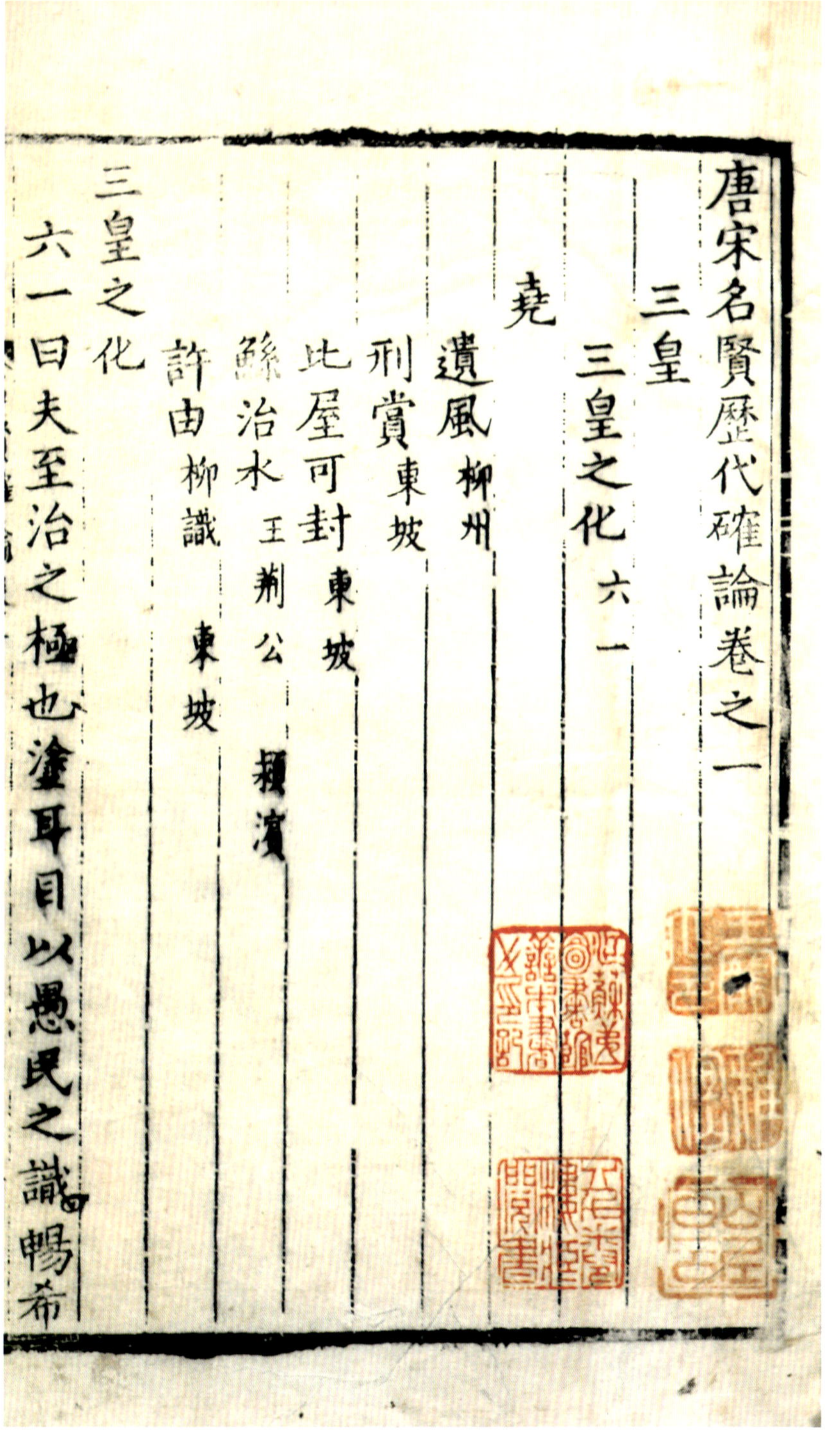

唐宋名賢歷代確論一百卷

明弘治十七年（1504）錢孟濬刻本。丁丙跋。半葉11行，行20字，小字雙行，字數同，白口，左右雙邊，框高22.2厘米，寬15.1厘米。南京圖書館藏。國家名録號10369。

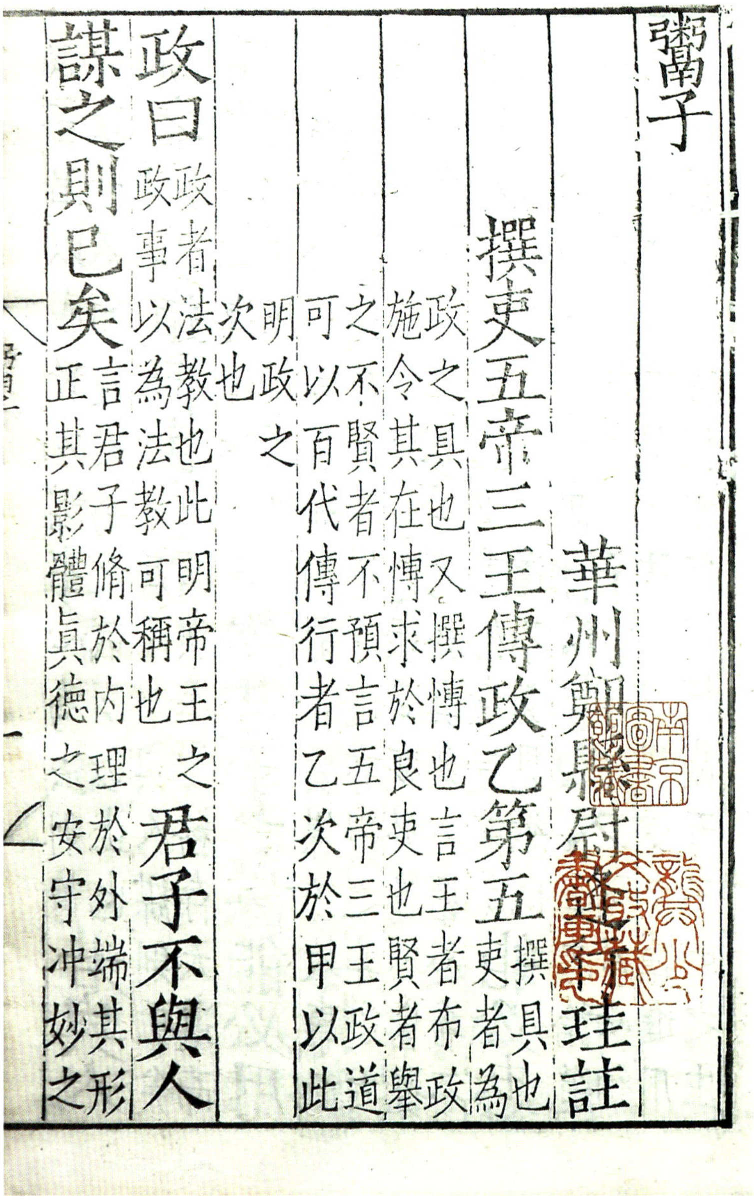

鬻子

華州鄭縣尉逄行珪註

撰吏五帝三王傳政乙第五撰具也吏者為政之具也又撰博也言王者布政施令其在博求於良吏也賢者舉之不賢者不預言五帝三王政道可以百代傳行者乙次於甲以此明政之次也

政曰政者法教也此明帝王之政事以為法教可稱也君子不與人謀之則已矣言君子脩於內理於外端其形正其影體貞德之安守冲妙之

五子書八卷　明歐陽清編

明嘉靖二十三年（1544）歐陽清刻本。半葉8行，行17字，小字雙行同，黑口，左右雙邊，框高20.6厘米，寬14厘米。南京圖書館藏。國家名録號10372。

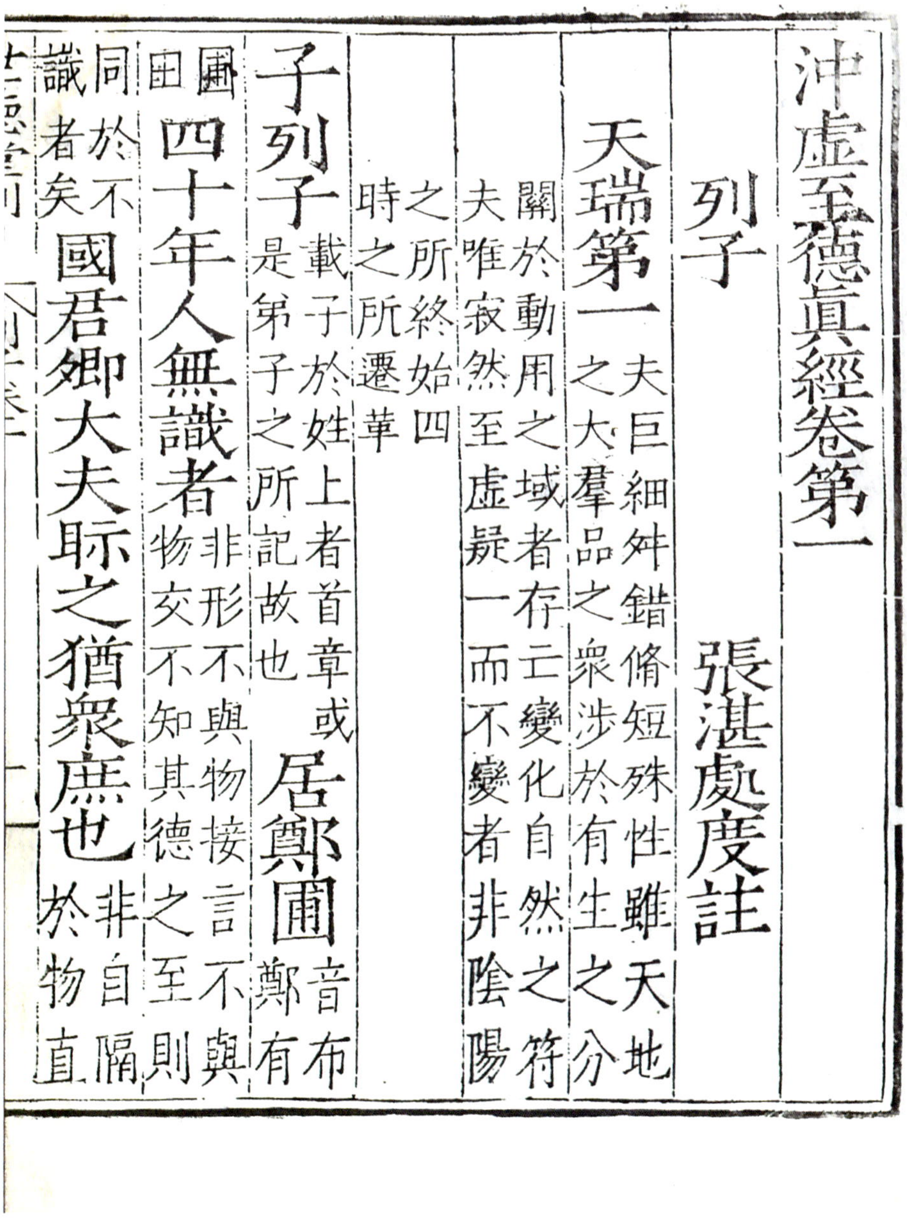

沖虛至德眞經卷第一

列子　張湛處度註

天瑞第一（夫巨細舛錯脩短殊性雖天地之大羣品之衆涉於有生之分關於動用之域者存亡變化自然之符夫唯寂然至虛凝一而不變者非陰陽之所終始四時之所遷革）

子列子（載子於姓上者首章或是弟子之所記故也）居鄭圃（音布鄭有圃田）四十年人無識者（非形不與物接言不與物交不知其德之至則同於不識者矣）國君卿大夫眎之猶衆庶也（非自隔於物直）

六子書六十卷　明顧春編

明嘉靖十二年（1533）顧春世德堂刻本。半葉8行，行17字，小字雙行，字數同，白口，四周雙邊，框高19.7厘米，寬14.7厘米。南京圖書館藏。國家名録號10374。

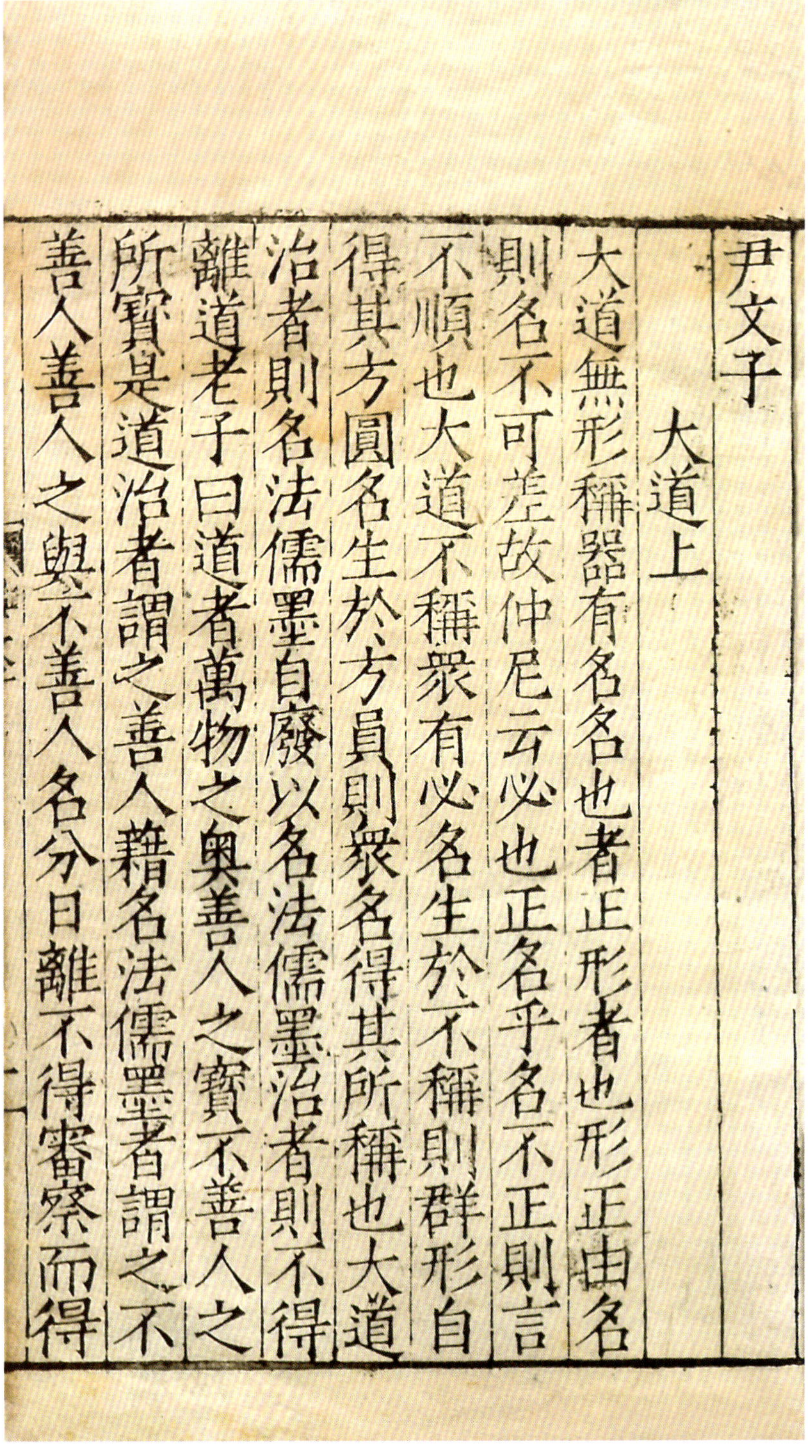
尹文子

大道上

大道無形稱器有名名也者正形者也形正由名則名不可差故仲尼云必也正名乎名不正則言不順也大道不稱衆有必名生於不稱則群形自得其方圓名生於方員則衆名得其所稱也大道治者則名法儒墨自廢以名法儒墨治者則不得離道老子曰道者萬物之奥善人之寶不善人之所寶是道治者謂之善人藉名法儒墨者謂之不善人善人之與不善人名分日離不得審察而得

十二子十五卷

明刻本。存七卷（尹文子一卷、鬼谷子一卷外篇一卷、玄真子一卷、旡能子三卷）。半葉10行，行19字，小字雙行，字數同，白口，左右雙邊，框高19.4厘米，寬14.1厘米。南京圖書館藏。國家名録號10375。

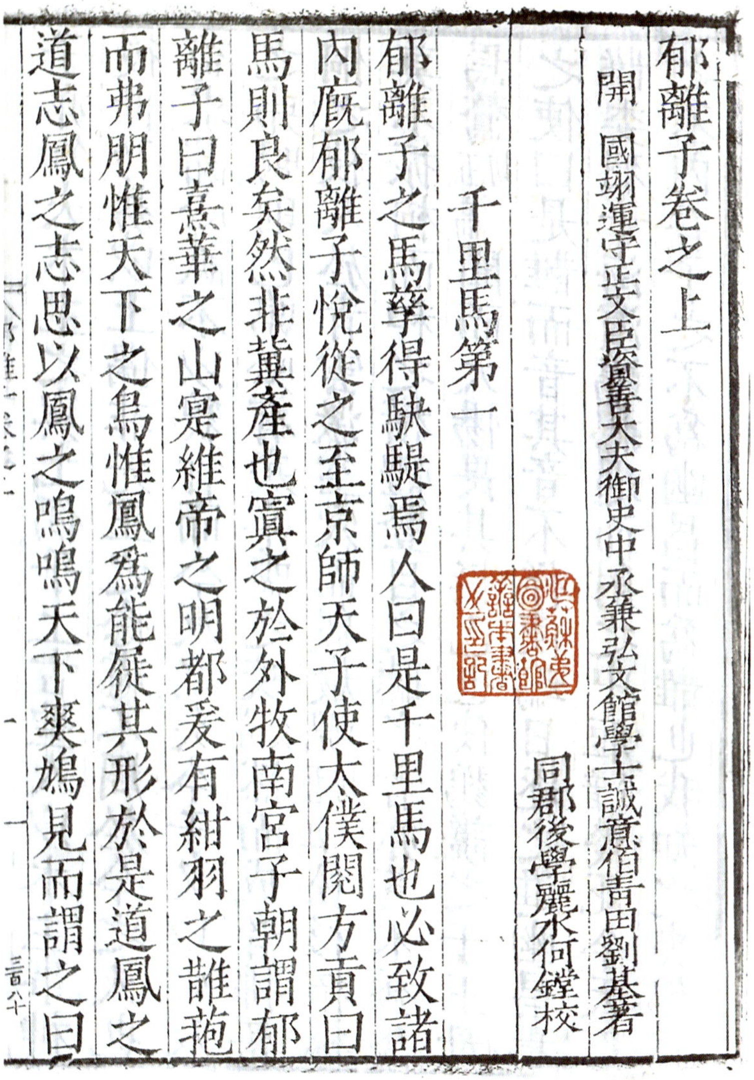

郁離子卷之上

開國翊運守正文臣資善大夫御史中丞兼弘文館學士誠意伯青田劉基著

同郡後學麗水何鏜校

千里馬第一

郁離子之馬孳得駃騠焉人曰是千里馬也必致諸內廄郁離子悅從之至京師天子使太僕閱方貢曰馬則良矣然非冀產也寘之於外牧南宮子朝謂郁離子曰熹華之山寔維帝之明都爰有紺羽之雝鞄而弗朋惟天下之鳥惟鳳爲能馴其形於是道鳳之道志鳳之志思以鳳之鳴鳴天下奚鳩見而謂之曰

劉宋二子四卷

明嘉靖三十五年（1556）何鏜刻本。丁丙跋。半葉10行，行20字，小字雙行，字數同，白口，左右雙邊，框高22.5厘米，寬16.4厘米。南京圖書館藏。國家名録號10376。

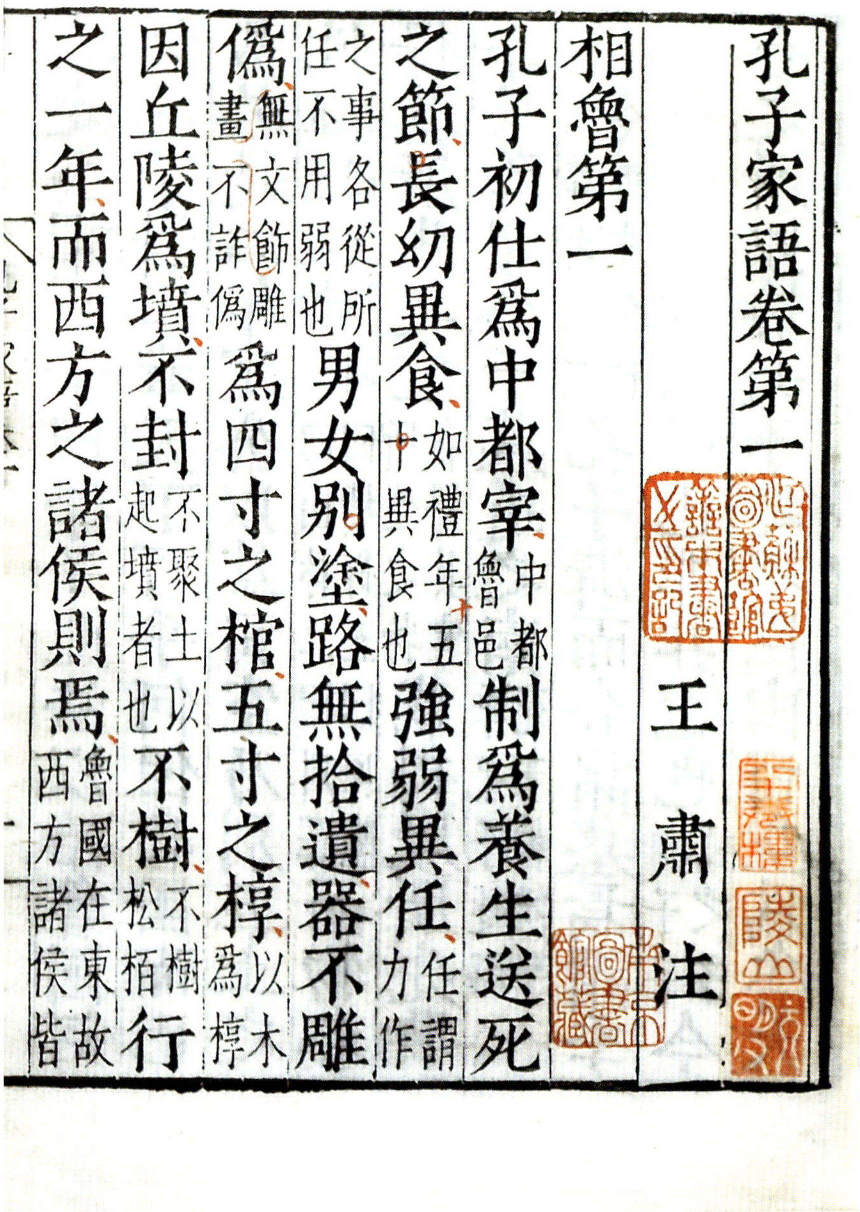
孔子家語卷第一

王肅注

相魯第一

孔子初仕爲中都宰中都魯邑制爲養生送死之節長幼異食如禮年五十異食也強弱異任任謂力作之事各從所任不用弱也男女別塗路無拾遺器不雕僞無文飾雕畫不詐僞爲四寸之棺五寸之椁以木爲椁因丘陵爲墳不封不聚土以起墳者也不樹不樹松栢行之一年而西方之諸侯則焉魯國在東故西方諸侯皆

孔子家語十卷　題魏王肅注

明嘉靖三十三年（1554）黄魯曾刻本。耕蘭氏校並跋，丁丙跋。半葉9行，行16字，小字雙行，字數同，白口，左右雙邊，框高17.2厘米，寬13.7厘米。南京圖書館藏。國家名録號10377。

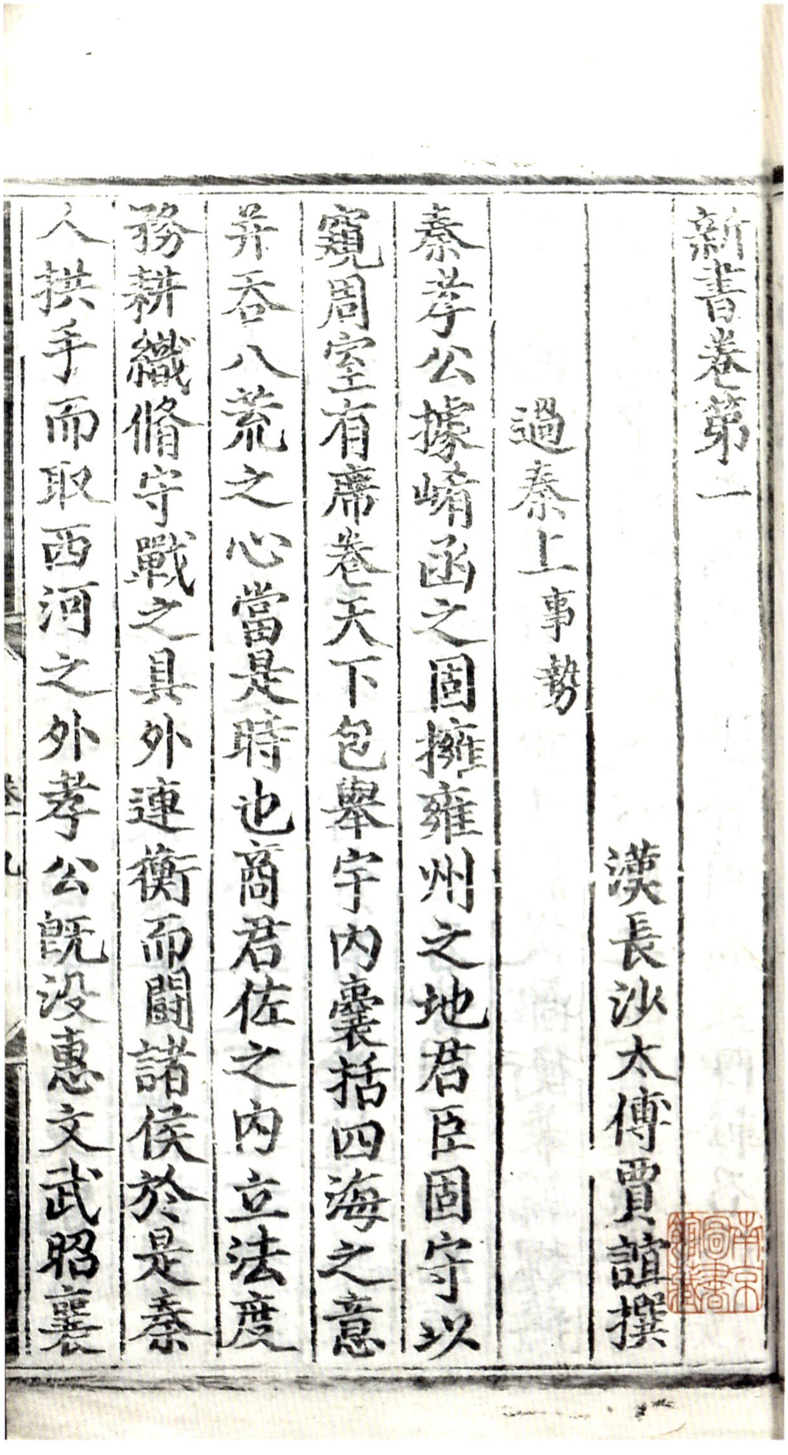
新書卷第一
過秦上事勢
漢長沙太傅賈誼撰
秦孝公據崤函之固擁雍州之地君臣固守以
窺周室有席卷天下包舉宇内囊括四海之意
并吞八荒之心當是時也商君佐之内立法度
務耕織脩守戰之具外連衡而鬬諸侯於是秦
人拱手而取西河之外孝公既沒惠文武昭襄

新書十卷　漢賈誼撰

明正德十年（1515）吉府刻本。丁丙跋。半葉8行，行18字，小字雙行，字數同，黑口，四周雙邊，框高22.7厘米，寬15.1厘米。南京圖書館藏。國家名録號10381。

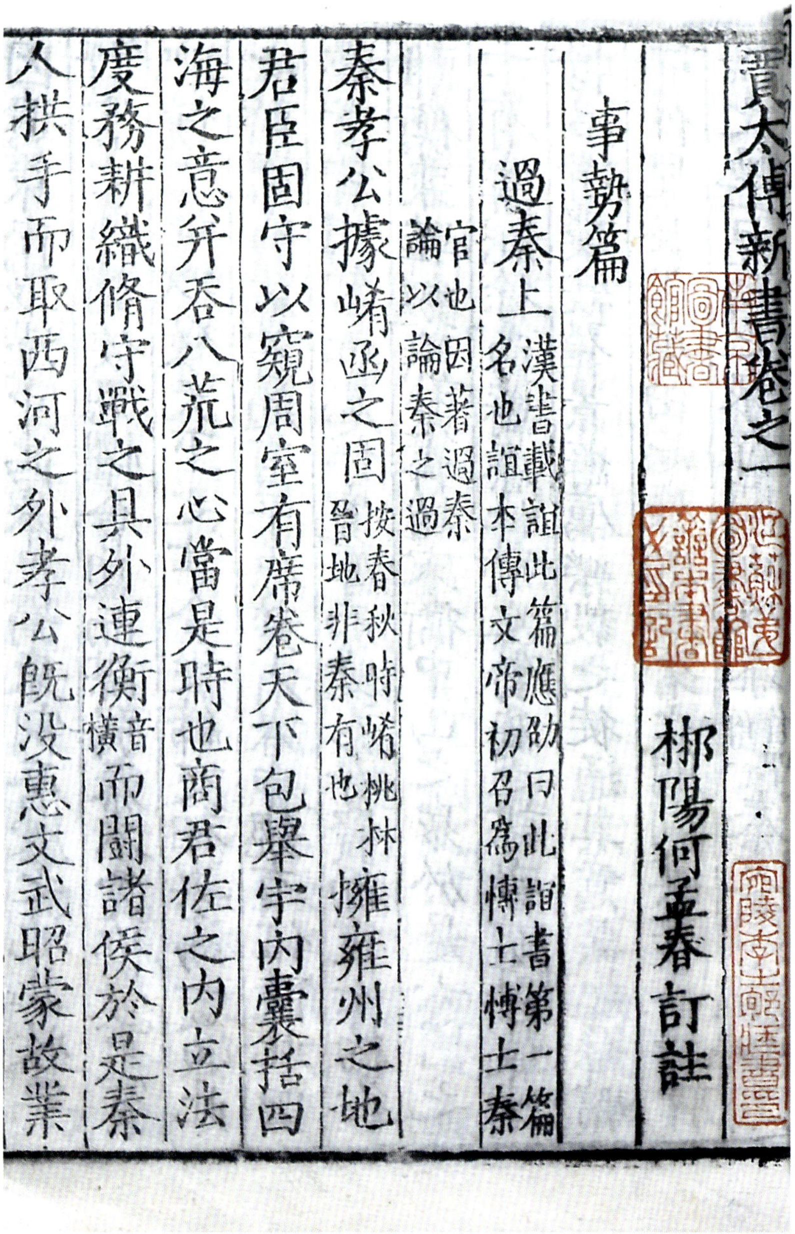
賈太傅新書卷之一

郴陽何孟春訂註

事勢篇

過秦上 漢書載誼此篇應劭曰此誼書第一篇名也誼本傳文帝初召爲博士博士秦官也因著過秦論以論秦之過

秦孝公據崤函之固按春秋時崤桃林晉地非秦有也擁雍州之地君臣固守以窺周室有席卷天下包舉宇内囊括四海之意并吞八荒之心當是時也商君佐之内立法度務耕織脩守戰之具外連衡音横而鬬諸侯於是秦人拱手而取西河之外孝公既沒惠文武昭蒙故業

賈太傅新書十卷　漢賈誼撰　明何孟春訂注

明正德十四年（1519）刻本。丁丙跋。半葉10行，行20字，小字雙行，字數同，白口，四周單邊，框高19.1厘米，寬14.6厘米。南京圖書館藏。國家名録號10382。

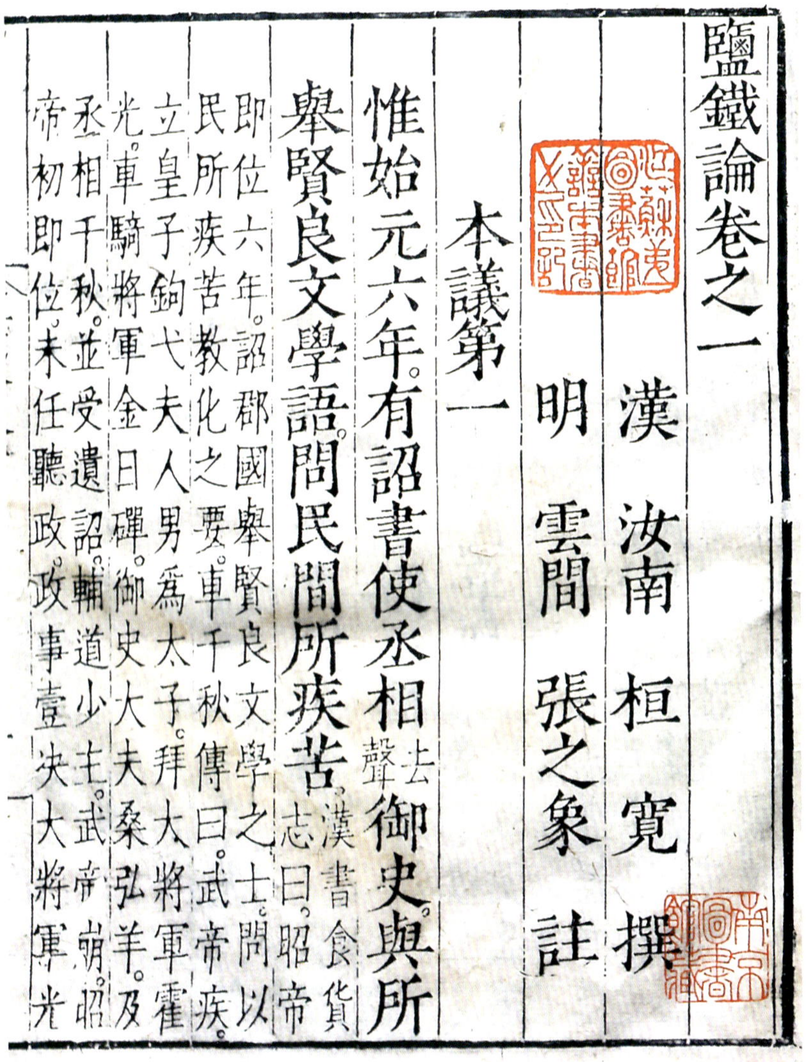
鹽鐵論卷之一

漢　汝南　桓寬　撰

明　雲間　張之象　註

本議第一

惟始元六年。有詔書使丞相去聲御史與所舉賢良文學語。問民間所疾苦。漢書食貨志曰。昭帝即位六年。詔郡國舉賢良文學之士。問以民所疾苦教化之要。車千秋傳曰。武帝疾。立皇子鉤弋夫人男爲太子。拜大將軍霍光。車騎將軍金日磾。御史大夫桑弘羊。及丞相千秋。並受遺詔。輔道少主。武帝崩。昭帝初即位。未任聽政。政事壹決大將軍光

鹽鐵論十二卷　漢桓寬撰　明張之象注

明嘉靖三十三年（1554）張氏猗蘭堂刻本。丁丙跋。半葉9行，行17字，小字雙行，字數同，黑口，左右雙邊，框高18.1厘米，寬14.4厘米。南京圖書館藏。國家名録號10383。

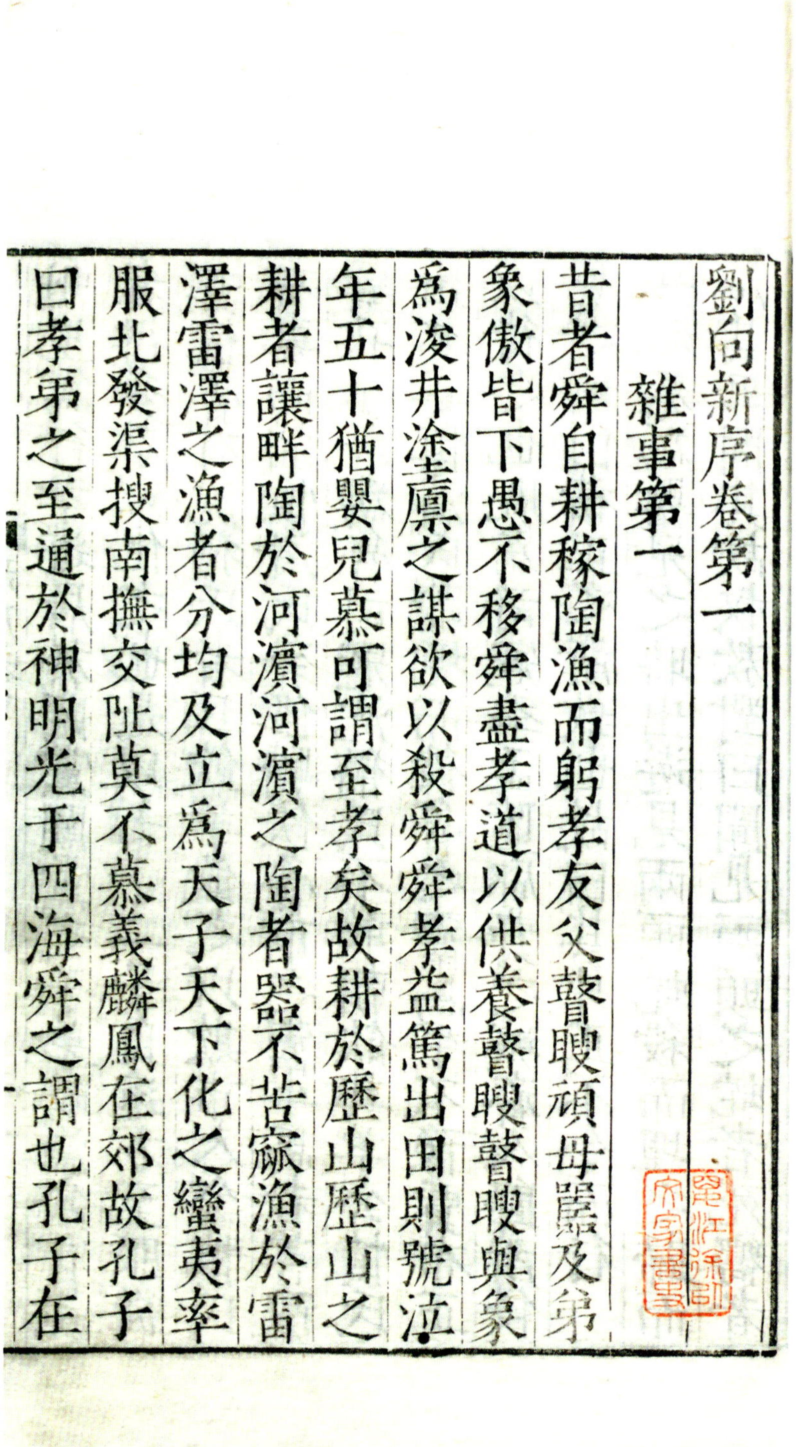
劉向新序卷第一

雜事第一

昔者舜自耕稼陶漁而躬孝友父瞽瞍頑母嚚及弟象傲皆下愚不移舜盡孝道以供養瞽瞍瞽瞍與象爲浚井塗廩之謀欲以殺舜舜孝益篤出田則號泣年五十猶嬰兒慕可謂至孝矣故耕於歷山歷山之耕者讓畔陶於河濱河濱之陶者器不苦窳漁於雷澤雷澤之漁者分均及立爲天子天下化之蠻夷率服北發渠搜南撫交阯莫不慕義麟鳳在郊故孔子曰孝弟之至通於神明光于四海舜之謂也孔子在

重刻説苑新序三十卷　漢劉向撰

明嘉靖二十六年（1547）何良俊刻本。半葉10行，行20字，白口，左右雙邊，框高19.6厘米，寬14.6厘米。南京圖書館藏。國家名録號10384。

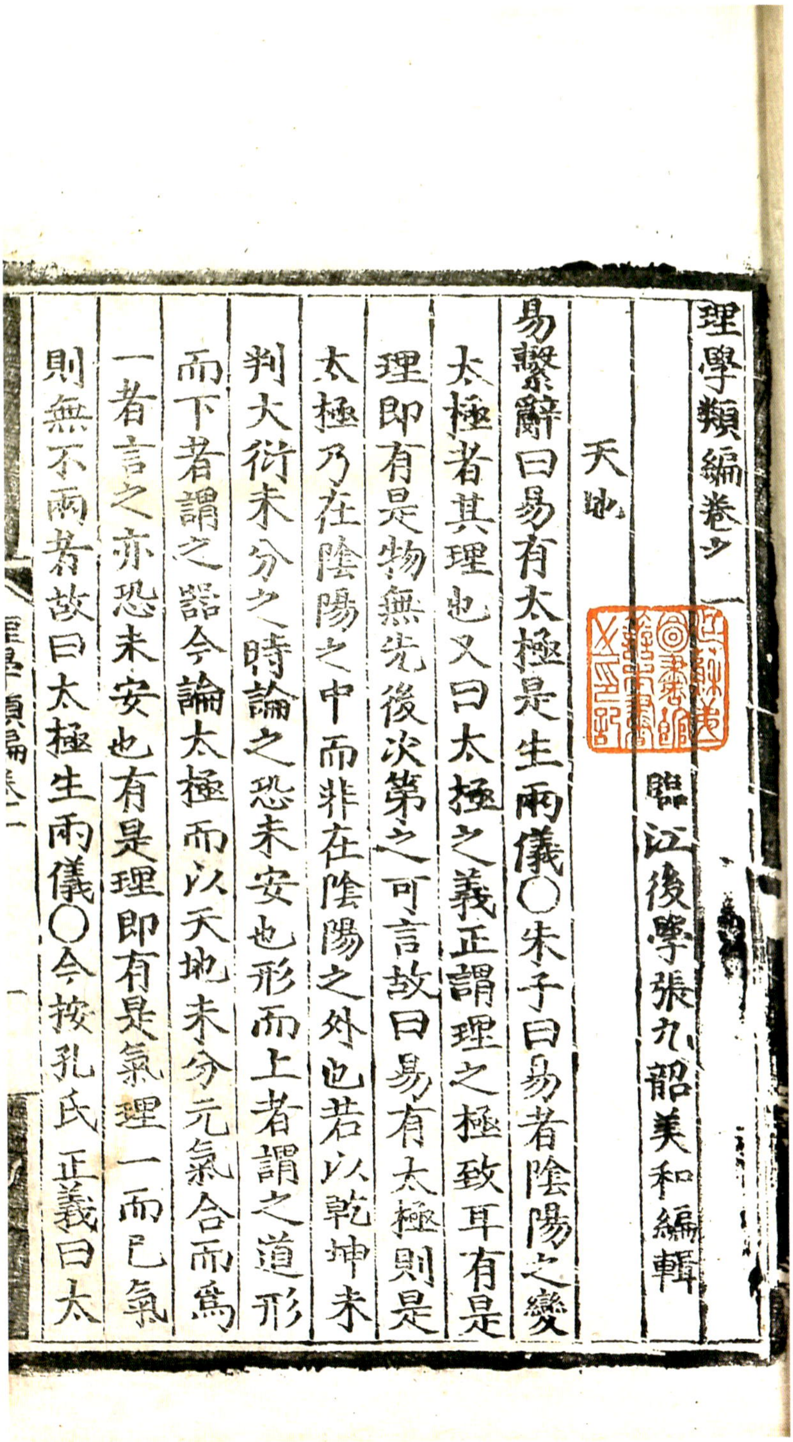

理學類編卷之一

臨江後學張九韶美和編輯

天地

易繫辭曰易有太極是生兩儀○朱子曰易者陰陽之變太極者其理也又曰太極之義正謂理之極致耳有是理即有是物無先後次第之可言故曰易有太極則是太極乃在陰陽之中而非在陰陽之外也若以乾坤未判大衍未分之時論之恐未安也形而上者謂之道形而下者謂之器今論太極而以天地未分元氣合而爲一者言之亦恐未安也有是理即有是氣理一而已氣則無不兩者故曰太極生兩儀○今按孔氏正義曰太

理學類編八卷 明張九韶撰

明嘉靖二十一年（1542）益府刻本。丁丙跋。半葉11行，行22字，小字雙行，字數同，黑口，四周雙邊，框高20.2厘米，寬14.6厘米。南京圖書館藏。國家名録號10395。

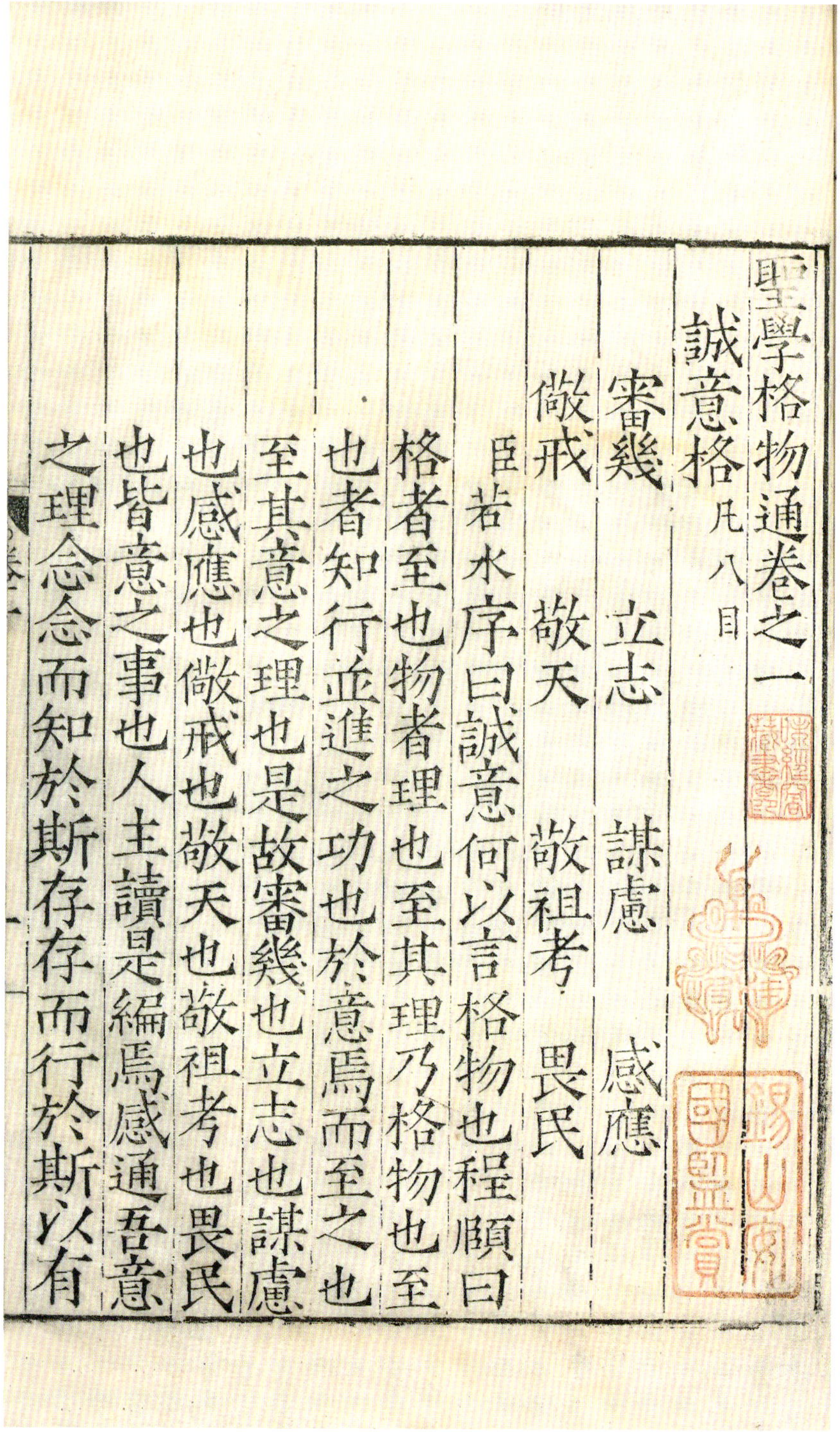

聖學格物通卷之一
誠意格凡八目
審幾　立志　謀慮　感應
儆戒　敬天　敬祖考　畏民
臣若水序曰誠意何以言格物也程顥曰
格者至也物者理也至其理乃格物也至
也者知行並進之功也於意焉而至之也
至其意之理也是故審幾也立志也謀慮
也感應也儆戒也敬天也敬祖考也畏民
也皆意之事也人主讀是編焉感通吾意
之理念念而知於斯存存而行於斯以有

聖學格物通一百卷　明湛若水撰

明嘉靖十二年（1533）陳陛刻本。半葉11行，行19字，白口，左右雙邊，框高25.4厘米，寬19.7厘米。無錫市圖書館藏。國家名録號10398。

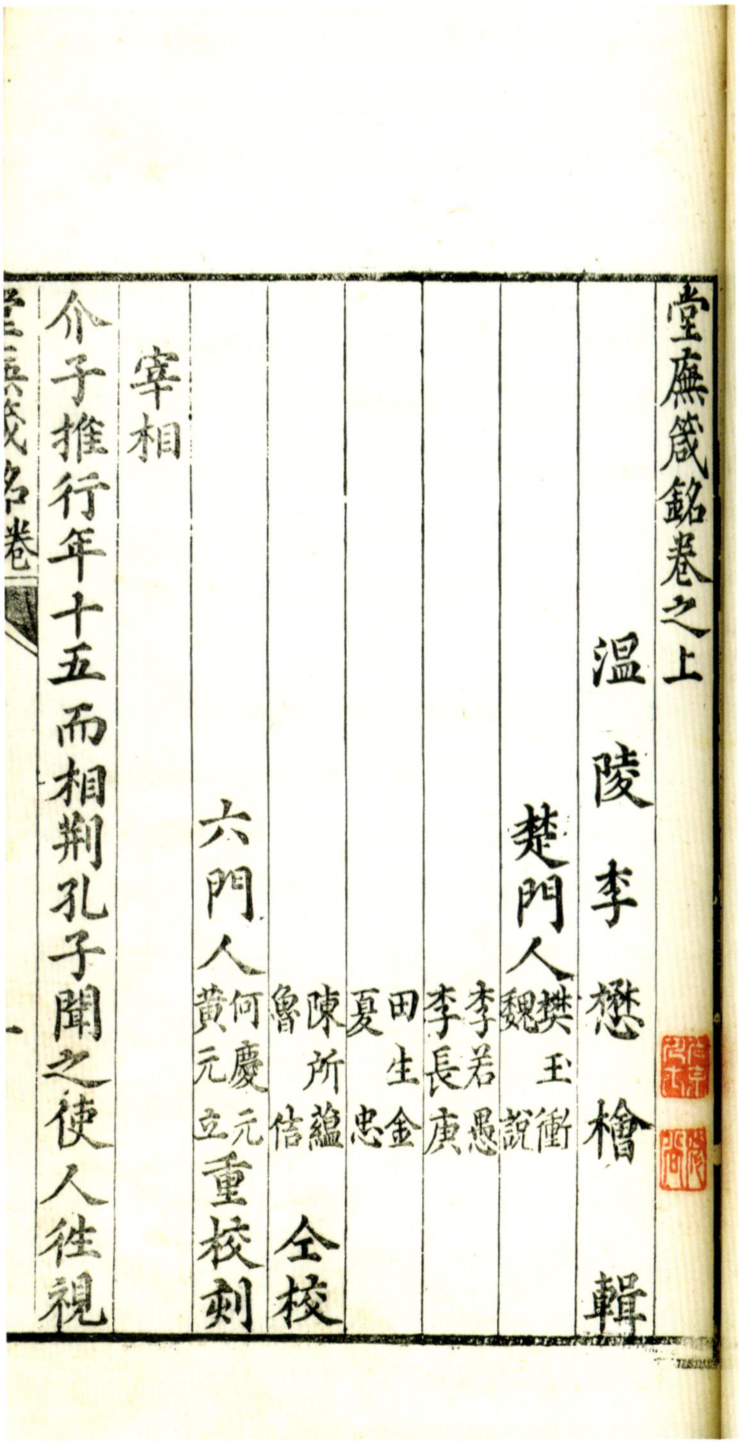
堂廡箴銘卷之上
温陵李懋檜輯
楚門人樊玉衡 魏說
李若愚
李長庚
田生金
夏忠
陳所蘊
魯信　仝校
六門人何慶元 黄元立　重校刻
宰相
介子推行年十五而相荆孔子聞之使人往視
堂廡箴銘卷　一

堂廡箴銘二卷　明李懋檜輯

明萬曆四十三年（1615）何慶元、黄元立刻本。半葉9行，行18字，白口，四周單邊，框高19.8厘米，寬14.1厘米。蘇州圖書館藏。國家名録號10401。

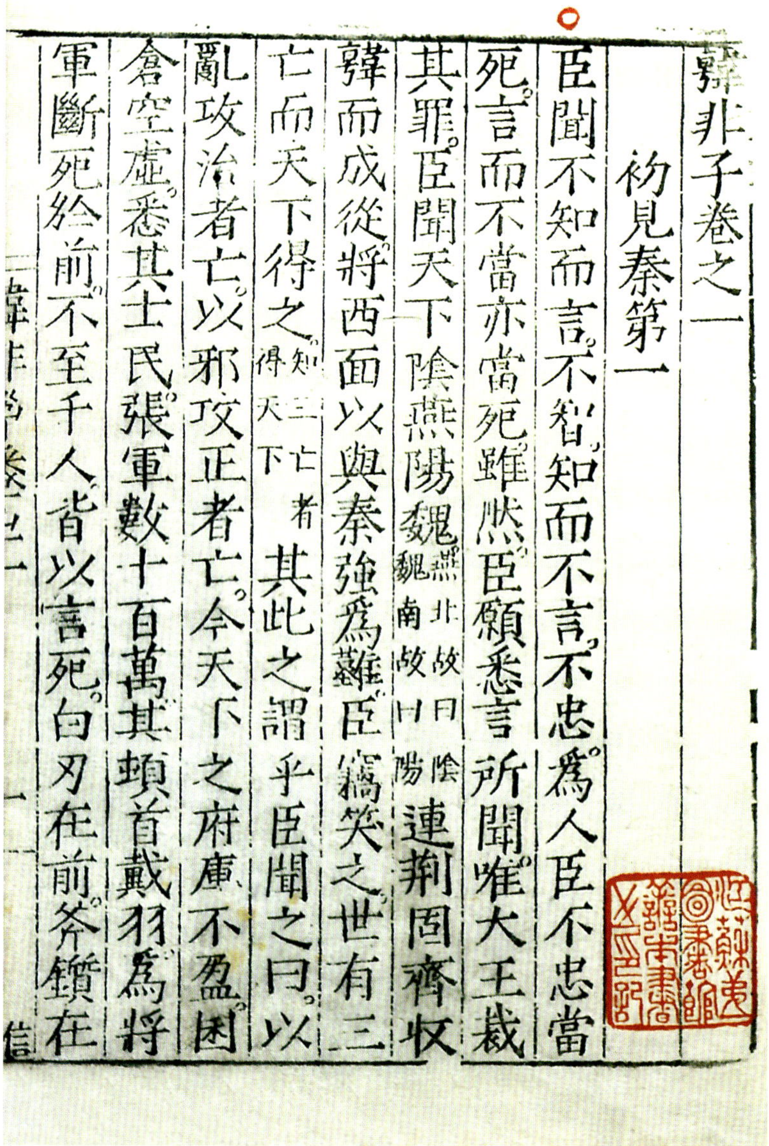

韓非子二十卷

明嘉靖四十年（1561）張鼎文刻本。丁丙跋。半葉10行，行20字，小字雙行，字數同，白口，四周單邊，框高17.9厘米，寬13.5厘米。南京圖書館藏。國家名録號10416。

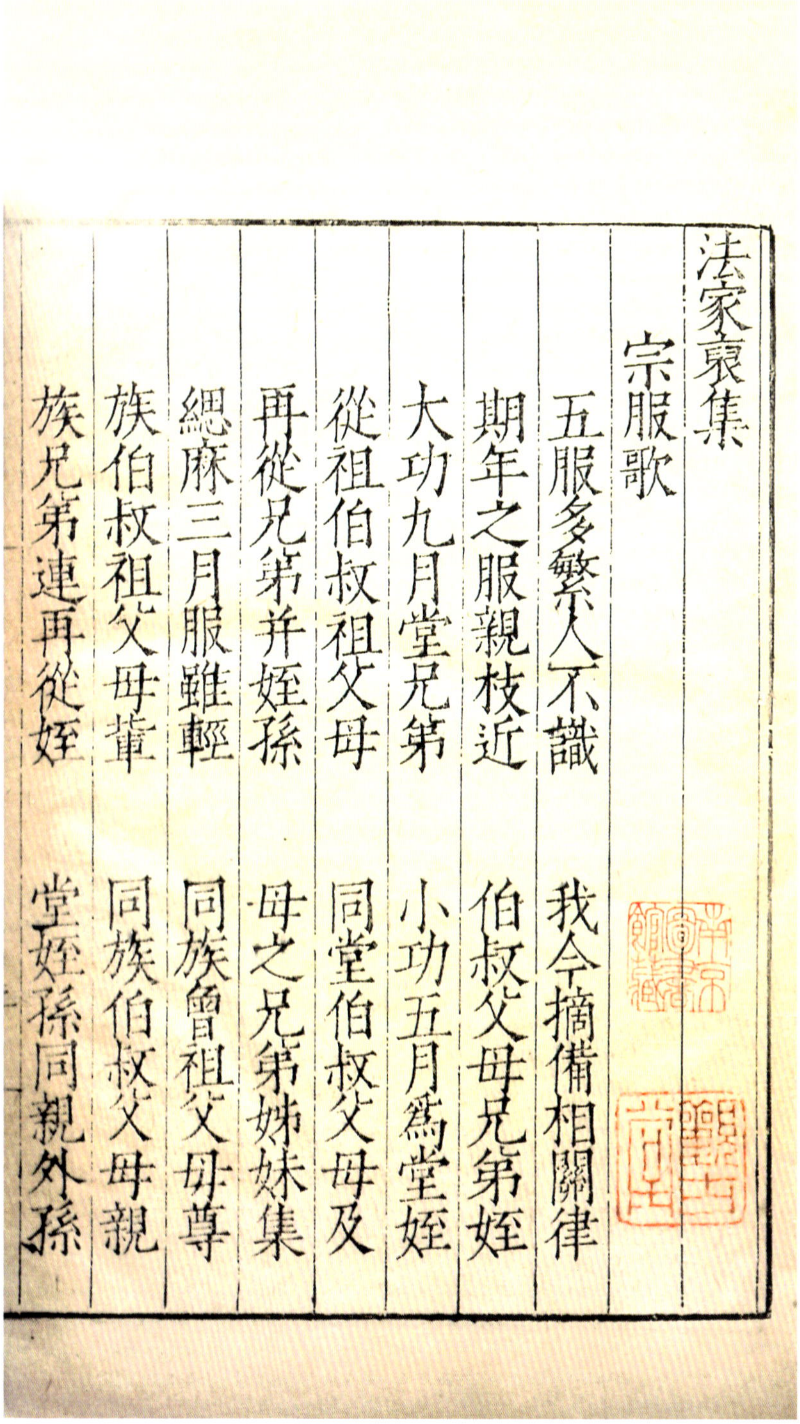

法家哀集

宗服歌

五服多繁人不識　我今摘備相關律
期年之服親枝近　伯叔父母兄弟姪
大功九月堂兄弟　小功五月爲堂姪
從祖伯叔祖父母　同堂伯叔父母及
再從兄弟并姪孫　母之兄弟姊妹集
緦麻三月服雖輕　同族曾祖父母尊
族伯叔祖父母輩　同族伯叔父母親
族兄弟連再從姪　堂姪孫同親外孫

法家哀集一卷　明蘇祐輯

明嘉靖三十年（1551）唐堯臣刻本。半葉10行，行20字，白口，左右雙邊，框高19.1厘米，寬14厘米。南京圖書館藏。國家名録號10418。

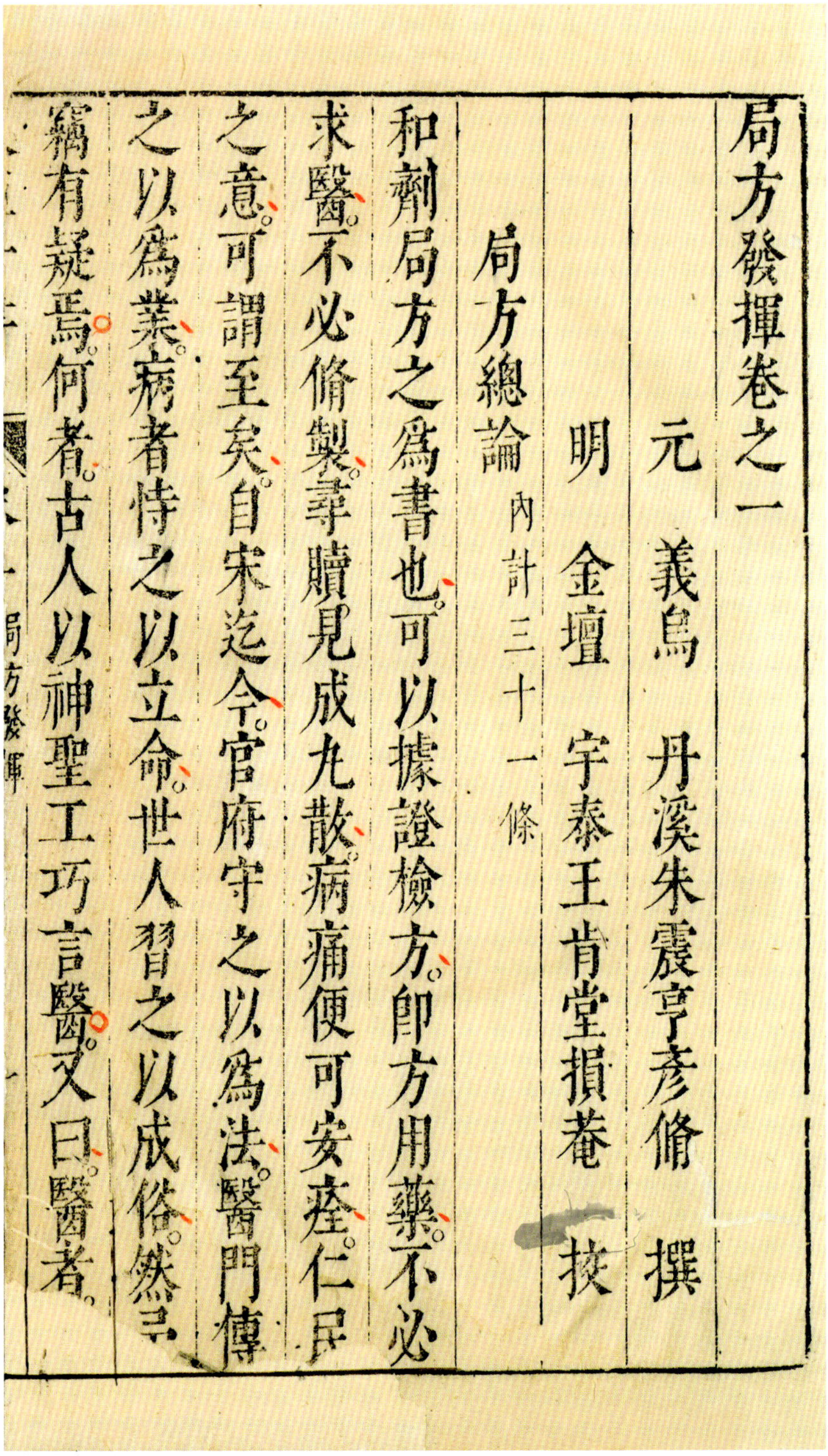
局方發揮卷之一
元　義烏　丹溪朱震亨彥脩　撰
明　金壇　宇泰王肯堂損菴　校
局方總論 內計三十一條
和劑局方之為書也可以據證檢方即方用藥不必求醫不必脩製尋贖見成丸散病痛便可安痊仁民之意可謂至矣自宋迄今官府守之以為法醫門傳之以為業病者恃之以立命世人習之以成俗然竊有疑焉何者古人以神聖工巧言醫又曰醫者

東垣十書三十二卷

明吳門書林德馨堂刻本。半葉9行，行20字，白口，四周單邊，框高21.4厘米，寬14.2厘米。蘇州博物館藏。國家名録號10419。

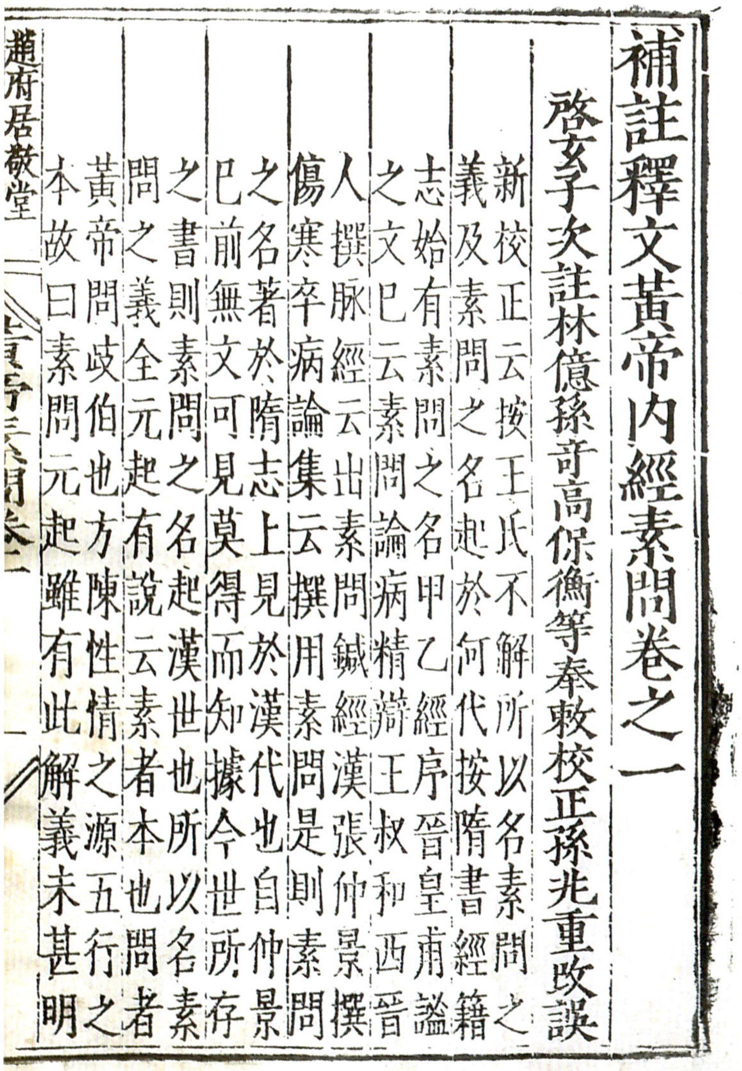

補註釋文黃帝内經素問卷之一

啓玄子次註林億孫竒高保衡等奉敕校正孫兆重改誤

新校正云按王氏不解所以名素問之義及素問之名起於何代按隋書經籍志始有素問之名甲乙經序晉皇甫謐之文已云素問論病精辯王叔和西晉人撰脉經云出素問鍼經漢張仲景撰傷寒卒病論集云撰用素問是則素問之名著於隋志上見於漢代也自仲景已前無文可見莫得而知據今世所存之書則素問之名起漢世也所以名素問之義全元起有說云素者本也問者黃帝問歧伯也方陳性情之源五行之本故曰素問元起雖有此解義未甚明

趙府居敬堂　黃帝素問卷之一　一

補注釋文黄帝内經素問十二卷　唐王冰注　宋林億等校正　宋孫兆改誤　遺篇一卷　黄帝素問靈樞經十二卷　宋史崧音釋

明趙府居敬堂刻本。半葉8行，行17字，小字雙行，字數同，黑口，四周雙邊，框高19.9厘米，寬14厘米。南京圖書館藏。國家名録號10421。

明清時期

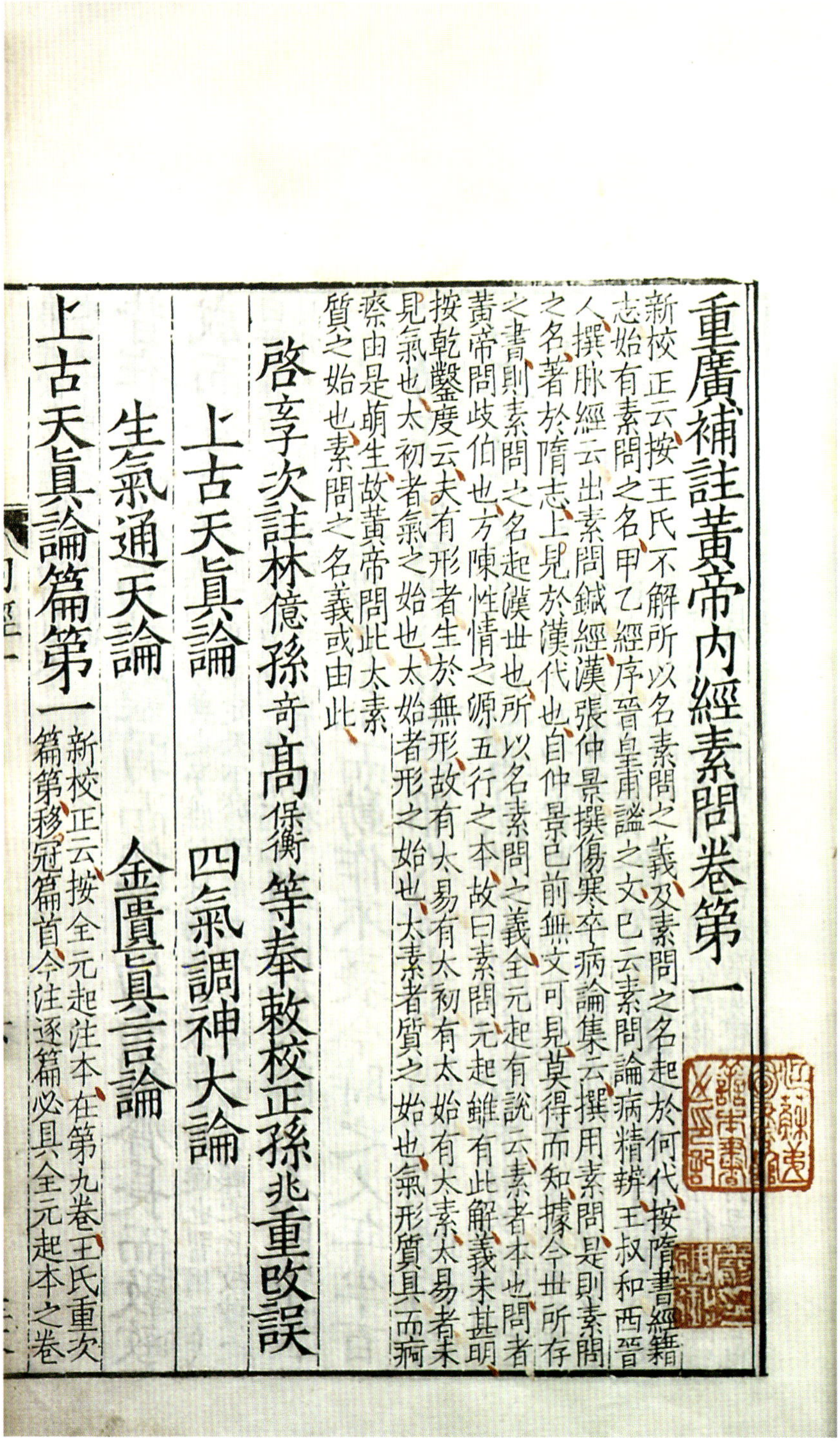

重廣補註黃帝内經素問卷第一

新校正云按王氏不解所以名素問之義及素問之名起於何代按隋書經籍志始有素問之名甲乙經序晉皇甫謐之文已云素問論病精辨王叔和西晉人撰脉經云出素問鍼經漢張仲景撰傷寒卒病論集云撰用素問是則素問之名著於隋志上見於漢代也自仲景已前無文可見莫得而知據今世所存之書則素問之名起漢世也所以名素問之義全元起有說云素者本也問者黃帝問岐伯也方陳性情之源五行之本故曰素問元起雖有此解義未甚明按乾鑿度云夫有形者生於無形故有太易有太初有太始有太素太易者未見氣也太初者氣之始也太始者形之始也太素者質之始也氣形質具而痾瘵由是萌生故黃帝問此太素質之始也素問之名義或由此

啓玄子次註林億孫奇高保衡等奉敕校正孫兆重改誤

上古天真論　四氣調神大論

生氣通天論　金匱真言論

上古天真論篇第一　新校正云按全元起注本在第九卷王氏重次篇第移冠篇首今注逐篇必具全元起本之卷

重廣補注黃帝内經素問二十四卷　唐王冰注　宋林億等校正　宋孫兆改誤

明嘉靖二十九年（1550）顧從德影宋刻本。丁丙跋。半葉10行，行20字，小字雙行，行30字，白口，左右雙邊，框高21.7厘米，寬15.7厘米。南京圖書館藏。國家名録號10422。

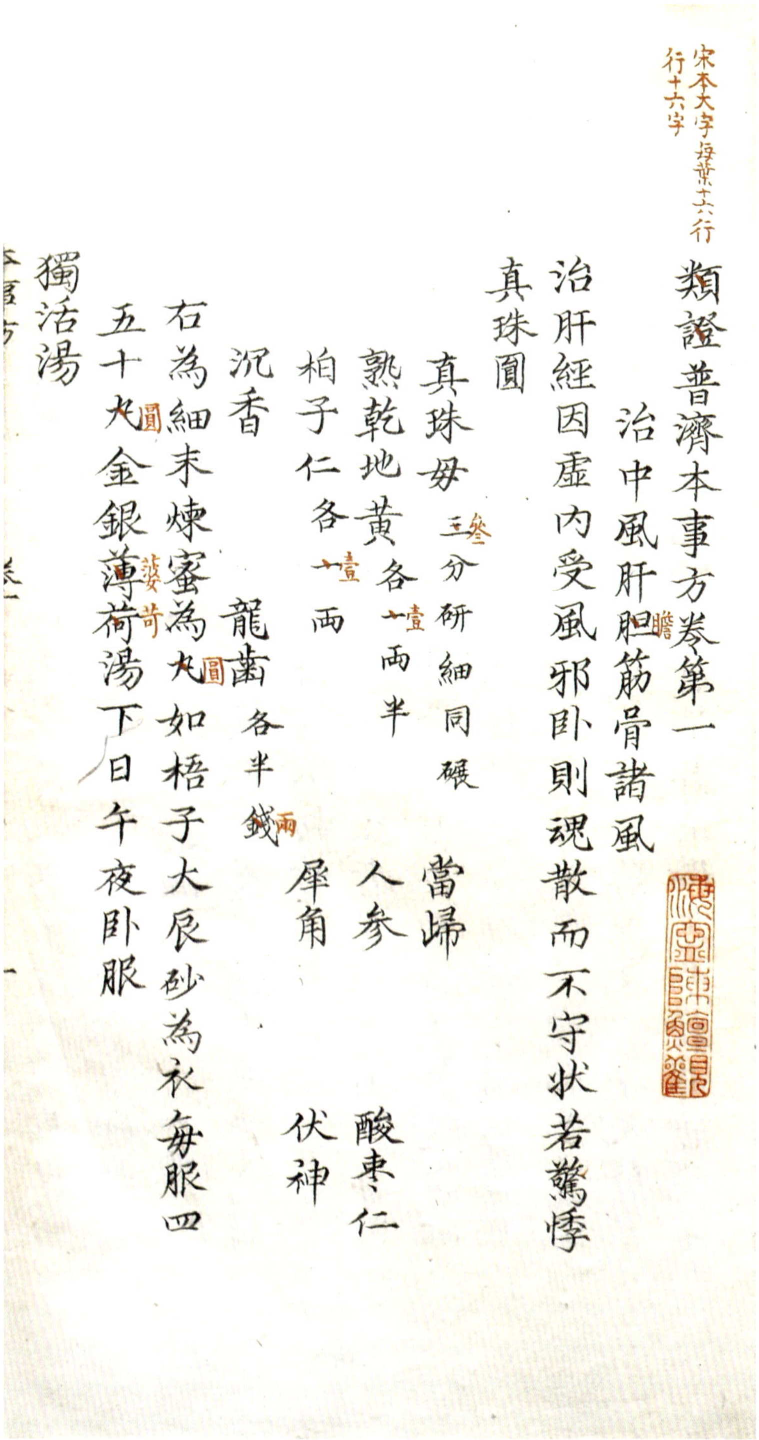

類證普濟本事方十卷　宋許叔微撰

清抄本。陳鱣校跋並録黄丕烈題識，楊沂孫校並跋，丁丙跋。半葉11行，行20字，小字雙行，字不等。南京圖書館藏。國家名録號10430。

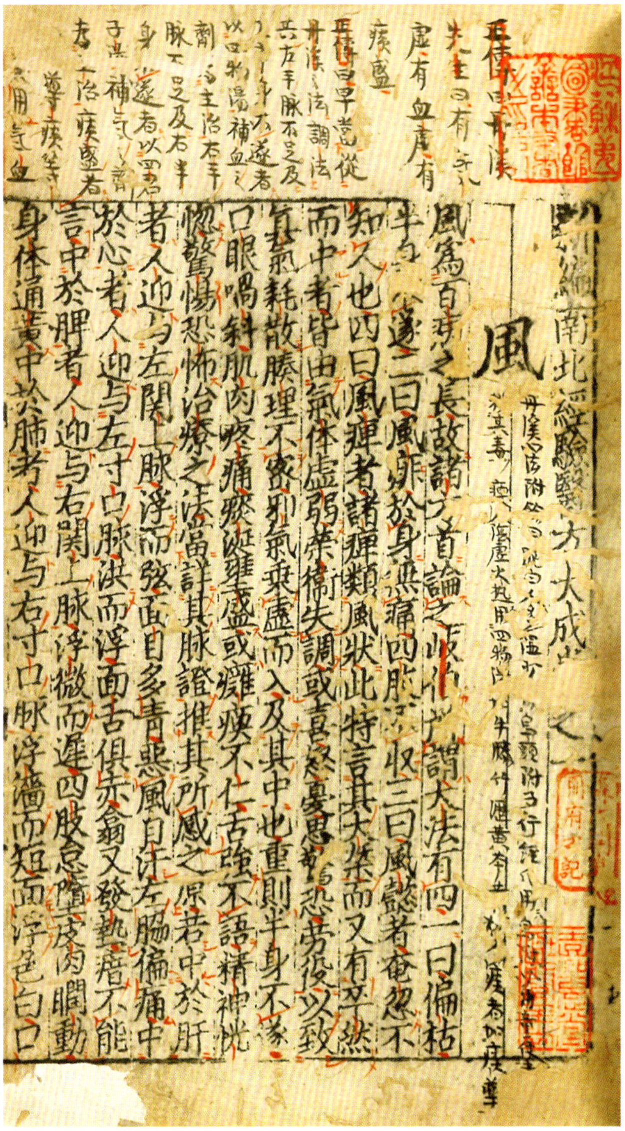

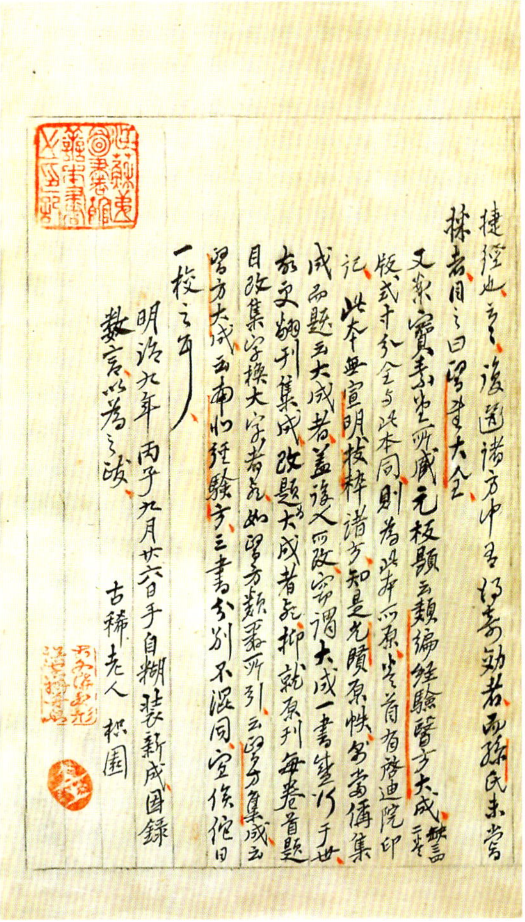

新編南北經驗醫方大成十卷　元孫允賢撰　明熊彦明輯

明初刻本。丁丙、森立之跋。半葉14行，行24字，小字雙行，字數同，黑口，四周單邊或左右雙邊，框高17.9厘米，寬12.8厘米。南京圖書館藏。國家名録號10431。

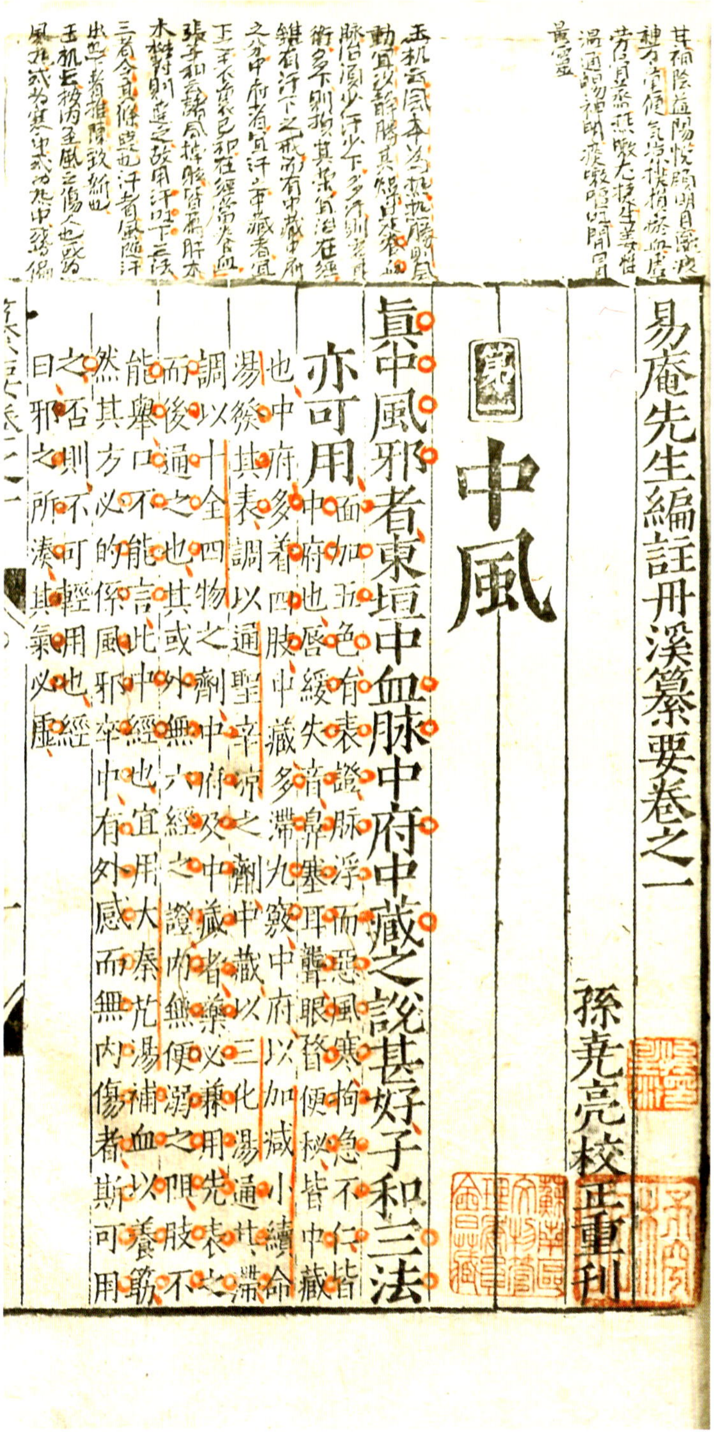

易庵先生編注丹溪纂要四卷　元朱震亨撰　明盧和注

明嘉靖刻本。半葉10行，行22字，小字雙行，字數同，白口，四周單邊，框高19厘米，寬13.4厘米。南京圖書館藏。國家名録號10432。

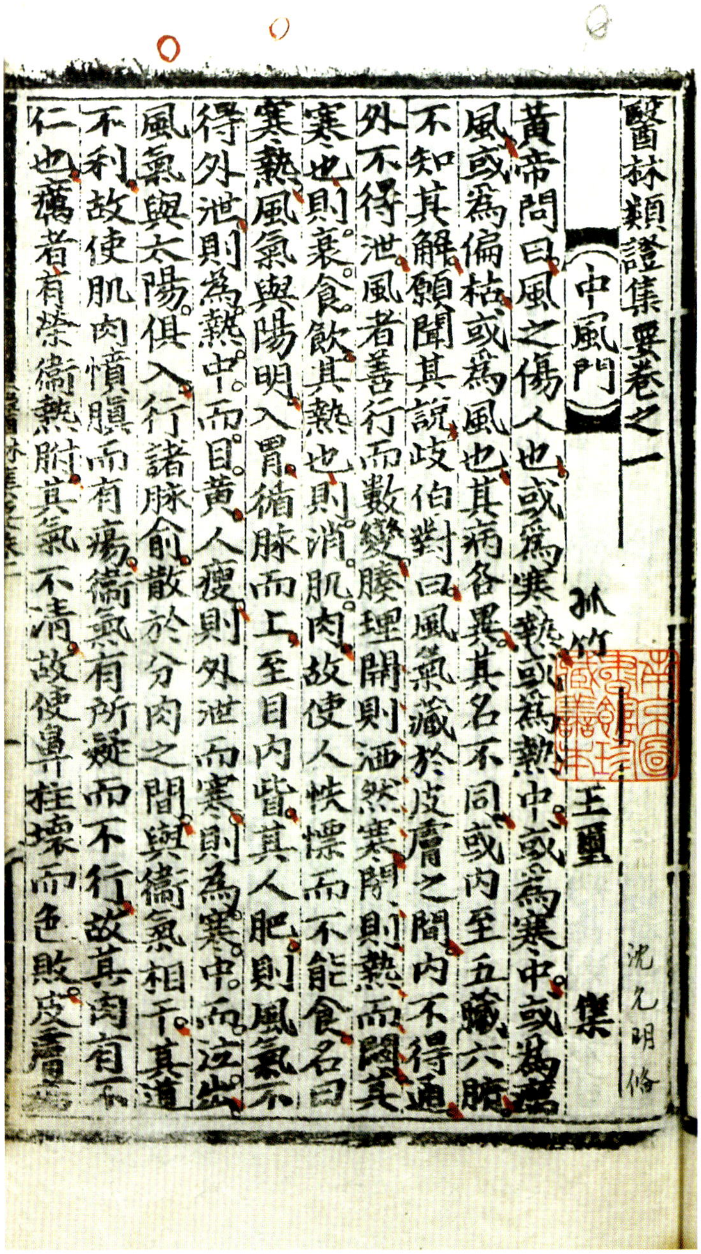

醫林類證集要卷之一

孫竹　王璽　集

沈允明　脩

（中風門）

黃帝問曰風之傷人也或爲寒熱或爲熱中或爲寒中或爲癘風或爲偏枯或爲風也其病各異其名不同或内至五藏六腑不知其解願聞其説岐伯對曰風氣藏於皮膚之間内不得通外不得泄風者善行而數變腠理開則洒然寒閉則熱而悶其寒也則衰食飲其熱也則消肌肉故使人怢慄而不能食名曰寒熱風氣與陽明入胃循脉而上至目内眥其人肥則風氣不得外泄則爲熱中而目黃人瘦則外泄而寒則爲寒中而泣出風氣與太陽俱入行諸脉俞散於分肉之間與衛氣相干其道不利故使肌肉憤䐜而有瘍衛氣有所凝而不行故其肉有不仁也癘者有榮衛熱胕其氣不清故使鼻柱壞而色敗皮膚瘍

醫林類證集要十卷　明王璽撰

明成化十八年（1482）春德堂刻本。半葉12行，字不等，黑口，四周雙邊，框高19.5厘米，寬13厘米。南京圖書館藏。國家名録號10433。

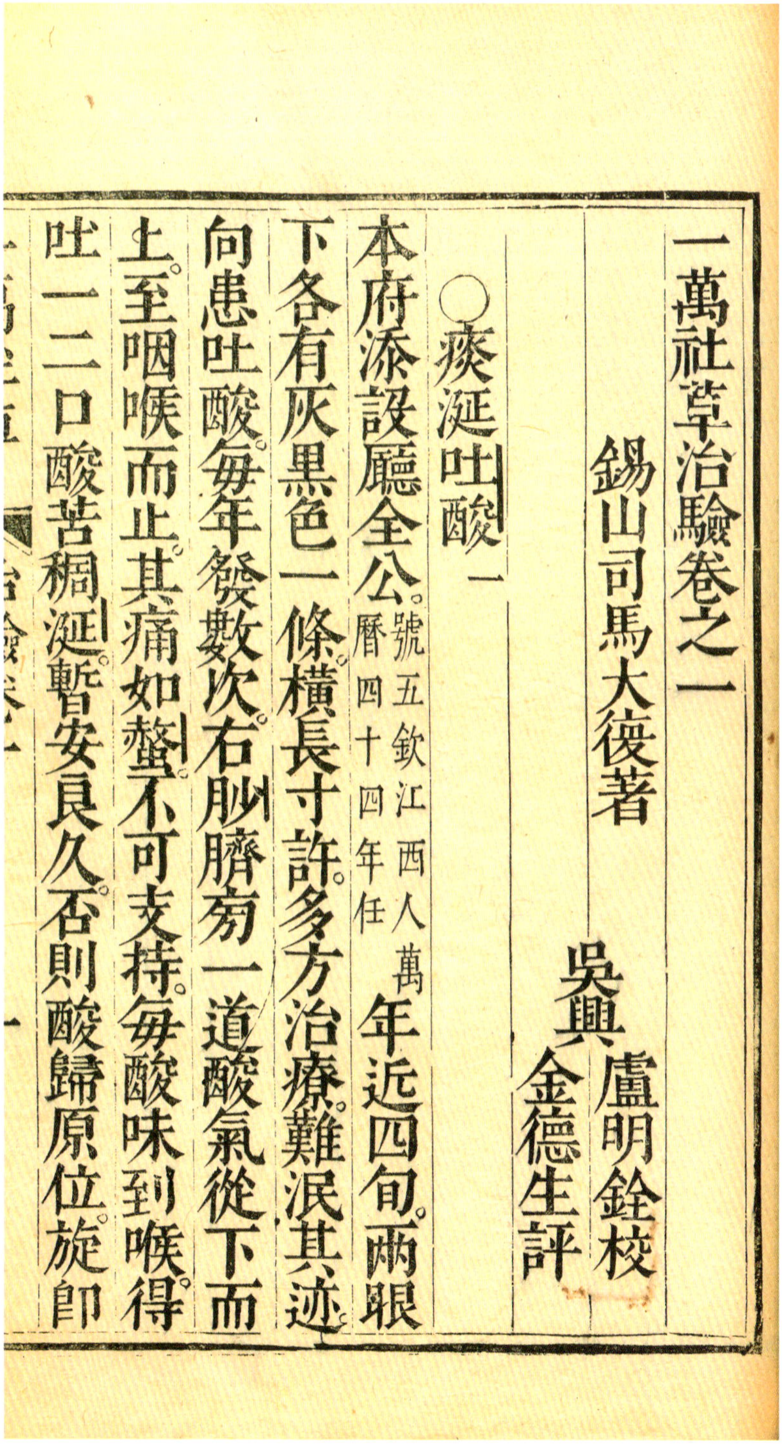
一萬社草治驗卷之一

錫山司馬大復著

吳興盧明銓校

金德生評

○痰涎吐酸一

本府添設廳全公。號五欽江西人萬曆四十四年任年近四旬。兩眼下各有灰黑色一條。橫長寸許。多方治療。難泯其迹。向患吐酸。每年發數次。右脇臍旁一道。酸氣從下而上。至咽喉而止。其痛如鑿。不可支持。每酸味到喉。得吐一二口酸苦稠涎。暫安。良久否則酸歸原位。旋即

一萬社草十二卷　明盧明銓輯

明天啓刻本。存八卷（一至八）。半葉9行，行20字，小字雙行，字數同，白口，四周雙邊，框高21.3厘米，寬14.4厘米。無錫市圖書館藏。國家名録號10434。

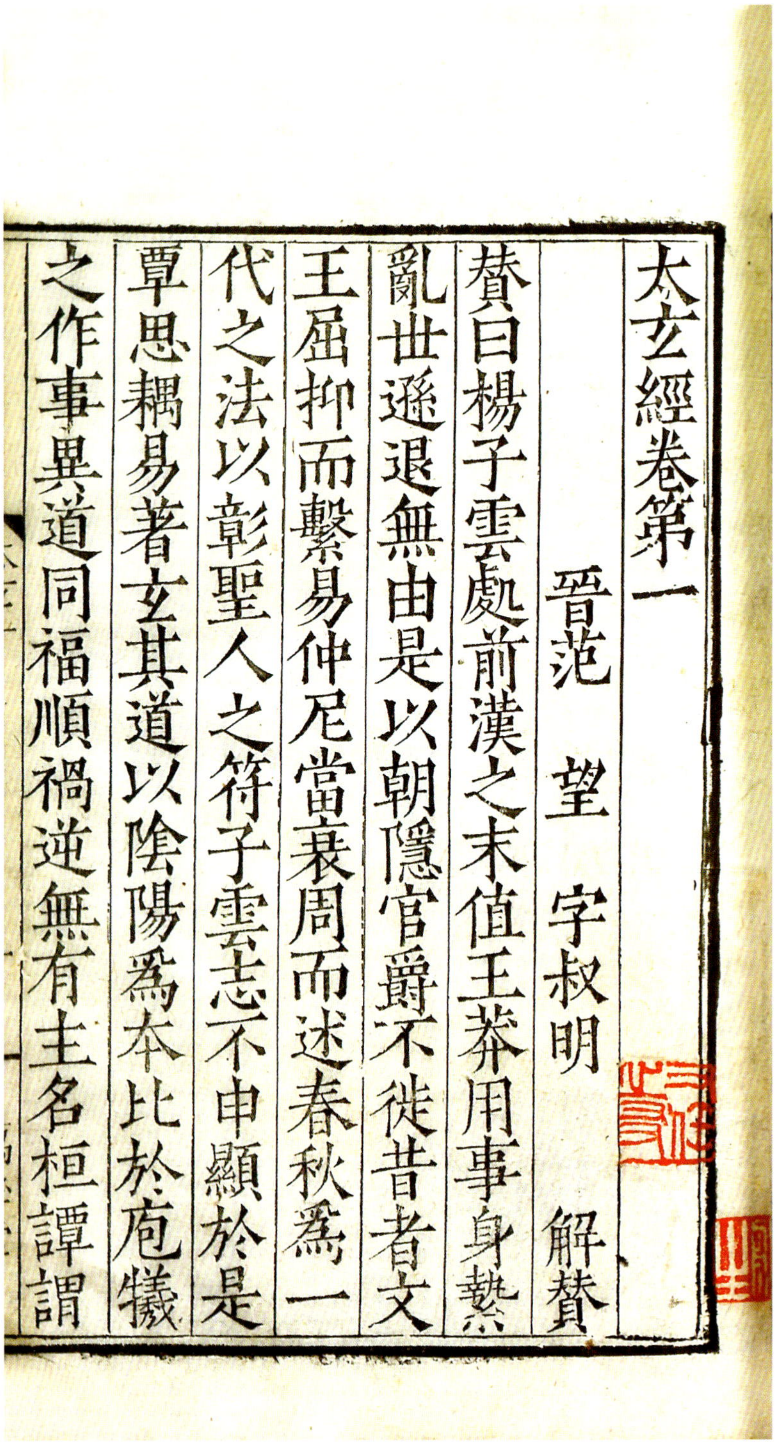
太玄經卷第一
晉范　望　字叔明　解贊
贊曰楊子雲處前漢之末值王莽用事身熱
亂世遜退無由是以朝隱官爵不徙昔者文
王屈抑而繫易仲尼當衰周而述春秋爲一
代之法以彰聖人之符子雲志不申顯於是
覃思耦易著玄其道以陰陽爲本比於庖犧
之作事異道同福順禍逆無有主名桓譚謂

太玄經十卷　漢揚雄撰　晉范望解贊　説玄一卷　唐王涯撰　釋文一卷

明嘉靖孫沐萬玉堂刻本。半葉8行，行17字，小字雙行同，白口，四周雙邊，框高20.5厘米，寬13.5厘米。南京圖書館藏。國家名録號10443。

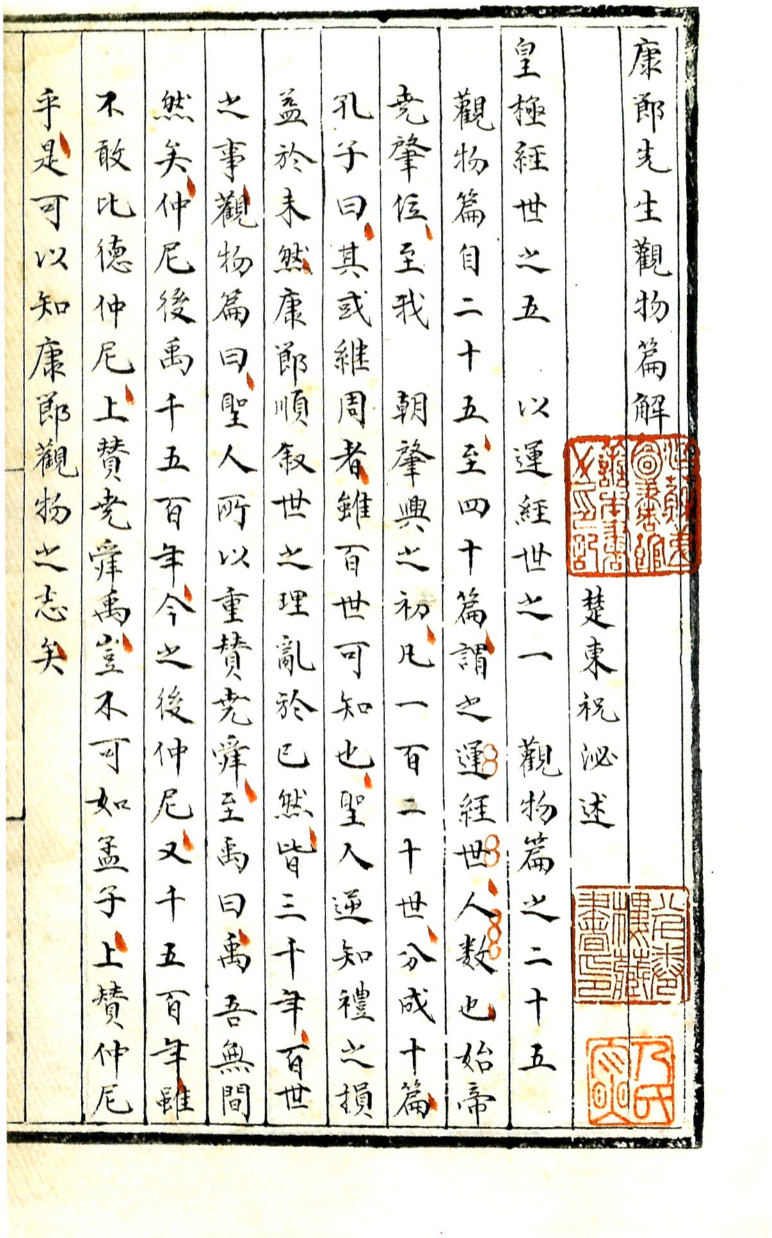

康節先生觀物篇解
楚東祝泌述
皇極經世之五　以運經世之一　觀物篇之二十五
觀物篇自二十五至四十篇謂之運經世人數也始帝
堯肇位至我　朝肇興之初凡一百二十世分成十篇
孔子曰其或繼周者雖百世可知也聖人逆知禮之損
益於未然康節順叙世之理亂於已然皆三千年百世
之事觀物篇曰聖人所以重贊堯舜至禹曰禹吾無間
然矣仲尼後禹千五百年今之後仲尼又千五百年雖
不敢比德仲尼上贊堯舜禹豈不可如孟子上贊仲尼
乎是可以知康節觀物之志矣

康節先生觀物篇解五卷附皇極經世解起數訣一卷　宋祝泌撰

明抄本。孟繼儒、丁丙跋。半葉11行，行22字，小字雙行，字數同，白口，四周雙邊，框高21.8厘米，寬13.9厘米。南京圖書館藏。國家名録號10444。

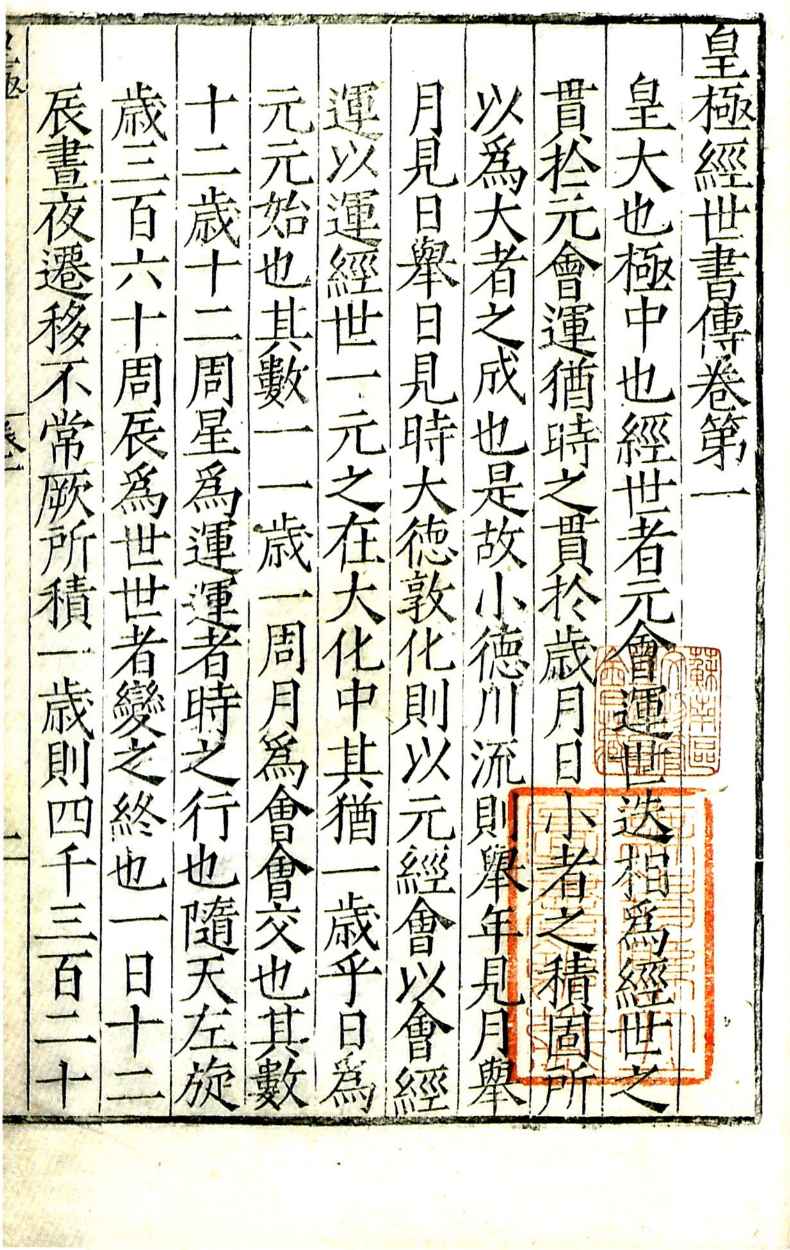

皇極經世書傳卷第一

皇大也極中也經世者元會運世迭相爲經世之貫於元會運循時之貫於歲月日小者之積固所以爲大者之成也是故小德川流則舉年見月舉月見日舉日見時大德敦化則以元經會以會經運以運經世一元之在大化中其猶一歲乎日爲元元始也其數一一歲一周月爲會會交也其數十二歲十二周星爲運運者時之行也隨天左旋歲三百六十周辰爲世世者變之終也一日十二辰晝夜遷移不常厥所積一歲則四千三百二十

皇極　卷一　一

皇極經世書傳八卷　明黄畿撰

明嘉靖三十三年（1554）黄佐刻本。半葉10行，行20字，小字雙行，字數同，白口，四周單邊，框高19.3厘米，寬13.7厘米。南京圖書館藏。國家名録號10445。

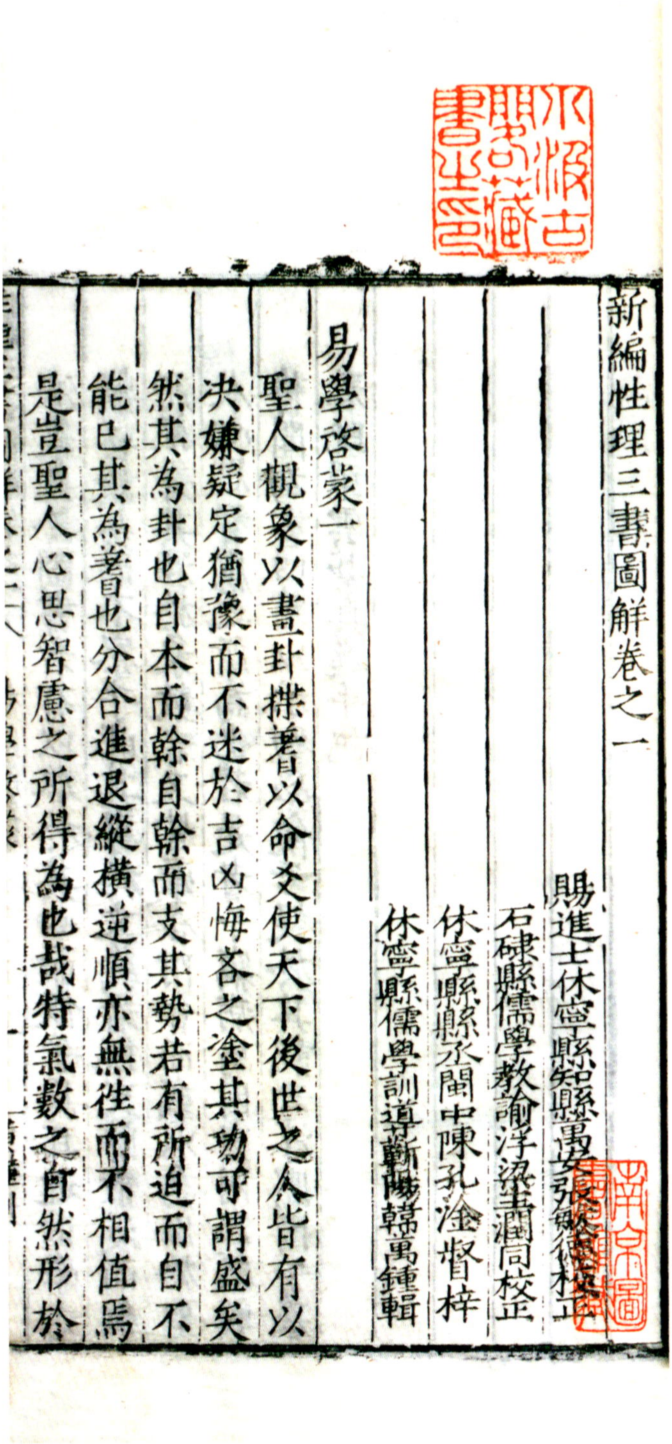

新編性理三書圖解卷之一

賜進士休寧縣知縣富安張敏德校正

石埭縣儒學教諭浮梁王澗同校

休寧縣縣丞閩中陳孔淦督梓

休寧縣儒學訓導蘄陽韓萬鍾輯

易學啓蒙一

聖人觀象以畫卦揲蓍以命爻使天下後世之人皆有以決嫌疑定猶豫而不迷於吉凶悔吝之塗其功可謂盛矣然其為卦也自本而榦自榦而支其勢若有所迫而自不能已其為蓍也分合進退縱横逆順亦無往而不相值焉是豈聖人心思智慮之所得為也哉特氣數之自然形於

新編性理三書圖解九卷　明韓萬鍾撰

明嘉靖四十一年（1562）張敏德刻本。半葉11行，行24字，小字雙行，字數同，白口，四周單邊，框高19.8厘米，寬12.7厘米。南京圖書館藏。國家名録號10446。

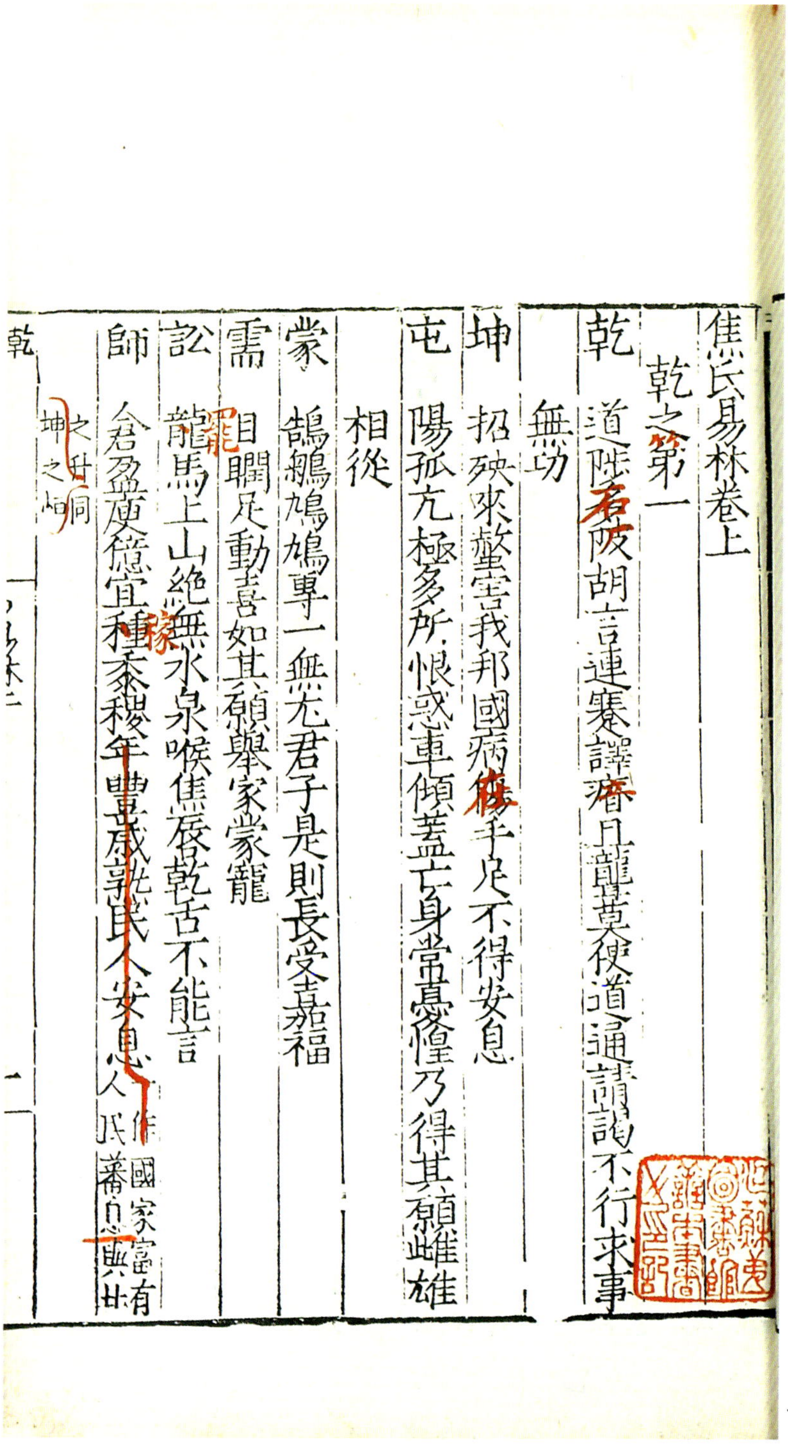
焦氏易林卷上
乾之第一
乾　道陟石阪胡言連蹇譯瘖且聾莫使道通請謁不行求事無功
坤　招殃來螫害我邦國病傷手足不得安息
屯　陽孤亢極多所恨惑車傾蓋亡身常憂惶乃得其願雌雄相從
蒙　鶡鶵鳩鳩專一無尤君子是則長受嘉福
需　目瞤足動喜如其願舉家蒙寵
訟　龍馬上山絶無水泉喉焦唇乾舌不能言
師　倉盈庾億宜種黍稷年豐歲熟民人安息

焦氏易林二卷　題漢焦延壽撰

明嘉靖四十年（1561）沈藩勉學書院刻本。顧廣圻跋並録陸貽典校跋，丁丙跋。半葉12行，行24字，小字雙行，字數同，白口，左右雙邊，框高18.7厘米，寬14.5厘米。南京圖書館藏。國家名録號10450。

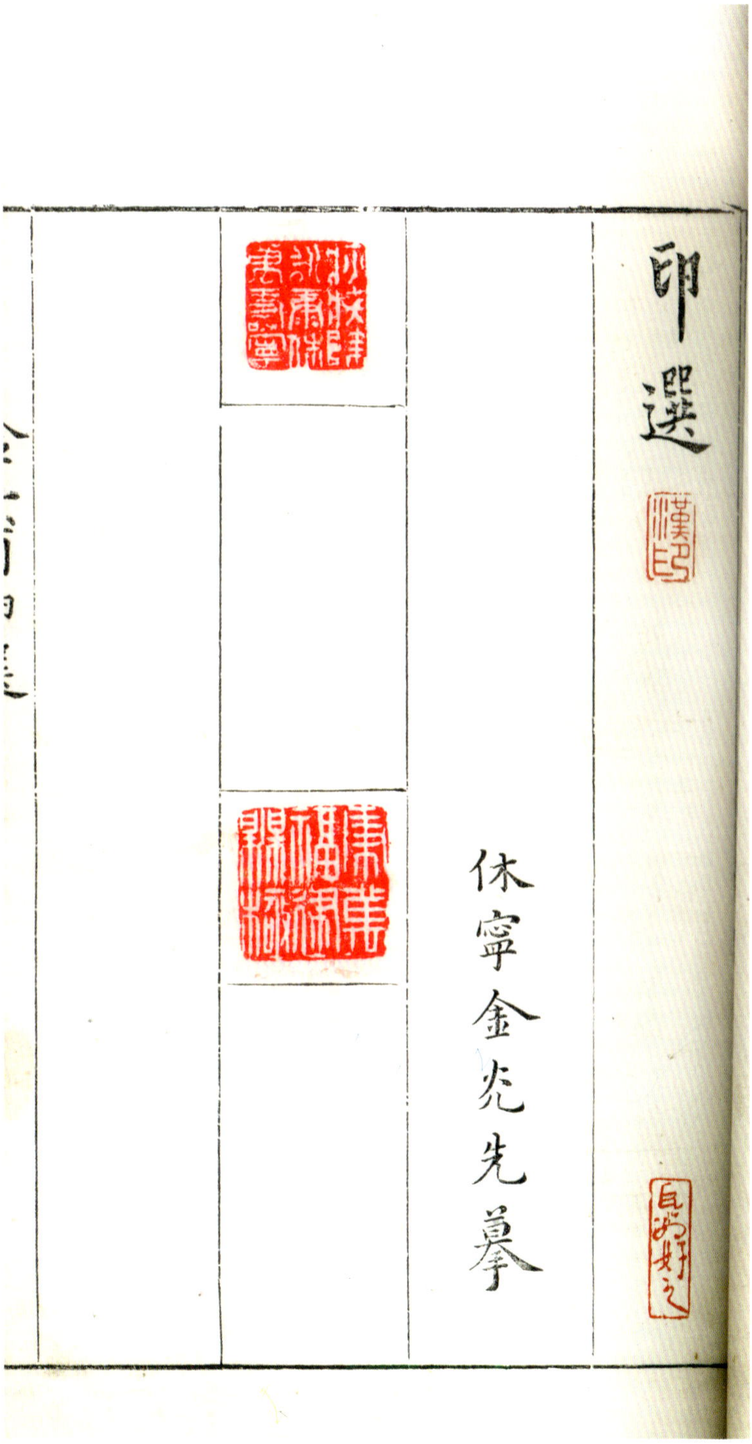
印選

休寧金光先摹

金一甫印選不分卷　明金光先篆刻並輯

明萬曆刻鈐印本。白口，左右雙邊，框高20.5厘米，寬14.5厘米。蘇州圖書館藏。國家名録號10463。

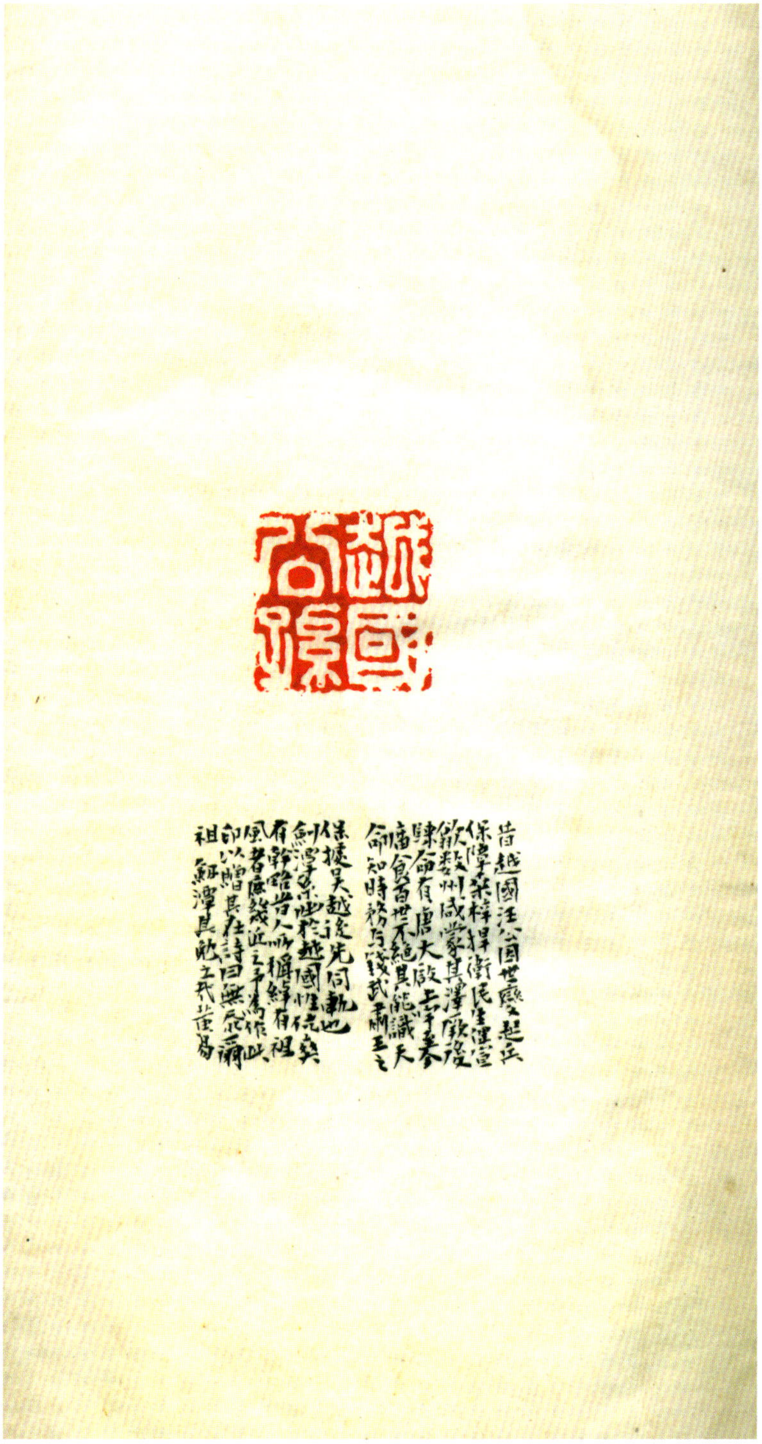

黄易自存印譜一卷　清黄易篆刻

清鈐印本。蘇州圖書館藏。國家名録號10464。

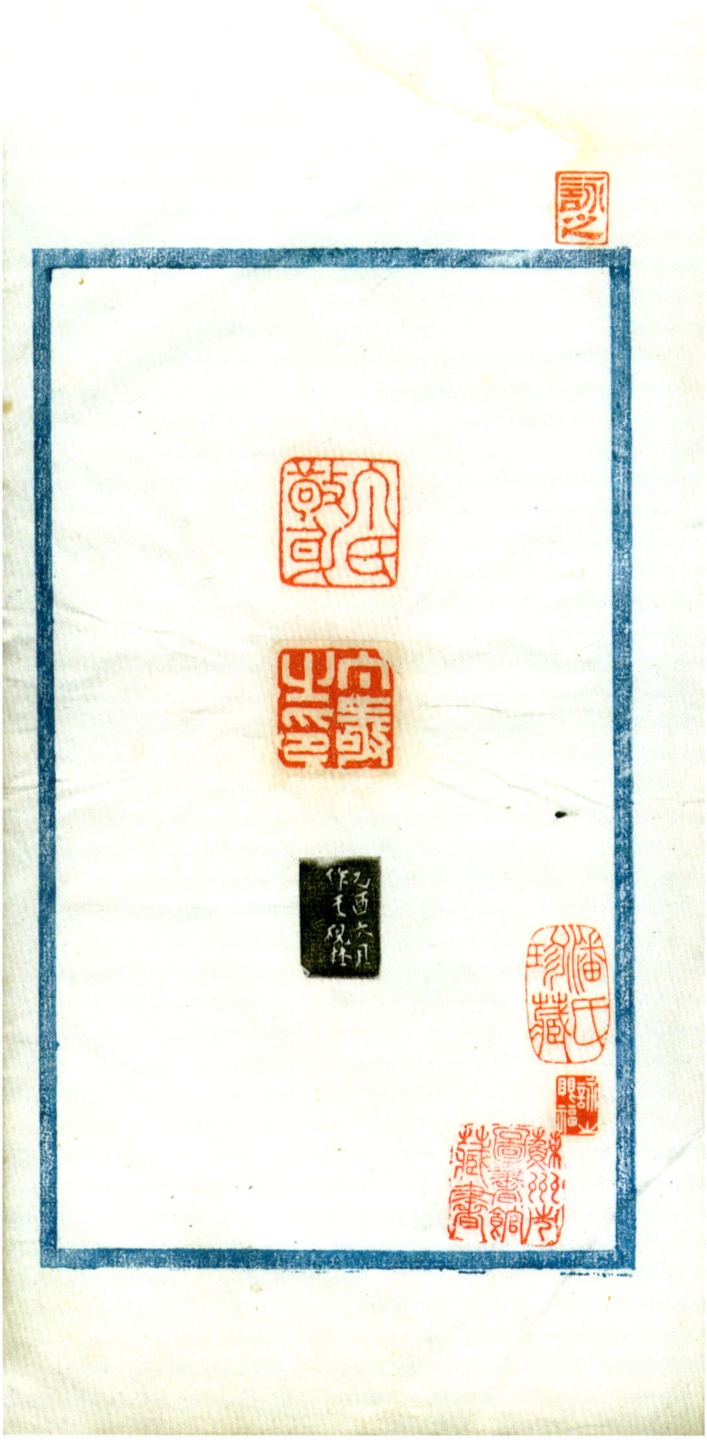

研林鐵書一卷　清丁敬篆刻

清鈐印本。白口，四周單邊。
蘇州圖書館藏。國家名録號10466。

飲膳正要三卷　元忽思慧撰

明景泰七年（1456）内府刻本。半葉10行，行20字，黑口，四周雙邊，框高24.7厘米，寬18.7厘米。無錫市圖書館藏。國家名録號10470。

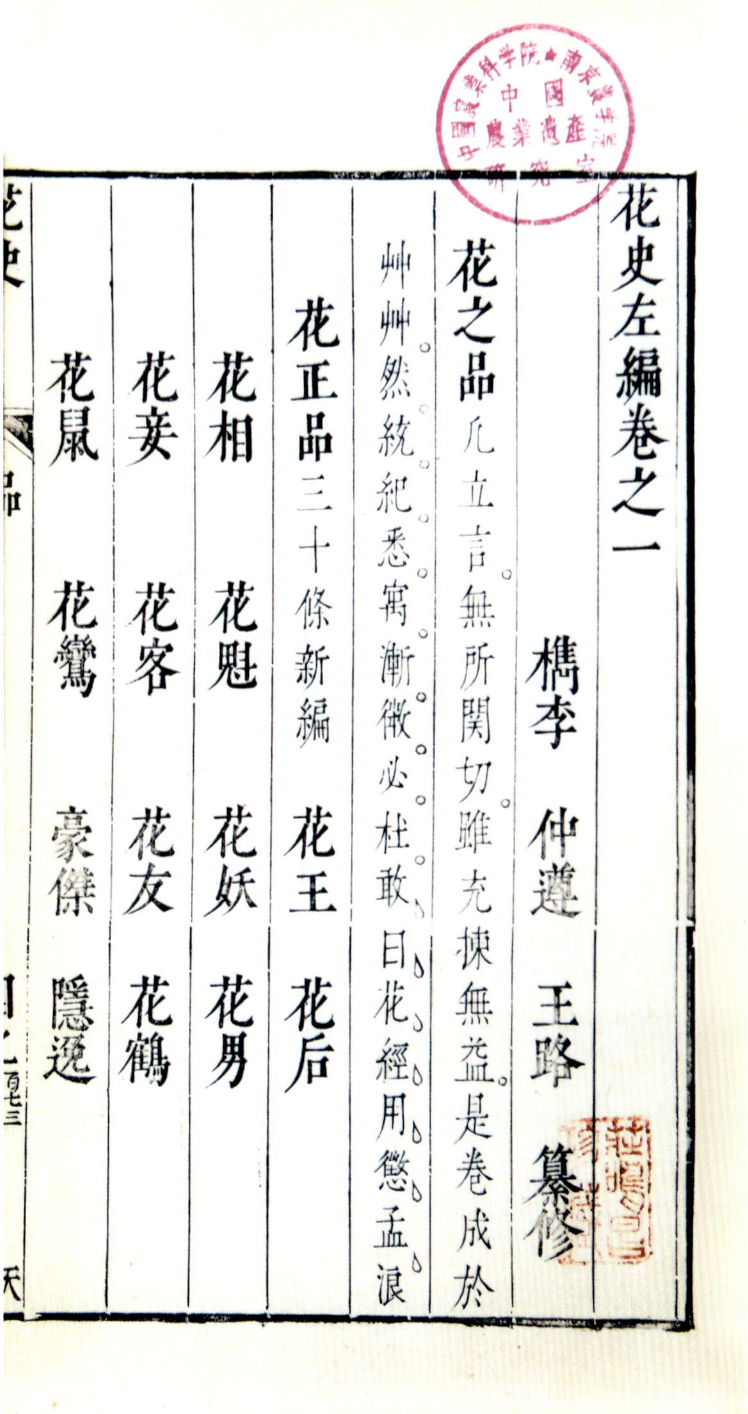

花史左編卷之一

檇李 仲遵 王路 纂修

花之品 凡立言無所関切雖充棟無益是卷成於艸艸然統紀悉寓漸微必杜敢曰花經用懲孟浪

花正品三十條新編 花王 花后

花相 花魁 花妖 花男

花妾 花客 花友 花鶴

花鼠 花鸞 豪傑 隱逸

花史左編二十四卷 明王路撰 花塵一卷 題百花主人輯

明萬曆刻本。半葉8行，行20字，小字雙行，字數同，白口，左右雙邊，框高20.7厘米，寬12.6厘米。南京農業大學圖書館藏。國家名録號10472。

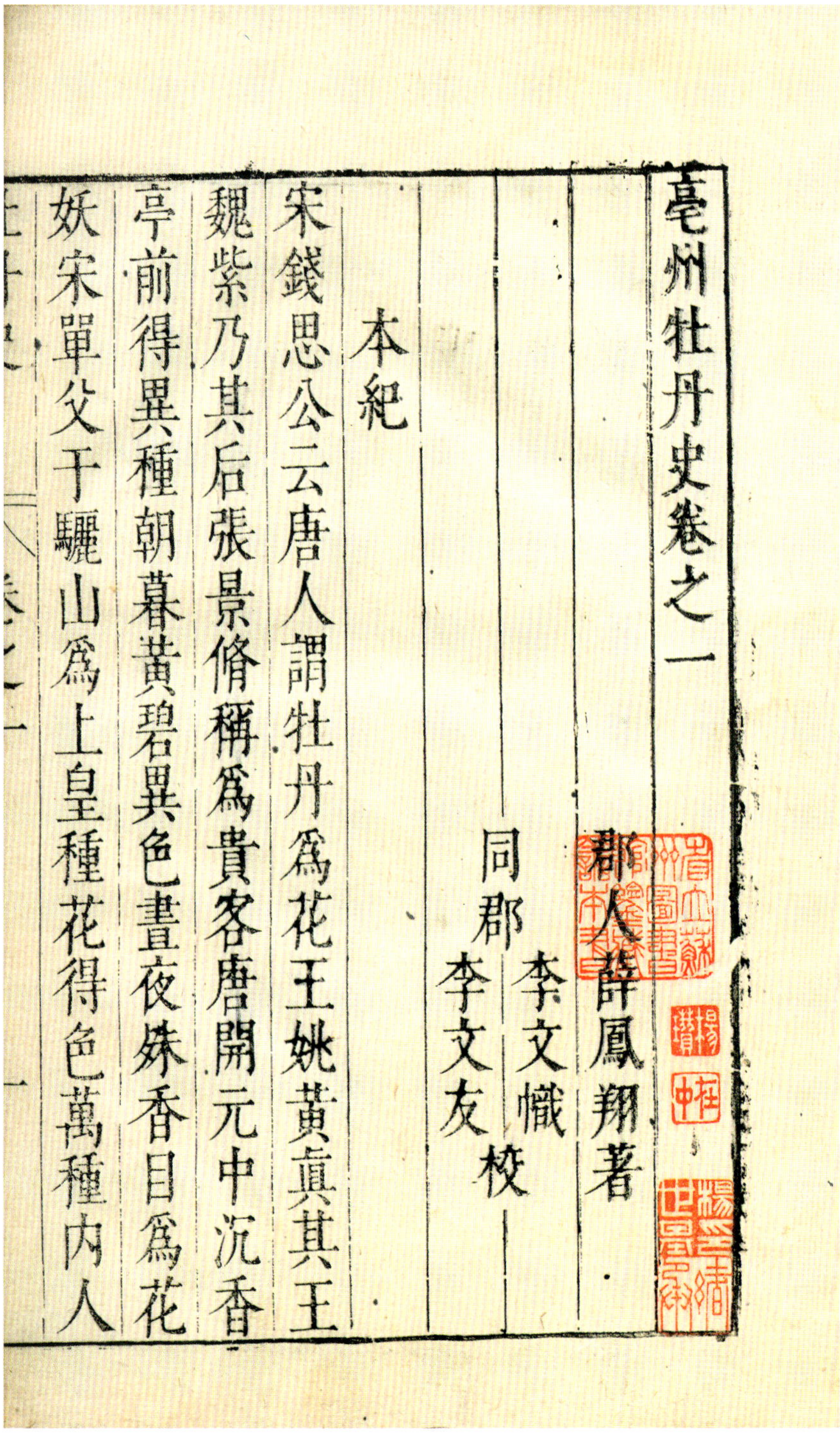
亳州牡丹史卷之一
郡人薛鳳翔著
李文幟
同郡
李文友 校
本紀
宋錢思公云唐人謂牡丹爲花王姚黄眞其王
魏紫乃其后張景脩稱爲貴客唐開元中沉香
亭前得異種朝暮黄碧異色晝夜殊香目爲花
妖宋單父于驪山爲上皇種花得色萬種内人
牡丹史 卷之一 一

亳州牡丹史四卷　明薛鳳翔撰

明萬曆刻本。半葉9行，行18字，白口，四周單邊，框高21.4厘米，寬14厘米。蘇州圖書館藏。國家名録號10473。

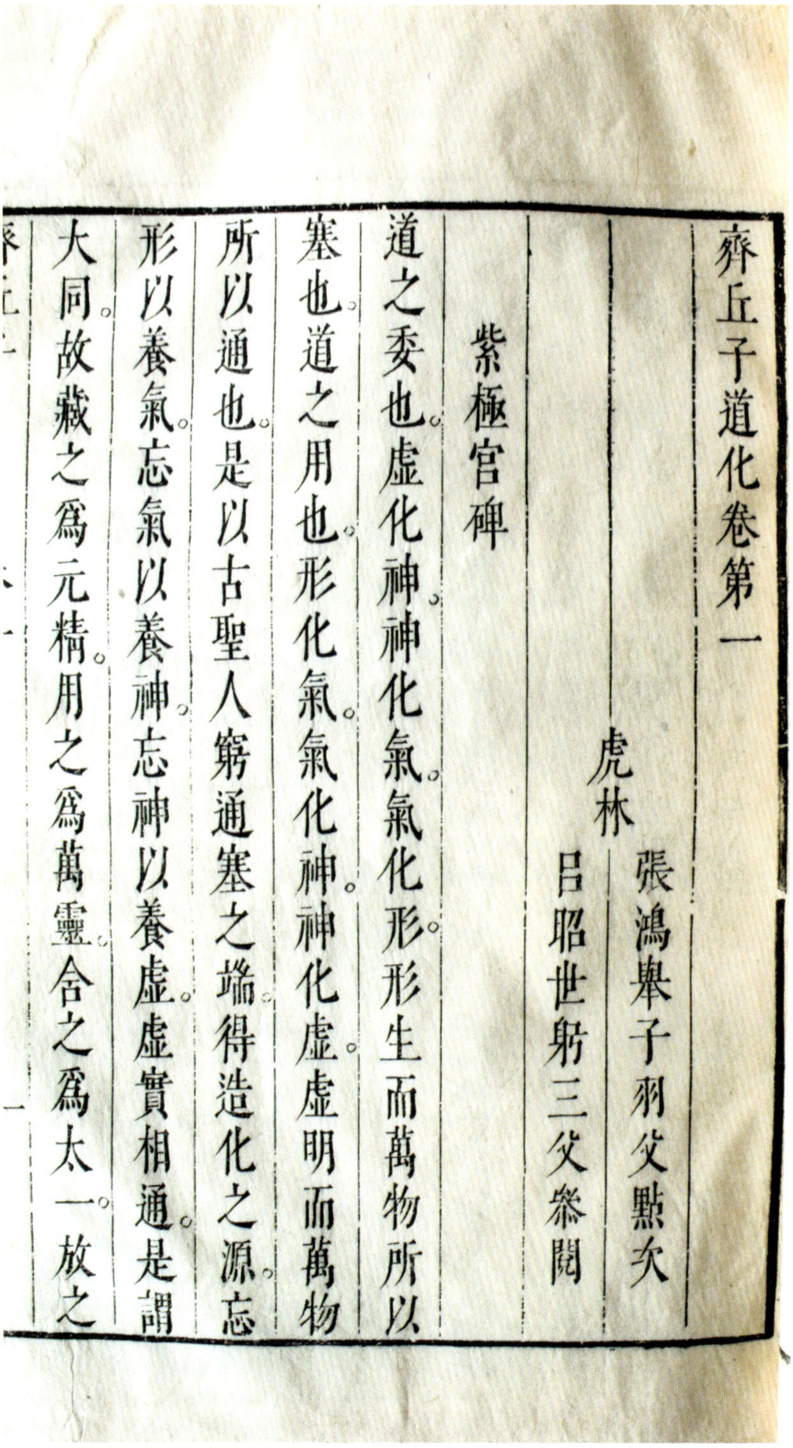
齊丘子道化卷第一

虎林 張鴻舉子羽父點次

呂昭世躬三父參閱

紫極宮碑

道之委也。虛化神。神化氣。氣化形。形生而萬物所以塞也。道之用也。形化氣。氣化神。神化虛。虛明而萬物所以通也。是以古聖人窮通塞之端。得造化之源。忘形以養氣。忘氣以養神。忘神以養虛。虛實相通。是謂大同。故藏之爲元精。用之爲萬靈。含之爲太一。放之

齊丘子六卷　五代譚峭撰

明天啓五年（1625）張鴻舉刻本。半葉9行，行20字，白口，四周單邊，框高13.9厘米，寬21厘米。南通市圖書館藏。國家名録號10482。

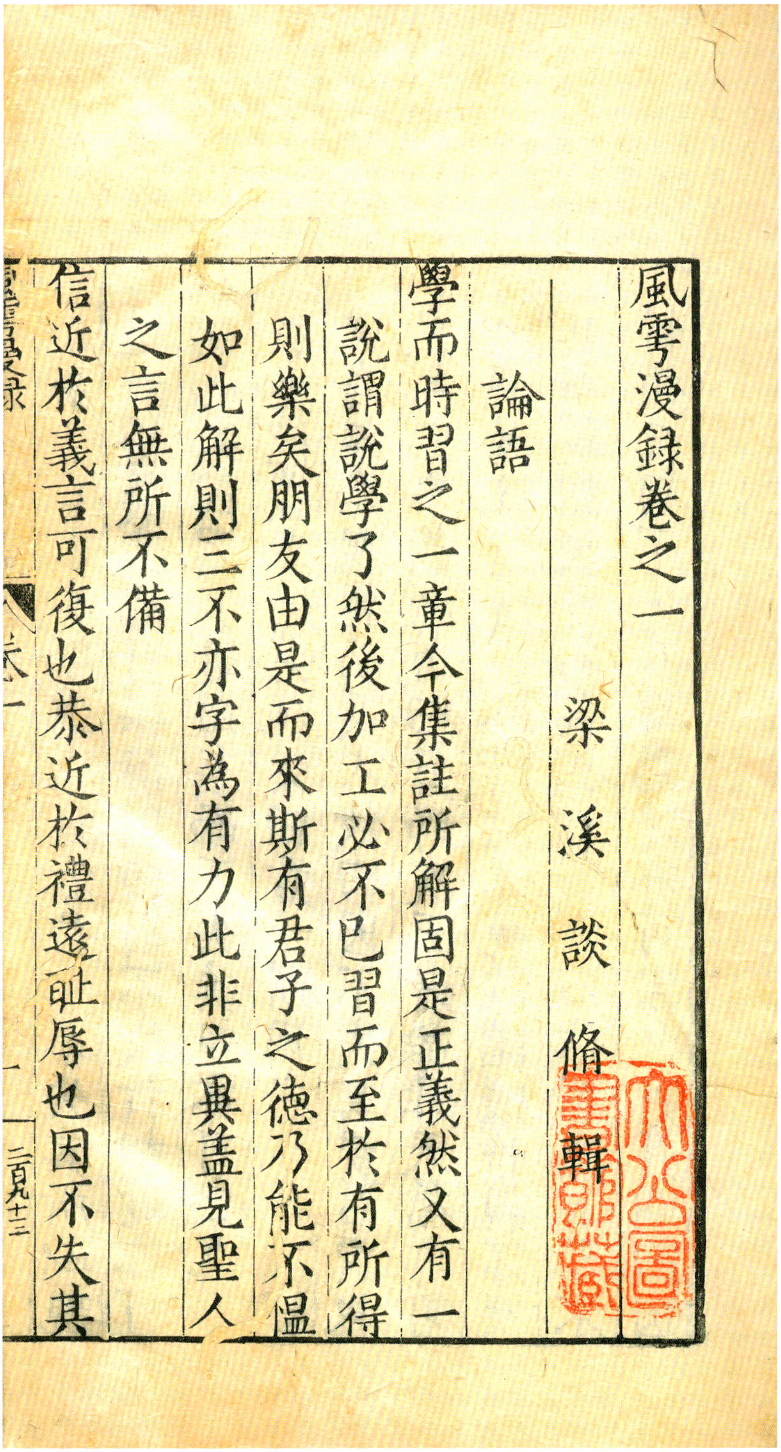

風雩漫録卷之一

梁溪談脩輯

論語

學而時習之一章今集註所解固是正義然又有一説謂説學了然後加工必不已習而至於有所得則樂矣朋友由是而來斯有君子之德乃能不慍如此解則三不亦字為有力此非立異蓋見聖人之言無所不備

信近於義言可復也恭近於禮遠恥辱也因不失其

風雩漫録　卷一　一　二百九十三

比璞山房罪言　明談脩撰

明萬曆二十二年（1594）自刻本。半葉9行，行20字，白口，四周單邊，框高19.2厘米，寬12.6厘米。無錫市圖書館藏。國家名録號10495。

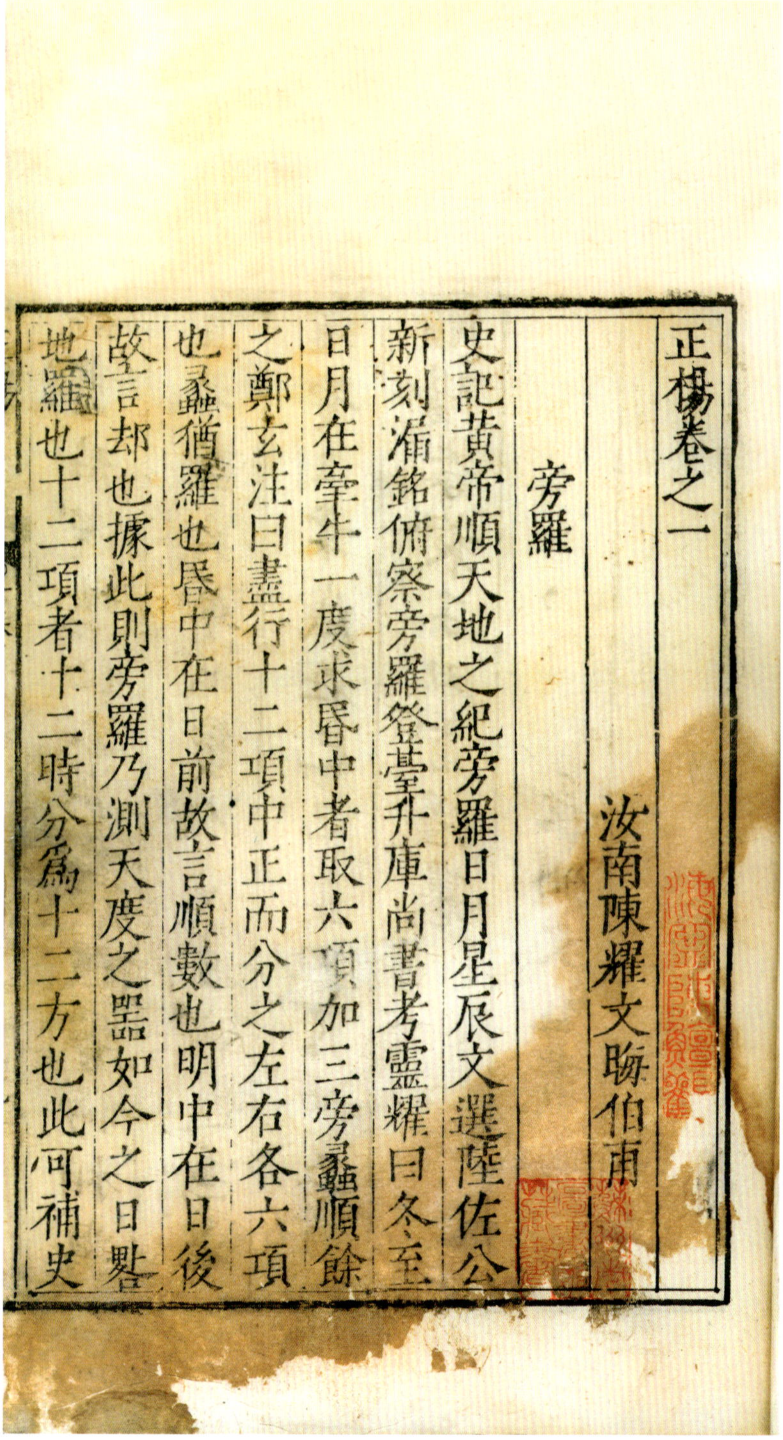

正楊卷之一

旁羅　　汝南陳耀文晦伯甫

史記黃帝順天地之紀旁羅日月星辰文選陸佐公新刻漏銘俯察旁羅登臺升庫尚書考靈耀曰冬至日月在牽牛一度求昏中者取六項加三旁蠡順餘之鄭玄注曰盡行十二項中正而分之左右各六項也蠡猶羅也昏中在日前故言順數也明中在日後故言却也據此則旁羅乃測天度之器如今之日晷地羅也十二項者十二時分為十二方也此可補史

正楊四卷　明陳耀文撰

明隆慶三年（1569）刻本。半葉10行，行20字，小字雙行，字數同，白口，四周雙邊，框高17.7厘米，寬13.6厘米。蘇州圖書館藏。國家名録號10503。

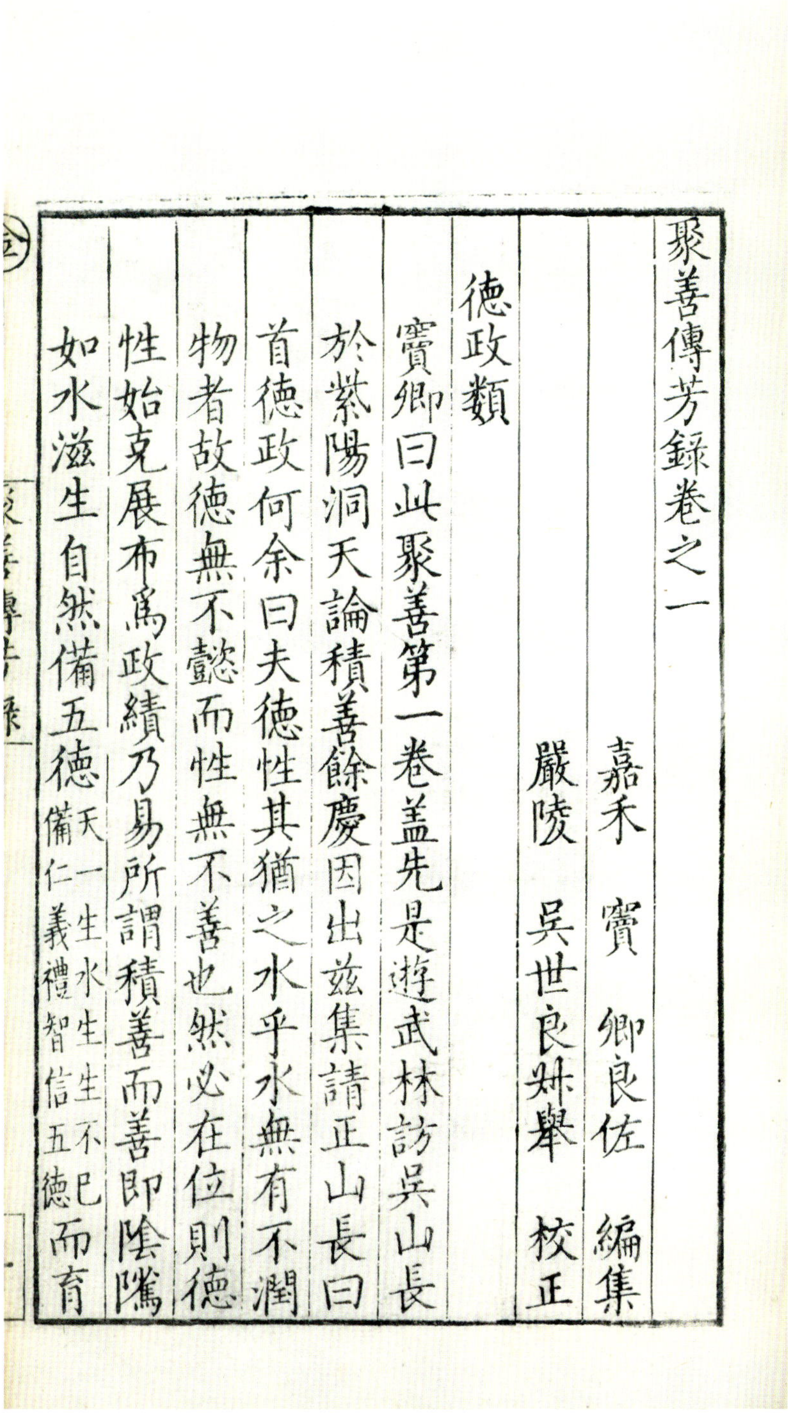

聚善傳芳録卷之一

嘉禾　竇　卿良佐　編集

嚴陵　吳世良舛舉　校正

德政類

竇卿曰此聚善第一卷蓋先是遊武林訪吳山長於紫陽洞天論積善餘慶因出兹集請正山長曰首德政何余曰夫德性其猶之水乎水無有不潤物者故德無不懿而性無不善也然必在位則德性始克展布爲政績乃易所謂積善而善即陰隲如水滋生自然備五德（天一生水生生不已備仁義禮智信五德）而育

聚善傳芳録　一

聚善傳芳録八卷　明竇卿輯

明萬曆三年（1575）竇文照刻本。半葉10行，行21字，白口，四周單邊，框高18.1厘米，寬12.2厘米。蘇州圖書館藏。國家名録號10513。

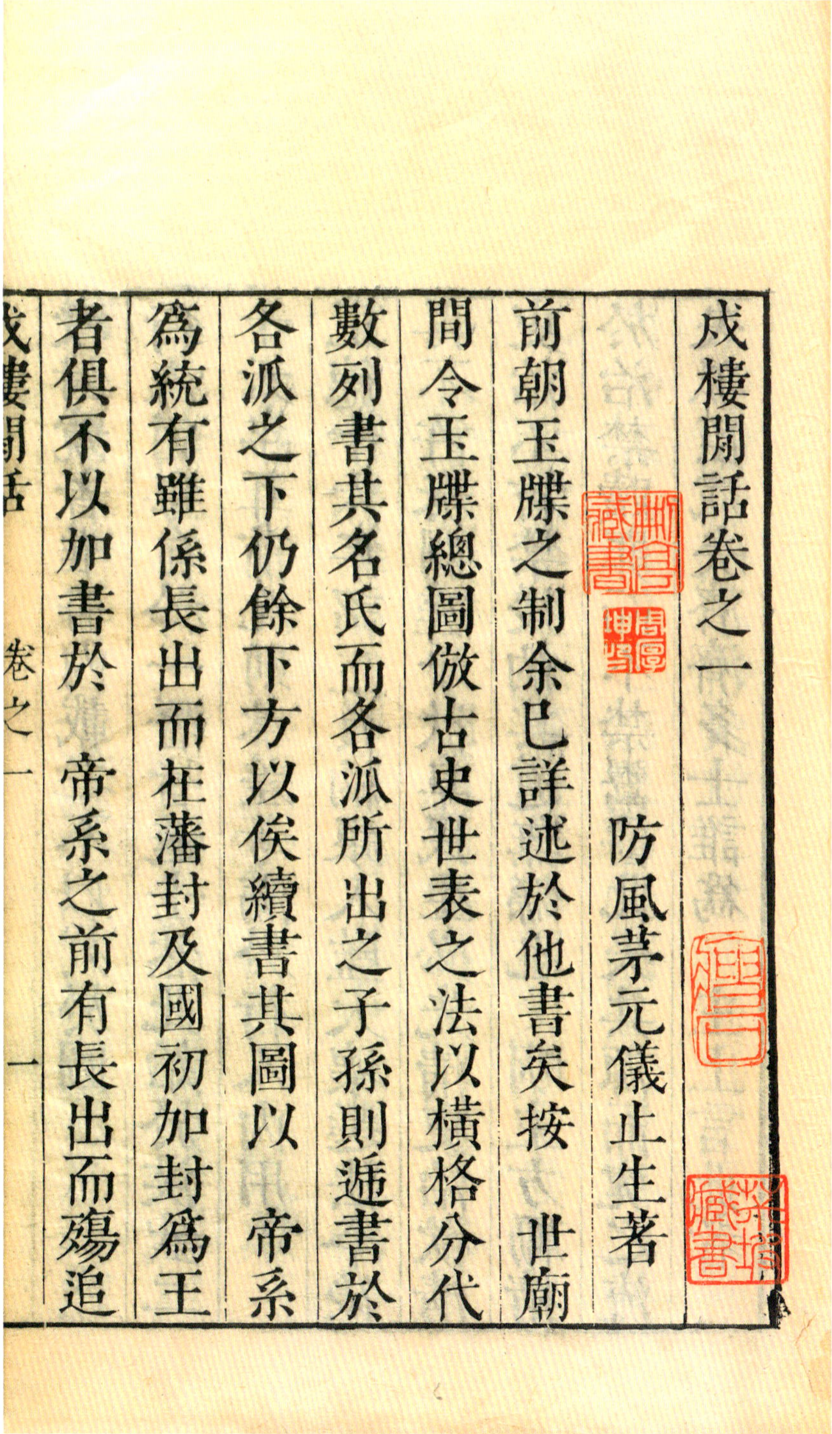

戍樓閒話卷之一
防風茅元儀止生著
前朝玉牒之制余已詳述於他書矣按　世廟
間令玉牒總圖倣古史世表之法以横格分代
數列書其名氏而各派所出之子孫則遞書於
各派之下仍餘下方以俟續書其圖以　帝系
爲統有雖係長出而在藩封及國初加封爲王
者俱不以加書於　帝系之前有長出而殤追
戍樓閒話　卷之一　一

戍樓閒話四卷　明茅元儀撰

明天啓刻本。半葉8行，行18字，白口，四周單邊，框高18.3厘米，寬13.9厘米。無錫市圖書館藏。國家名録號10514。

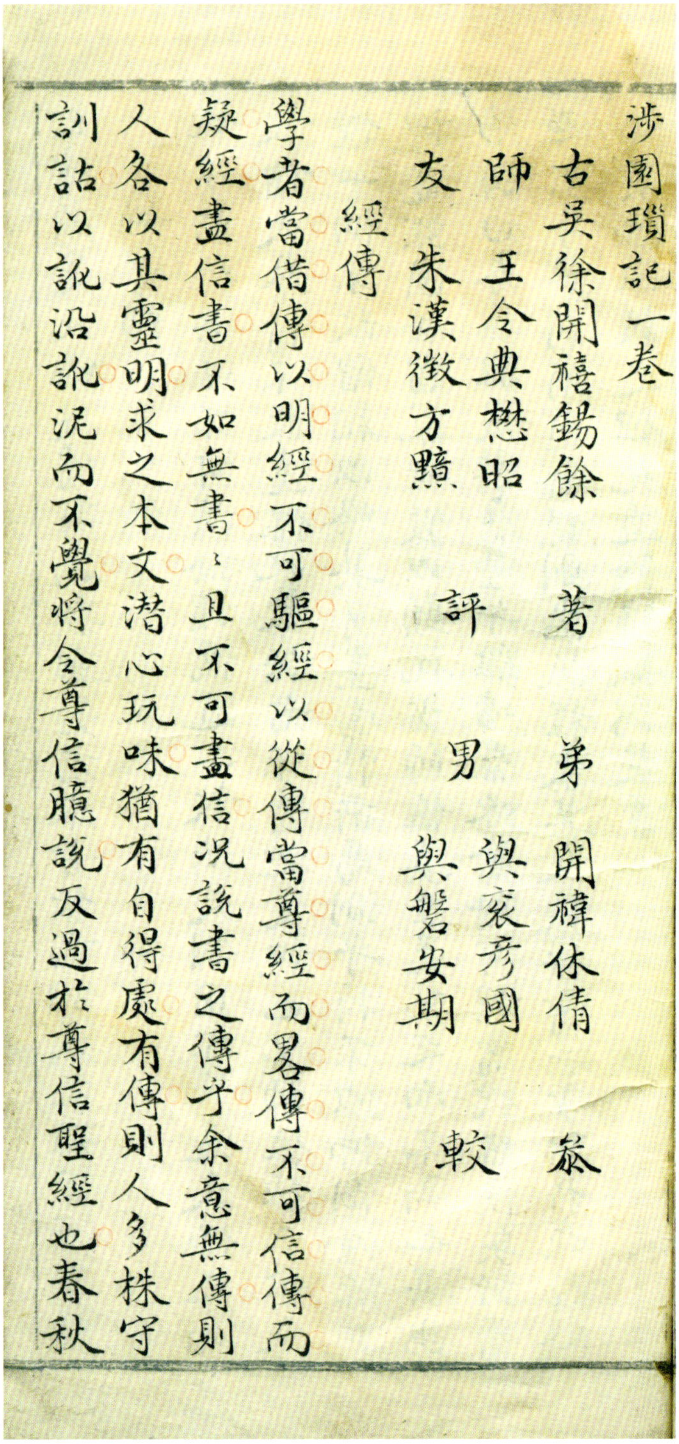
涉園瑣記一卷
古吳徐開禧錫餘　著　弟　開禕休倩　叅
師　王令典懋昭
友　朱漢徵方黰　評　男　與袞彥國
與磐安期　較
經傳
學者當借傳以明經不可驅經以從傳當尊經而畧傳不可信傳而
疑經盡信書不如無書〻且不可盡信況說書之傳乎余意無傳則
人各以其靈明求之本文潛心玩味猶有自得處有傳則人多株守
訓詁以訛沿訛泥而不覺將令尊信臆說反過於尊信聖經也春秋

涉園瑣記□卷　清徐開禧撰

清初抄本。存三卷（一至二、七）。半葉9行，行26字，框高21.8厘米，寬11.2厘米。白口，四周單邊，江蘇省吴江市圖書館藏。國家名録號10516。

明清時期

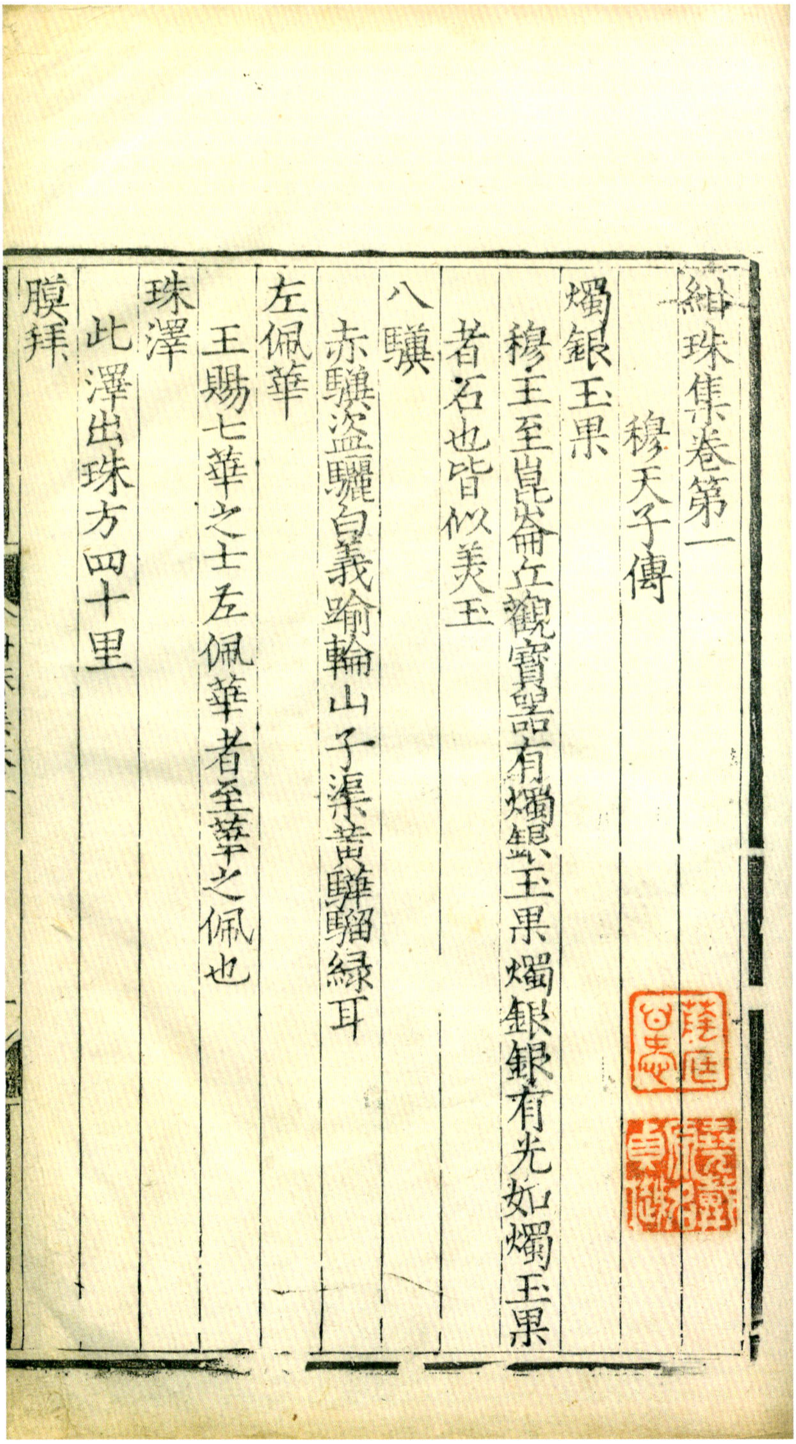

紺珠集卷第一

穆天子傳

燭銀玉果

穆王至崑崙丘觀寶器有燭銀玉果燭銀銀有光如燭玉果者石也皆似美玉

八駿

赤驥盜驪白義踰輪山子渠黃驊騮綠耳

左佩華

王賜七萃之士左佩華者至萃之佩也

珠澤

此澤出珠方四十里

膜拜

紺珠集十三卷

明天順刻本。半葉12行，行24字，黑口，四周雙邊，框高21.6厘米，寬15.2厘米。無錫市圖書館藏。國家名録號10519。

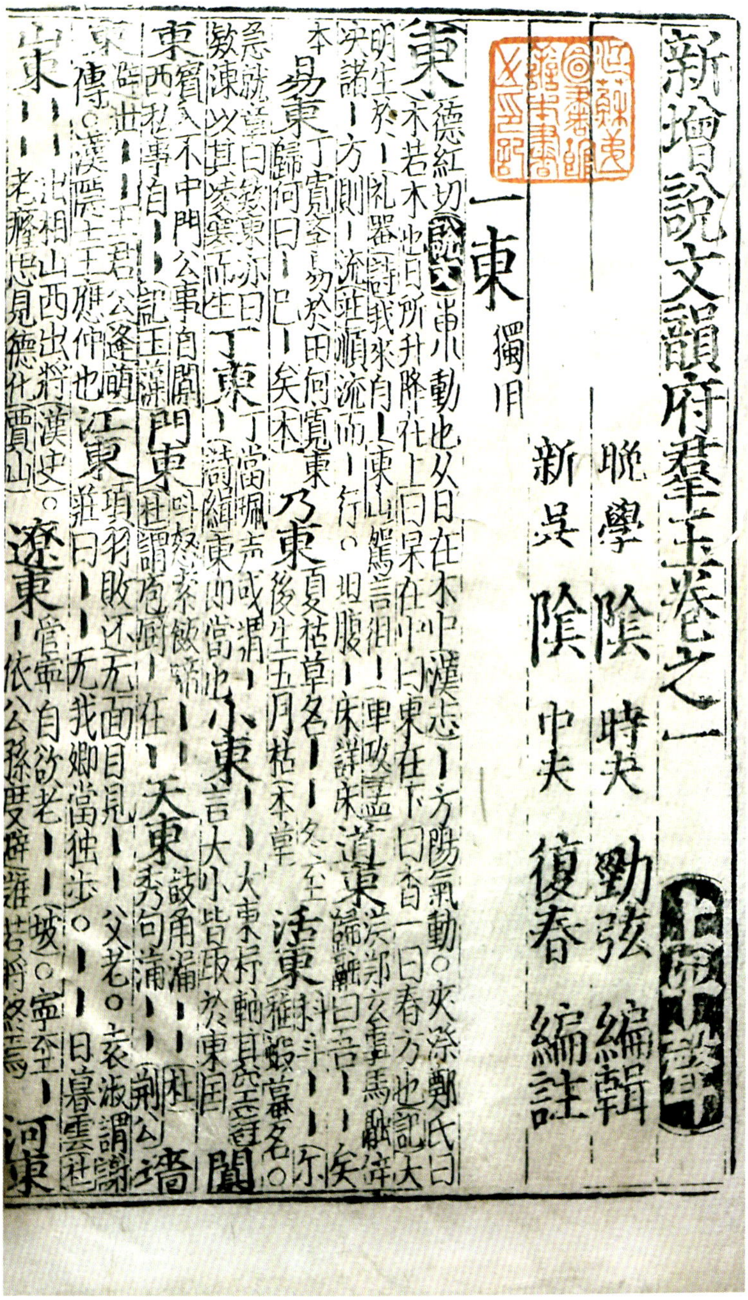
新增說文韻府羣玉卷之一
晚學 陰時夫 勁弦 編輯
新吳 陰中夫 復春 編註
上平聲
一東 獨用

新增説文韻府群玉二十卷　元陰時夫輯　元陰中夫注

明天順六年（1462）葉氏南山書堂刻本。丁丙跋。半葉11行，小字雙行，行29字，黑口，四周雙邊，框高21.3厘米，寬13.8厘米。南京圖書館藏。國家名録號10528。

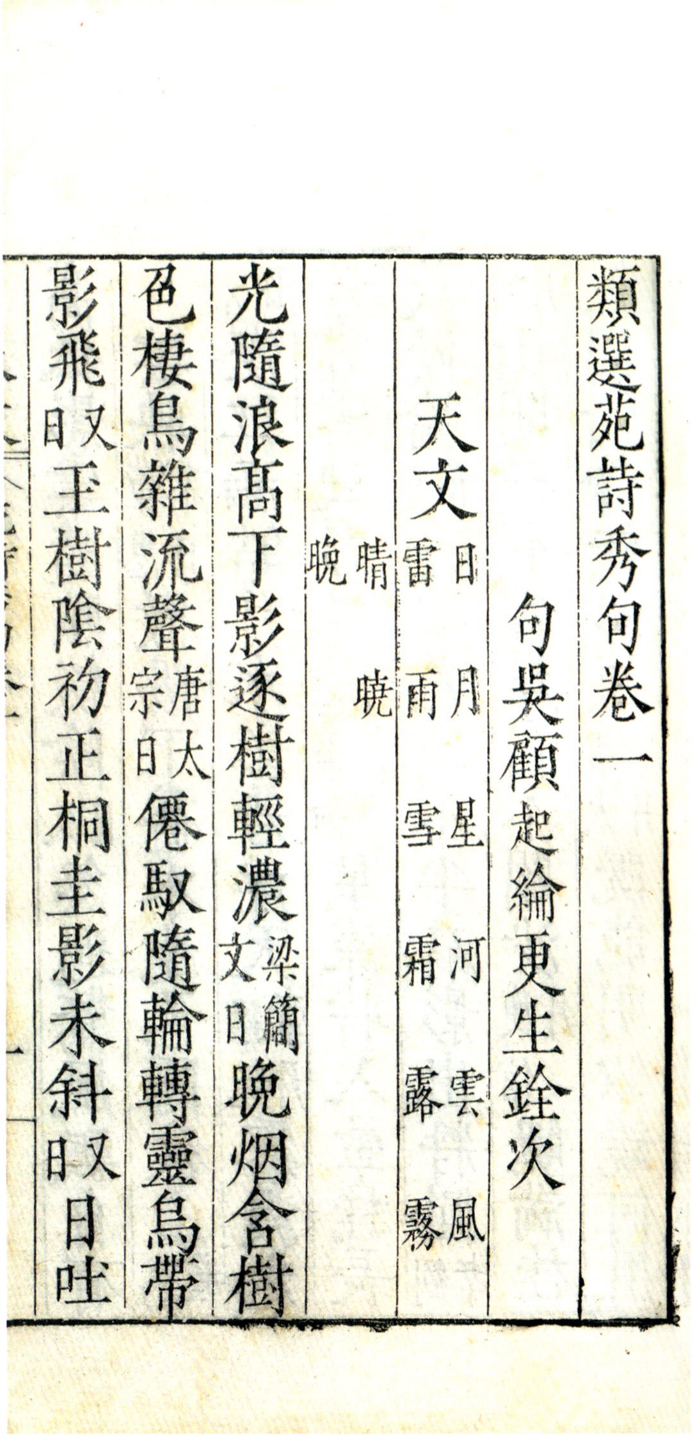

類選苑詩秀句十二卷　明顧起綸輯

明萬曆刻本。半葉7行，行16字，小字雙行，字數同，白口，四周單邊，框高16.9厘米，寬11厘米。無錫市圖書館藏。國家名録號10535。

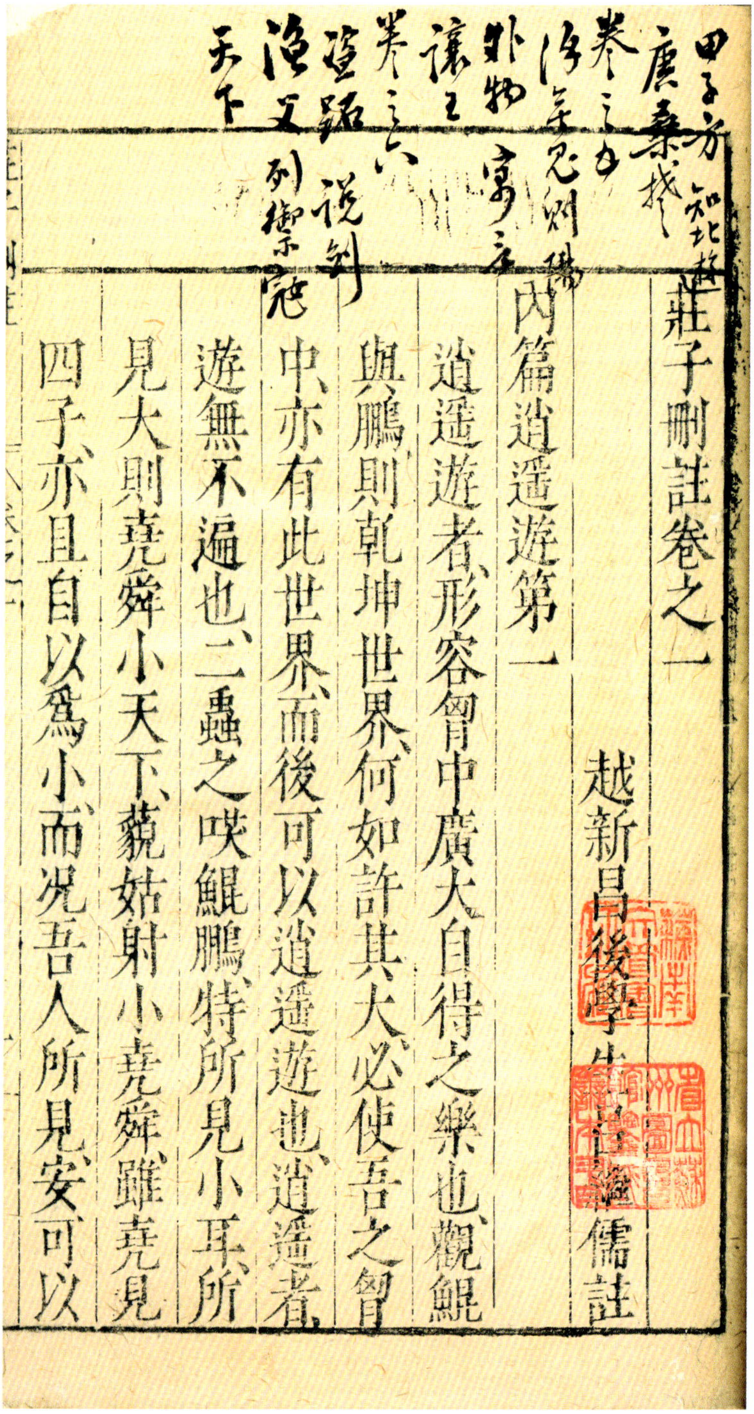

莊子删註卷之一

越新昌後學吕繼儒註

内篇逍遥遊第一

逍遥遊者，形容胷中廣大自得之樂也。觀鯤與鵬，則乾坤世界何如許其大，必使吾之胷中亦有此世界，而後可以逍遥遊也。逍遥者，遊無不遍也。二蟲之哄鯤鵬，特所見小耳。所見大則堯舜小天下，藐姑射小堯舜，雖堯見四子，亦且自以爲小，而况吾人所見，安可以

莊子删注六卷　明吕繼儒撰

明萬曆刻本。半葉兩欄，上欄20行，行5字，下欄9行，行18字，小字雙行，字數同，白口，四周單邊。框高22.1厘米，寬13.9厘米。蘇州圖書館藏。國家名録號10545。

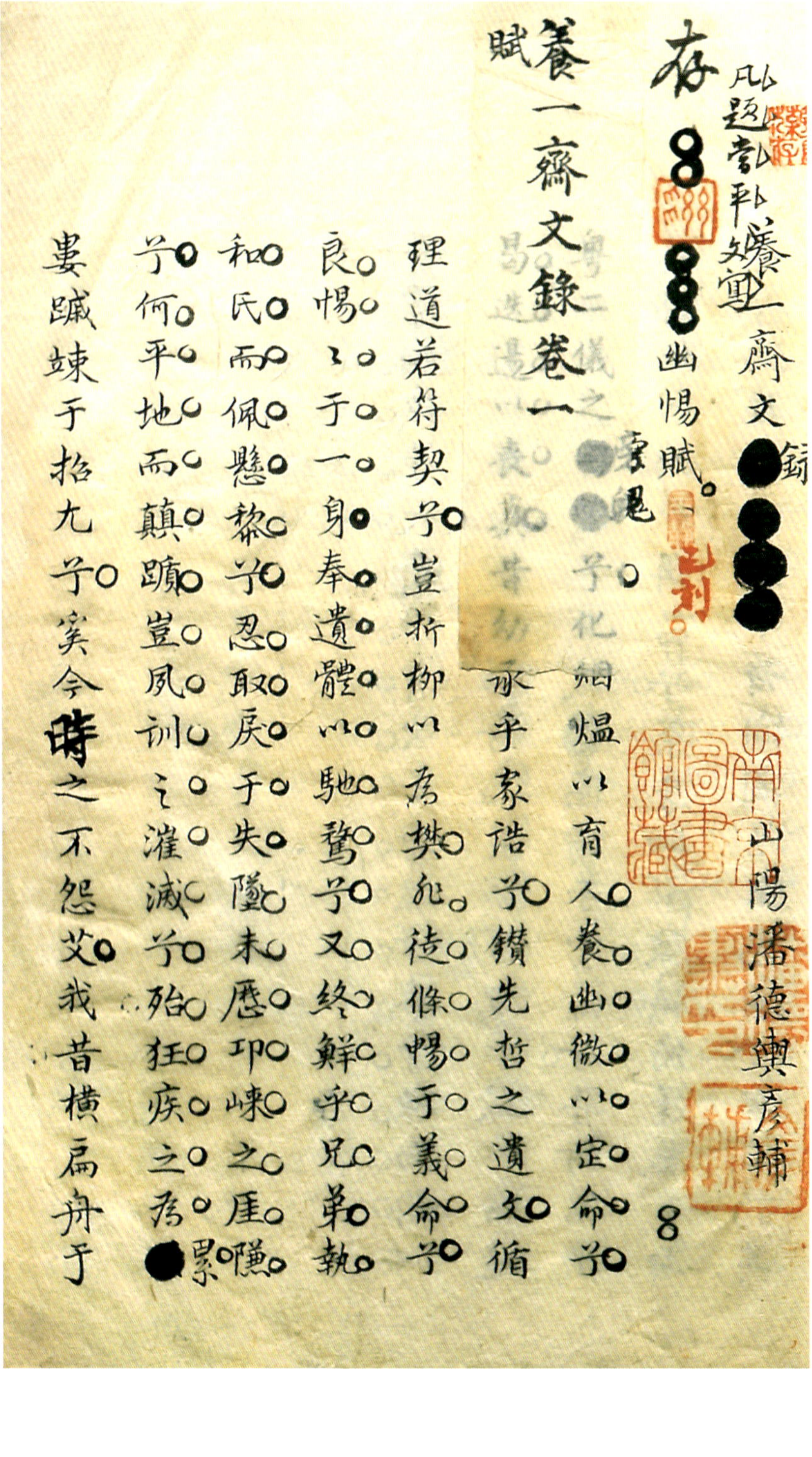

養一齋全集　清潘德輿撰

稿本。姚瑩、丁晏、張際亮、魯一同批校。半葉9行，行20字，小字雙行，字數同。南京圖書館藏。國家名録號10555。

明清時期

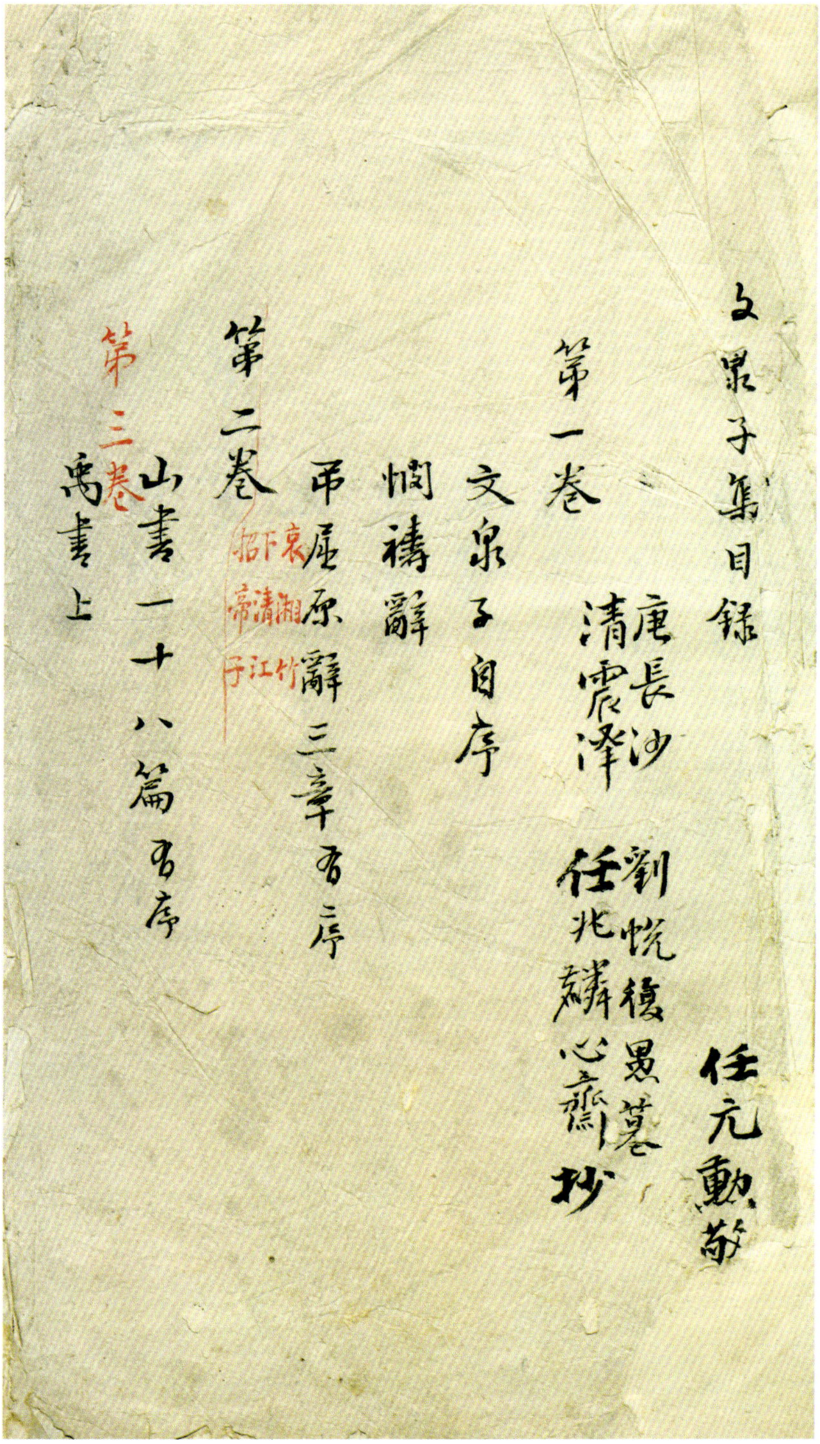

文泉子集八卷　唐劉蛻撰

清乾隆五十七年（1792）任兆麟抄本。任兆麟校並跋。半葉9行，行17字，江蘇省吴江市圖書館藏。國家名録號10606。

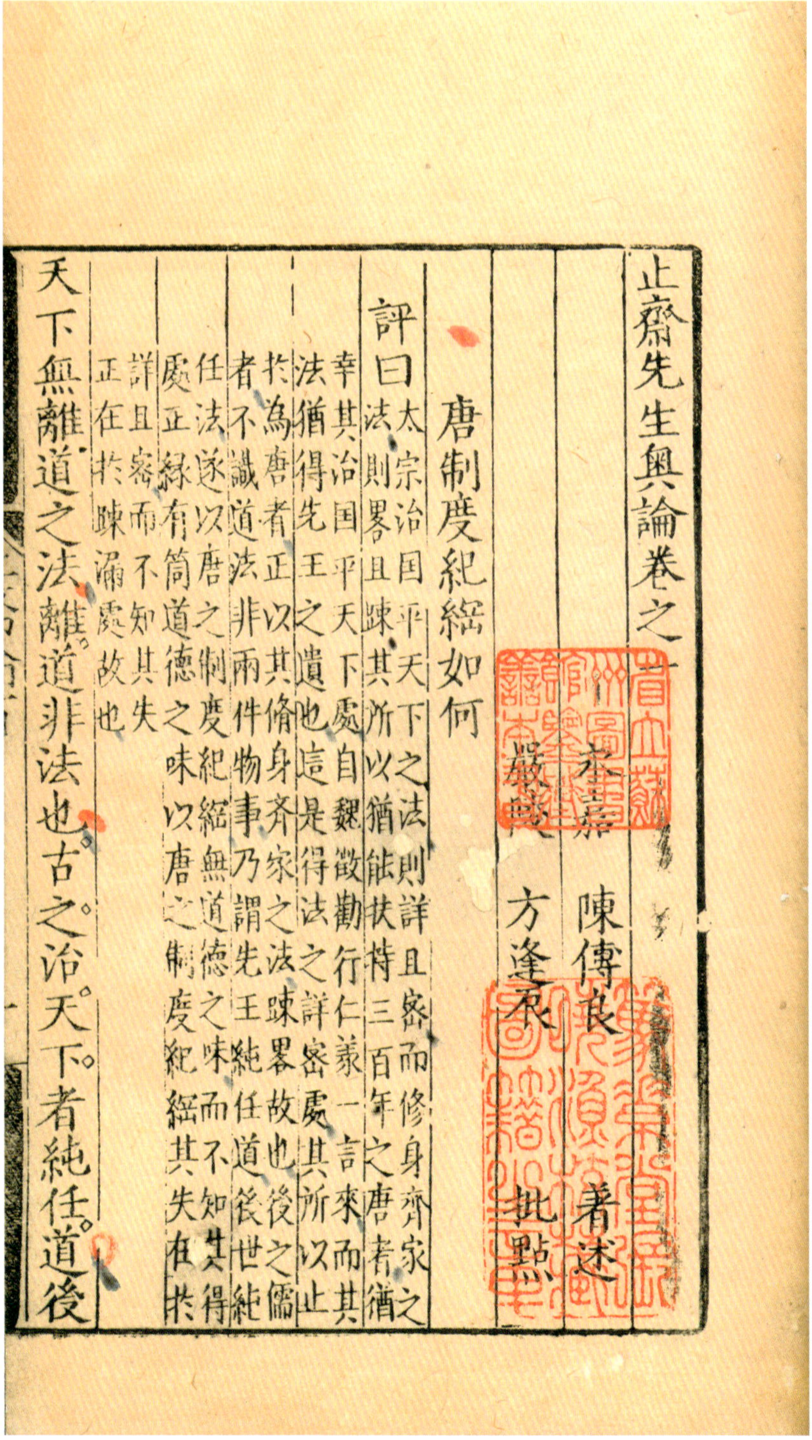

止齋先生奥論八卷　宋陳傅良撰

明萬曆元年（1573）書林吴桂泉刻本。半葉10行，行22字，小字雙行，字數同，黑口，四周單邊。框高16厘米，寬10.7厘米。蘇州圖書館藏。國家名録號10649。

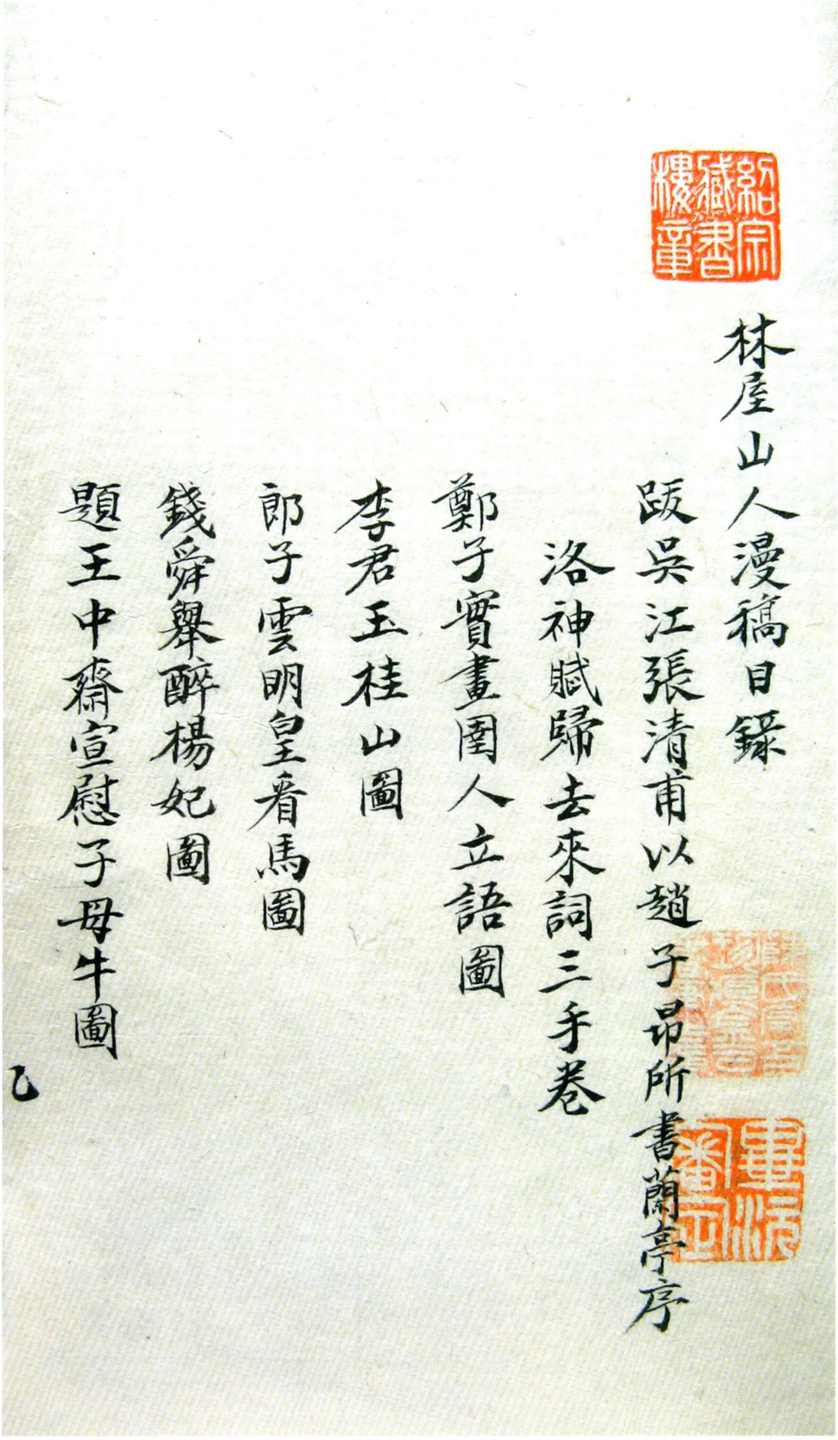
林屋山人漫稿目錄
跋吴江張清甫以趙子昂所書蘭亭序
洛神賦歸去來詞三手卷
鄭子實畫圉人立語圖
李君玉桂山圖
郎子雲明皇看馬圖
錢舜舉醉楊妃圖
題王中齋宣慰子母牛圖
乙

林屋山人漫稿一卷　宋俞琰撰

清抄本。半葉8行，行18字。鎮江市圖書館藏。國家名録號10670。

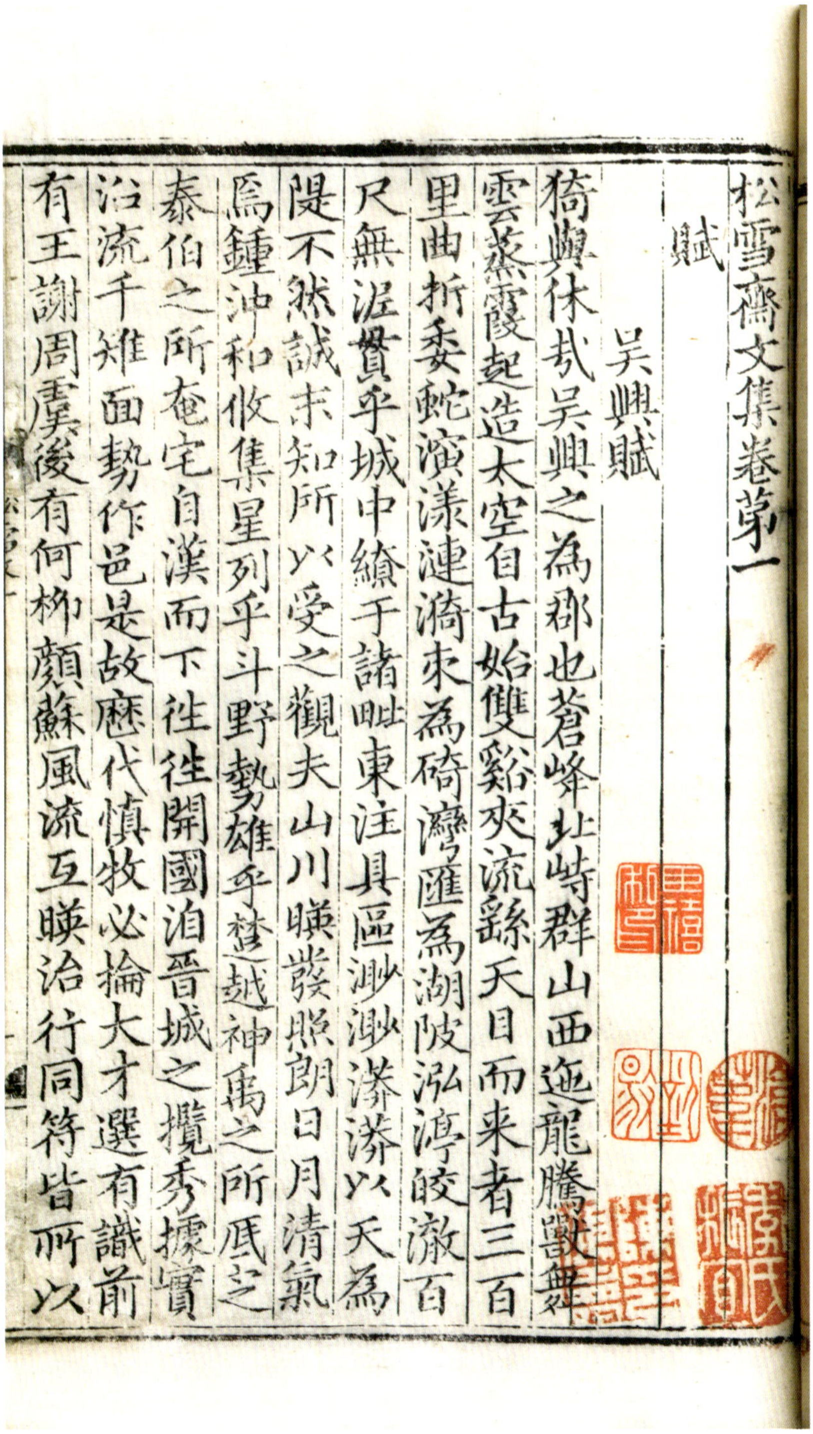

松雪齋文集卷第一

賦

吴興賦

猗歟休哉吴興之為郡也蒼峰北峙群山西迤龍騰獸舞雲蒸霞起造太空自古始㒳谿夾流繇天目而来者三百里曲折委蛇濴漾漣漪東為碕灣匯為湖陂泓渟皎澈百尺無泥貫乎城中繚于諸毗東注具區渺渺瀰瀰以天為隄不然誠未知所以受之觀夫山川暎發照朗日月清氣爲鍾沖和攸集星列乎斗野勢雄乎楚越神禹之所厎定泰伯之所奄宅自漢而下往往開國洎晉城之攬秀據實沿流千雉面勢作邑是故歷代慎牧必掄大才選有識前有王謝周虞後有何柳顏蘇風流互暎治行同符皆所以

松雪齋文集十卷外集一卷　元趙孟頫撰

明天順六年（1462）岳璿刻本。存七卷（一至二、五至六、九至十，外集）。半葉12行，行22字，白口或黑口，四周雙邊。框高21厘米，寬14.2厘米。徐州師範大學圖書館藏。國家名録號10675。

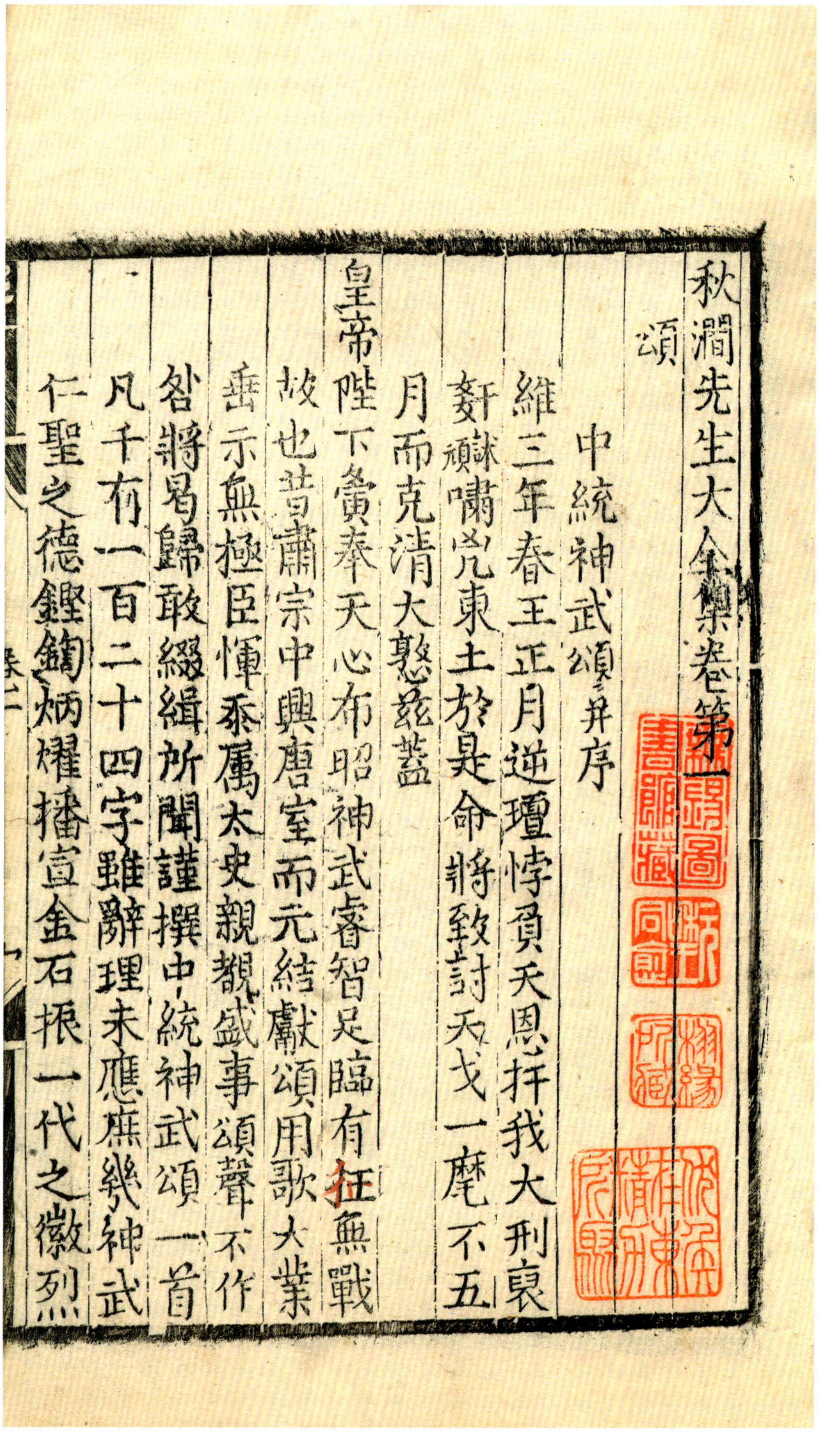

秋澗先生大全集一百卷　元王惲撰　附録一卷

明弘治十一年（1498）馬龍、金舜臣刻本（卷二十一至二十九、八十四配抄本）。存九十五卷（一至五十八、六十五至一百、附録）。半葉12行，行20字，黑口或白口，左右雙邊，框高19.3厘米，寬13.8厘米。無錫市圖書館藏。國家名録號10681。

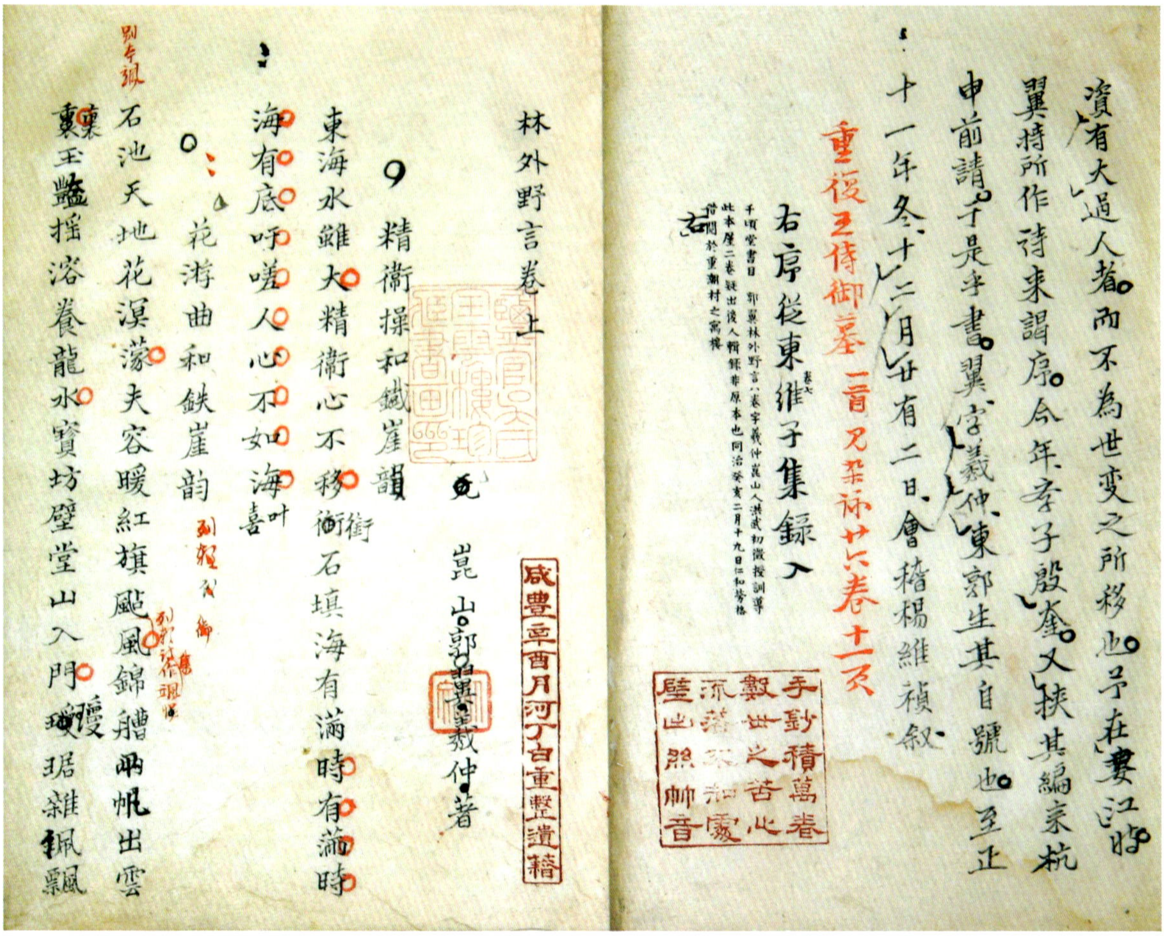

林外野言二卷　元郭翼撰

清乾隆抄本。鮑廷博、勞格批校，丁祖蔭批。半葉8行，行20字。蘇州博物館藏。國家名録號10694。

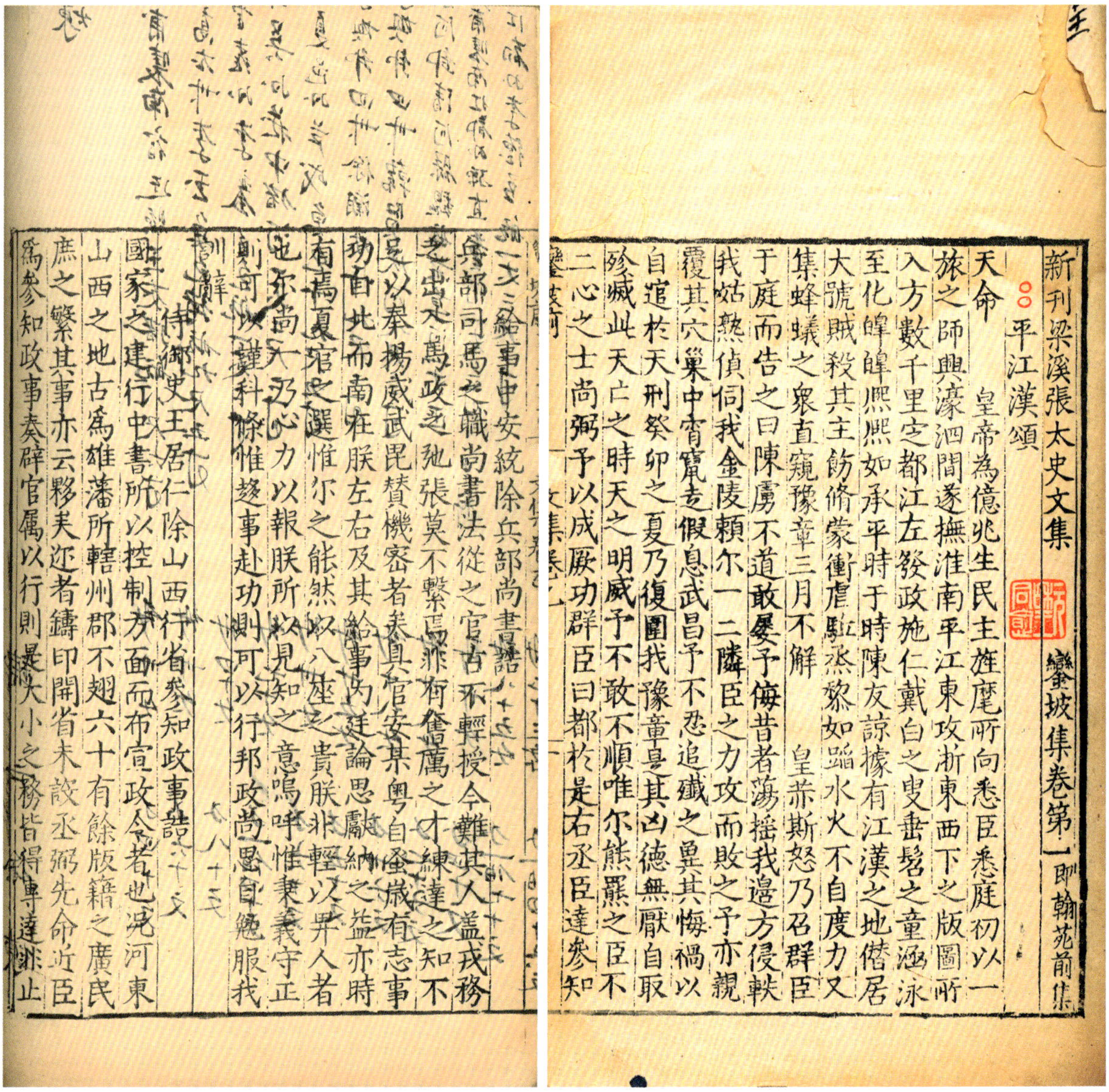

新刊梁溪張太史文集　鑾坡集卷第一　即翰苑前集

〇〇平江漢頌

天命　皇帝爲億兆生民主旌麾所向悉臣悉庭初以一
旅之師興濠泗間遂撫淮南平江東攻浙東西下之版圖所
入方數千里定都江左發政施仁戴白之叟垂髫之童涵泳
至化皡皡熙熙如承平時于時陳友諒據有江漢之地僭居
大號賊殺其主飭脩蒙衝虐駈烝黎如蹈水火不自度力又
集蜂蟻之衆直窺豫章三月不解　皇赫斯怒乃召群臣
于庭而告之曰陳虜不道敢屢予侮昔者蕩搖我邊方侵軼
我姑熟偵伺我金陵賴尓一二隣臣之力攻而敗之予亦親
覆其穴巢中宵竄去假息武昌予不忍追殲之冀其悔禍以
自逭於天刑癸卯之夏乃復圍我豫章肆其凶德無猒自取
殄殲此天亡之時天之明威予不敢不順唯尓熊羆之臣不
二心之士尚弼予以成厥功群臣曰都於是右丞臣達參知

一文三給事中安統除兵部尚書誥
兵部司馬之職尚書法從之官古不輕授今難其人蓋戎務
之出入爲政之弛張莫不繫焉非有奮厲之才練達之知不
足以奉揚威武毘賛機密者矣具官安某粤自盛歳有志事
功自北而南在朕左右及其給事内廷論思獻納之益亦時
有焉夏官之選惟尓之能然以八座之貴朕非輕以畀人者
也尓尚一乃心力以報朕所以見知之意嗚呼惟秉義守正
則可以釐科條惟趍事赴功則可以行邦政尚思自勉服我
訓辭
侍御史王居仁除山西行省參知政事誥
國家之建行中書所以控制方面而布宣政令者也况河東
山西之地古爲雄藩所轄州郡不翅六十有餘版籍之廣民
庶之繁其事亦云夥矣近者鑄印開省未設丞弼先命近臣
爲參知政事奏辟官屬以行則是大小之務皆得專達非止

宋學士文集七十五卷　明宋濂撰

明正德九年（1514）張縉刻公文紙印本。存四十九卷（一至四、二十一至三十、四十一至七十五）。半葉14行，行23字，白口，左右雙邊，框高20.5厘米，寬14.8厘米。無錫市圖書館藏。國家名録號10696。

注：此書卷端原爲“宋學士文集”，後被剜改爲“新刊梁溪張太史文集”。

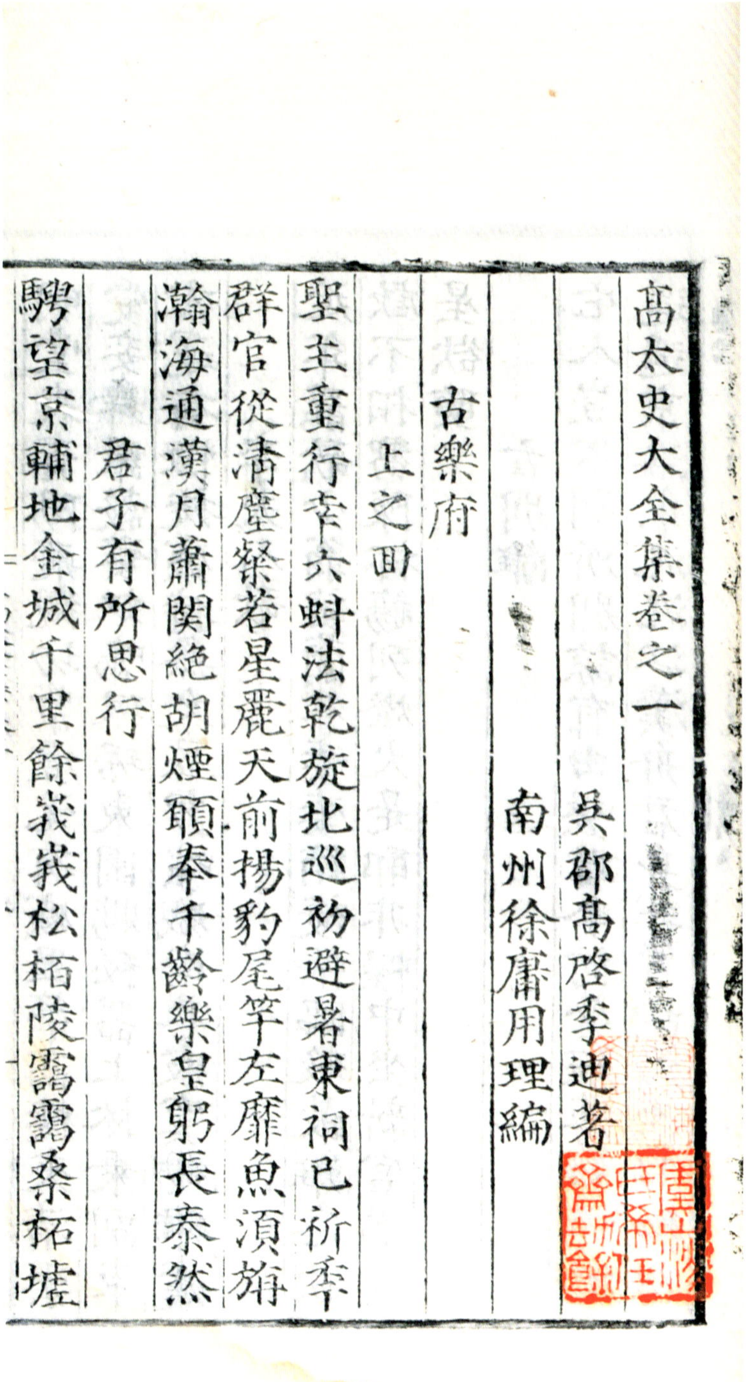
高太史大全集卷之一
吳郡高啓季迪著
南州徐庸用理編
古樂府
上之回
聖主重行幸六蚪法乾旋北巡祊避暑東祠已祈季
群官從清塵粲若星麗天前揚豹尾竿左靡魚須旃
瀚海通漢月蕭關絕胡煙頎奉千齡樂皇躬長泰然
君子有所思行
騁望京輔地金城千里餘峩峩松栢陵靄靄桑柘墟

高太史大全集十八卷　明高啓撰

明刻本。半葉10行，行20字，白口，四周單邊，框高18.8厘米，寬12.8厘米。江蘇省常熟市博物館藏。國家名録號10706。

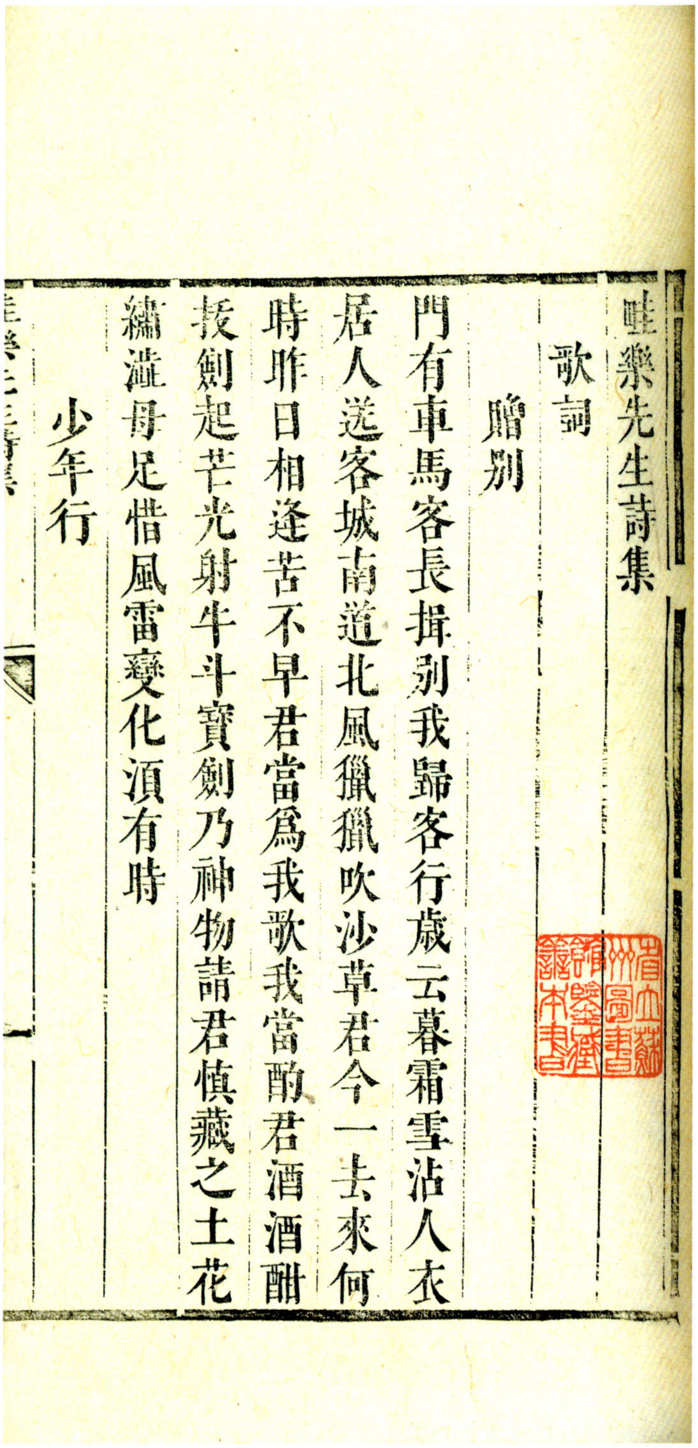

畦樂先生詩集

歌詞

贈别

門有車馬客長揖别我歸客行歲云暮霜雪沾人衣居人送客城南道北風獵獵吹沙草君今一去來何時昨日相逢苦不早君當爲我歌我當酌君酒酒酣拔劍起芒光射牛斗寶劍乃神物請君慎藏之土花繡澁毋足惜風雷變化須有時

少年行

畦樂先生詩集一卷　明梁蘭撰　附録一卷

清初刻本。半葉9行，行20字，白口，左右雙邊，框高19.5厘米，寬13.6厘米。蘇州圖書館藏。國家名録號10709。

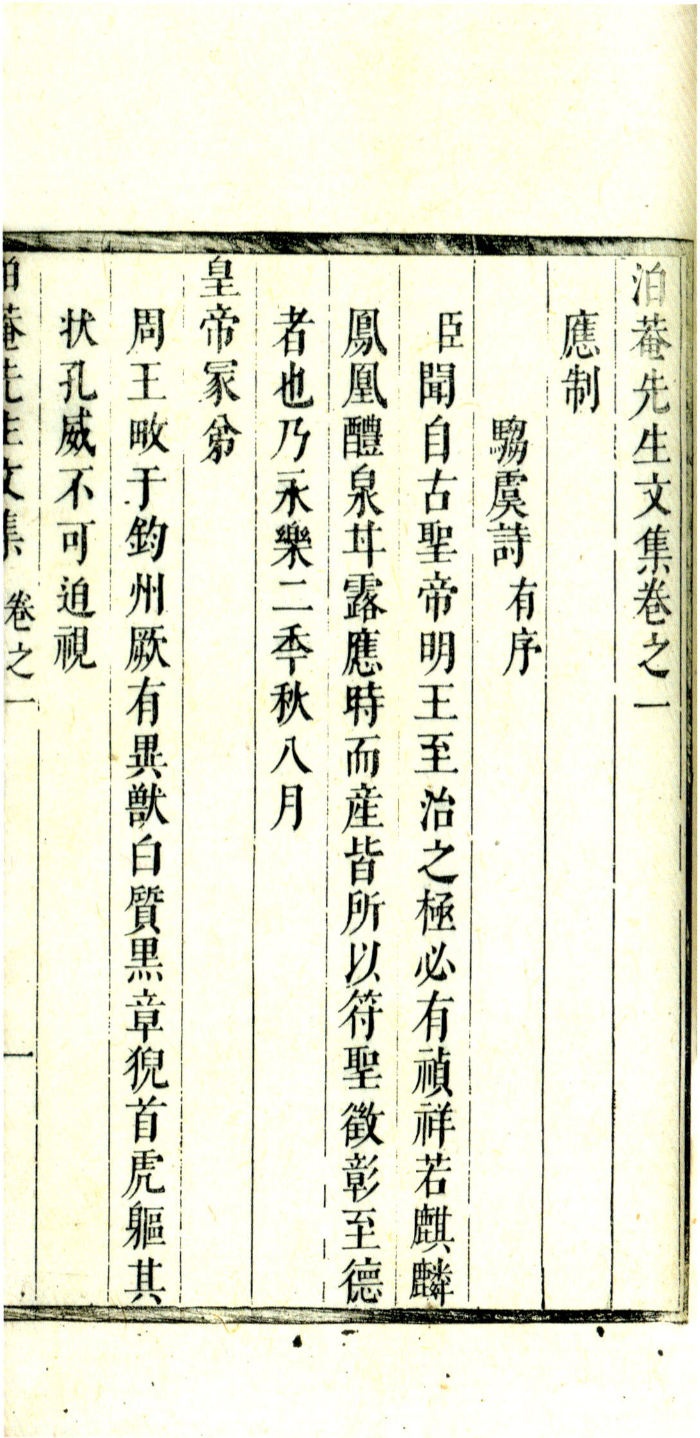
泊菴先生文集卷之一

應制

騶虞詩有序

臣聞自古聖帝明王至治之極必有禎祥若麒麟鳳凰醴泉甘露應時而產皆所以符聖徵彰至德者也乃永樂二季秋八月

皇帝冢翁

周王畋于鈞州厥有異獸白質黑章猊首虎軀其狀孔威不可迫視

泊菴先生文集 卷之一 一

泊庵先生文集十六卷 明梁潛撰 附録一卷

清初刻本。半葉9行，行20字，白口，左右雙邊，框高20.3厘米，寬13.7厘米。蘇州圖書館藏。國家名録號10710。

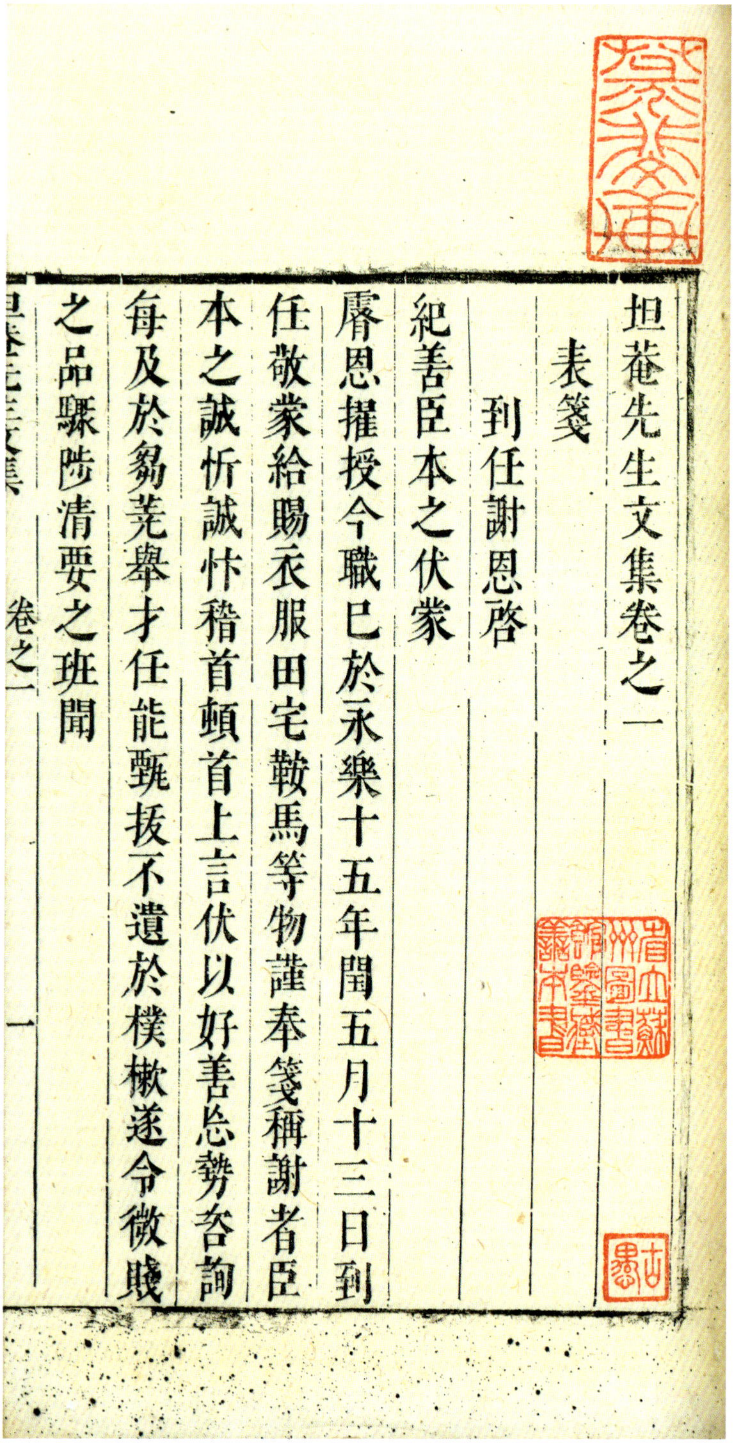

坦菴先生文集卷之一

表箋

到任謝恩啓

紀善臣本之伏蒙

曆恩擢授今職已於永樂十五年閏五月十三日到任敬蒙給賜衣服田宅鞍馬等物謹奉箋稱謝者臣本之誠忻誠忭稽首頓首上言伏以好善忘勢咨詢每及於芻蕘舉才任能甄拔不遺於樸樕遂令微賤之品驟陟清要之班聞

坦菴先生文集　卷之一　一

坦庵先生文集八卷　明梁本之撰

清初刻本。半葉9行，行20字，白口，左右雙邊，框高19.6厘米，寬13.5厘米。蘇州圖書館藏。國家名録號10714。

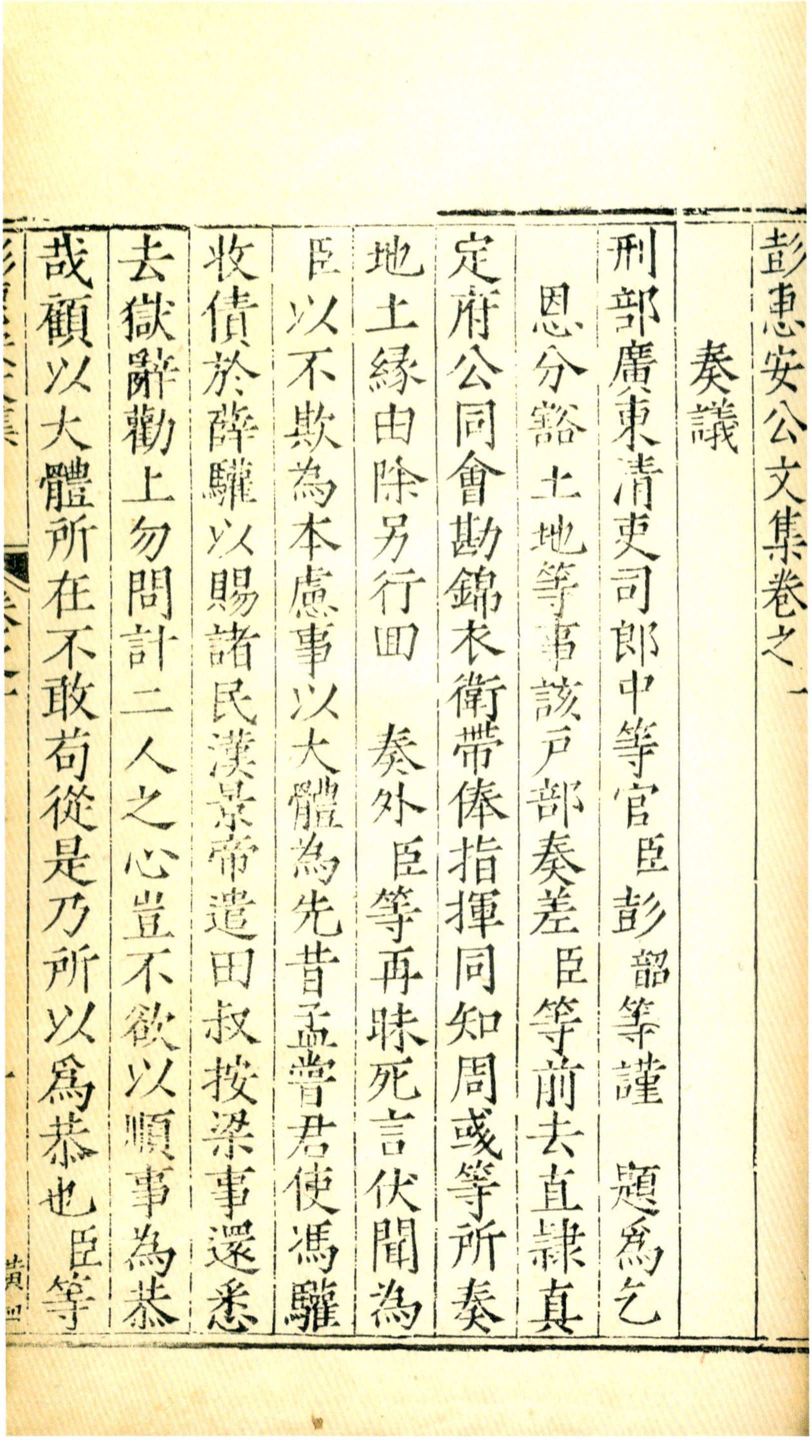

彭惠安公文集卷之一

奏議

刑部廣東清吏司郎中等官臣彭韶等謹　題為乞
恩分豁土地等事該戶部奏差臣等前去直隸真
定府公同會勘錦衣衛帶俸指揮同知周彧等所奏
地土緣由除另行回　奏外臣等再昧死言伏聞為
臣以不欺為本慮事以大體為先昔孟嘗君使馮驩
收債於薛驩以賜諸民漢景帝遣田叔按梁事還悉
去獄辭勸上勿問計二人之心豈不欲以順事為恭
哉顧以大體所在不敢苟從是乃所以為恭也臣等

彭惠安公文集十一卷　明彭韶撰

明萬曆彭繼美刻本。半葉10行，行20字，白口，四周雙邊，框高18厘米，寬14厘米。蘇州圖書館藏。國家名録號10729。

明清時期

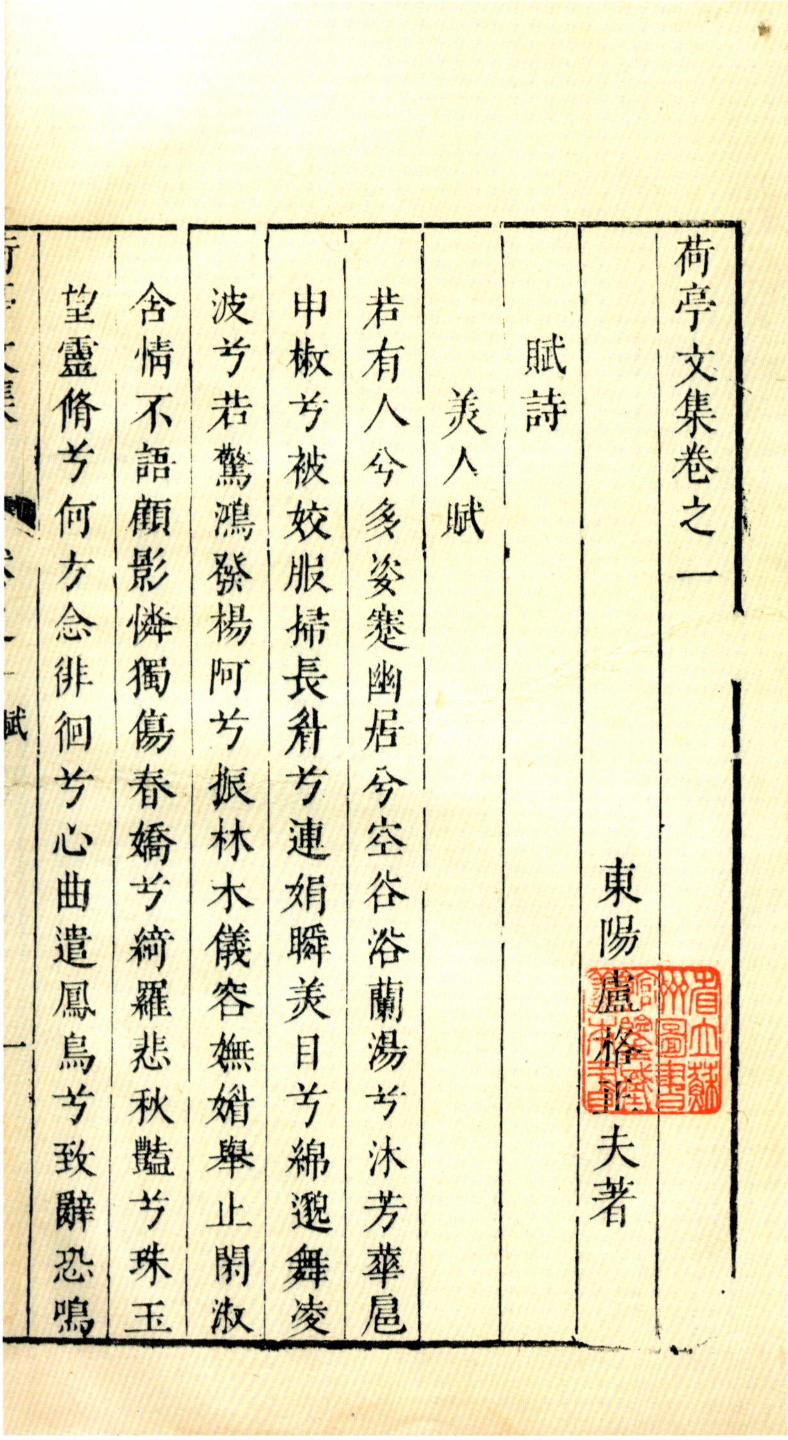
荷亭文集卷之一

東陽盧格正夫著

賦詩

美人賦

若有人兮多姿態幽居兮空谷浴蘭湯兮沐芳華扈

中椒兮被姣服掃長袖兮連娟瞬美目兮綿邈舞凌

波兮若驚鴻發楊阿兮振林木儀容嫵媚舉止閑淑

含情不語顧影憐獨傷春嬌兮綺羅悲秋豔兮珠玉

望靈脩兮何方念徘徊兮心曲遺鳳鳥兮致辭恐鳴

荷亭文集　卷之一　賦　一

荷亭文集十四卷　明盧格撰

明崇禎十二年（1639）盧迪刻本。半葉9行，行21字，白口，四周單邊，框高20.3厘米，寬14厘米。蘇州圖書館藏。國家名録號10747。

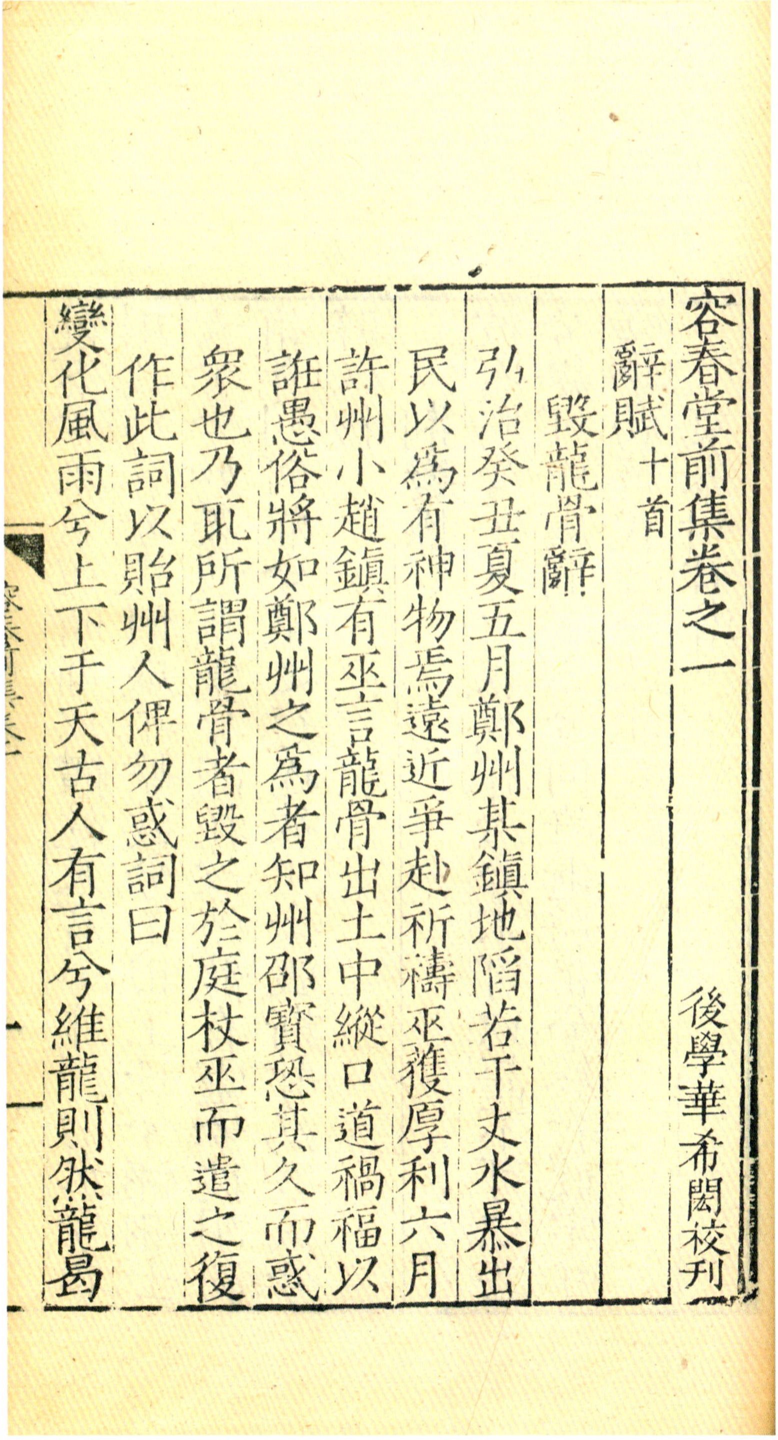
容春堂前集卷之一　　後學華希閔校刊

辭賦十首

毀龍骨辭

弘治癸丑夏五月鄭州某鎮地陷若干丈水暴出民以爲有神物焉遠近爭赴祈禱巫獲厚利六月許州小趙鎮有巫言龍骨出土中縱口道禍福以誑愚俗將如鄭州之爲者知州邵寶恐其久而惑衆也乃取所謂龍骨者毀之於庭杖巫而遣之復作此詞以貽州人俾勿惑詞曰

變化風雨兮上下于天古人有言兮維龍則然龍曷

容春堂前集二十卷後集十四卷續集十八卷别集九卷　明邵寶撰

明秦榛刻清雍正華希閔重修本。半葉10行，行20字，白口，左右雙邊，框高18.3厘米，寬14厘米。無錫市圖書館藏。國家名録號10748。

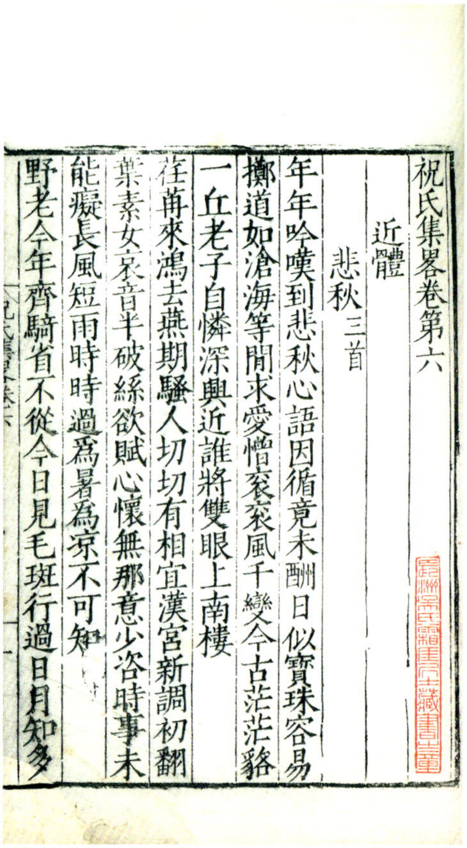

祝氏集畧卷第六

近體

悲秋三首

年年吟嘆到悲秋心語因循竟未酬日似寶珠容易擲道如滄海等閒求愛憎衮衮風千變今古茫茫駱一丘老子自憐深興近誰將雙眼上南樓

荏苒來鴻去燕期騷人切切有相宜漢宮新調初翻葉素女哀音半破絲欲賦心懷無那意少咨時事未能凝長風短雨時時過爲暑爲凉不可知

野老今年齊騎省不從今日見毛斑行過日月知多

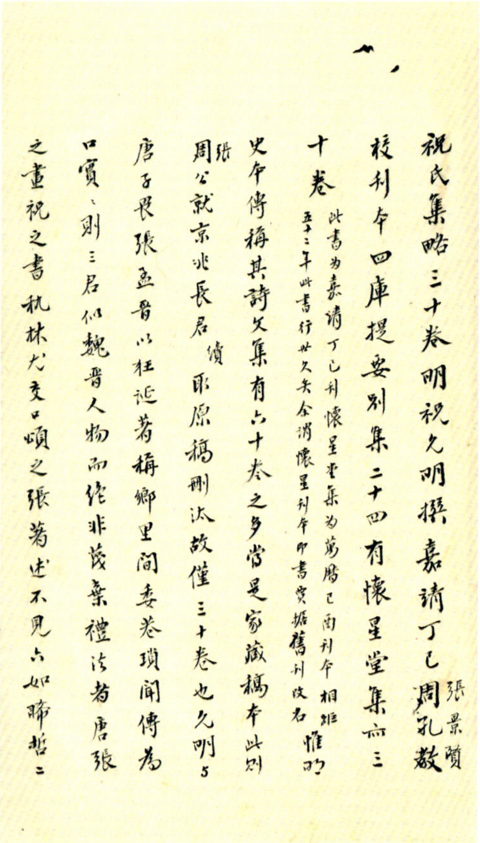

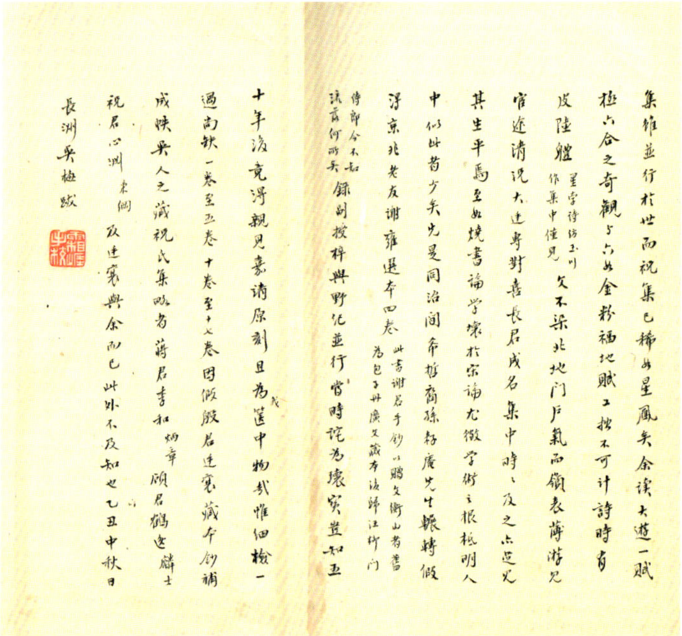

祝氏集略三十卷　明祝允明撰

明嘉靖三十六年（1557）張景賢刻本（卷一至五、十至十七配抄本）。吴梅跋。半葉10行，行20字，小字雙行，字數同。白口，左右雙邊，框高19厘米，寬14厘米。蘇州大學圖書館藏。國家名録號10755。

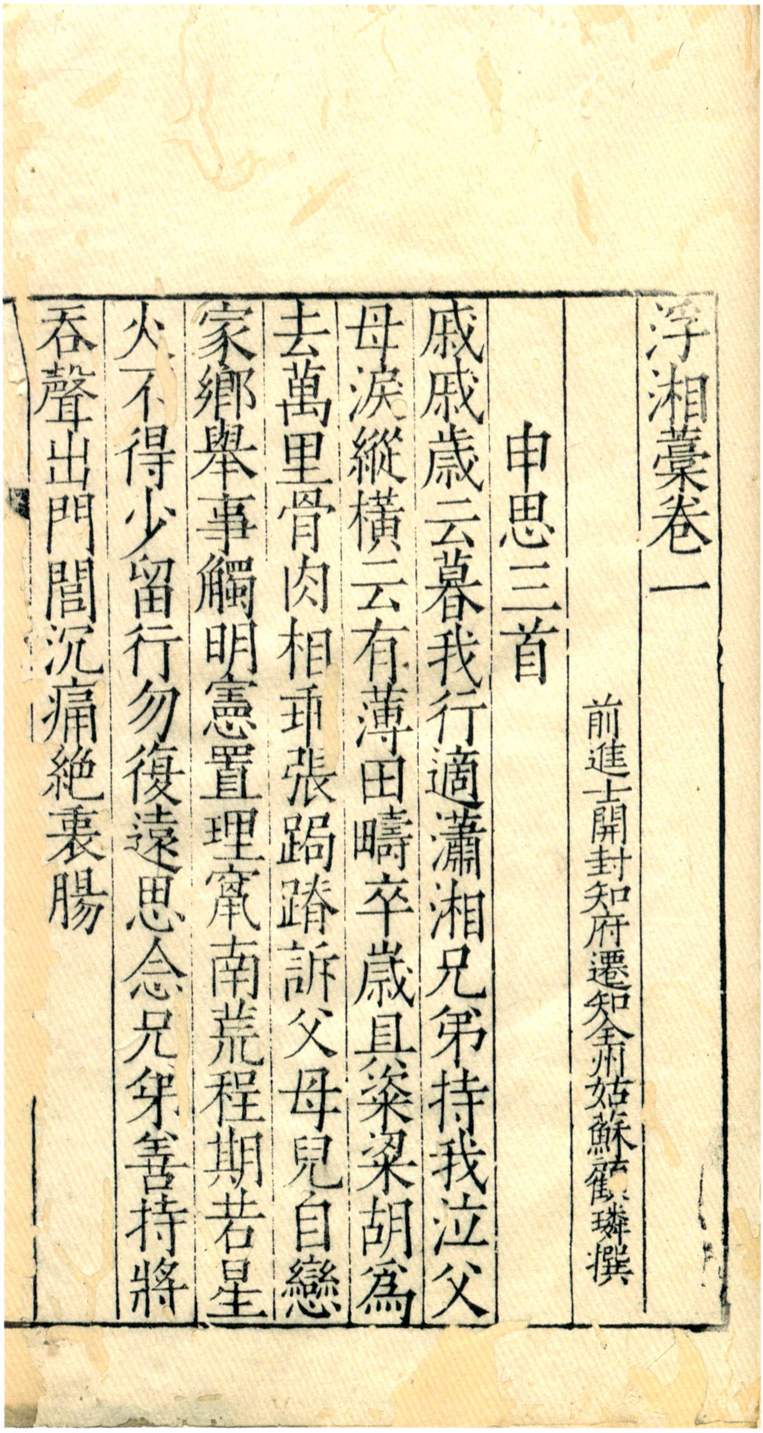

浮湘藁四卷山中集四卷憑几集五卷續集二卷息園存稿十四卷又九卷緩慟集一卷國寶新編一卷近言一卷　明顧璘撰

明嘉靖吴郡沈氏繁露堂刻本。半葉9行，行16字，白口，四周單邊，框高18.2厘米，寬13.1厘米。無錫市圖書館藏。國家名録號10760。

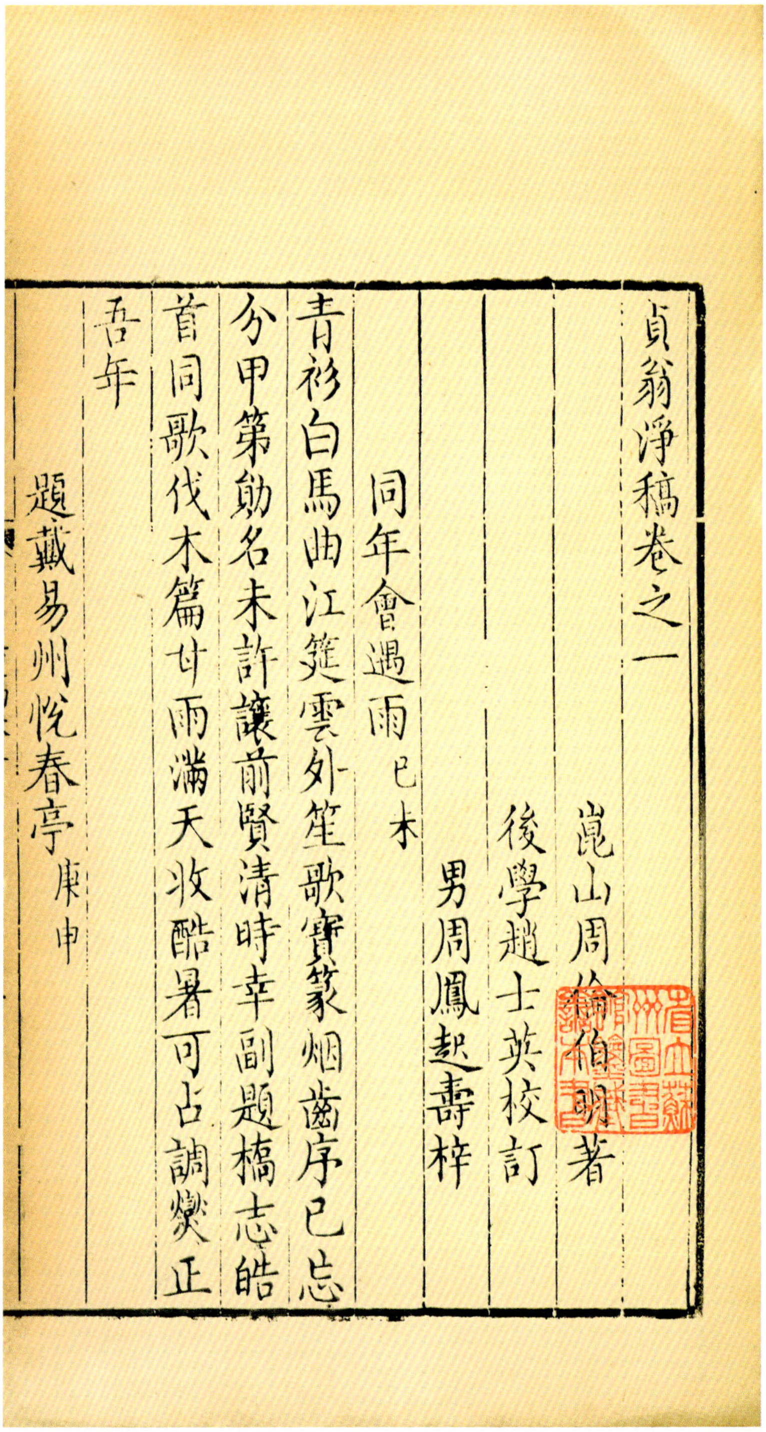
貞翁淨稿卷之一
崑山周倫伯明著
後學趙士英校訂
男周鳳起壽梓

同年會遇雨 己未
青衫白馬曲江筵雲外笙歌寶篆烟齒序已忘
分甲第勛名未許讓前賢清時幸副題橋志皓
首同歌伐木篇甘雨滿天妝酷暑可占調燮正
吾年
題藏易州悅春亭 庚申

貞翁淨稿十二卷　明周倫撰　附録一卷

明嘉靖三十七年（1558）周鳳起刻本。半葉10行，行18字，白口，左右雙邊，框高18.6厘米，寬13.2厘米。蘇州圖書館藏。國家名録號10764。

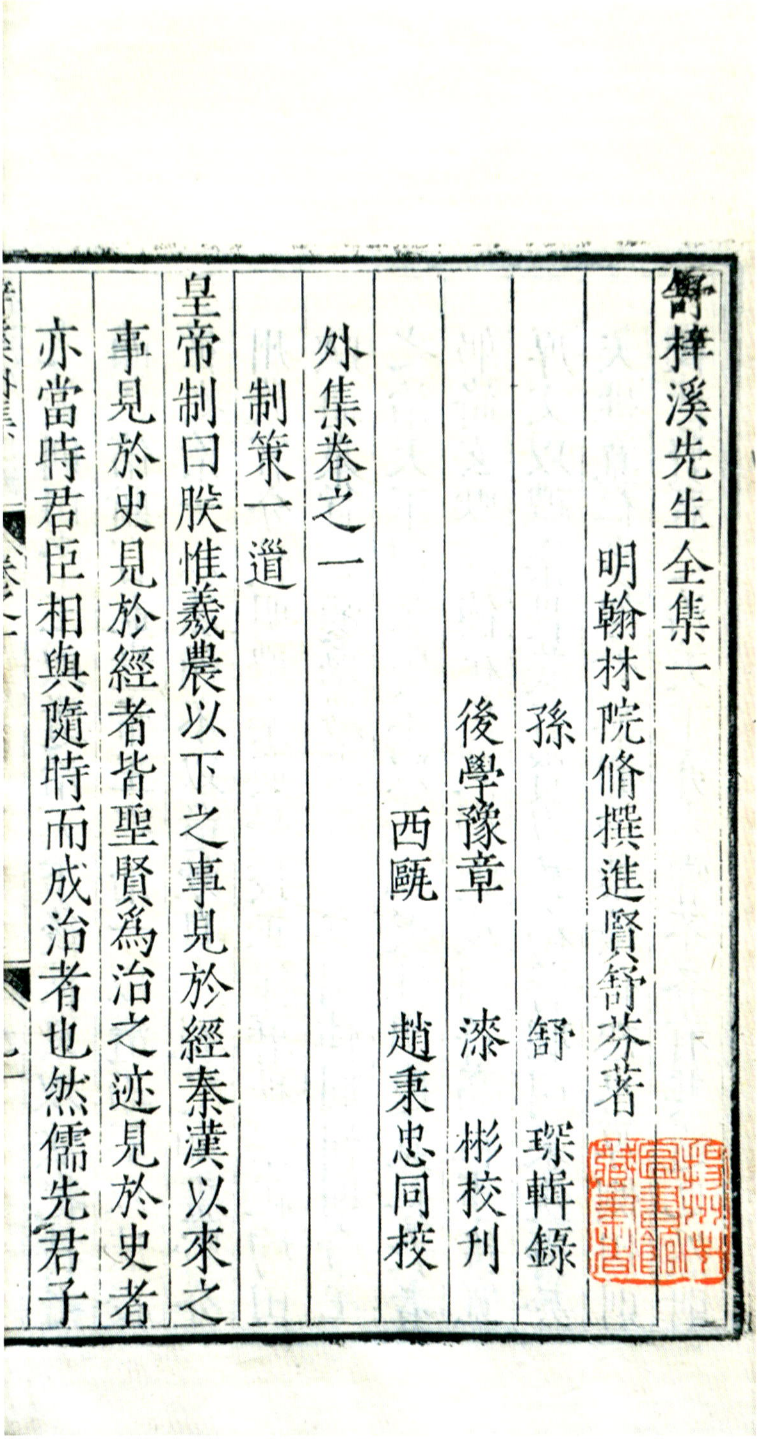
舒梓溪先生全集一

明翰林院脩撰進賢舒芬著

孫　舒　瑔輯録

後學豫章　漆　彬校刊

西甌　趙秉忠同校

外集卷之一

制策一道

皇帝制曰朕惟羲農以下之事見於經秦漢以來之事見於史見於經者皆聖賢爲治之迹見於史者亦當時君臣相與隨時而成治者也然儒先君子

舒梓溪先生全集二十卷　明舒芬撰

明萬曆四年（1576）漆彬刻本。半葉10行，行20字，白口，四周雙邊，框高20.3厘米，寬13.7厘米。揚州市圖書館藏。國家名録號10783。

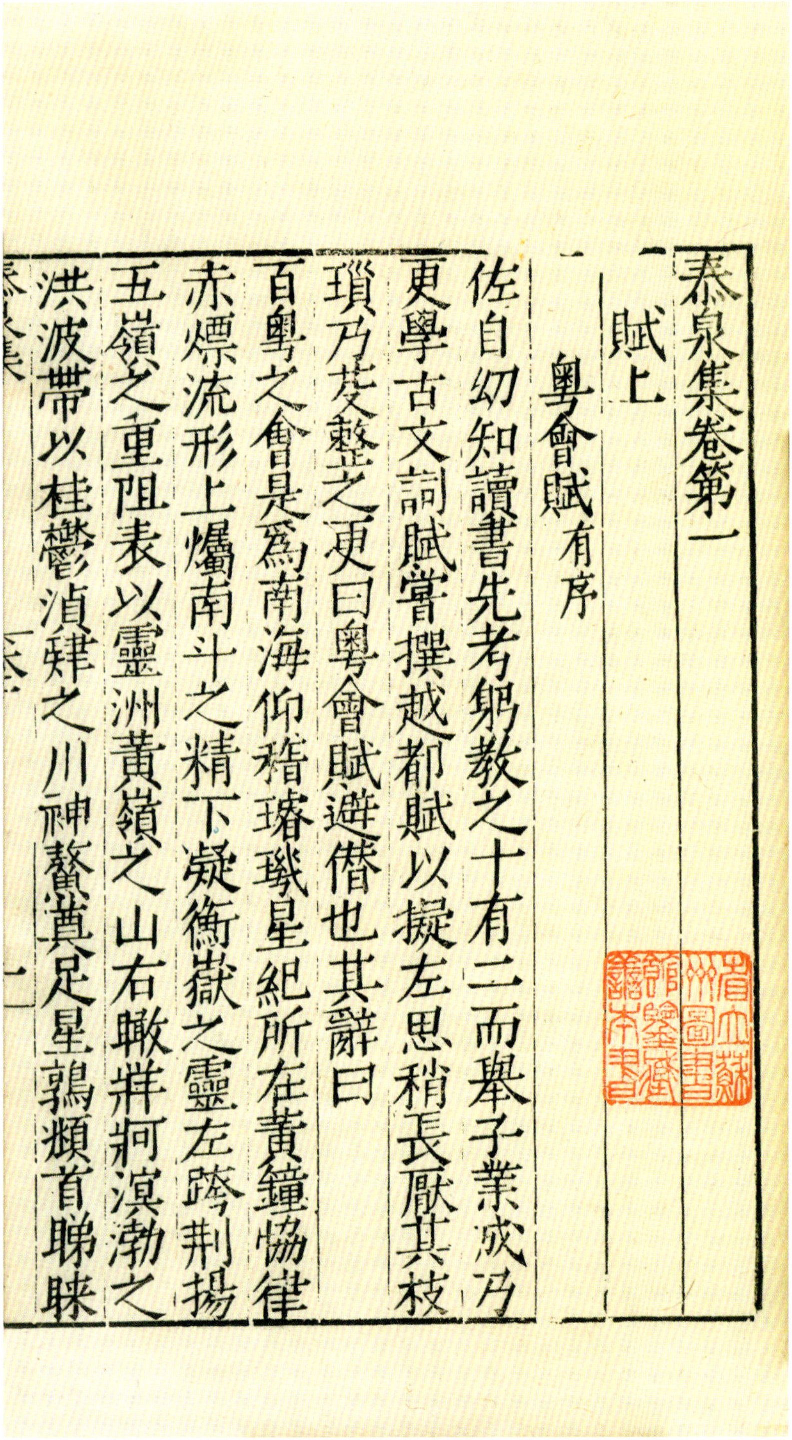

泰泉集卷第一

賦上

粤會賦有序

佐自幼知讀書先考躬教之十有二而舉子業成乃更學古文詞賦嘗撰越都賦以擬左思稍長厭其枝瑣乃芟整之更曰粤會賦避僭也其辭曰

百粤之會是爲南海仰稽璿璣星紀所在黄鐘協律赤熛流形上爛南斗之精下凝衡嶽之靈左跨荆揚五嶺之重阻表以靈洲黄嶺之山右瞰牂牁溟渤之洪波帶以桂鬱湞肄之川神鰲冀足星鶉頫首聯睞

泰泉集　卷一　一

泰泉集六十卷　明黄佐撰

明萬曆元年（1573）黄在中、黄在素等刻本。半葉10行，行20字，白口，四周單邊，框高18.5厘米，寬13.4厘米。蘇州圖書館藏。國家名録號10786。

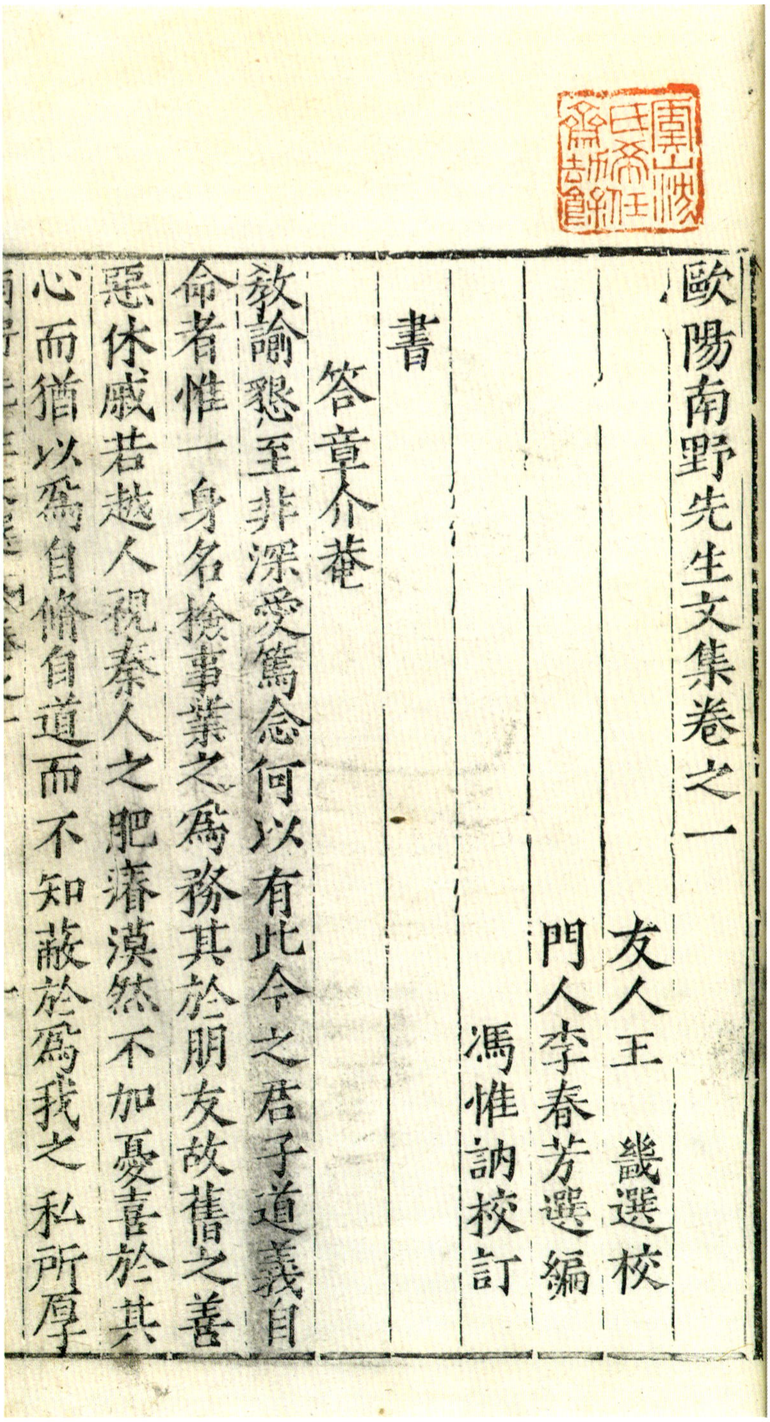

歐陽南野先生文選四卷 明歐陽德撰 明王畿、李春芳輯

明嘉靖刻本。半葉10行，行20字，白口，左右雙邊，框高20.2厘米，寬14.3厘米。無錫市圖書館藏。國家名録號10789。

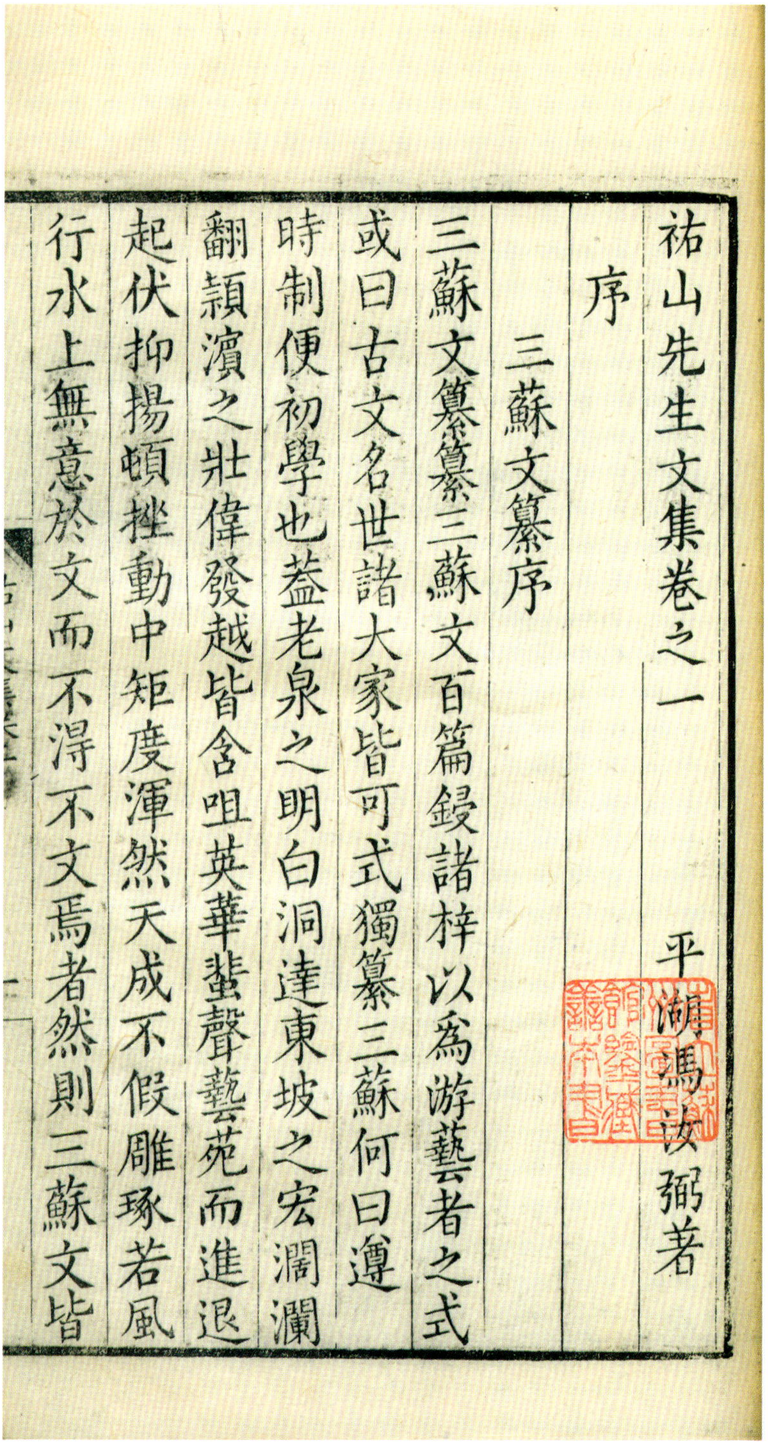
祐山先生文集卷之一　　平湖馮汝弼著

序

三蘇文纂序

三蘇文纂纂三蘇文百篇鋟諸梓以為游藝者之式或曰古文名世諸大家皆可式獨纂三蘇何曰遵時制便初學也葢老泉之明白洞達東坡之宏瀾翻潁濵之壯偉發越皆含咀英華蜚聲藝苑而進退起伏抑揚頓挫動中矩度渾然天成不假雕琢若風行水上無意於文而不淂不文焉者然則三蘇文皆

祐山先生文集十卷　明馮汝弼撰

明刻本。半葉9行，行20字，黑口，左右雙邊，框高18.9厘米，寬12.4厘米。蘇州圖書館藏。國家名録號10794。

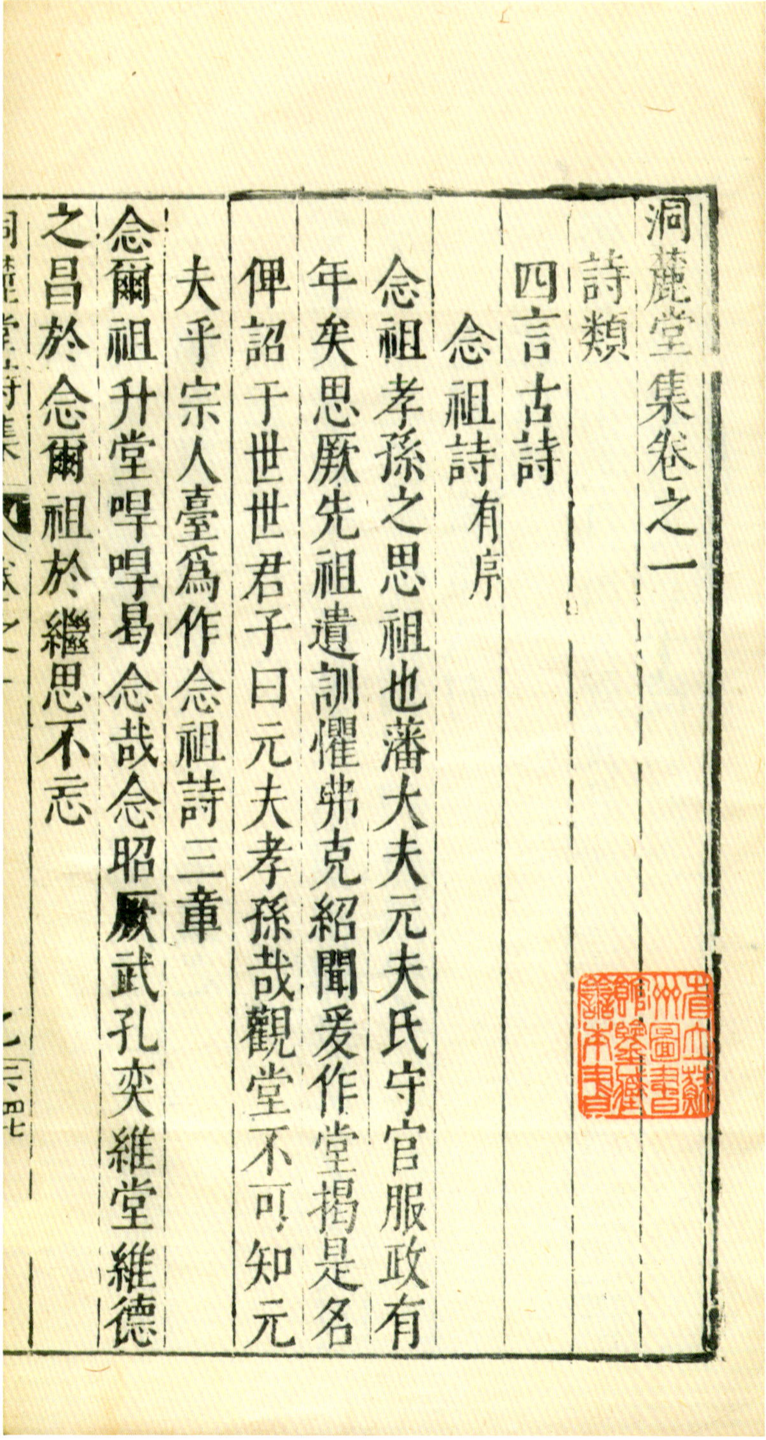

洞麓堂集三十八卷　明尹臺撰

明萬曆三十五年（1607）黄承玄刻本。半葉10行，行20字，小字雙行，字數同。白口，左右雙邊，框高21.1厘米，寬13.7厘米。蘇州圖書館藏。國家名録號10796。

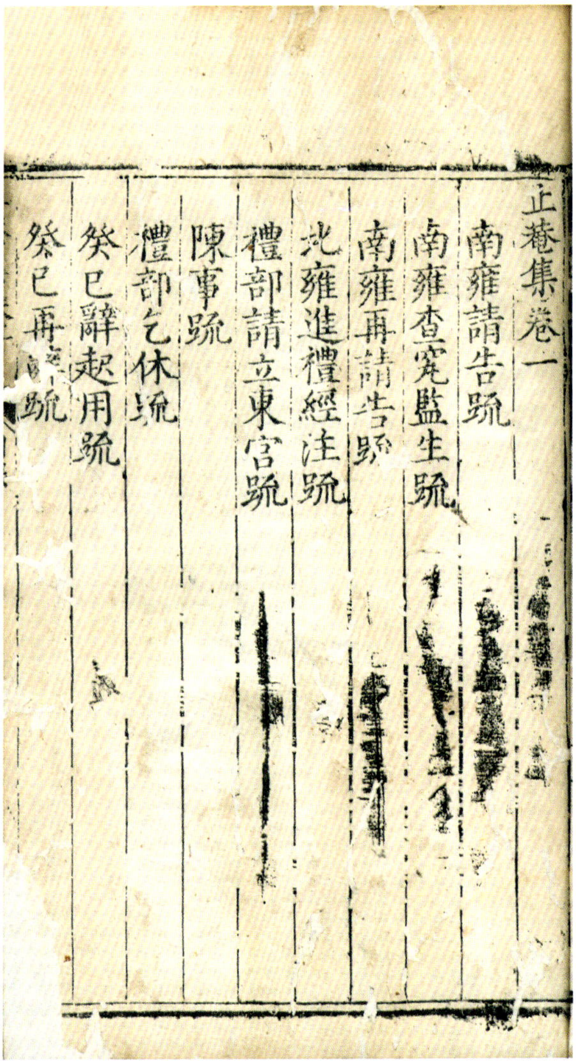

止菴集卷一
南雍請告疏
南雍查究監生疏
南雍再請告疏
北雍進禮經注疏
禮部請立東宮疏
陳事疏
禮部乞休疏
癸巳辭起用疏
癸巳再辭疏

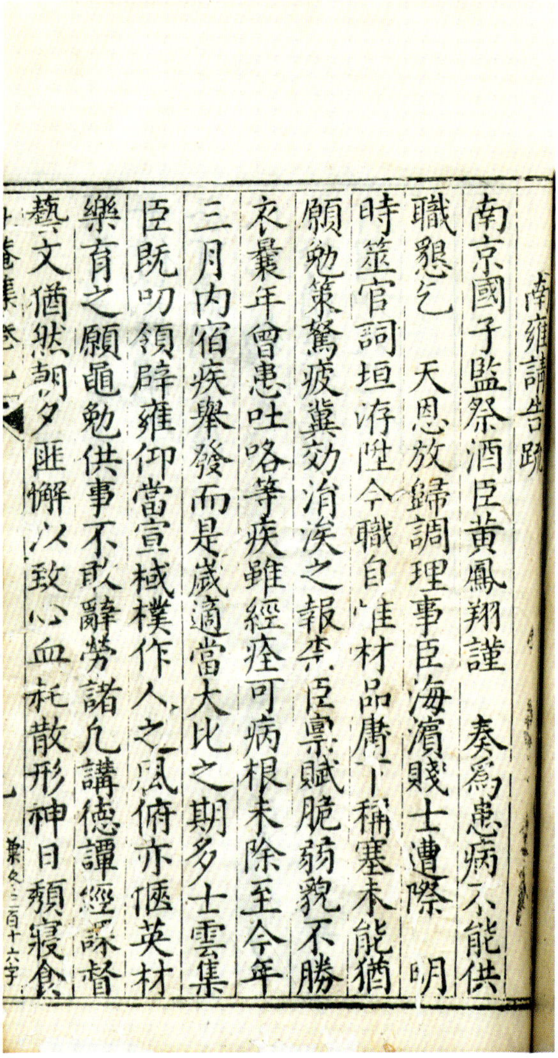

南雍請告疏
南京國子監祭酒臣黃鳳翔謹 奏為患病不能供
職懇乞 天恩放歸調理事臣海濱賤士遭際 明
時筮官詞垣洊陞今職自惟材品庸下稱塞未能猶
願勉策駑疲冀効涓埃之報柰臣禀賦脆弱貌不勝
衣曩年曾患吐咯等疾雖經痊可病根未除至今年
三月內宿疾舉發而是歲適當大比之期多士雲集
臣既叨領辟雍仰當宣棫樸作人之風俯亦愜英材
樂育之願黽勉供事不敢辭勞諸凡講德譚經課督
藝文猶然朝夕匪懈以致心血耗散形神日頹寢食

止菴集二十卷　明黃鳳翔撰

明萬曆三十九年（1611）刻本。半葉10行，行20字，白口，四周雙邊，框高13.9厘米，寬19.1厘米。蘇州圖書館藏。國家名録號10815。

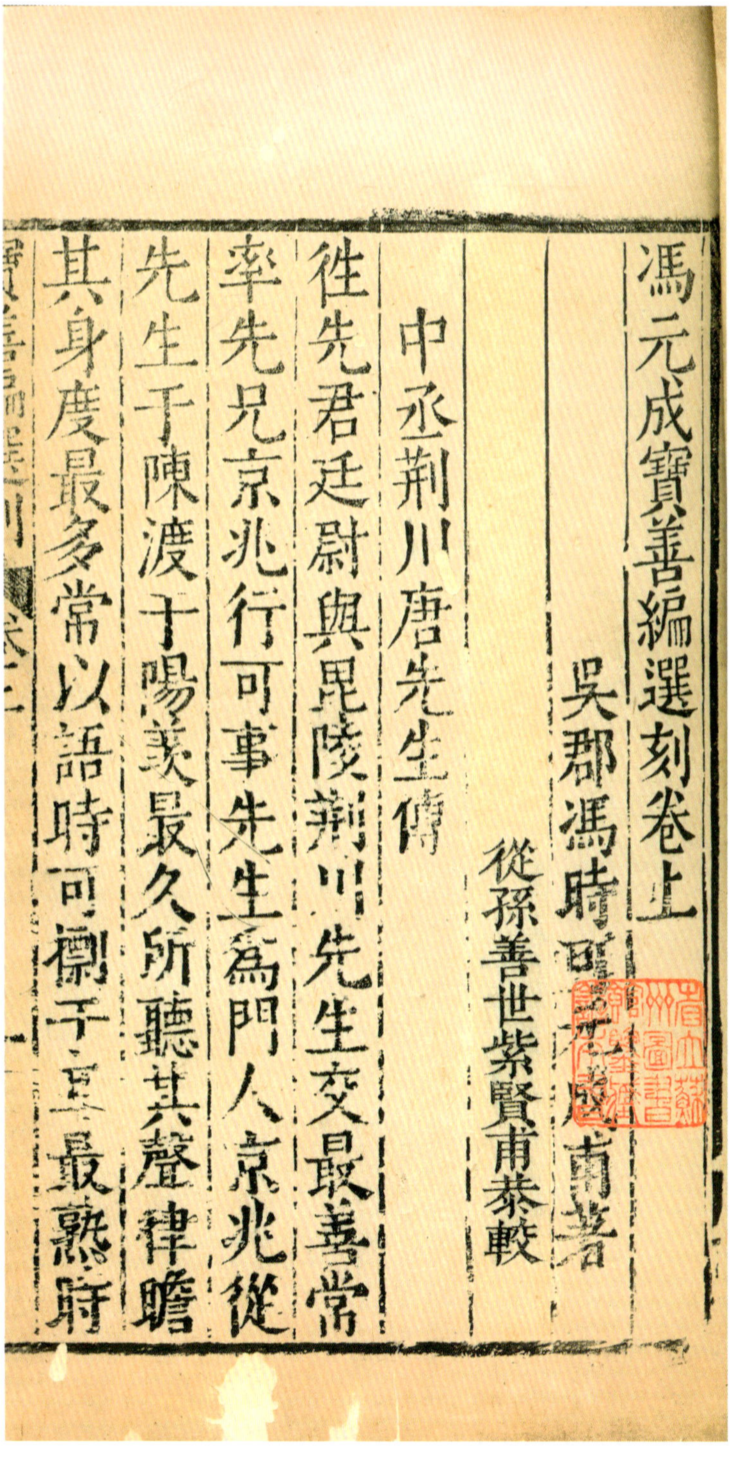

馮元成寶善編選刻二卷　明馮時可撰

明承訓堂刻本。半葉8行，行16字，白口，左右雙邊，框高20.2厘米，寬13.5厘米。蘇州圖書館藏。國家名録號10818。

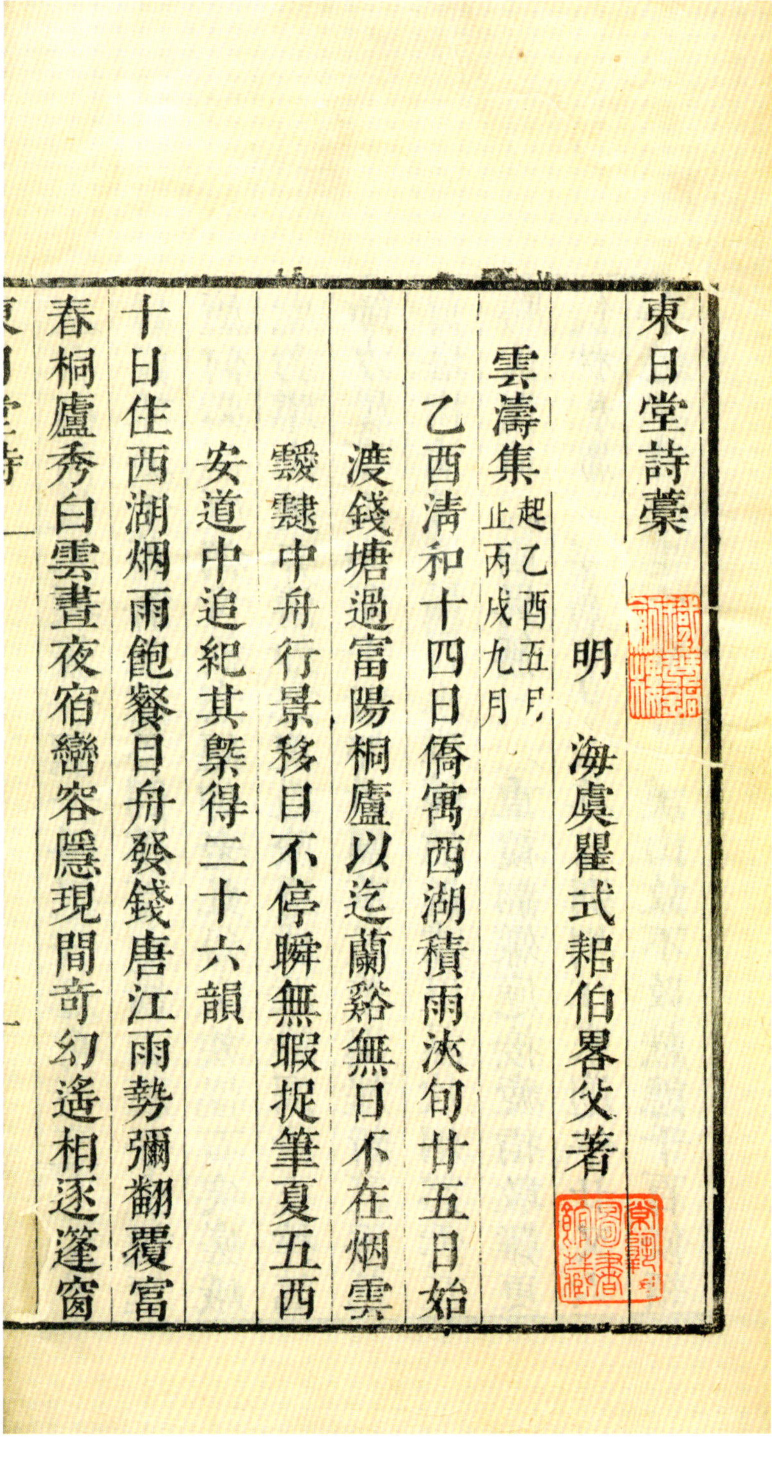
東日堂詩藁

明　海虞瞿式耜伯畧父著

雲濤集 起乙酉五月止丙戌九月

乙酉清和十四日僑寓西湖積雨浹旬廿五日始渡錢塘過富陽桐廬以迄蘭谿無日不在烟雲靉靆中舟行景移目不停瞬無暇捉筆夏五西安道中追紀其槩得二十六韻

十日住西湖烟雨飽餐目舟發錢唐江雨勢彌翻覆富春桐廬秀白雲晝夜宿巒容隱現間奇幻遙相逐蓬窗

東日堂詩　一

東日堂詩藁一卷　明瞿式耜撰

清初東日堂刻本。半葉9行，行21字，小字雙行，字數同。白口，左右雙邊，框高16.4厘米，寬13.8厘米。江蘇省常熟市圖書館藏。國家名録號10827。

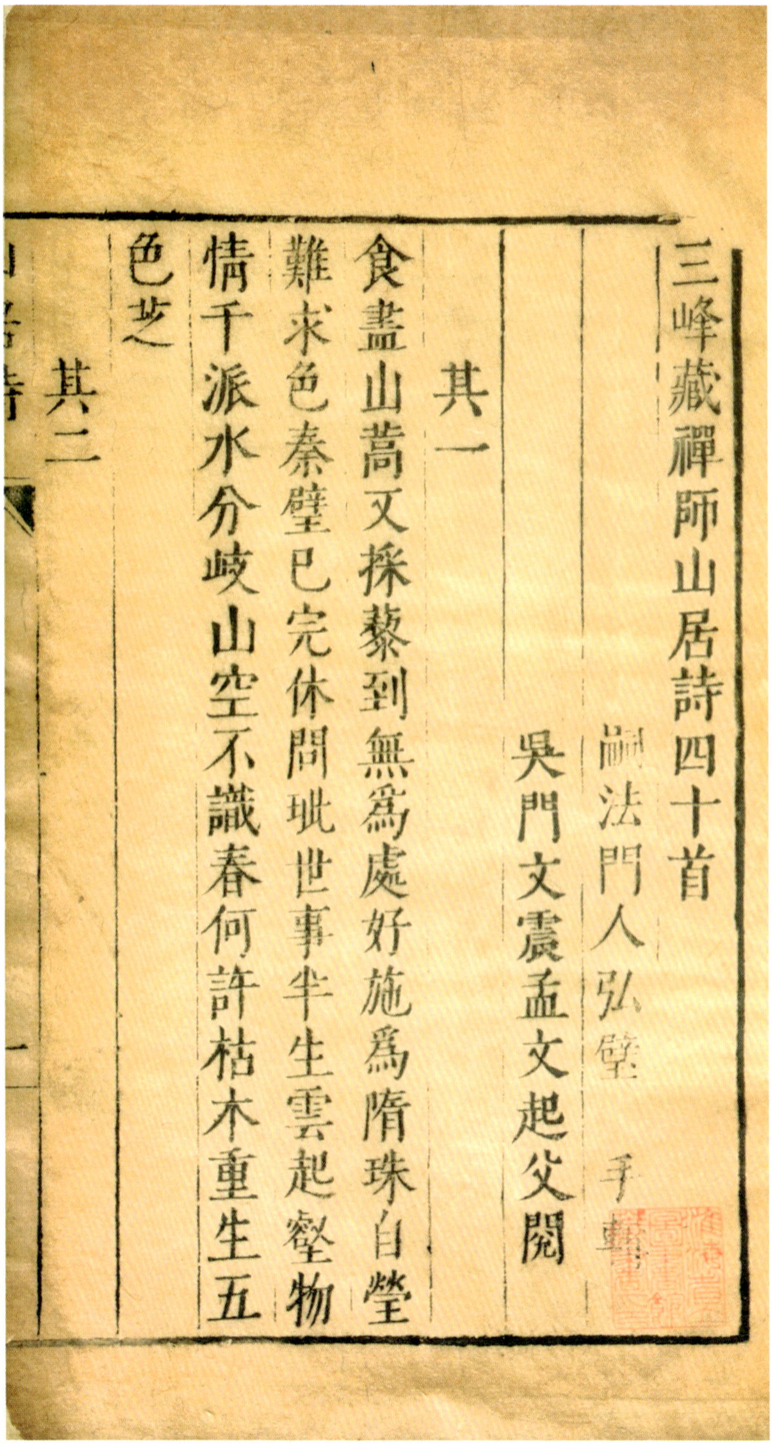

三峰藏禪師山居詩一卷三峰三十景詩一卷　明釋法藏撰

明萬曆刻本。半葉9行，行18字，白口，四周單邊，框高20.8厘米，寬14.3厘米。徐州市圖書館藏。國家名録號10830。

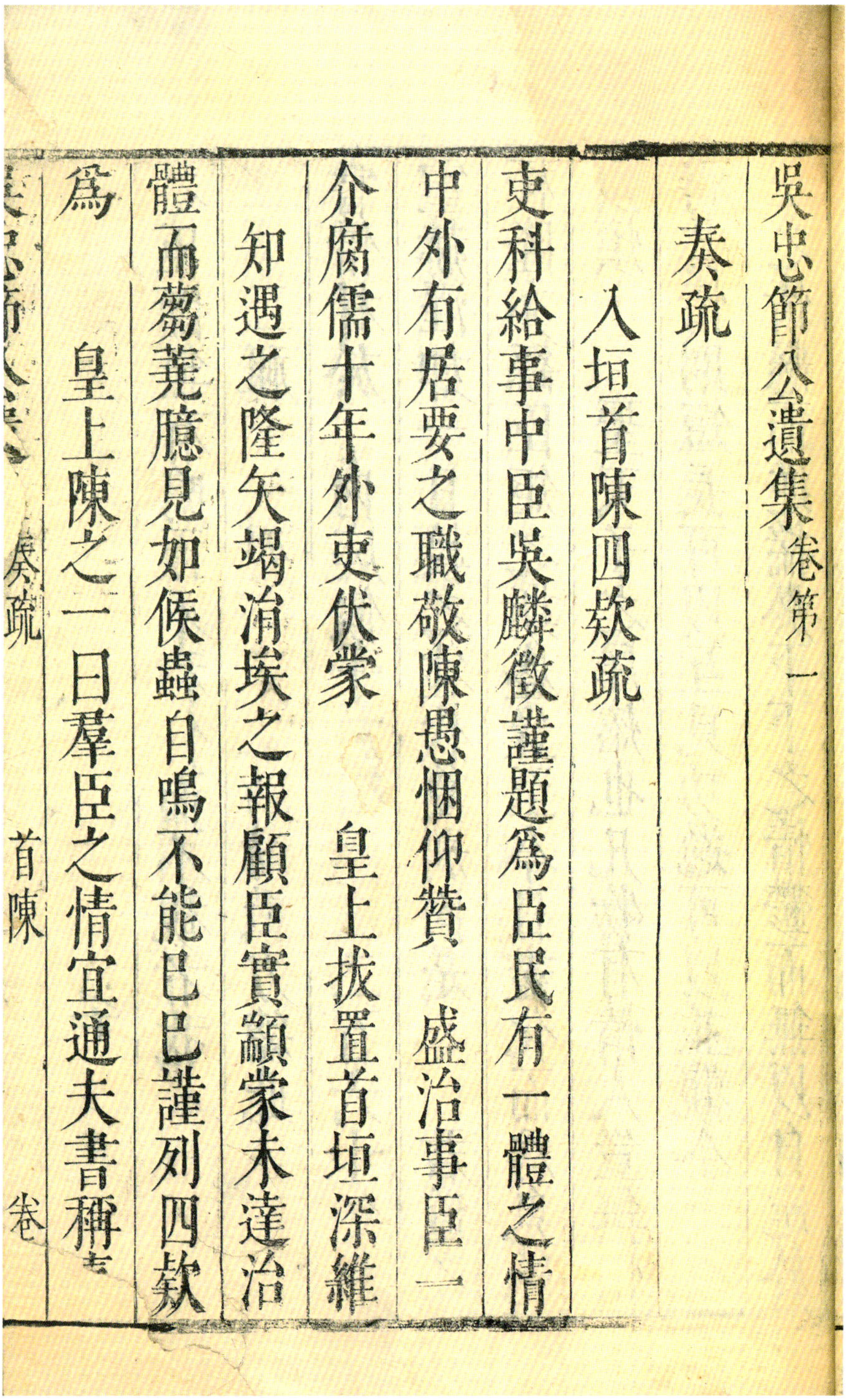
吳忠節公遺集卷第一

奏疏

入垣首陳四欵疏

吏科給事中臣吳麟徵謹題爲臣民有一體之情中外有居要之職敬陳愚悃仰贊　盛治事臣一介腐儒十年外吏伏蒙　皇上拔置首垣深維知遇之隆矢竭涓埃之報顧臣實顓蒙未達治體而芻蕘臆見如候蟲自鳴不能已已謹列四欵爲　皇上陳之一曰羣臣之情宜通夫書稱

吳忠節公遺集四卷　明吳麟徵撰　年譜一卷　清吳蕃昌撰

南明弘光刻本。半葉9行，行19字，白口，左右雙邊，框高19.3厘米，寬14.1厘米。無錫市圖書館藏。國家名録號10836。

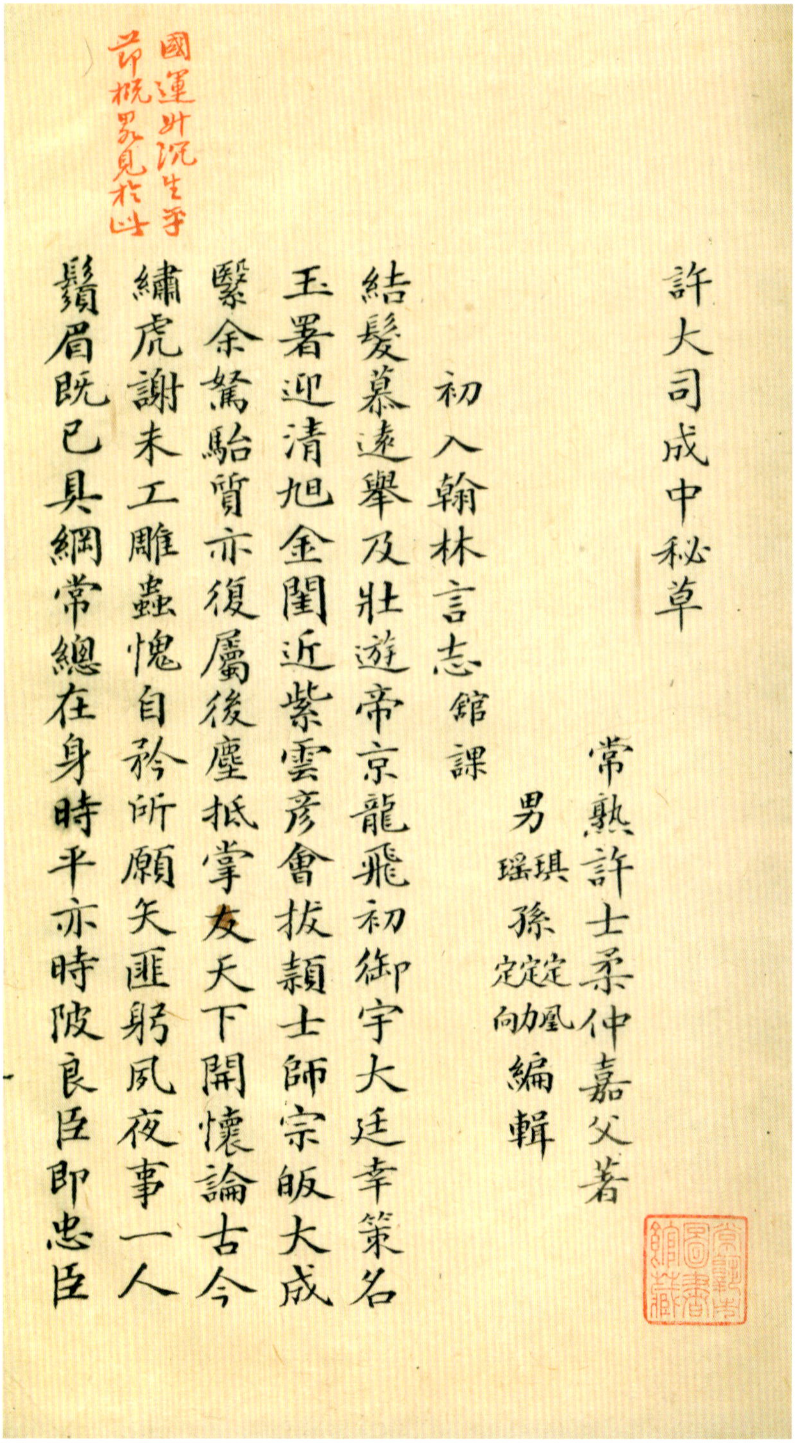
許大司成中秘草
常熟許士柔仲嘉父著
男琪瑤 孫定風定力定向 編輯
初入翰林言志 館課
結髮慕遠舉及壯遊帝京龍飛初御宇大廷幸策名
玉署迎清旭金閨近紫雲彦會拔類士師宗皈大成
繄余駑駘質亦復屬後塵抵掌友天下開懷論古今
繡虎謝未工雕蟲愧自矜所願矢匪躬夙夜事一人
鬚眉既已具綱常總在身時平亦時陂良臣即忠臣
國運此沉生平節概畧見於此
常熟市圖書館藏

許大司成遺集四卷　明許士柔撰

清抄本。半葉9行，行20字，小字雙行，字數同。江蘇省常熟市圖書館藏。國家名録號10837。

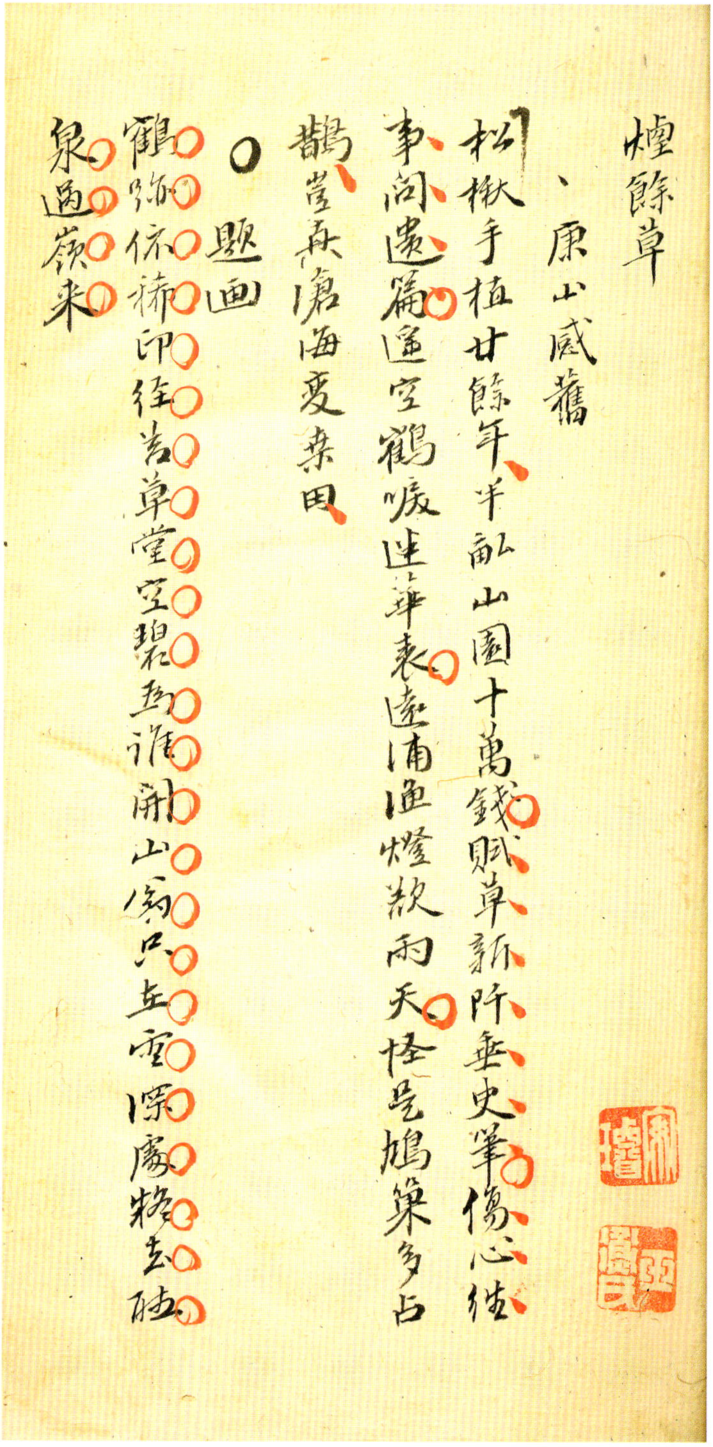
煙餘草
、康山感舊
松楸手植廿餘年、半畝山園十萬錢、賦草新阡垂史筆、傷心往
事問遺篇。遥空鶴唳迷華表、遠浦漁燈欺雨天。怪是鳩巢多占
鵲、豈無滄海變桑田。
〇題画
鶴跡依稀印徑苔、草堂空碧為誰開。山窗只在雲深處、將去陸
泉過嶺來

煙餘草一卷　明安廣譽撰

清安璿抄本。半葉8行，行24字。無錫市圖書館藏。國家名録號10841。

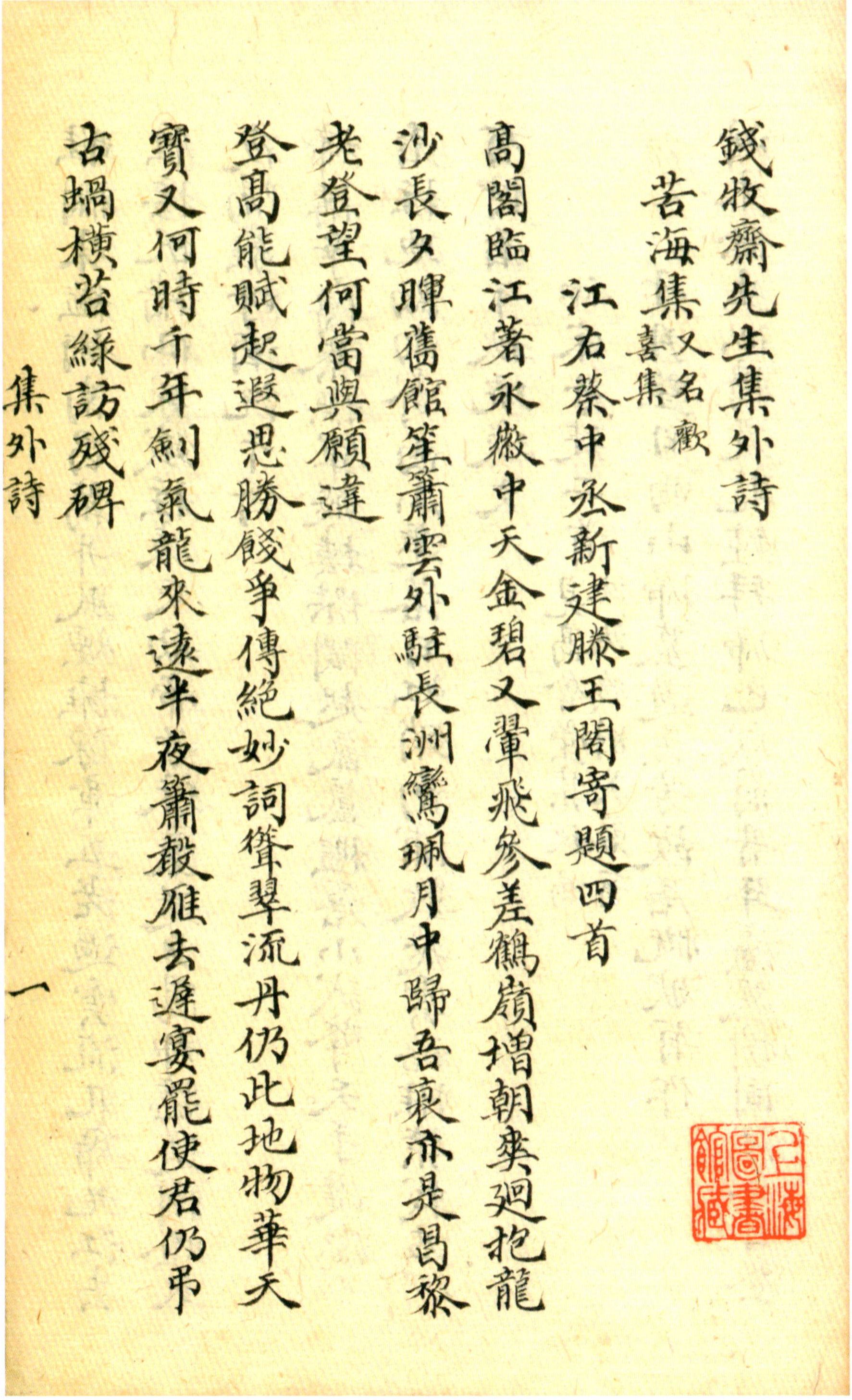
錢牧齋先生集外詩
苦海集又名歡喜集
江右蔡中丞新建滕王閣寄題四首
高閣臨江著永徽中天金碧又翬飛參差鶴嶺增朝奐迴抱龍
沙長夕暉舊館笙簫雲外駐長洲鸞珮月中歸吾衰亦是昌黎
老登望何當與願違
登高能賦起遐思勝餞爭傳絕妙詞聳翠流丹仍此地物華天
寶又何時千年劍氣龍來遠半夜簫鼓雁去遲宴罷使君仍弔
古蝸橫苔綠訪殘碑
集外詩　一

錢牧齋先生集外詩一卷文集補遺三卷　清錢謙益撰
清抄本。半葉9行，行24字，小字雙行，字數同。江蘇省常熟市圖書館藏。國家名録號10843。

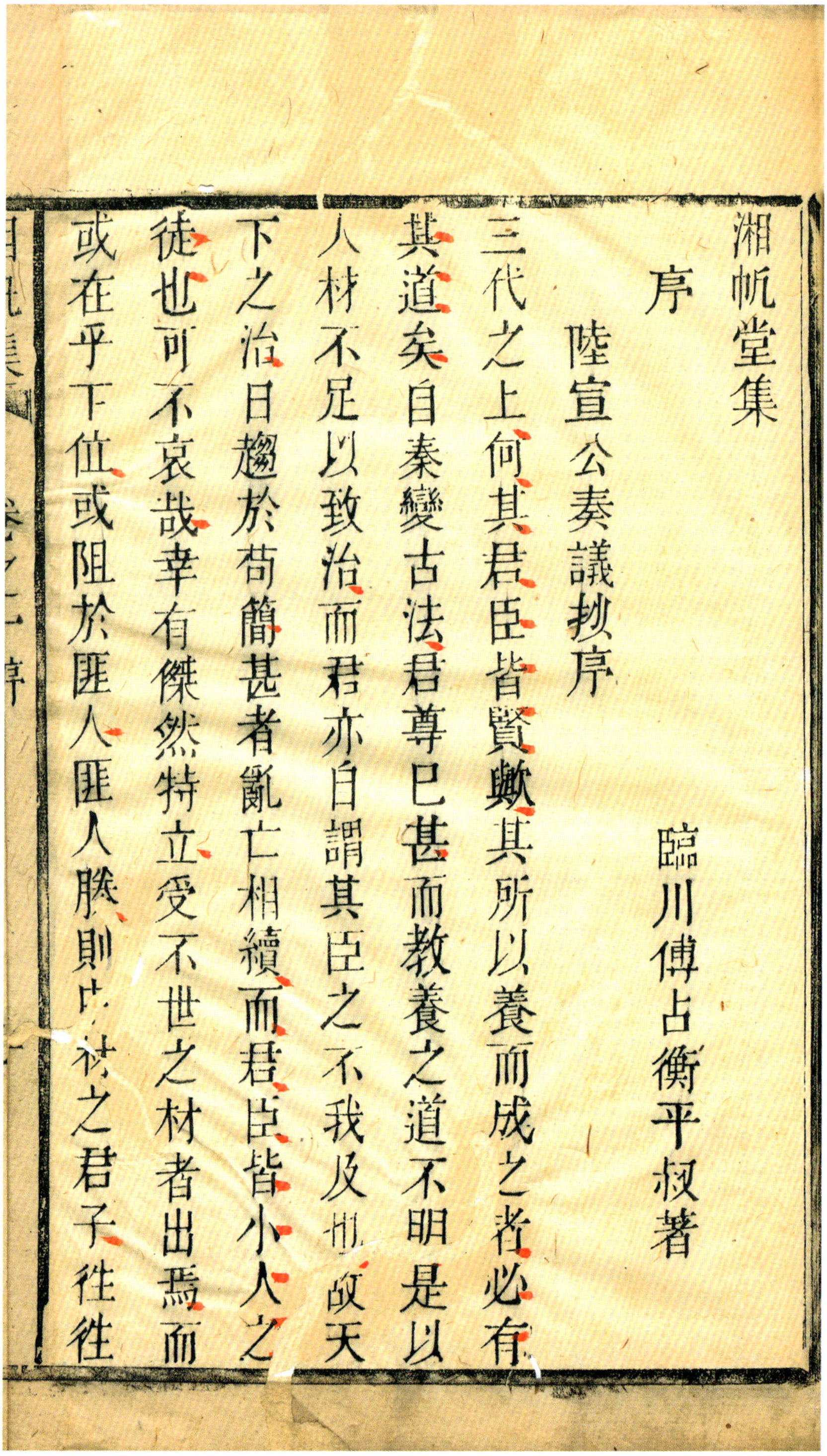

湘帆堂集

序　　　　臨川傅占衡平叔著

陸宣公奏議抄序

三代之上何其君臣皆賢歟其所以養而成之者必有其道矣自秦變古法君尊巳甚而教養之道不明是以人材不足以致治而君亦自謂其臣之不我及也故天下之治日趨於苟簡甚者亂亡相續而君臣皆小人之徒也可不哀哉幸有傑然特立受不世之材者出焉而或在乎下位或阻於匪人匪人勝則此材之君子往往

湘帆堂集二十六卷　清傅占衡撰

清康熙六十一年（1722）青峰書屋活字印本。半葉9行，行21字，白口，左右雙邊，框高20.4厘米，寬14.3厘米。無錫市圖書館藏。國家名録號10845。

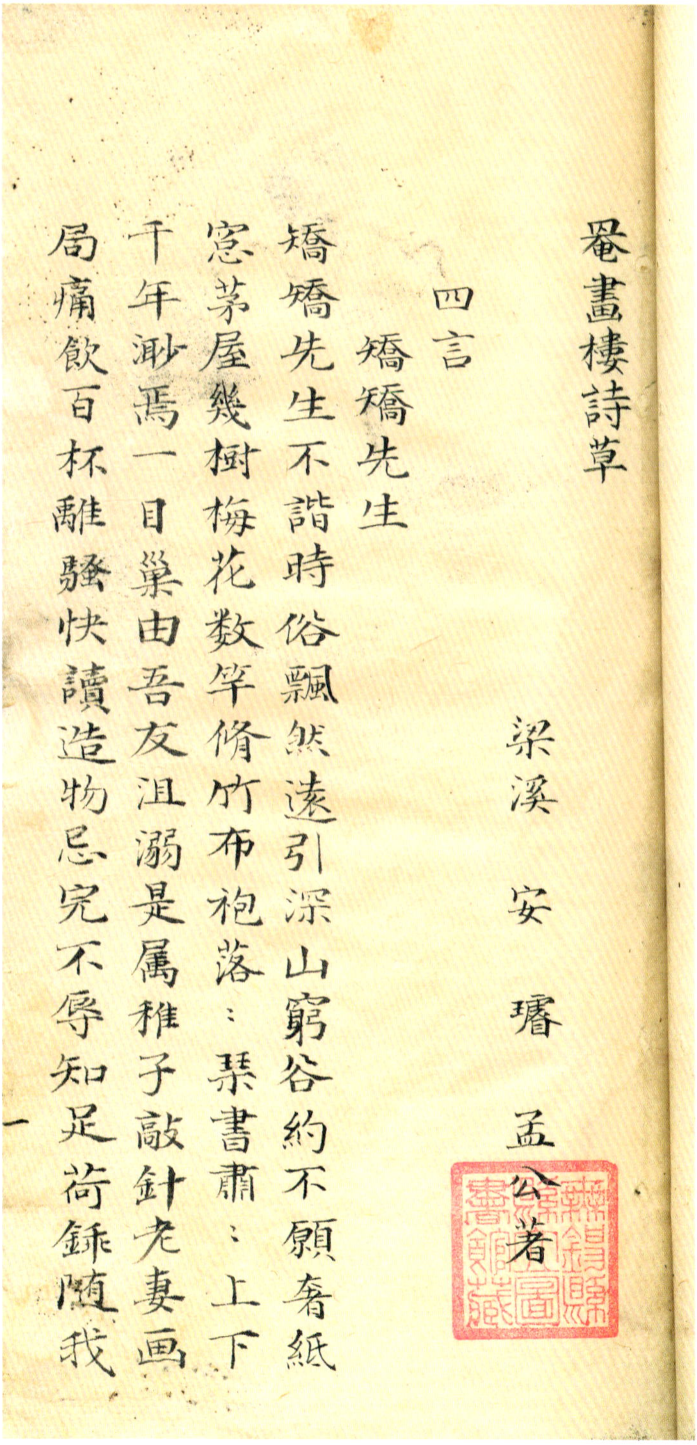
罨畫樓詩草

梁溪　安璿　孟公著

四言

矯矯先生

矯矯先生不諧時俗飄然遠引深山窮谷約不顧奢紙窓茅屋幾樹梅花數竿脩竹布袍落落琹書肅肅上下千年渺焉一目巢由吾友沮溺是屬稚子敲針老妻畫局痛飲百杯離騷快讀造物忌完不停知足荷鍤隨我

一

罨畫樓詩草五卷集韓一卷詩餘一卷　清安璿撰

稿本。半葉8行，行21字。無錫市圖書館藏。國家名録號10846。

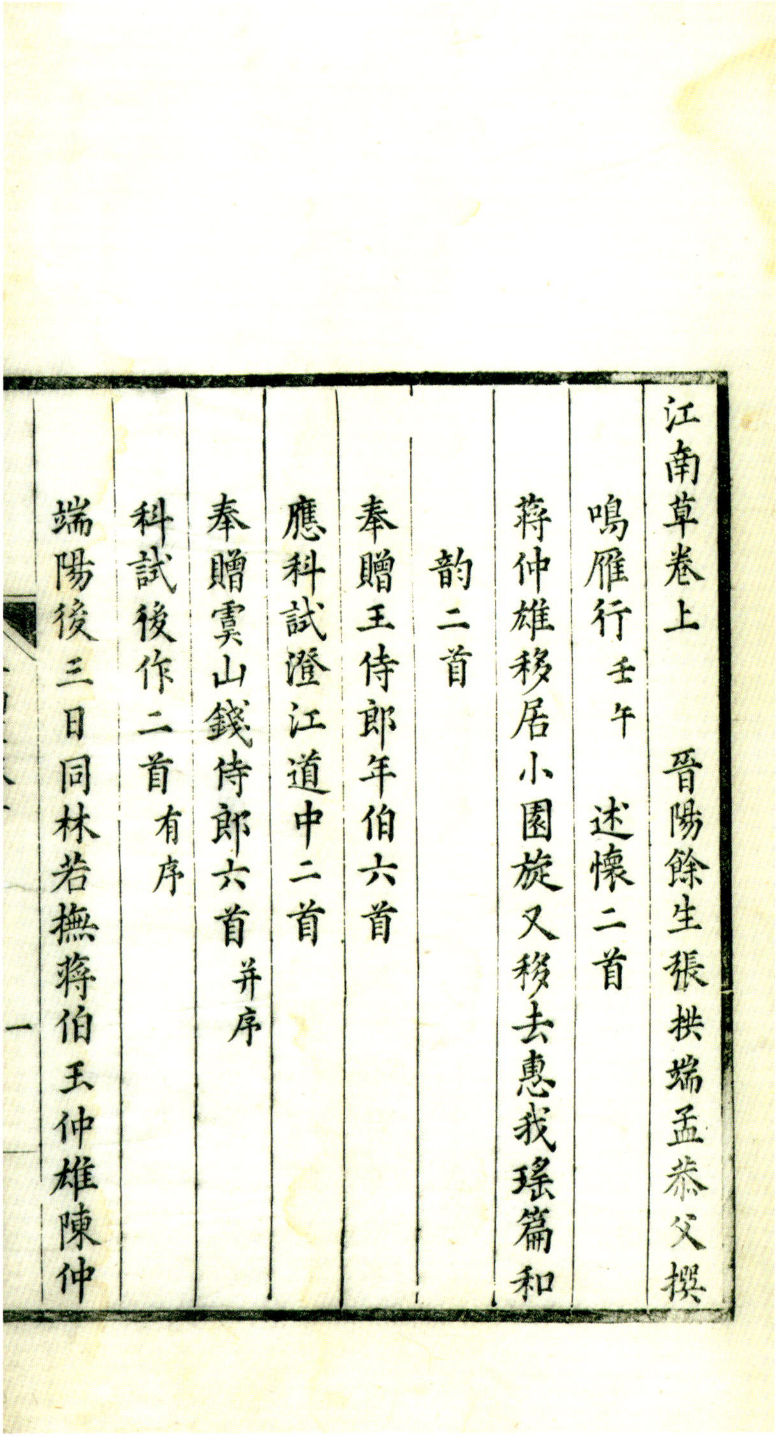

江南草卷上　晉陽餘生張拱端孟恭父撰

鳴雁行壬午　述懷二首

蔣仲雄移居小園旋又移去惠我瑤篇和
韵二首

奉贈王侍郎年伯六首

應科試澄江道中二首

奉贈雲山錢侍郎六首并序

科試後作二首有序

端陽後三日同林若撫蔣伯玉仲雄陳仲

江南草三卷　張拱端撰

半葉9行，行18字，黑口，四周單邊，框高15.7厘米，寬13.1厘米。蘇州圖書館藏。國家名録號10848。

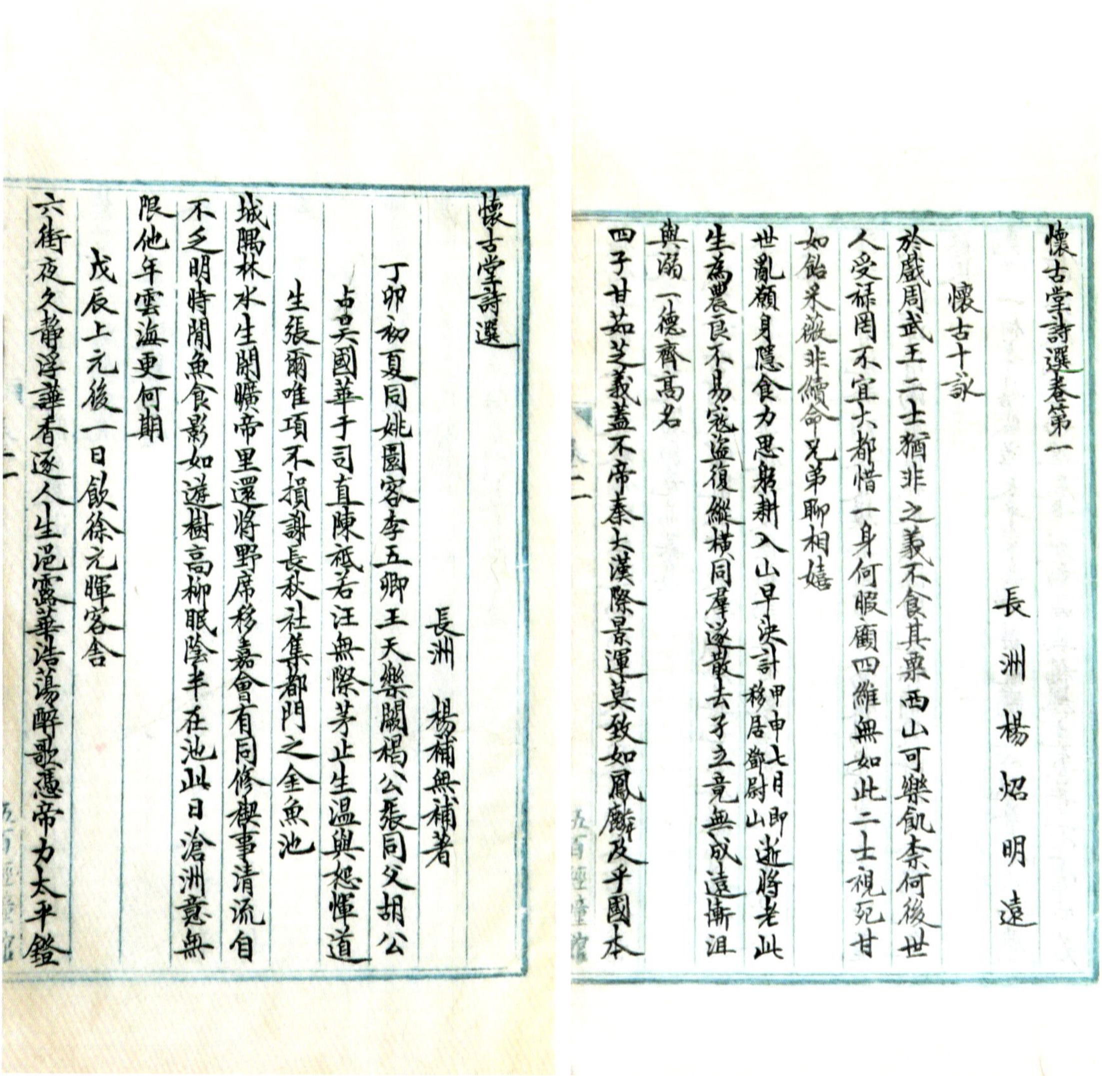

懷古堂詩選十二卷　清楊炤撰　懷古堂詩選二卷游黄山記一卷　清楊補撰

清葉昌熾五百經幢館抄本。半葉10行，行24字，小字雙行，字數同，白口，四周雙邊，框高18.9厘米，寬13.1厘米。蘇州博物館藏。國家名録號10849。

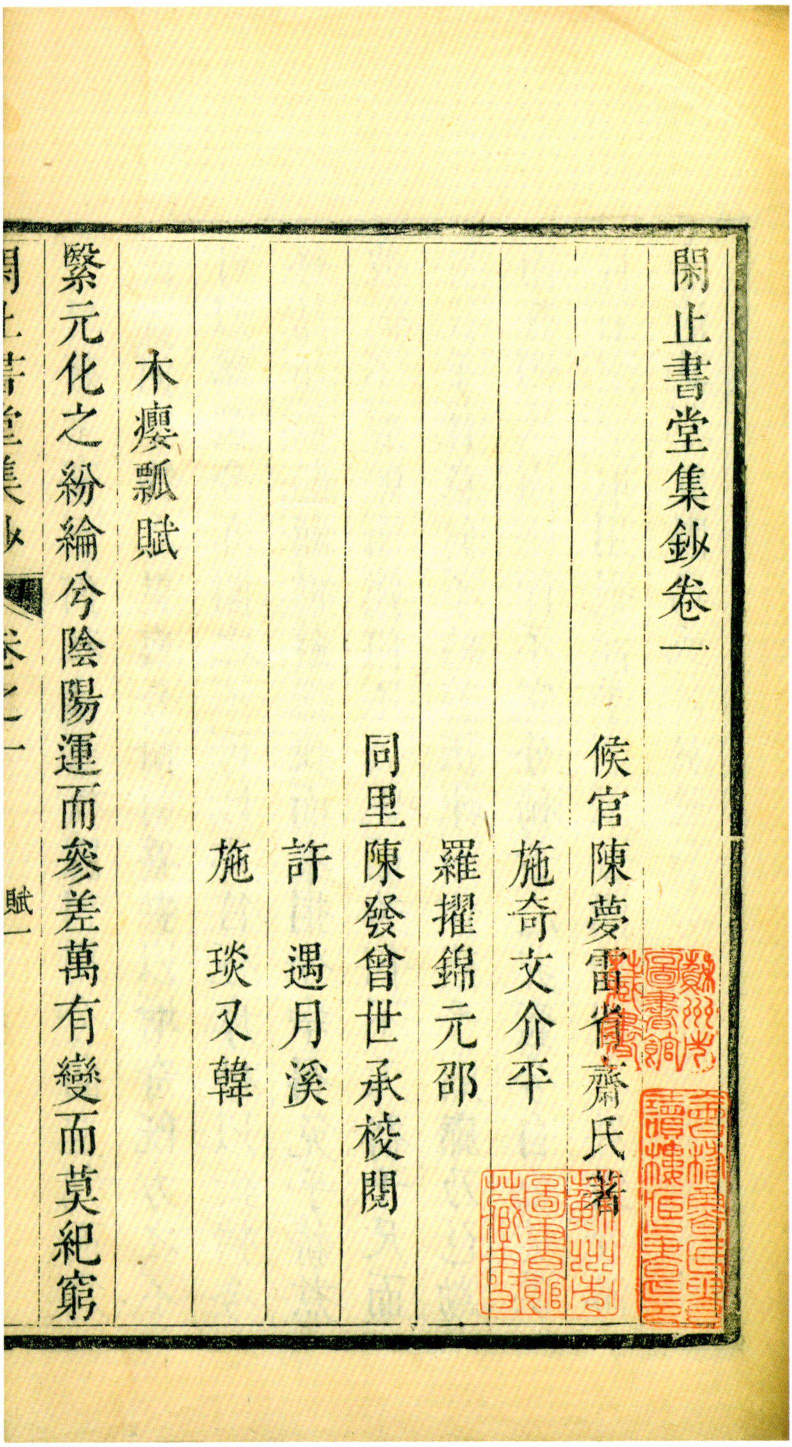
閑止書堂集鈔卷一

候官陳夢雷省齋氏著

施奇文介平

羅擢錦元邵

同里陳發曾世承校閱

許遇月溪

施琰又韓

木瘿瓢賦

繄元化之紛綸兮陰陽運而參差萬有變而莫紀窮

閑止書堂集鈔　卷之一　賦一

閑止書堂集鈔二卷　清陳夢雷撰

清康熙刻本。半葉9行，行20字，白口，四周雙邊，框高19.3厘米，寬13.2厘米。蘇州圖書館藏。國家名録號10855。

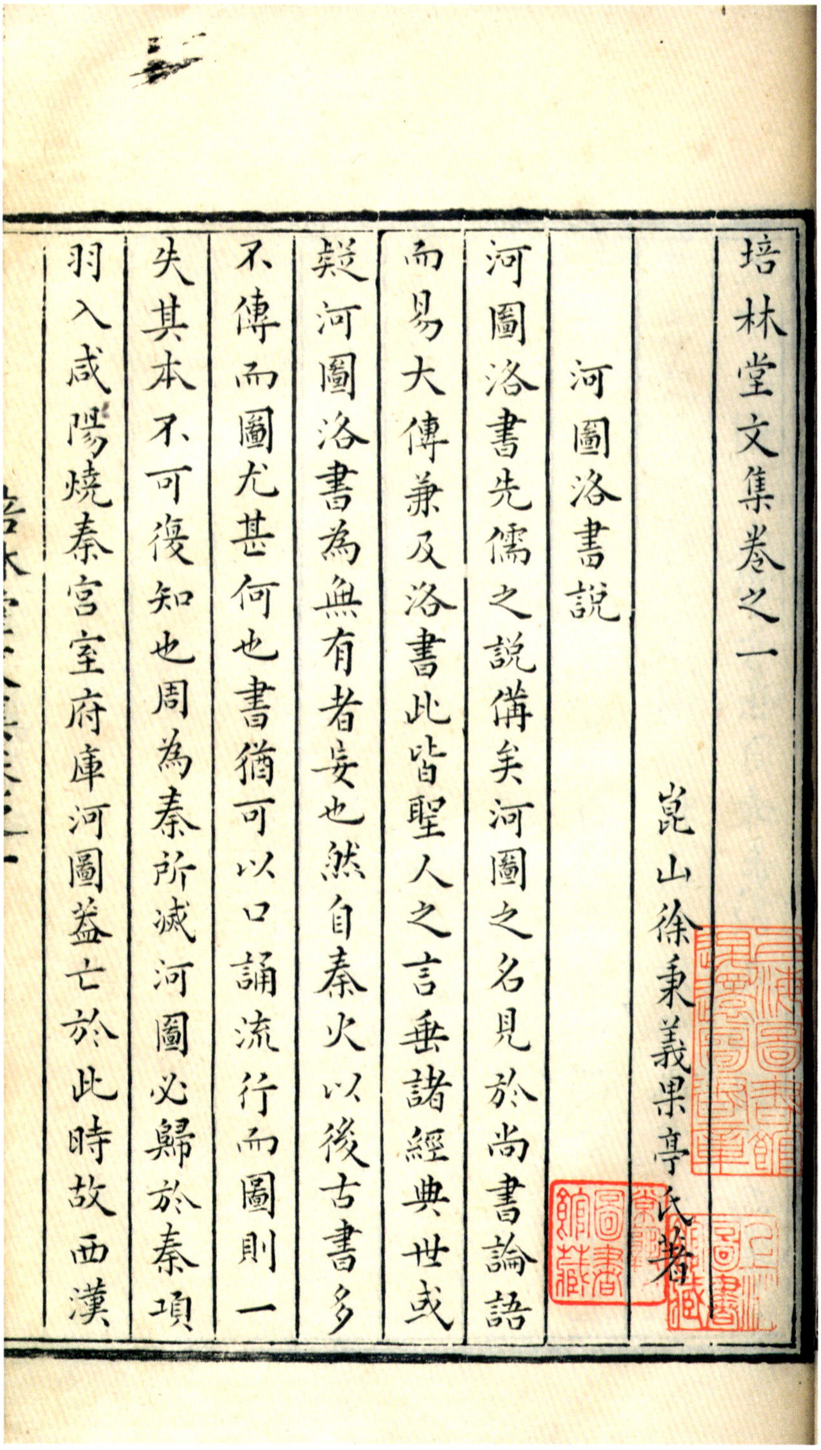

培林堂文集卷之一

崑山徐秉義果亭氏著

河圖洛書說

河圖洛書先儒之說備矣河圖之名見於尚書論語而易大傳兼及洛書此皆聖人之言垂諸經典世或疑河圖洛書為無有者妄也然自秦火以後古書多不傳而圖尤甚何也書猶可以口誦流行而圖則一失其本不可復知也周為秦所滅河圖必歸於秦項羽入咸陽燒秦宮室府庫河圖蓋亡於此時故西漢

培林堂文集十四卷　清徐秉義撰

清抄本。存十二卷（一至十二）。半葉9行，行20字，白口，四周雙邊，框高18.3厘米，寬13.6厘米。江蘇省常熟市圖書館藏。國家名録號10856。

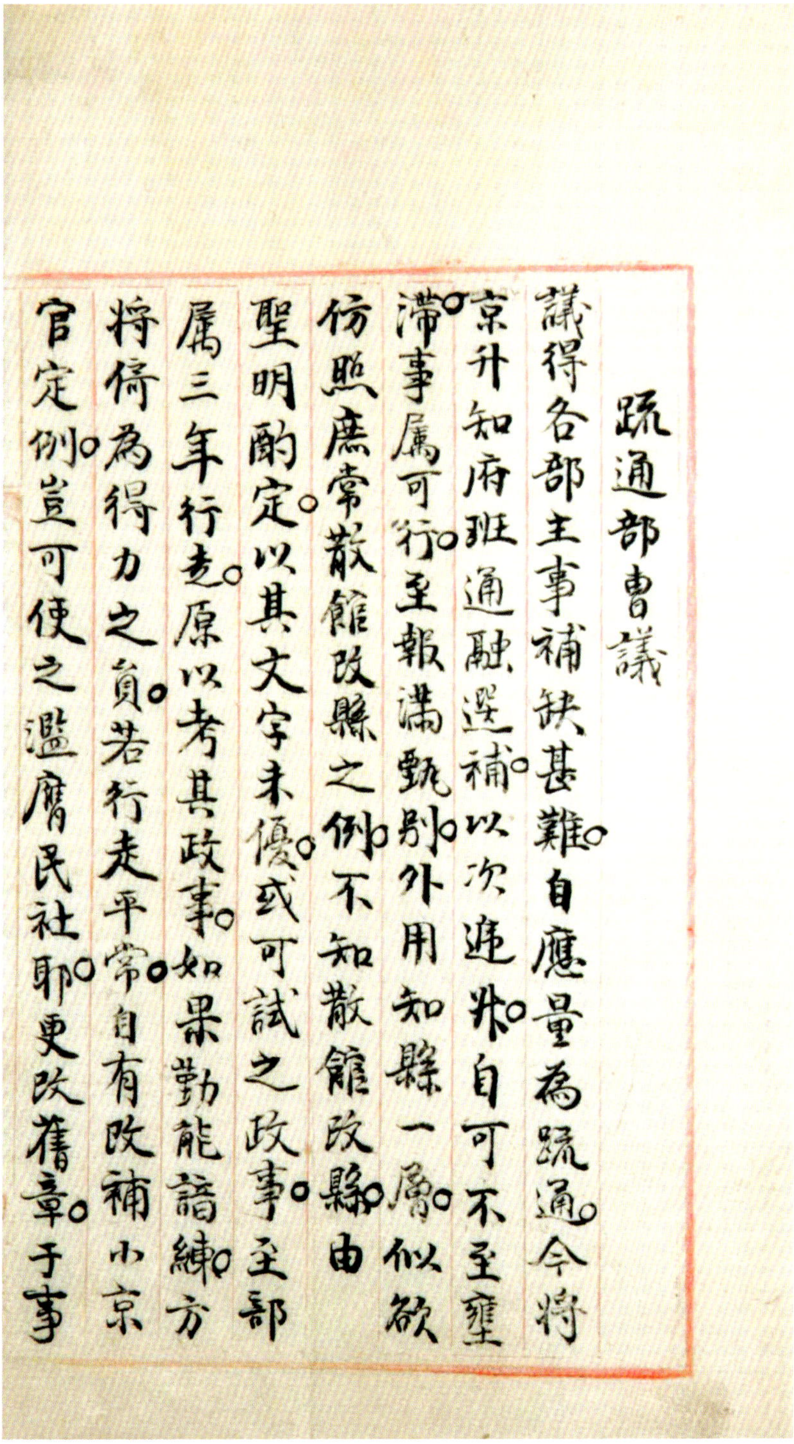

思補堂文鈔一卷　清潘世恩撰

稿本。半葉8行或9行，字不等。白口，四周雙邊。框高18.5至20.4厘米不等，寬11.7至12.4厘米不等。蘇州博物館藏。國家名録號10872。

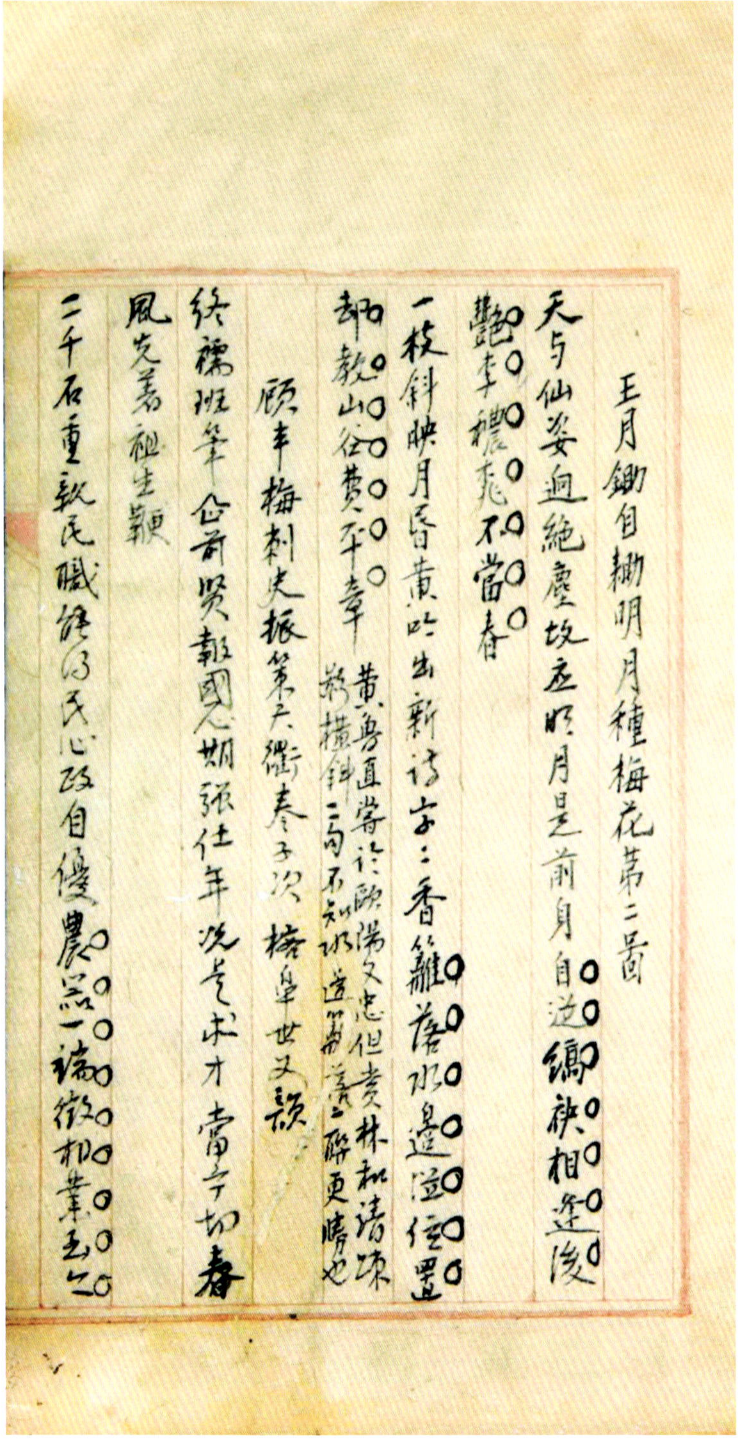

思補堂詩稿一卷雜録一卷　清潘世恩撰

稿本。半葉9行，字不等，白口，四周雙邊，框高19.7厘米，寬13.1厘米。蘇州博物館藏。國家名録號10873。

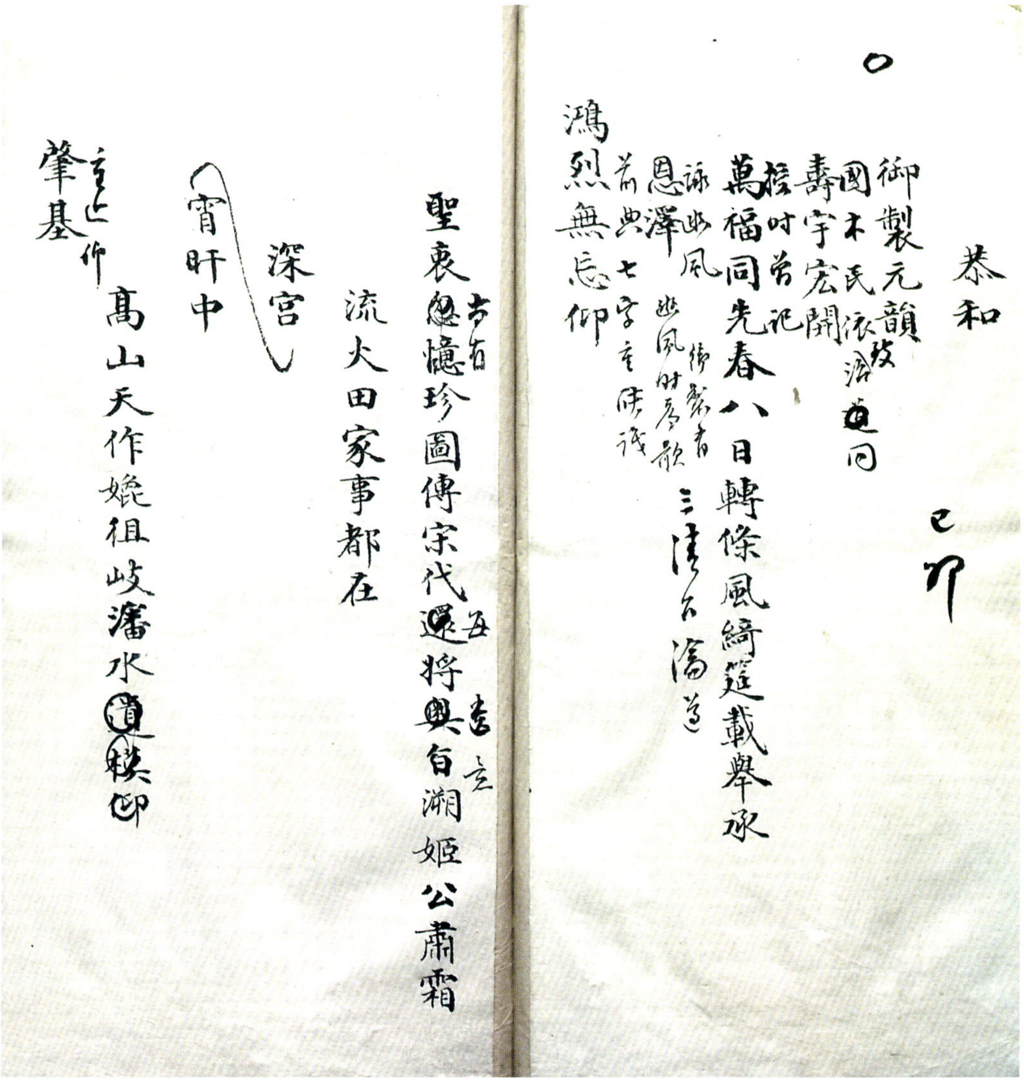

恭和御製詩一卷　清姚文田撰

稿本。半葉6行，字不等。江蘇省吴江市圖書館藏。國家名録號10875。

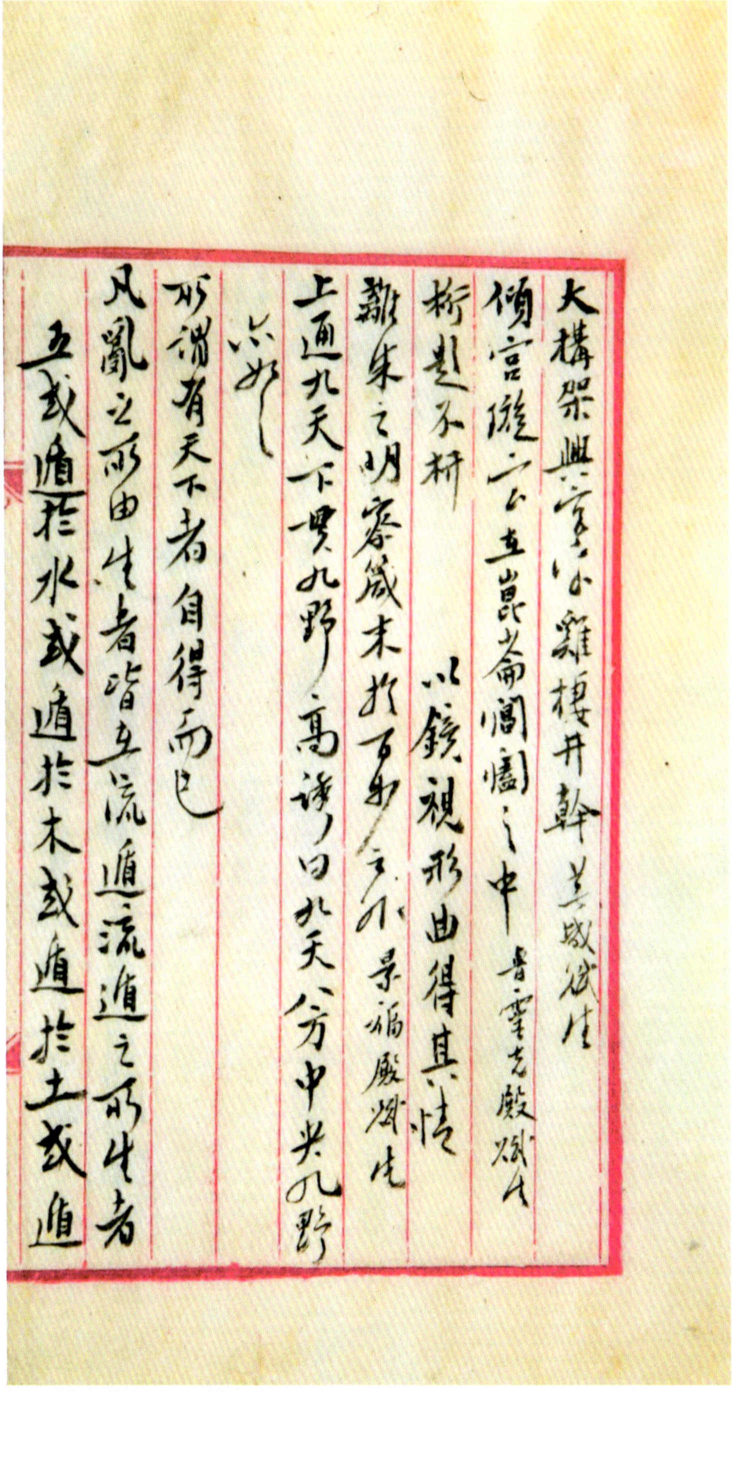

葉鞠裳手寫本文選注引書稿不分卷　清葉昌熾撰

稿本，錢復跋。半葉9行或10行，字不等，黑口，左右雙邊，框高16.9至17.1厘米，寬10.9厘米。蘇州博物館藏。國家名録號10880。

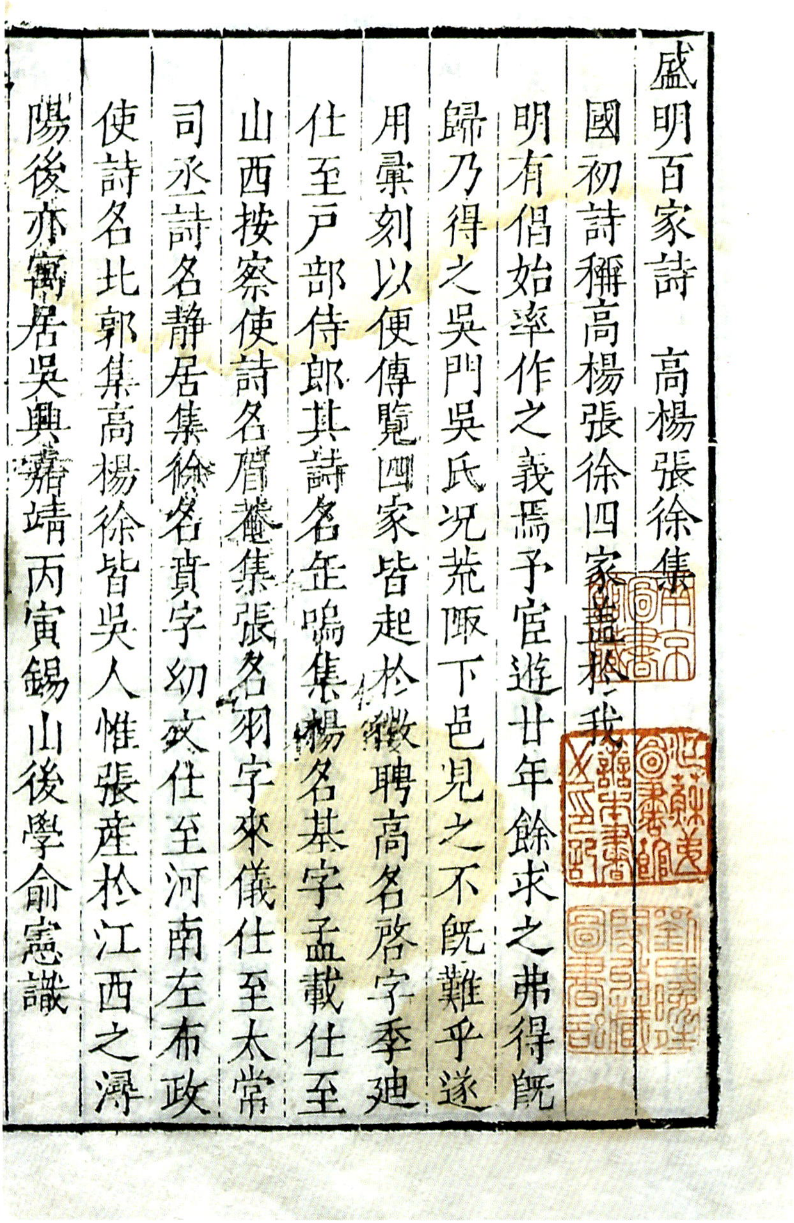

盛明百家詩三百二十四卷　明俞憲編

明嘉靖隆慶間刻本。丁丙跋。半葉10行，行21字，小字雙行，字數同，白口，四周單邊，框高19厘米，寬13厘米。南京圖書館藏。國家名録號10885。

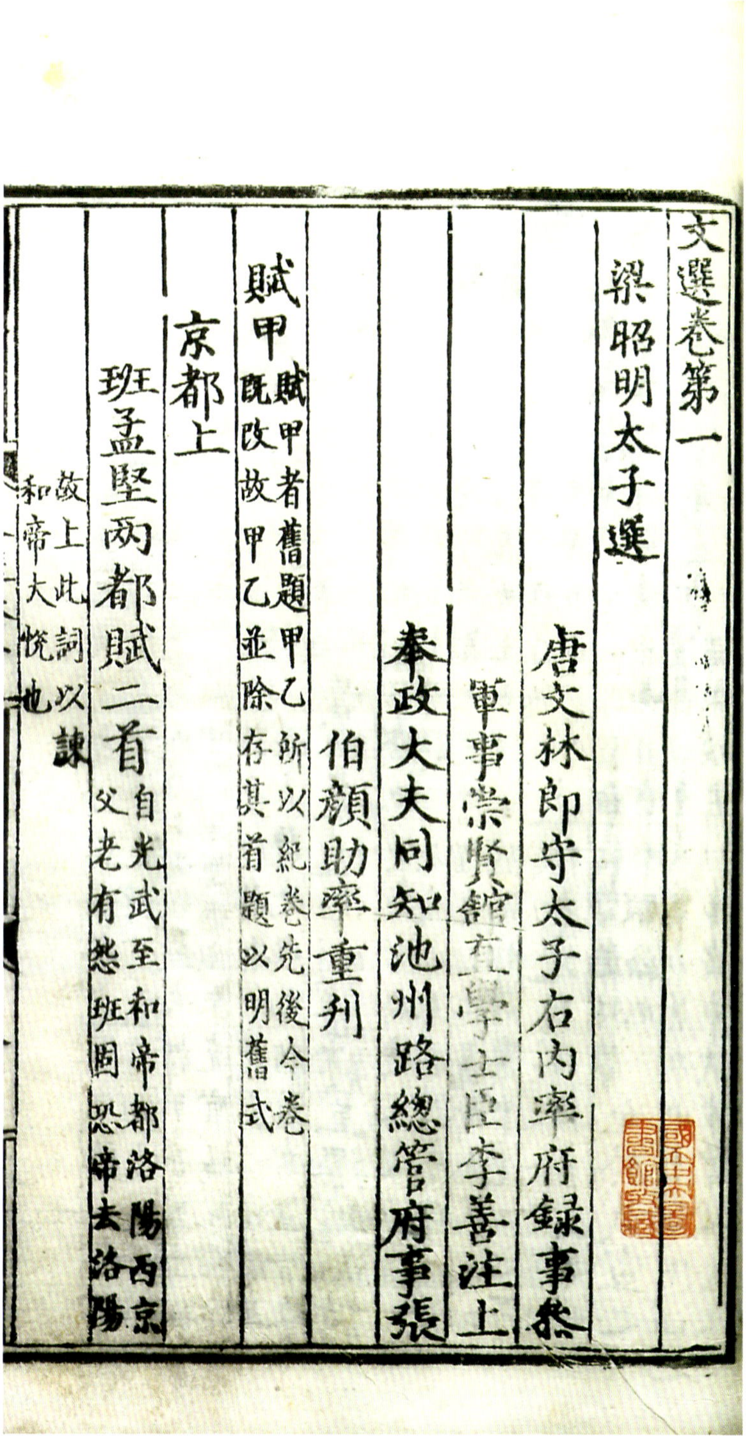

文選六十卷　梁蕭統輯　唐李善注

明成化二十三年（1487）唐藩朱芝址刻本。半葉10行，行22字，小字雙行，字數同，黑口，四周雙邊，框高22.5厘米，寬15厘米。南京圖書館藏。國家名録號10886。

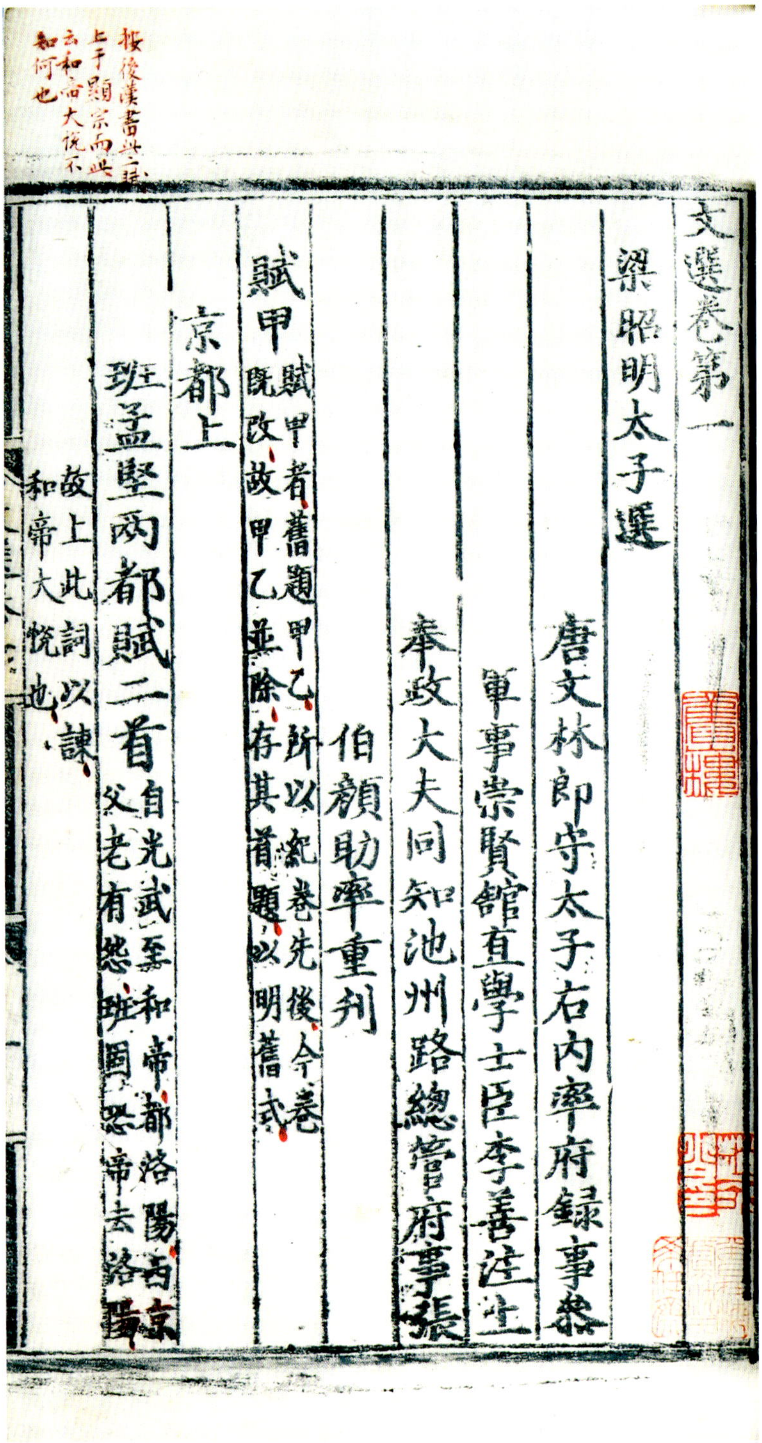

文選六十卷　梁蕭統輯　唐李善注

明成化二十三年（1487）唐藩朱芝址刻本。馮武校並跋。半葉10行，行22字，小字雙行，字數同，黑口，四周雙邊，框高22.6厘米，寬14.6厘米。江蘇省常熟市博物館藏。國家名録號10887。

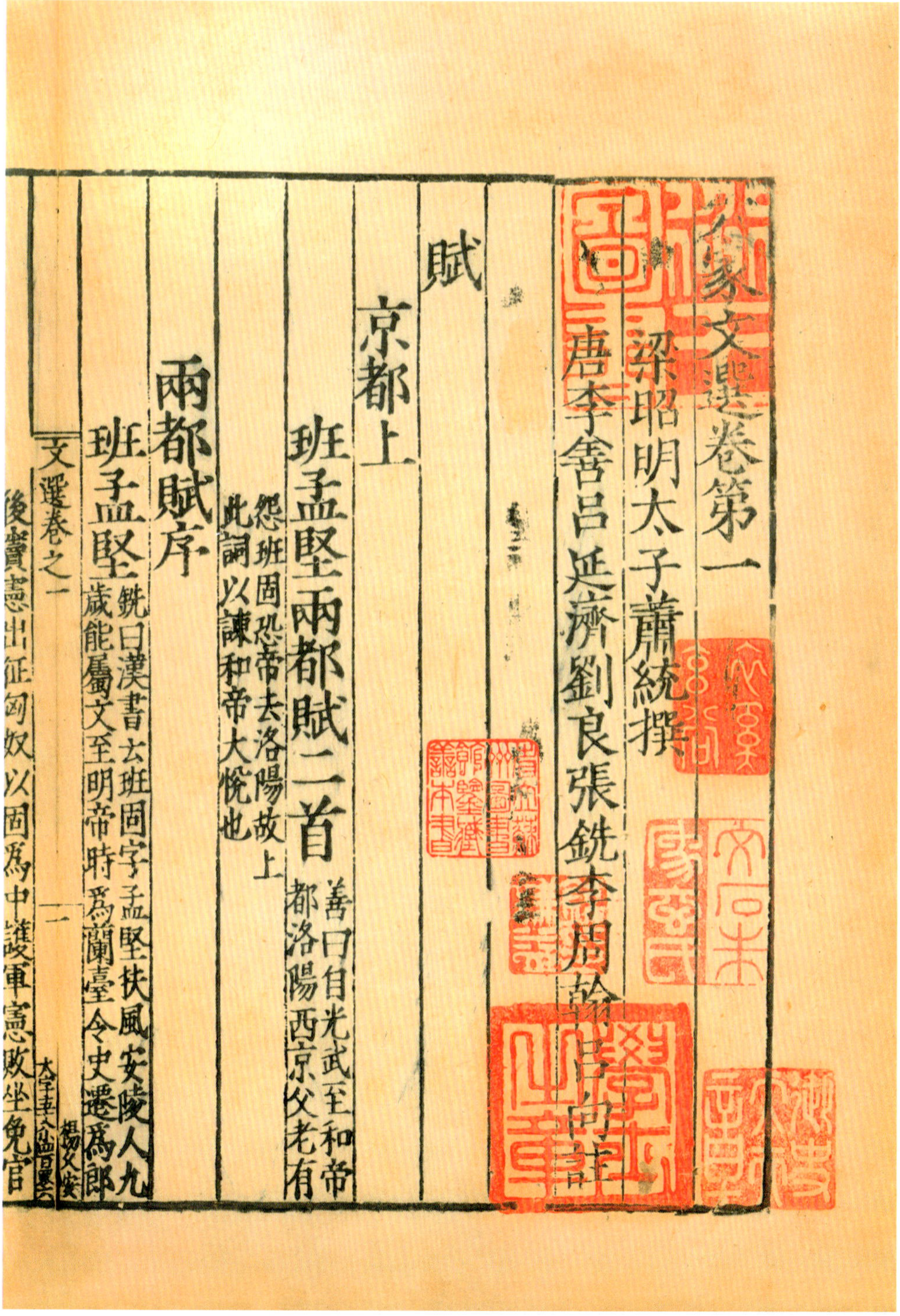

六家文選六十卷　梁蕭統輯　唐李善、吕延濟、劉良、張銑、吕向、李周翰注

明丁覲刻本。半葉10行，行18字，小字雙行，行28字，白口，四周單邊，框高23.3厘米，寬19.9厘米。蘇州圖書館藏。國家名録號10890。

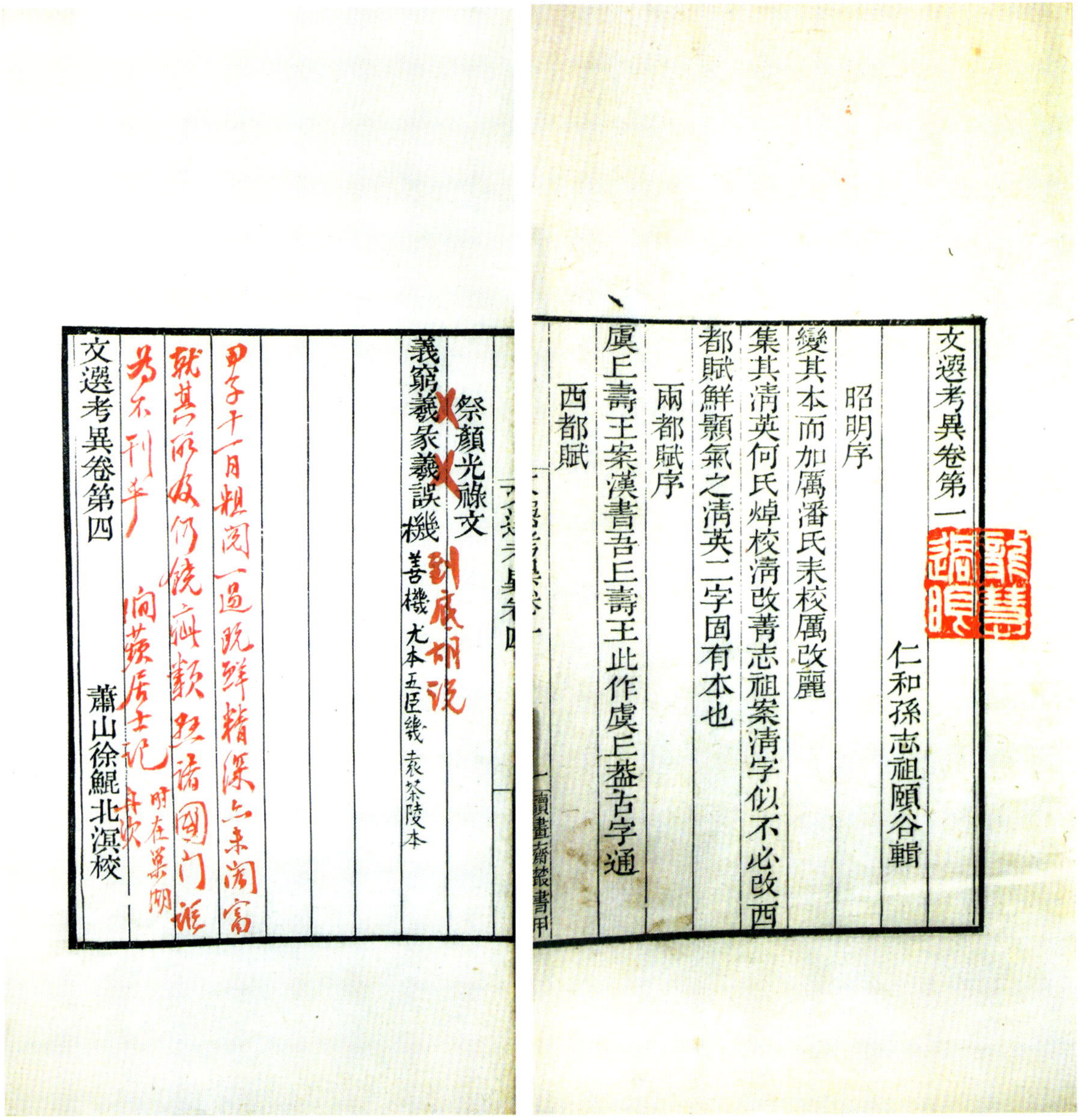

文選考異四卷　清孫志祖輯

清嘉慶四年（1799）顧修刻讀畫齋叢書本。顧廣圻批校並跋。半葉9行，行21字，黑口，左右雙邊，框高12.9厘米，寬9.9厘米。江蘇省興化市圖書館藏。國家名録號10894。

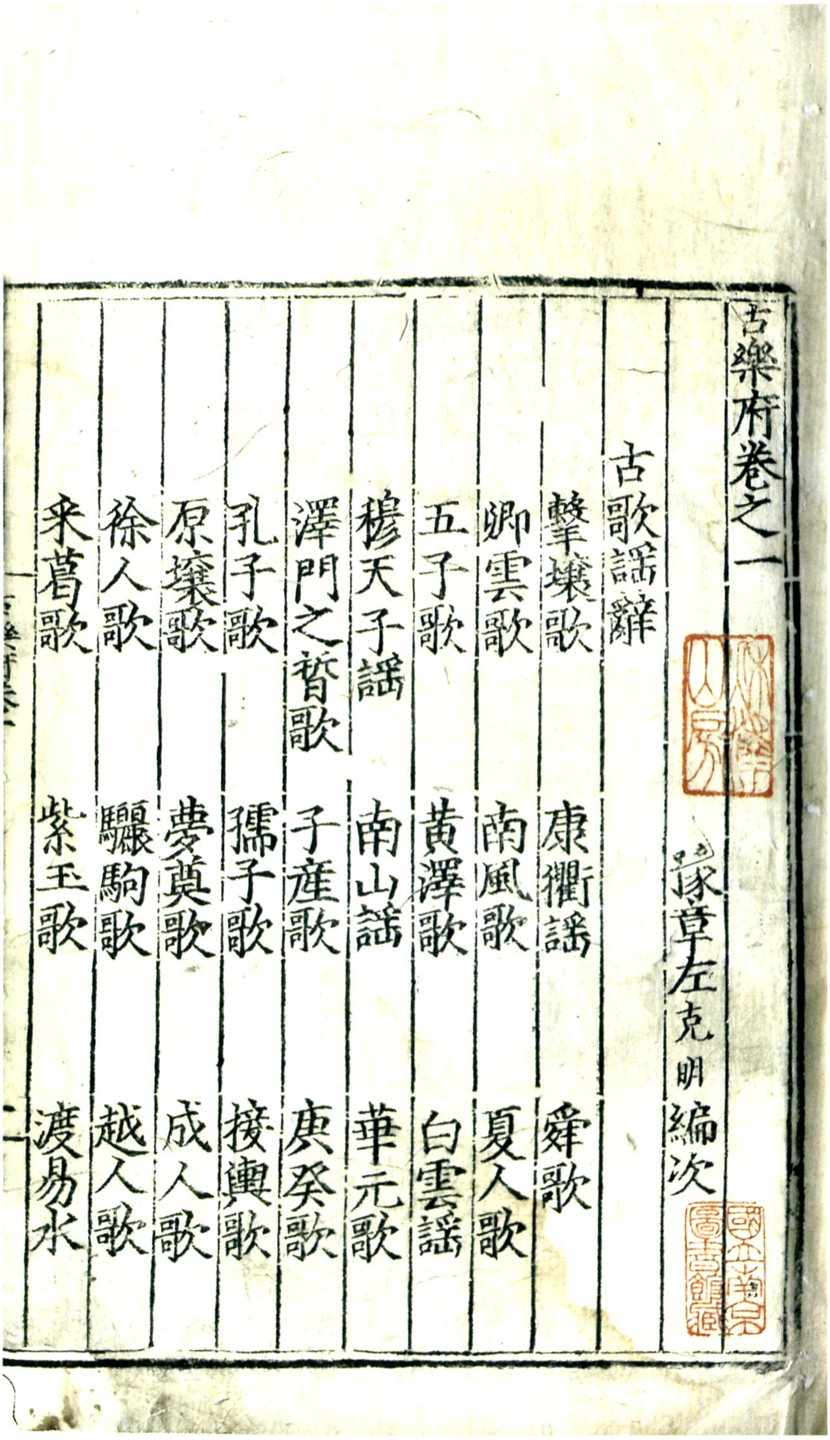
古樂府卷之一

豫章左克明編次

古歌謠辭

擊壤歌　康衢謠　舜歌

卿雲歌　南風歌　夏人歌

五子歌　黃澤歌　白雲謠

穆天子謠　南山謠　華元歌

澤門之晳歌　子産歌　庚癸歌

孔子歌　孺子歌　接輿歌

原壤歌　夢奠歌　成人歌

徐人歌　驪駒歌　越人歌

采葛歌　紫玉歌　渡易水

古樂府十卷　元左克明輯

明刻本。半葉12行，行21字，小字雙行，字數同，白口，四周雙邊或左右雙邊，框高19.1厘米，寬14.7厘米。南京圖書館藏。國家名録號10900。

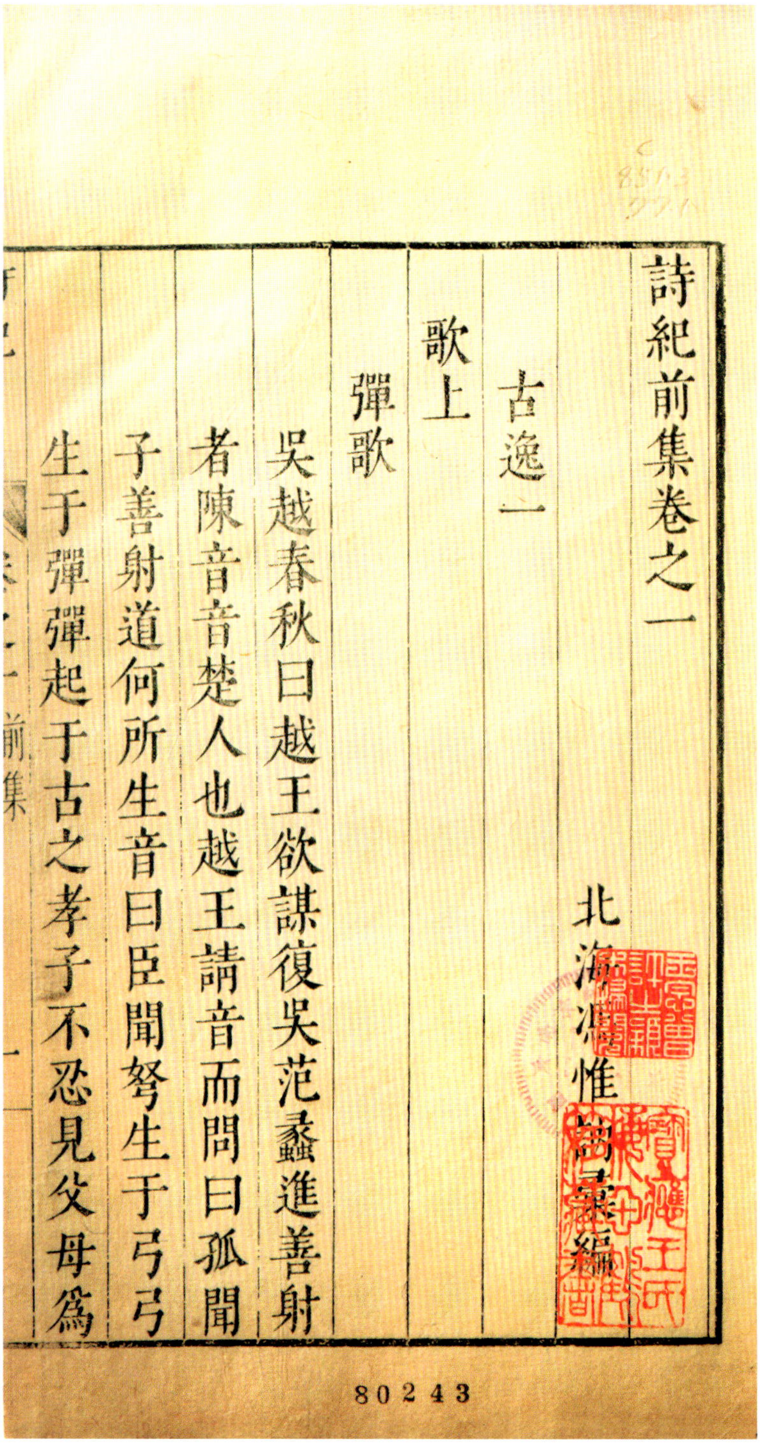

詩紀前集卷之一

古逸一　北海馮惟訥彙編

歌上

彈歌

吳越春秋曰越王欲謀復吳范蠡進善射者陳音音楚人也越王請音而問曰孤聞子善射道何所生音曰臣聞弩生于弓弓生于彈彈起于古之孝子不忍見父母爲

詩紀　卷之一　前集　一

80243

詩紀一百三十卷前集十卷附録一卷外集四卷别集十二卷

明馮惟訥輯

明萬曆四十一年（1613）黄承玄、馮珣刻本。半葉9行，行19字，小字雙行，字數同，白口，左右雙邊，框高20.8厘米，寬28.6厘米。南京師範大學圖書館藏。國家名録號10908。

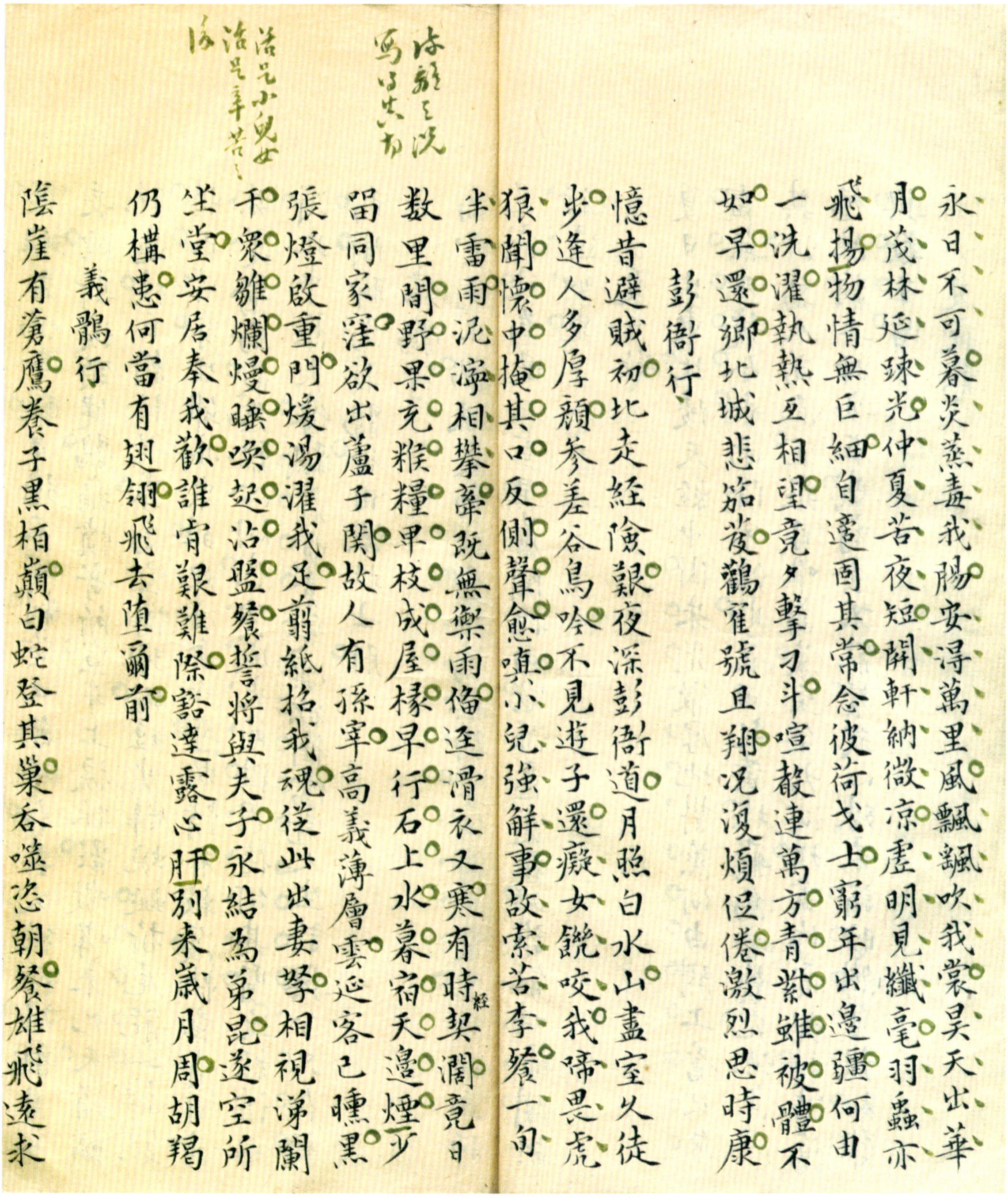

永日不可暮炎蒸毒我腸安得萬里風飄颻吹我裳昊天出華
月茂林延疎光仲夏苦夜短開軒納微涼虛明見纖毫羽蟲亦
飛揚物情無巨細自適固其常念彼荷戈士窮年出邊疆何由
一洗濯執熱互相望竟夕擊刁斗喧聲連萬方青紫雖被體不
如早還鄉北城悲笳發鸛鶴號且翔況復煩促倦激烈思時康

彭衙行

憶昔避賊初北走經險艱夜深彭衙道月照白水山盡室久徒
步逢人多厚顏參差谷鳥吟不見遊子還癡女饑咬我啼畏虎
狼聞懷中掩其口反側聲愈嗔小兒強解事故索苦李餐一旬
半雷雨泥濘相攀牽既無禦雨備逕滑衣又寒有時契經潤竟日
數里間野果充餱糧卑枝成屋椽早行石上水暮宿天邊煙少
留同家窪欲出蘆子關故人有孫宰高義薄曾雲延客已曛黑
張燈啟重門煖湯濯我足翦紙招我魂從此出妻孥相視涕闌
干衆雛爛熳睡喚起沾盤飧誓將與夫子永結為弟昆遂空所
坐堂安居奉我歡誰肯艱難際豁達露心肝別來歲月周胡羯
仍構患何當有翅翎飛去墮爾前

義鶻行

陰崖有蒼鷹養子黑柏巔白蛇登其巢吞噬恣朝餐雄飛遠求

讀本詩六卷　清顧我錡輯

稿本。半葉9行，行24字，江蘇省吴江市圖書館藏。國家名録號10909。

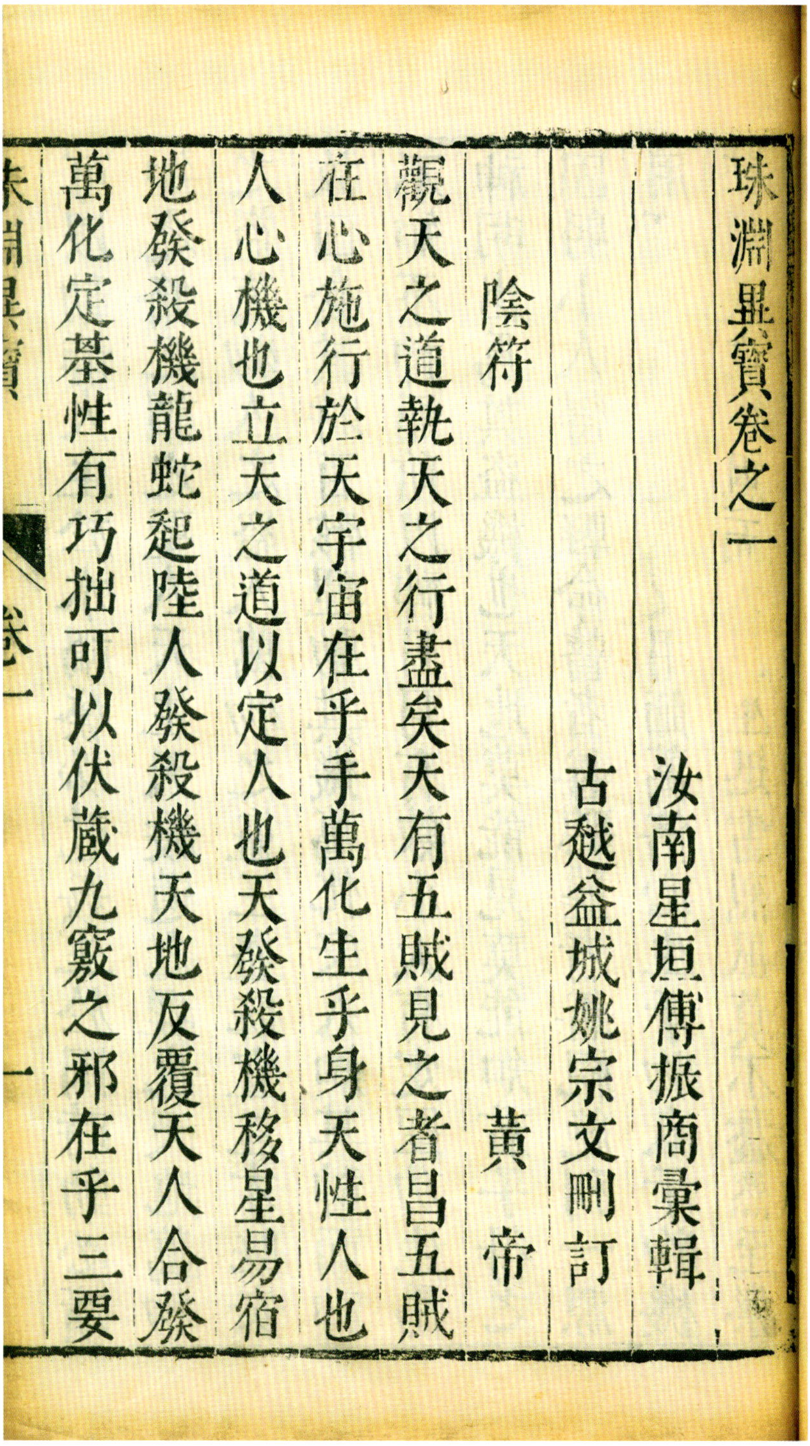

珠淵異寶卷之一

汝南星垣傅振商彙輯

古越益城姚宗文刪訂

陰符　黃帝

觀天之道執天之行盡矣天有五賊見之者昌五賊在心施行於天宇宙在乎手萬化生乎身天性人也人心機也立天之道以定人也天發殺機移星易宿地發殺機龍蛇起陸人發殺機天地反覆天人合發萬化定基性有巧拙可以伏藏九竅之邪在乎三要

珠淵異寶　卷一　一

珠淵異寶十二卷　明傅振商輯

明萬曆四十七年（1619）刻本。半葉9行，行20字，白口，四周單邊，框高23厘米，寬14.5厘米。鎮江市圖書館藏。國家名録號10922。

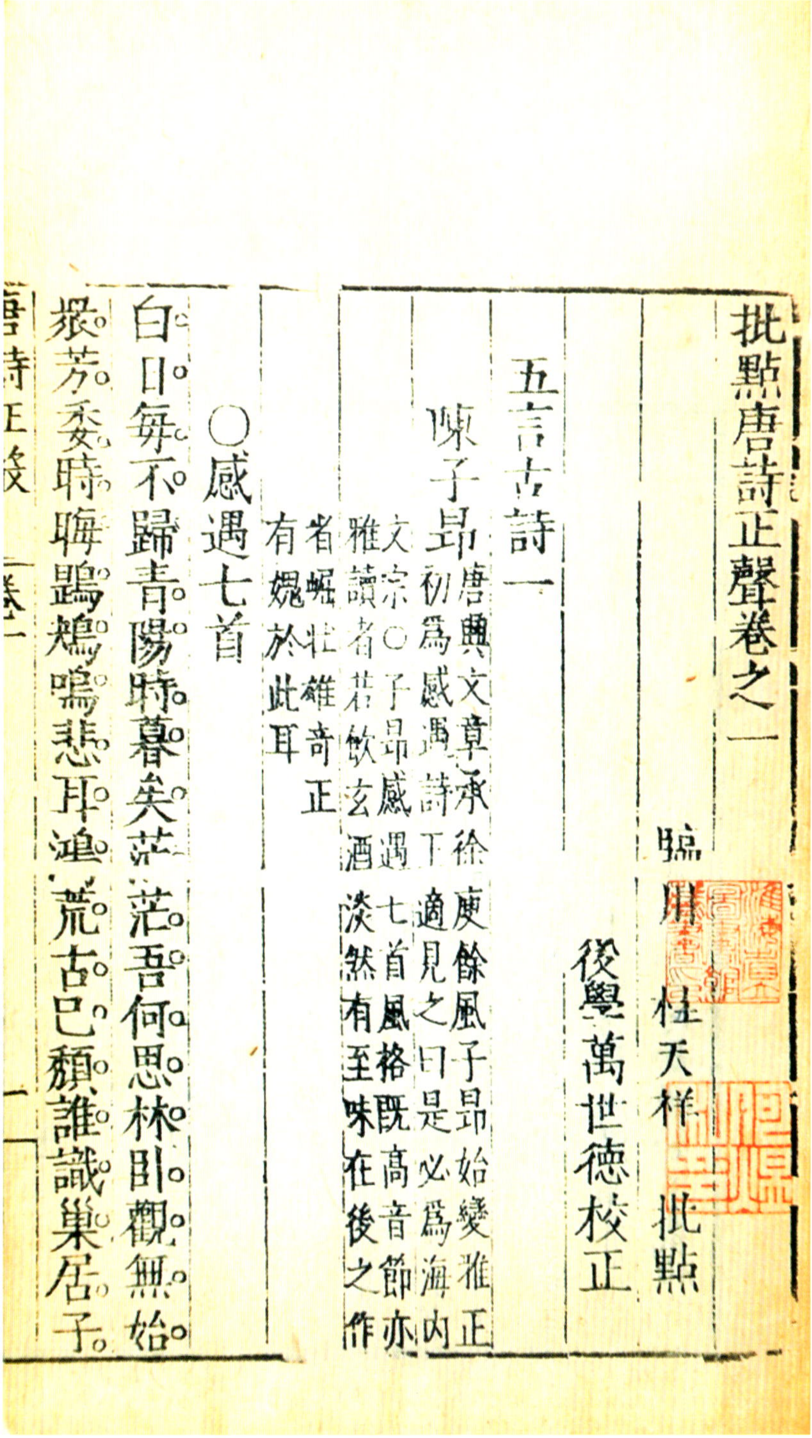
批點唐詩正聲卷之一
臨川 桂天祥 批點
後學 萬世德 校正
五言古詩一
陳子昂
唐興文章承徐庾餘風子昂始變雅正
初爲感遇詩王適見之曰是必爲海內
文宗○子昂感遇七首風格既高音節亦
雅讀者若飲玄酒淡然有至味在後之作
者崛壯雄奇正
有媿於此耳
○感遇七首
白日每不歸青陽時暮矣茫茫吾何思林臥觀無始
衆芳委時晦鶗鴂鳴悲耳鴻荒古已頹誰識巢居子
唐詩正聲 卷之一 一

批點唐詩正聲二十二卷　明高棅輯　明桂天祥批點

明萬世德刻本。半葉10行，行20字，小字雙行，字數同，白口，四周單邊，框高19.4厘米，寬14.8厘米。徐州市圖書館藏。國家名録號10928。

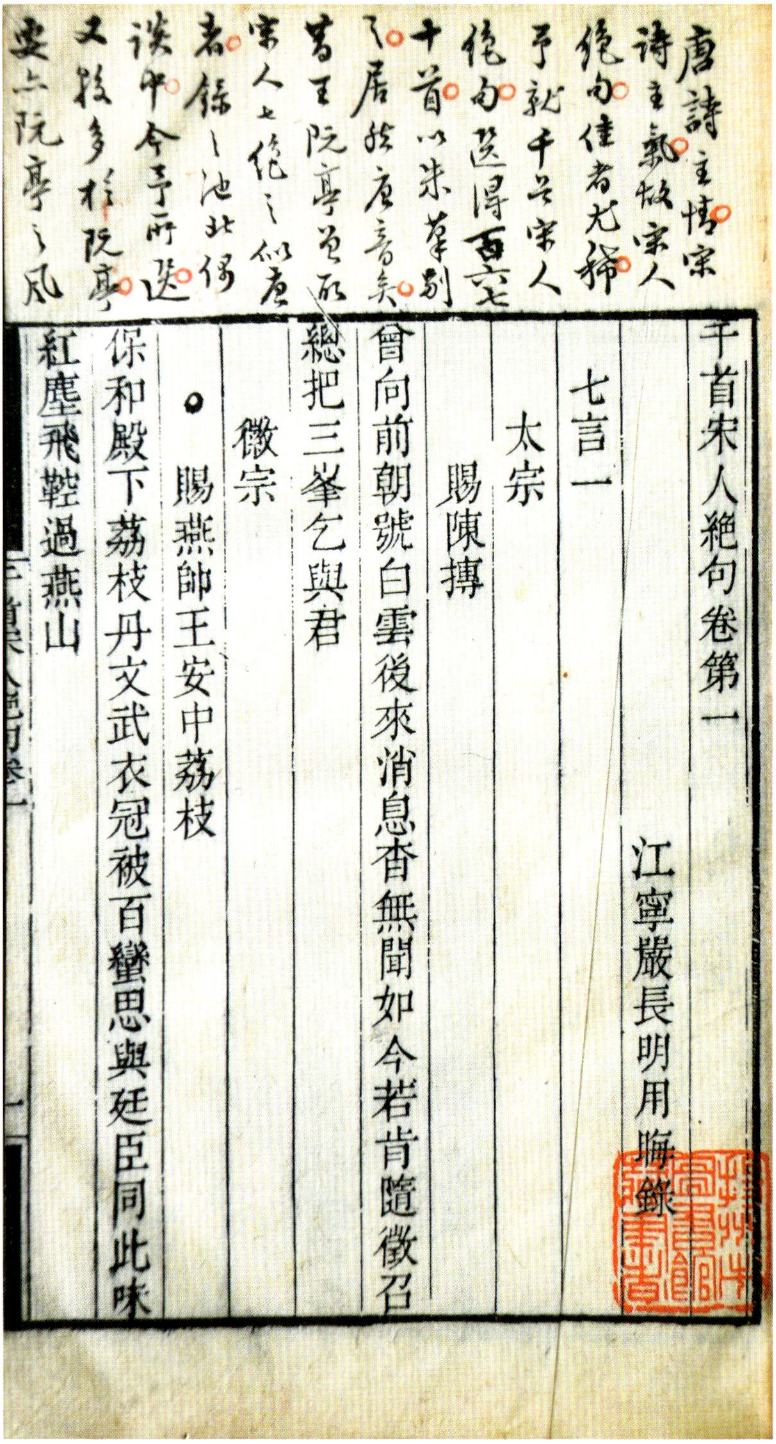

千首宋人絶句十卷　清嚴長明輯

清乾隆三十五年（1770）畢沅刻本。潘德輿批校。半葉11行，行21字，黑口，左右雙邊，框高17.1厘米，寬13.1厘米。揚州市圖書館藏。國家名録號10932。

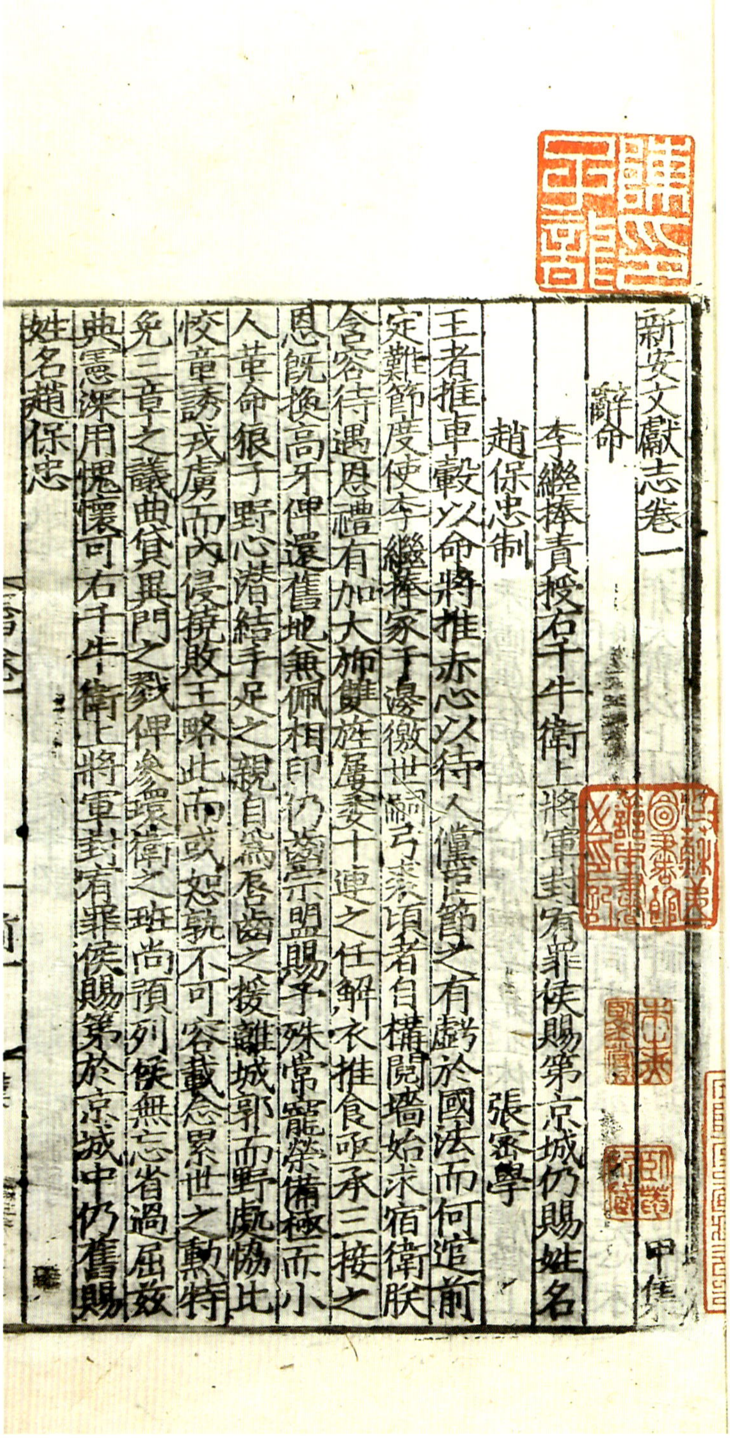

新安文獻志一百卷先賢事略二卷目録二卷　明程敏政輯

明弘治十年（1497）祁司員、彭哲等刻本。丁丙跋。半葉13行，行27字，白口，左右雙邊，框高19.2厘米，寬13.4厘米。南京圖書館藏。國家名録號10948。

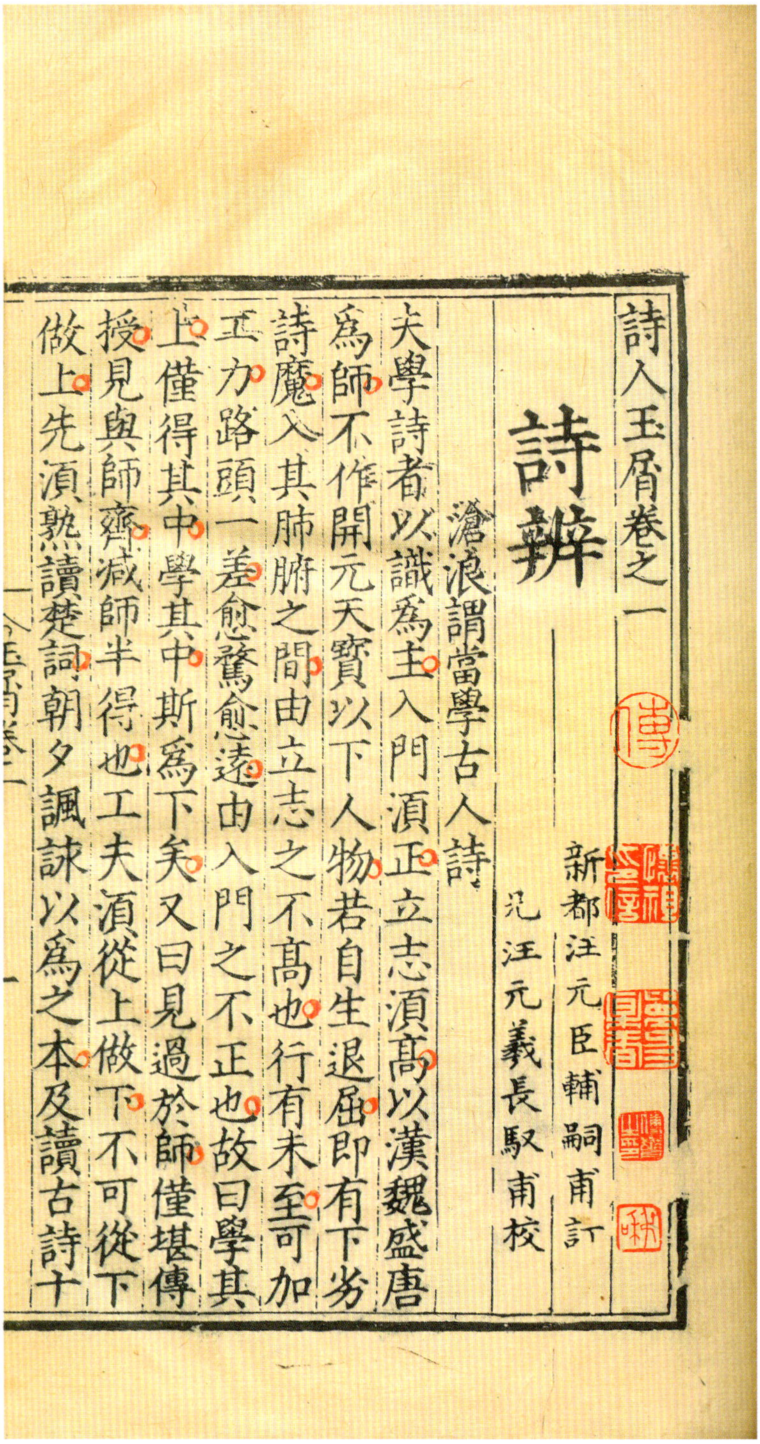

詩人玉屑卷之一

詩辨

新都汪元臣輔嗣甫訂

弟汪元義長馭甫校

滄浪謂當學古人詩

夫學詩者以識爲主入門須正立志須高以漢魏盛唐爲師不作開元天寶以下人物若自生退屈即有下劣詩魔入其肺腑之間由立志之不高也行有未至可加工力路頭一差愈騖愈遠由入門之不正也故曰學其上僅得其中學其中斯爲下矣又曰見過於師僅堪傳授見與師齊減師半得也工夫須從上做下不可從下做上先須熟讀楚詞朝夕諷詠以爲之本及讀古詩十

詩人玉屑二十卷　宋魏慶之輯

明汪元臣刻遞修本。半葉11行，行21字，白口，四周雙邊，框高19.6厘米，寬13.1厘米。無錫市圖書館藏。國家名録號10962。

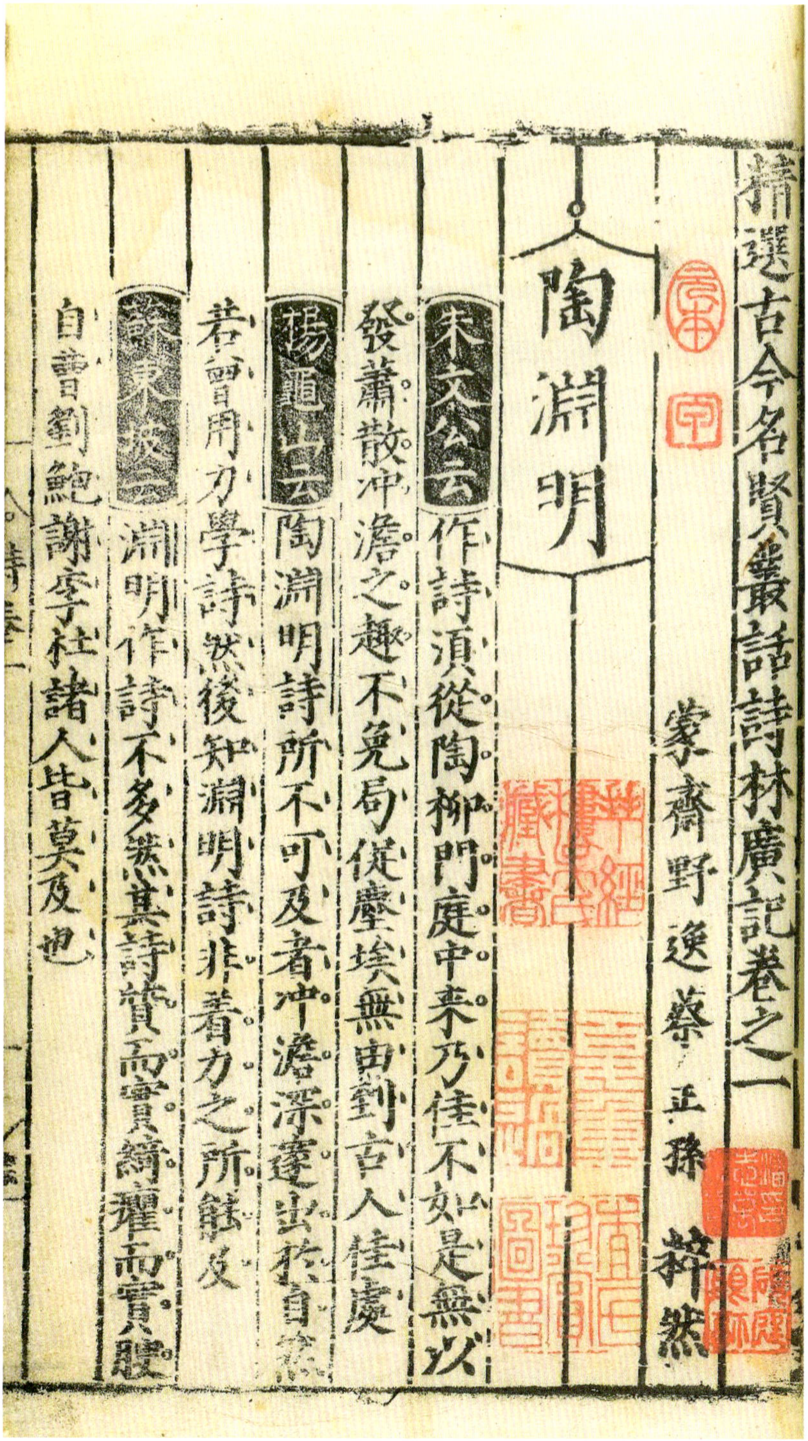

精選古今名賢叢話詩林廣記十卷後集十卷　宋蔡正孫輯

明弘治十年（1497）張鼐刻本。半葉10行，行20字，小字雙行，行21字。白口，四周單邊，框高22.2厘米，寬14.6厘米。無錫市圖書館藏。國家名録號10963。

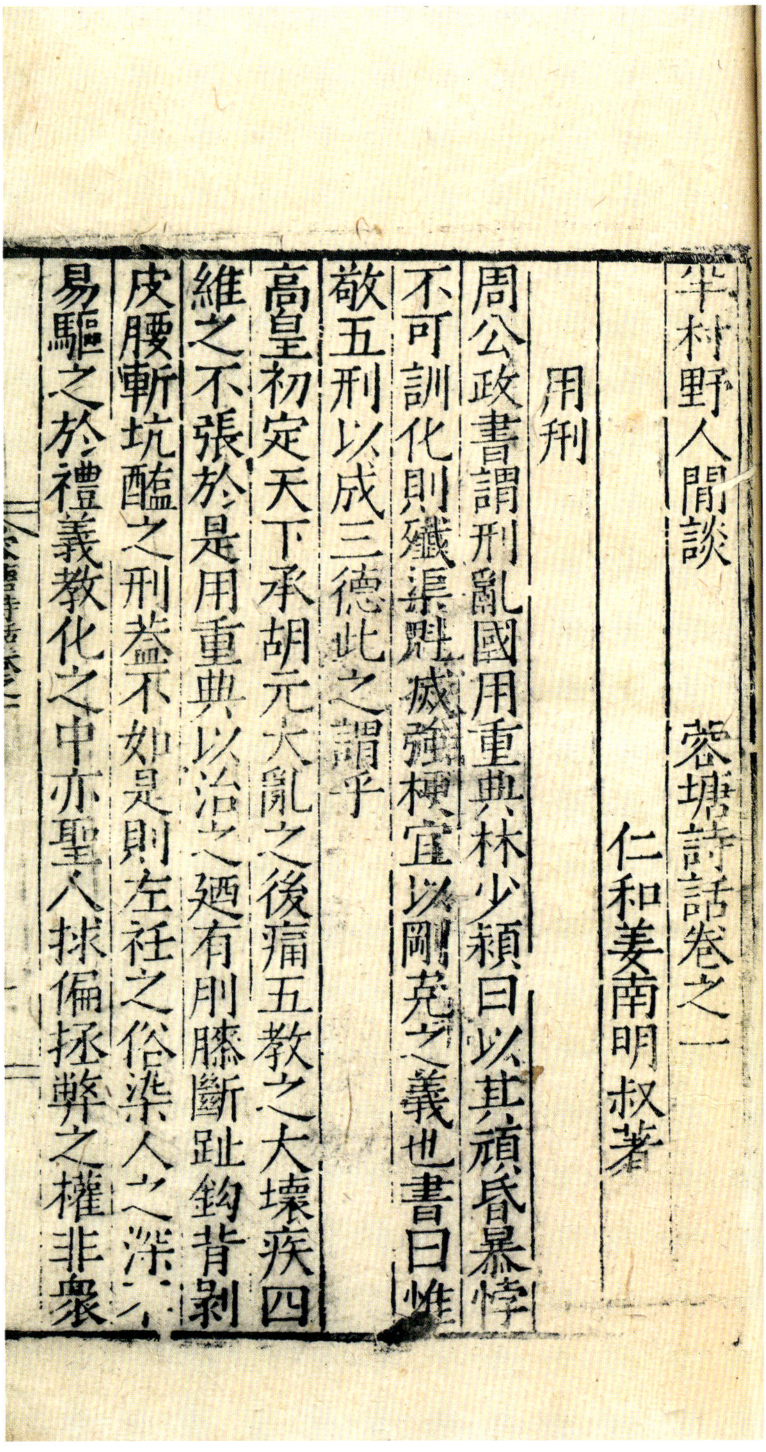
半村野人閒談　蓉塘詩話卷之一

仁和姜南明叔著

用刑

周公政書謂刑亂國用重典林少穎曰以其頑昏暴悖不可訓化則殲渠魁戕強梗宜以剛克之義也書曰惟敬五刑以成三德此之謂乎

高皇初定天下承胡元大亂之後痛五教之大壞疾四維之不張於是用重典以治之廼有刖膝斷趾鉤背剝皮腰斬坑醢之刑蓋不如是則左衽之俗染人之深一易驅之於禮義教化之中亦聖人捄偏拯弊之權非衆

蓉塘詩話卷之一　一

蓉塘詩話二十卷　明姜南撰

明隆慶五年（1571）刻本。半葉10行，行21字，白口，左右雙邊，框高19厘米，寬13.7厘米。無錫市圖書館藏。國家名録號10967。

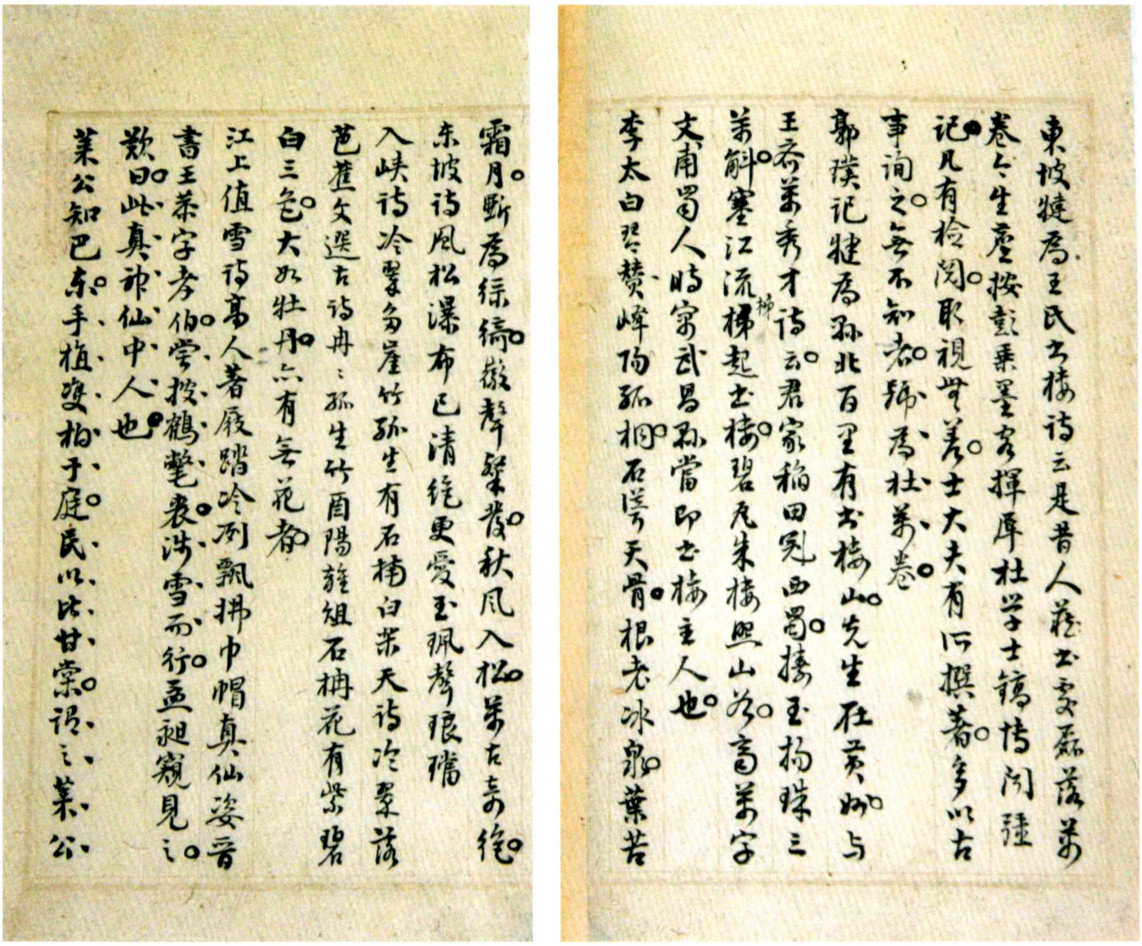

東坡詩話一卷　清潘世恩輯

稿本。半葉9行，字不等，四周雙邊，框高19.8厘米，寬13厘米。蘇州博物館藏。國家名録號10968。

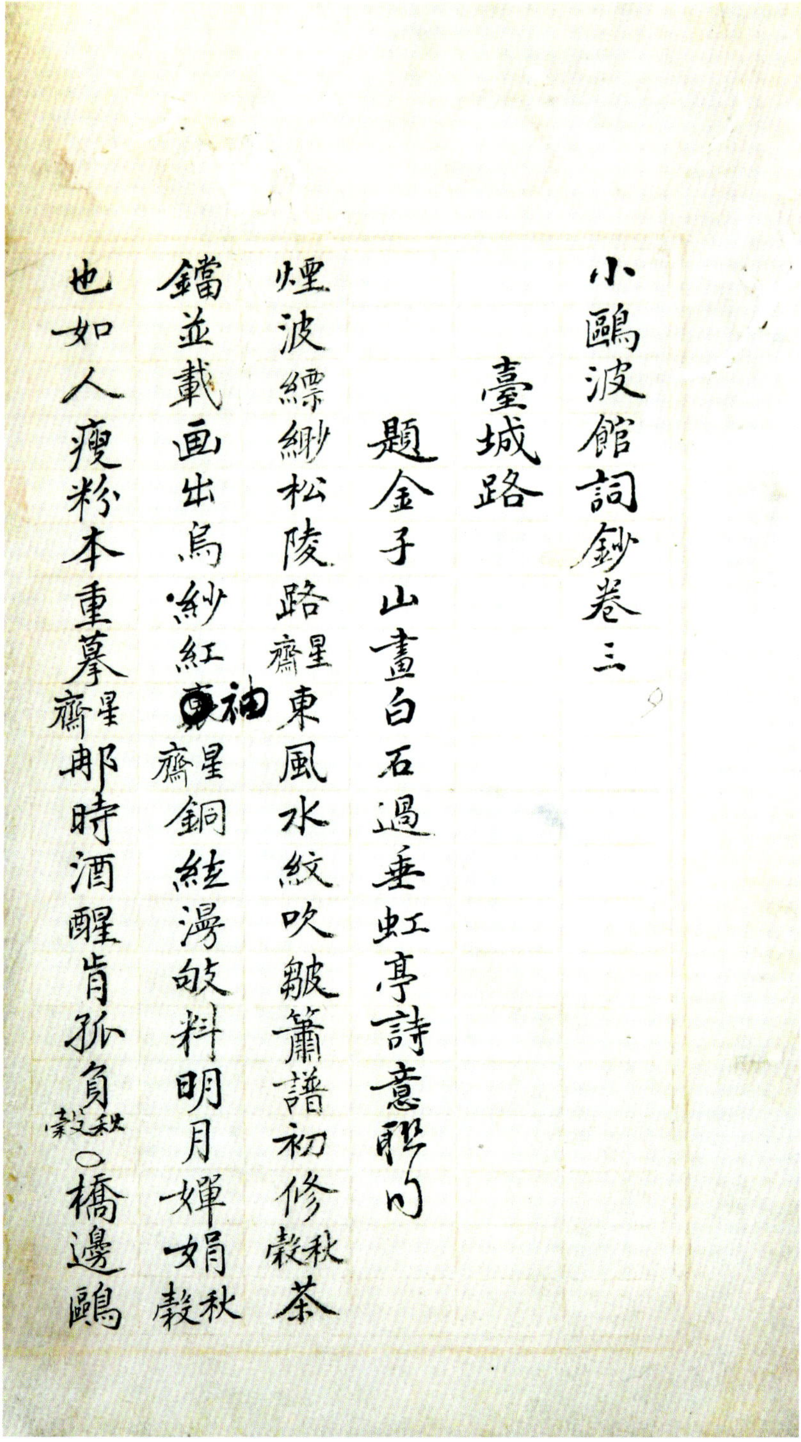

小鷗波館詞鈔卷三

臺城路

題金子山畫白石過垂虹亭詩意聯句

煙波縹緲松陵路星齋東風水紋吹皺簫譜初修秋穀茶鐺並載畫出烏紗紅袖星齋銅絃瀉韻料明月嬋娟秋穀也如人瘦粉本重摹星齋那時酒醒肯孤負秋穀〇橋邊鷗

小鷗波館詞鈔□卷歲可年譜不分卷花間笛譜一卷　清潘曾瑩撰

稿本。存二卷（三，花間笛譜）。半葉6行至11行，字不等，白口或黑口，四周雙邊或左右雙邊，框高14.3至19.2厘米，寬11.4至14.7厘米。蘇州博物館藏。國家名録號10978。

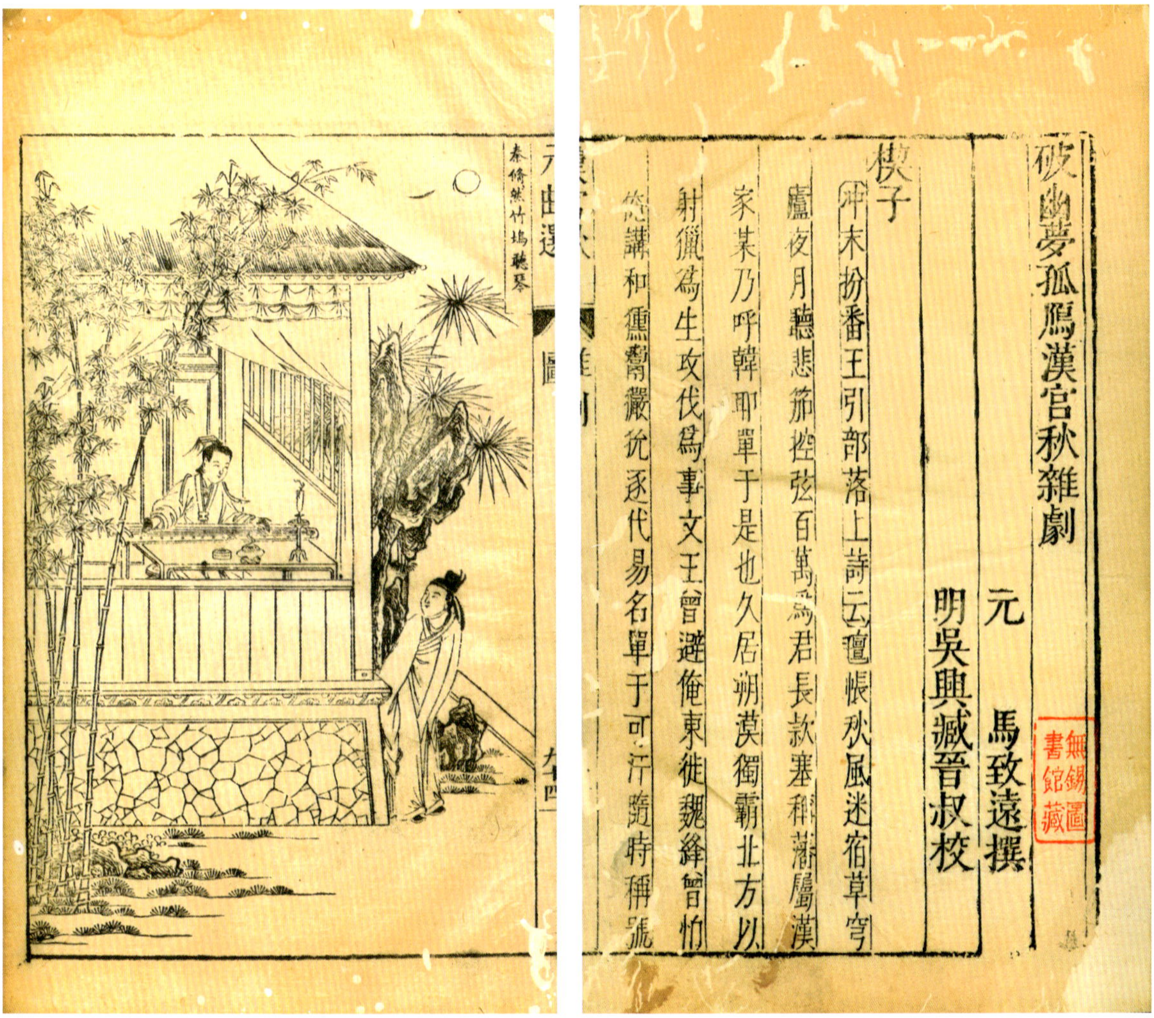

元曲選十集一百卷　明臧懋循編　論曲一卷　明陶宗儀等撰　元曲論一卷

明萬曆刻本。半葉9行，行20字，小字雙行，字數同。白口，左右雙邊，框高20.6厘米，寬13.4厘米。無錫市圖書館藏。國家名録號10980。

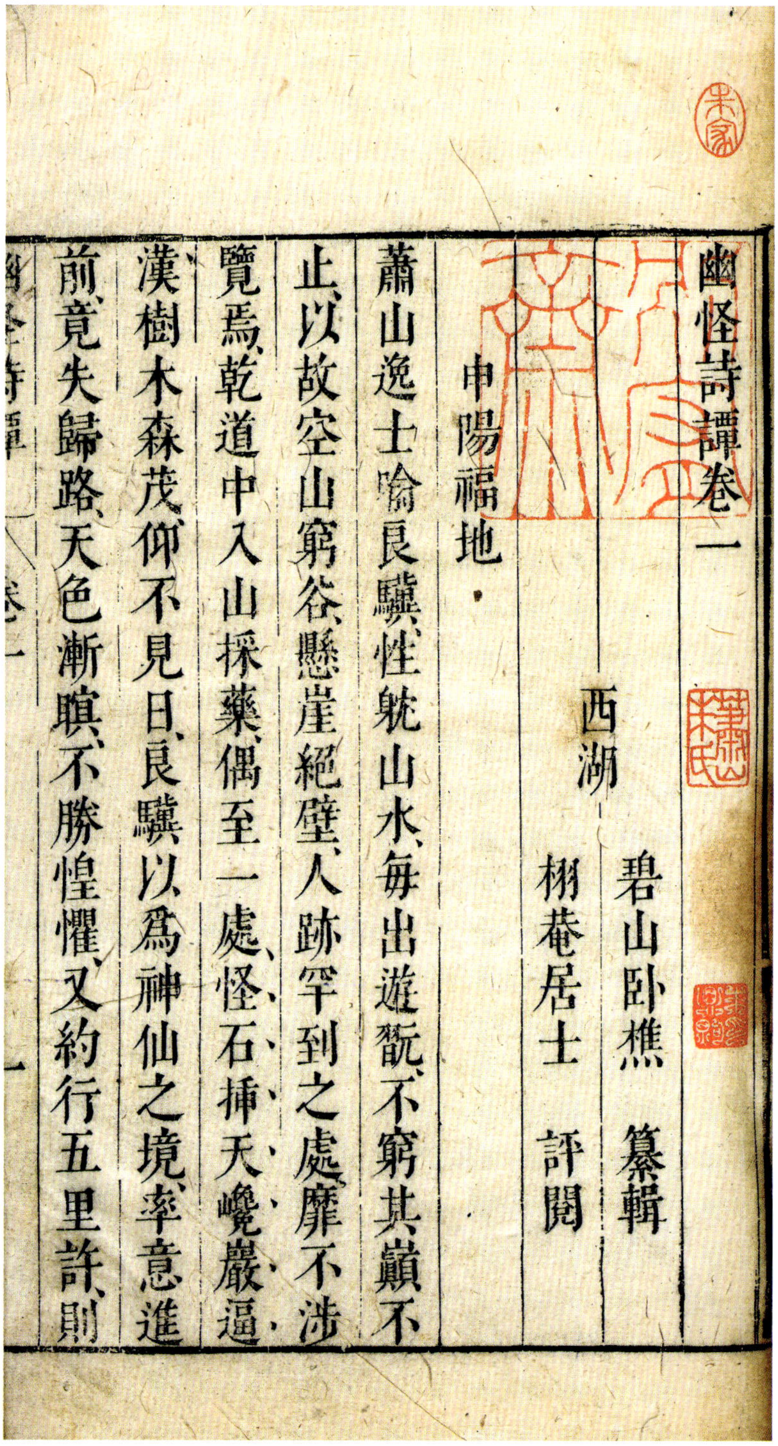
幽怪詩譚卷一
西湖　碧山卧樵　纂輯
栩菴居士　評閱
申陽福地
蕭山逸士喻艮驥、性躭山水、每出遊翫、不窮其巓不
止、以故空山窮谷、懸崖絕壁、人跡罕到之處、靡不涉
覽焉、乾道中入山採藥、偶至一處、怪石揷天、巉巖逼
漢、樹木森茂、仰不見日、艮驥以爲神仙之境、率意進
前、竟失歸路、天色漸暝、不勝惶懼、又約行五里許、則
幽怪詩譚　卷一　一

幽怪詩譚六卷　題明碧山卧樵撰

明崇禎刻本。半葉9行，行20字，白口，左右雙邊，框高20.2厘米，寬14.5厘米。南京大學圖書館藏。國家名録號10995。

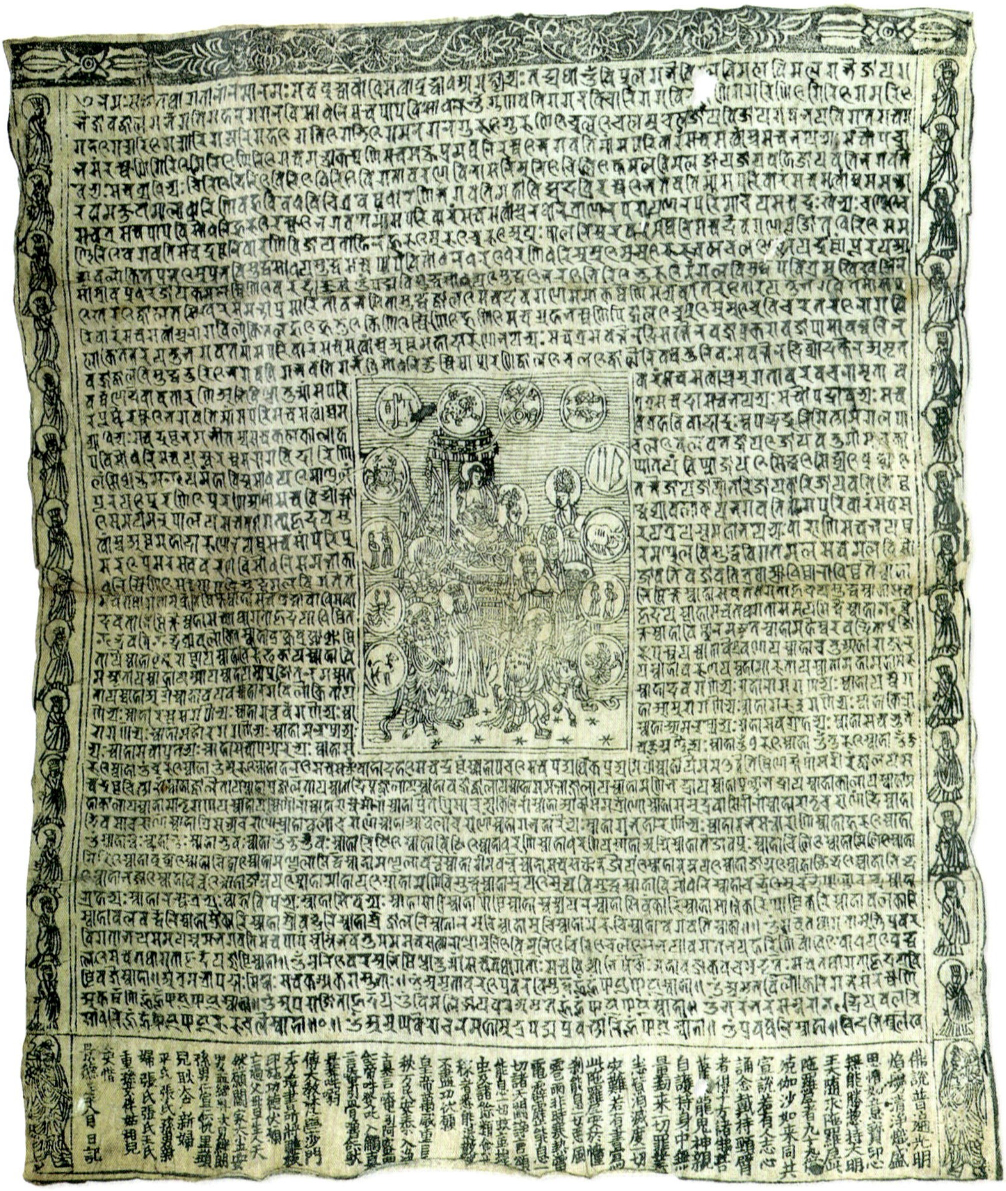

佛說普遍光明焰鬘清淨熾盛思惟如意寶印心無能勝總持大明王大隨求陀羅尼

北宋景德二年（1005）刻本。框高25厘米，寬21.21厘米。蘇州博物館藏。國家名録號11367。

古籍